대학생을 위한

성과 사랑 그리고 결혼

대학생을 위한

성과 사랑 그리고 결혼

장상필 · 이규은 공저

동문사

머리말

우리나라 성교육은 2015년 교육부가 「학교성교육표준안」을 개발하여 일선 학교에 보급하면서부터 체계적인 성교육이 이루어졌다. 「학교성교육표준안」이 도입될 당시 초등학교에서 성교육을 받았던 학생들은 시간의 흐름과 함께 이미 대학생이 되었고, 지금의 대학생들은 사회변화에 맞춰 개방된 성과 결혼문화를 받아들이고 있다. 불과 몇 년 전의 일이지만, 학교에서 배운 성교육이 변화된 성 가치관을 수용하고 적응하는 데 도움이 되었던 것은 사실이다. 하지만 급격한 우리 사회의 변화는 대학생이 된 성인에게도 또 다른 성 가치관을 요구하고 있다. 따라서 대학생인 성인들도 사회변화에 맞춰 성과 결혼에 대한 올바른 가치관을 새롭게 정립해 나갈 필요가 있다.

오랫동안 대학에서 성과 결혼에 대한 연구와 강의를 해오면서 느낀 점은 대학생들의 잘못된 성 인식과 가치관을 올바르게 정립하는 일이 필요하다는 점이다. 특히 성인이 된 대학생에게도 많은 부분에서 성지식이 왜곡되거나 잘못 알려진 부분이 많다는 사실에 놀라지 않을 수가 없다. 성인의 잘못된 성지식과 성 가치관은 가정과 사회를 병들게 할 뿐만 아니라 잘못된 우리 사회의 성문화를 형성할 수 있다는 점에서 절대로 방치해서는 안 된다. 또한 왜곡된 성지식과 성문화는 다가올 미래에 만나게 될 결혼생활로 이어져 행복한 가정생활을 영위하는 데 장애가 된다는 점에서 매우 심각한 일이다. 사회변화에 따른 개방된 성문화를 수용하기에 앞서 대학생들의 올바른 성지식과 함께 바람직한 성문화를 만들어 나갈 수 있도록 올바른 성 가치관 정립을 위한 교육이 반드시 이루어져야 할 것이다.

이 책은 이러한 대학생들의 올바른 성 가치관의 정립과 바람직한 성문화 형성과 무관치 않다. 성에 대한 바른 인식과 결혼생활에 대한 적응력을 높여 궁극적으로는 행복한 결혼생활로 이어질 수 있도록 하는 데 필요한 기본소양과 올바른 가치관 정립에 중점을 두어 집필하였다. 이 책을 통해서 많은 학생들이 다가오는 미래사회에서 행복한 결혼생활을 영위해 나가는 데 조금이나마 도움이 되길 바라는 마음이다.

이 책은 총 12장으로 구성되었다. 1장에서 5장까지는 성에 대한 이해를 바탕으로 성의 개념과 생물학적 성의 특성, 성과 젠더, 성 발달과 인간관계, 성 정체성과 성역할에 대해 기술하였다. 6장에서 9장까지는 사랑과 성에 대한 내용을 중심으로 사랑과 친밀감, 이성교제와 배우자 선택, 성행동과 성 건강, 대처기술과 사회문화에 대해서 기술하였다. 또한 10장부터 12장까지는 결혼생활에 대한 내용으로 결혼의 이해, 결혼의 적응, 행복한 결혼생활의 내용으로 구성하였다. 전체적으로 대학생이 성과 결혼에 대해 기본적으로 알아야 할 내용을 중심으로 <성의 이해>라는 측면에서부터 <행복한 결혼생활>로 이어지는 생활주기에 맞춰 내용을 구성하고자 노력하였다. <성과 결혼>에 대한 이해력을 높여 성과 사랑, 그리고 결혼에 대해 성인으로서 갖추어야 할 기초 교양교육, 즉 배움을 갈구하는 모든 학생들에게 조금이나마 도움이 되기를 바란다.

끝으로 이 책을 집필함에 있어서 관련 이론을 배경으로 주요 내용을 이해할 수 있도록 가급적 쉽게 설명하고자 노력하였으나, 집필을 마치면서 검토해 보니 아직도 부족하고 미흡한 점이 많이 보인다. 이러한 부분은 앞으로 계속 수정 보완을 통해 발전적인 방향으로 나가도록 할 것이다.

이 책이 출간되기까지 많은 도움을 주신 동문사 이중수 사장님과 유재영 상무님 그리고, 마지막까지 편집에 참여해주신 직원 여러분들께 진심으로 감사의 말씀을 드린다.

2024년 3월

저자 씀

차례

Chapter 01

성이란?*

* 본 장은 이규은(2018). 성, 사랑, 성교육 그리고 가족. 공동체. pp. 16-47의 내용을 재구성하였음.

Chapter 01

성이란?

1. 섹스 · 젠더 · 섹슈얼리티

우리는 흔히 성이라고 하면 남녀 간의 '성행위'나 '성관계'를 떠올리게 된다. 이는 성이라고 하는 개념을 여성과 남성의 성적 결합과 같은 생물학적인 성(sex)으로만 인식하고 있기 때문에 나타나는 현상이다. 인간의 성은 남성과 여성이라고 하는 생물학적인 성의 관점 이외에도 남성다움이나 여성다움과 같은 사회・문화적인 성의 개념을 포함하여 다양한 접근으로 이해할 수 있다. 즉, 성을 어떠한 관점으로 이해하느냐에 따라 섹스(sex), 젠더(gender), 섹슈얼리티(sexuality) 등 다양한 용어를 사용하여 정의할 수 있다. 일상생활에서 성이라는 의미를 포함하여 사용되는 단어를 보면 '성교', '성병', '성 심리', '성역할', '성교육' 등 다양한 분야에서 사용되고 있다. 이처럼 성이란 생물학적 성별뿐만 아니라, 사회에서 요구하는 남녀의 성에 따라 기대되는 성의 역할, 성적 매력, 성적 충동, 성욕, 성애 대상, 생식행동, 성교 등을 모두 포함하고 있어 다양한 용어로 성을 정의하며, 일반적으로 다음과 같은 의미에 따라 성의 개념을 구분한다.

1) 섹스(sex) : 생물학적인 성

영어의 섹스(sex)는 성별 구분, 성행위, 성관계 등을 모두 지칭하는 의미로 사용된다. 섹스는 '생물학적인 성'으로 신체구조, 특히 성기의 생김새 차이를 말한다. 즉, 섹스는 성을 단지 생리적 현상에 국한하여 사용되는 개념으로 성기 중심의 이해라고 볼 수 있으며, 남녀를 구별하는 암수(male and female, 자웅 : 雌雄)의 생물학적인 의미로 쓰이는 개념이다. 섹스(sex)는 라틴어의 '섹수스(sexus)'에서 유래된 말이다. 섹수스의 어원은 '세카레(secare)'라고 하는 동사에서 온 말인데, 세카레는 '단절하다', '분리하다'의 뜻을 지니고 있다. 이것은 남성과 여성이 성적으로나 사회적으로 분리되어 왔음을 뜻하는 말이다. 특별한 경우이지만 남성과 여성의 성기를 모두 갖추고 있는 경우를 의학용어로 '허머프로다이트(hermaphrodite, 반음양 : 半陰陽)'라고 한다. 이는 그리스 신화에 나오는 이상적인 남성의 상징인 '헤르메스(hermes)'와 이상적인 여성의 상징인 '아프로다이트(aphrodite)'의 합성어이다(김정옥, 2001: 11). 이런 용어에서 보는 바와 같이 성이라는 관점에서 본 이상적인 인간은 남성과 여성의 합체를 통해 가능하다고 보았다.

2) 젠더(gender) : 사회 · 문화적인 성

젠더(gender)는 생물학적인 의미를 포함한 사회 · 문화적인 성으로 문화의 영향을 받은 남녀의 행동 차이를 말한다. 젠더는 남성성과 여성성에 대한 사회 · 문화적 가치와 성윤리의 기대에 부응하면서 형성되는 '사회적인 성'을 말하는데, 주로 남성과 여성이 겪게 되는 성역할에 대한 사회화 과정에서 형성된다. 우리가 흔히 말하는 '성적자인(性的自認, gender identity)'이나 '성역할(gender role)'은 젠더와 관련된 개념으로, 성적자인이라는 것은 자기를 남자 또는 여자로서 자각하는 일이며, 성역할은 남자 또는 여자로서의 인식을 공공연히 표현하는 것을 말한다. 젠더는 성의 역할, 남성의 남성다움(masculinity : maleness), 여성의 여성다움(feminality : femaleness)처럼 성의 근본적 주체성과 역할을 사회적으로 구성되는 남녀의 정체성을 통칭하여 부르는 말이다. 따라서 젠더는 생물학적 성별과는 무관하게 주위에서 기대하거나 자기가 스스로 인정한 선(線)에 따라서 행동하는 역할이라고 말할 수 있다. 젠더는 사회적으로나 문화적으로 익숙해져 길들여진 성으로 여성다움, 또는 남성다움을 의미하는 말로 사회구성원을 젠더의 성향으로 사회화시키는 것이 일반적이다. 하지만 페미니즘에서는 이러한 사회화에 반대하면서 남성성과 여성성이 생물학적 차이에 의해 결정되는 것이 아니고 생물학적 성(sex)과 사회적 성은 젠더와 무관하다는 것을 강조한다.

3) 섹슈얼리티(sexuality) : 총체적인 성

섹슈얼리티(sexuality)는 성을 섹스(sex)와는 다른 관점에서 보고 있다. 우리말로는 똑같이 '성'이라고 번역되지만 섹슈얼리티는 성을 단순히 생리학적인 측면으로만 보는 것이 아니라, 성의 사회, 문화, 역사적 맥락을 포함하여 종합적으로 이해하고자 한 포괄적 개념이다. 즉, 성이란 단지 생물학적인 차원을 넘어 사회·문화적인 배경과 영향에 의해 만들어지며, 그 밖의 사회규범이나 제도 등과도 깊은 관련성을 지니고 있다고 보는 것이다. 따라서 섹슈얼리티에는 이성 간의 신체적 접촉, 성행위 등 성적 행위나 양태뿐만 아니라, 그 밖의 성의 가치, 문화, 태도, 경험, 학습, 인습, 인식 등 사회학적인 것과 육체적, 정신적, 인격적인 것 등을 포함하는 성과 관련된 전신적(全身的)인 것을 의미한다. 섹슈얼리티는 인간의 성에 관한 감정, 사상, 행동 등 모든 것과 관련되어 있는 복합적인 잠재능력이며, 사회로부터 영향을 받으면서 사회에도 영향을 주는 관계에 있다.

이와 같은 섹스와 젠더, 섹슈얼리티의 개념을 정리하여 표로 나타내면 다음과 같다.

<표 1-1> **섹스, 젠더, 섹슈얼리티의 개념**

구분	성을 바라보는 측면	성을 이해하는 시각	성에 대한 개념	구체적 예시
섹스	생물학적인 성	생리학적 측면의 성기 중심적 이해	•선천적인 성 •호르몬이나 염색체의 차이 •생식기의 차이	남자, 여자
젠더	사회·문화적인 성	후천적인 남녀의 특성	•사람이 살아가는 사회나 문화가 남성과 여성에게 기대하는 가치나 행동의 차이 •사회나 문화에 따라 학습된 행동, 태도, 사고 등에 의해 구별되는 성	여성스러움, 남성스러움
섹슈얼리티	총체적인 성	다양한 측면에서 성을 이해	•생물학적 차원을 넘어 사회문화적으로 만들어지는 사회규범이나 제도와의 관계 속에서 포괄적으로 작용하는 성 •다양하고 총체적인 측면에서 성을 바라보고 이해함	사랑, 쾌락

이 밖에도 성에 대한 개념은 다양한 측면에서 정의를 할 수 있다. 앞에서도 제시한 바와 같이 생물학적인 측면에서 성의 개념은 종족 번식을 위한 기능이 주요 개

념으로 등장한다. 즉 성적 본능이나 성교, 임신, 성에 대한 생리적 반응, 출산 등과 같은 남녀 차이에 중점을 두는 개념이다.

이와는 달리 심리·사회적인 측면에서는 성과 관련된 사고나 감정, 성격 등과 같은 정서적 교감과 성과 관련한 자아정체감이나 성 정체감을 포함하는 개념으로 정의한다. 뿐만 아니라 행동적 측면에서는 성에 대한 개념을 성적 욕구를 구체적으로 표현하고 느끼는 것과 관련된 것으로 정의하는데 여기에는 자위행위나 성관계와 같은 구체적인 성행위와 성기까지를 포함하는 개념으로 정의한다.

임상적인 측면에서는 성을 의학적인 측면에서 나타나는 다양한 문제를 포함하는 개념으로 정의한다. 따라서 성에 대한 부정적 경험과 가치관으로 인해 성에 대한 만족을 경험하지 못하고 기능적인 면에서 장애를 경험하는 것과 같은 내용을 포함하는 개념으로 성을 정의한다. 임상적인 측면에서의 성의 개념에는 발기, 사정, 월경, 임신, 유산, 사춘기 변화, 완경, 성매개 감염병, 성기능 장애, 성도착, 성전환증, 부부갈등, 성폭력 등이 포함된다.

문화적인 측면에서의 성의 개념은 성 가치관이나 성 행동과 같은 그 시대의 문화적 가치관을 반영하여 정의한다. 따라서 문화적인 측면에서는 성의 개념에서는 양성평등과 같은 가치관을 강조한다. 이 밖에도 도덕·종교적인 측면에서의 성의 개념은 또 다른 시각으로 제기되는데, 도덕·종교적인 측면에서의 성은 주로 성에 대한 도덕적 가치관이나 종교적 태도를 포함하여 정의한다. 따라서 도덕·종교적인 측면에서 성을 바라보는 기준은 보수적 성향이 강한 것이 특징이며 성에 대한 관점도 표현을 억제하는 금욕주의에 보다 더 가깝다.

이처럼 다양한 측면에서 바라보는 성에 대한 개념을 총합하여 사용하는 용어가 섹슈얼리티이다.

쉬어가기 **간성이란?**

간성이란 태생적으로 성의 분화과정에서 한 가지 성으로 완전하게 발달하지 못하여 외부 성기의 모양이 남녀를 구별하기가 애매모호한 상태의 생식기를 지닌 성으로 '모호한 생식기'를 말한다. 즉, 태어날 때부터 양성(兩性)의 생식기를 모두 갖고 태어나거나, 생식기의 외견은 완전히 남성 혹은 여성으로 보이지만, 수태 능력이나 외모, 신체적 능력 등에서 성적 특징이 복합적으로 나타나거나 반대 성의 특징을 보이는 성이다.

출처 : 한희성(2016: 32).

2. 성을 바라보는 세 가지 관점

인간의 삶에 있어서 성(性)은 중요한 요소 중의 하나이다. 그럼에도 불구하고 대부분의 사람들은 인간의 성을 단편적이고 즉흥적인 판단에 따라 성을 인식한다. 성은 우리가 흔히 생각하는 성적인 유희나 쾌락의 대상만을 의미하는 것은 아니다. 물론 이성적인 사고로만 여겨지는 것도 아니다. 사회적인 관계 속에서 인간과 삶의 균형적인 조화를 통해 이루어지는 것이다. 즉, 육체적인 측면과 정신적인 측면, 그리고 사회적인 측면이 조화를 이루면서 인간이라는 개체 안에서 서로 어우러져 체계적이고 복합적인 과정을 통해 표출된다. 그래서 인간의 성을 크게 육체적인 성, 정신적인 성, 사회적인 성의 세 가지 측면으로 구분하여 말한다.

1) 육체적인 성

쾌락과 출산을 의미하는 성을 육체적인 성이라고 한다. 즉, 육체적인 성은 쾌락이라고 하는 즐거움을 동반하는 것을 말한다. 인간에게 쾌락이라는 경험은 감미롭고 감각의 흥분이 강렬한 상태이다. 이러한 쾌락은 삶의 목적이기도 하다. 인간은 성을 통해 서로의 기분과 감정, 생각을 나누면서 공감대를 형성하고 일치의 기쁨을 느낀다.

성에 있어서의 쾌락은 남녀의 관계 속에서 서로 사랑을 느끼고 감정과 생각을 나누며 즐거움을 찾는 것이다. 하지만, 육체적인 성은 쾌락만을 주는 것은 아니다. 성적 쾌락에는 성생활의 근본인 잉태의 본능이 동반한다. 따라서 육체적인 성에는 생명에 대한 배려와 책무가 있어야 한다. 육체적인 성을 통해 새로운 생명을 탄생시키고 건강한 생명체의 신비를 수용할 수 있어야 한다. 인간에게 성과 사랑은 쾌락과 출산을 동반하는 삶의 보약과 같은 존재이다. 생명을 생각하지 않는 육체적인 성은 커다란 후유증을 남길 수 있다. 생명을 생각하지 않는 육체적인 성으로 인해 수많은 낙태가 일어나고 미혼모가 발생한다는 것은 매우 안타까운 일이다. 수많은 사람들이 육체적인 성, 쾌락의 성이 남긴 상처를 안고 삶을 살아가야 한다는 현실은 매우 가슴 아픈 일이다.

최근 들어 우리 사회의 급격한 변화는 사회·경제·문화적인 측면에서 성 정보의 범람을 유발시켰고, 그로 말미암아 성 개방의 풍조와 다양한 성 의식 및 가치관의 변화를 가져왔다. 이러한 가치관의 변화는 쾌락의 성을 부각시켜 인간의 성에 대한 편견을 갖게 하는 원인이 되고 있다. 육체적인 성이 쾌락만을 중시하는 성으로, 더 나아가 성적 자극만을 증대시키는 결과를 가져온다는 것은 매우 안타까운 일이다.

모든 이들이 육체적인 성만을 강조하는 것은 아니다. 우리 사회에서 독신으로 살아가는 독신주의자들은 육체적인 성보다는 정신적인 성을 더 중시한다. 그들은 정신적인 사랑이나 정신적인 성이 주체가 되는 삶을 추구한다. 육체적인 성은 보편적인 사고를 가진 모든 이들에게는 본질적인 삶의 방향이지만, 독신주의자들에게는 육체적인 성은 마음에 없는 사랑이며 공허한 몸짓에 불과하다. 사람마다 육체적인 성을 받아들이는 수용력에는 차이가 있다.

2) 정신적인 성

정신적인 성은 성적 정체감 또는 정신적 정체감을 말한다. 성적 정체감이란 생물학적 요인이나 생식, 해부학적 요인, 성장과정의 양육방식이나 경험 등에 의해 결정되는 성적 성장의 출발점으로 성장 촉진의 요소가 되며, 동성이나 이성 관계를 유지시키는 인간관계의 원동력이 된다. 따라서 성적 정체감은 성장과정에서 경험하는 생물학적, 사회·문화적, 윤리적 요인에 의해 영향을 받으며 자아를 여성이나 남성으로 인식하는 요인이 된다. 이는 유아기부터 발달하여 성인기에 이르러 완성된다.

성적 정체감을 말할 때 흔히 정신적 성별과 육체적 성별을 말한다. 정신적 성별은 일반적으로 정체성의 문제로 "나는 누구인가?"라는 질문에 대한 대답으로 자아와 연계되어 있다. 자아에 뿌리내려 있는 그 사람의 정체, 즉 그 사람의 성별이 무엇인가에 대한 문제가 정신적 성별이다. 이와는 달리 육체적 성별은 생물학적 요인과 관련이 있다. 그 사람이 어떤 성별을 가졌는가는 과학적 근거에 의해 판단된다. 외부의 성기 유무나 염색체의 종류 등에 의해서도 성별을 판단할 수 있다. 하지만 이러한 육체적 성별 또한 일종의 사회적 약속에 해당된다. 과학적 근거에 의한 판단이라고는 하지만 오늘날 우리가 알고 있는 과학적 범위 내에서 성별을 구분하는 최소한의 약속에 해당된다. 즉, 일반적인 사람들은 사회적으로 약속된 육체적 성별과 일치되는 정신적 성별을 갖는다. 이것은 태어날 때부터의 본능적인 것일 수도 있고, 사회화에 의한 것일 수도 있다. 사회적 약속 내에서 육체적 성별의 개념과 그에 따른 성별을 결정한다.

성적 정체감은 전통적으로 남성성(masculinity type)과 여성성(feminity type)으로 이분되어 왔지만 1974년 벰과 스펜스 등(Bem & Spence et al.)은 남성성과 여성성 이외에도 양성성(androgyny type)과 미분화(undifferentiated)의 차원이 존재한다고 주장하였다.

남성성은 그 시대의 고정관념을 바탕으로 바람직한 남성 역할로 지칭되는 남성적 특성이 높게 나타나는 정체감 유형이다. 남성적 특성으로는 행위 주체성, 도구적 행동, 활동성과 지성, 객관성, 경쟁, 용감성, 자신, 리더십, 효능감, 확신, 자기신뢰, 통제, 감성의 제제, 적극성, 활동성, 성취지향성, 독립성, 공격성, 경쟁성, 주도력, 통솔력, 지배성, 권위 지향성, 야망성 등이 있다.

여성성은 그 시대의 고정관념을 바탕으로 바람직한 여성 역할로 지칭되는 특성이 높게 나타나는 정체감 유형이다. 여성적 특성에는 친교성, 표현적 행동, 미와 순종, 상냥함, 신앙심, 예술, 문자의 애호, 정결, 수동성, 의존감, 자기희생, 자기비하, 공포감, 자신감의 결여, 양육성, 순종성, 의존성, 민감성, 동정심, 변덕스러움, 애교심, 질투심, 말이 많음, 쉽게 울음 등이 있다.

양성성은 여성 운동의 확산으로 인해 오늘날까지 인식해 온 남자는 남성적인 사람이, 여자는 여성적인 사람이 심리적으로 건강하다는 전통적인 성 역할 모델의 주장에 대해 심리적 성 차와 생리적 성 차가 일치하는 것은 아니라는 새로운 문제제기로 등장한 정체감 유형이다. 이러한 필요에 부응하여 1970년대에 성 차이와 개인 차이를 포괄하는 '양성성'이라는 개념이 도입되었다.

벰(Bem, 1974)은 남성성과 여성성을 서로 독립된 두 개체로 보고 이에 따라 성 역할 도구를 개발하여 피험자들에게 남성적, 여성적 특징들을 기술하는 문항에 반응하게 하고 그 차이에 따라 남성성과 여성성, 또는 양성성으로 구분하였다. 벰(Bem)이 이와 같은 문항을 통해 양성성을 개발한 목적은 항상 인간의 성격을 성역할 정형화라는 딱딱한 굴레에서 벗어나 정신건강 및 심리 특성상 좋은 개념을 개발시키고자 하는 데 있었다. 따라서 여성성과 남성성을 하나의 연속선상에서 서로 상반되는 두 개의 양극적인 개념으로 보던 종래의 관점에서 탈피하여 남성성과 여성성은 분명하고 상대적으로 독립된 차원으로 취급해야 한다고 제안하였다.

현대의 많은 연구들은 성 역할에 대한 양성성 개념을 지지하는 경향을 보이고 있다. 성역할에 대한 전통적인 구분은 오히려 부적응을 나타내며 반대로 전통적인 방법처럼 구분하지 않고 유동적일수록 남성적·여성적 활동에 자유롭게 참여할 수 있어 정신건강과 자아의 활동에 도움이 되며 도덕성 발달에도 효과적이어서 높은 자아발달을 이룰 수 있다는 것이다. 이와 같은 유형을 양성성 인간 유형으로 정의하고 현대사회에서 바람직하면서도 효율적인 인간상으로 제시하고 있다.

정체성 검사에서 미분화 정체감은 남성적 특성, 여성성 특성 중 어느 한쪽도 제대로 표현되지 않아 남성성 변인과 여성성 변인의 점수가 모두 낮은 경우이다. 현실적으로 남성성과 여성성이 모두 낮다는 것은 어디까지나 이론적 개념일 뿐 현실적으로는 존재하기 어려운 정체감 유형일 수 있다. 왜냐하면 성역할 정체감 유형은 연구 대상 집단 내에서 상대적으로 분류된 것으로 일부의 사람들은 중앙치를 중심으로 반드시 미분화에 해당되기 때문이다(홍근혜, 2008: 17-19).

3) 사회적인 성

사회적인 성은 육체적인 성과 정신적인 성을 바탕으로 인간관계에서 적용되는 성을 말한다. '생물학적으로 정의된 성'이 아니라 '사회적으로 정의된 성'이다.

사회적인 성은 자신에 대한 정체감을 바탕으로 다른 사람들에게 그렇게 보이게 표출해 내는 부분, 즉 남에게 보이는 부분이 크다. 우리가 어떤 장소에서는 어떤 옷을 입으려고 하는 것처럼, 상황에 따라, 기분에 따라, 보이고 싶어 하는 성적 특성이 있는데 이를 사회적인 성이라고 한다. 이런 사회적인 성은 대부분 성인들의 고정관념에서 나온다. 남녀의 옷차림, 머리 모양 등을 통해서 지속적으로 암시를 주게 되며 이를 통해 사회적인 성인으로 인식된다. 이렇게 형성된 한 사람의 사회적인 성은 변하지 않는다. 모든 사람들이 성별로 분류되어 있는 것, 남녀에 대한 성의 차이를 해부학적 사실에 기반하고 있다는 것 등이 사회적인 성으로 나타난 결과이다.

사회적인 성은 사회·문화적 요인에 의해 결정되는 후천적 성(gender)으로, 학습에 의하여 형성된다. 사회적인 성은 성역할을 통해 표출되는데, 사람이 말 또는 행동을 통해 자신이 남성 또는 여성인 것처럼 행동을 통해 드러낸다. 성에 따라 사회적으로 적합하다고 판단되는 일이 달라진다고 보기 때문이다. 사람의 '사회적인 성'은 외모나 음성, 행동양식 또는 생물학적 성별과 무관한 변수를 포함한다. 사회적인 성은 사회적으로 만들어진 것이며 어느 정도까지 생물학적인가에 대해서는 논란이 있다. 시대의 흐름에 따라 사회적인 성은 문화의 영향을 받는다. 예를 들어 1900년대 초까지만 해도 분홍색은 남성적인 색으로 여겨졌다. 하지만 오늘날에는 분홍색은 여성적인 색으로 의미가 전이되었다. 사회적인 인식은 항상 변화 가능하기 때문이다.

쉬어가기 아름다운 성을 지키기 위하여

성은 본질적으로 인간의 기본적 가치와 인간성 그 자체의 한 부분이다. 성은 남녀 사이에 서로 좋아하고 사랑하는 감정을 일으키는 것인 동시에 그것을 표현하는 방법의 하나이다. 우리가 성의 어떤 측면을 추구할 것인가는 바로 개개인이 자신의 개성을 반영하여 선택할 일이다. 그러한 선택이 성이라는 존재를 망각하게 해서는 안 된다.

일반적으로 성은 생명의 성, 사랑의 성, 쾌락의 성이라는 세 가지 특성을 지니고 있다. 이 중에서 어떤 측면에서 성을 인식하고 선택할 것이냐는 각자의 결정에 관한 사항이다. 어떤 이들은 성의 세 측면 중에서 육체적인 성을 중시하여 생명 없이 사랑과 쾌락만으로 사는 삶을 택하기도 하고, 또 어떤 이들은 생명만을, 또 어떤 이들은 쾌락만을 택하기도 한다. 성을 선택한 이면에는 책임과 감당해 내야만 하는 다양한 몫이 기다리고 있다. 삶에서의 성을 충분히 즐기면서 의미 있는 몫으로 완성해 나가기 위해서는 성의 세 가지 특성을 모두 만족시킬 때 가능하다. 성은 인간의 긴 생애 동안 함께하는 것이다. 밝고 아름다운 성에 대한 선택에서 세 가지 특성이 모두 반영될 때 아름다운 성이 소중한 삶으로 지켜질 수 있다.

성이 인간에게 가져다주는 기능으로는 사랑과 쾌락, 그리고 생명의 신비이다. 사랑은 두 사람 사이에 친밀감을 형성하게 하여 상호 간에 좋은 관계를 유지하며 생활할 수 있도록 해 주어 생활의 활력소 역할을 한다. 뿐만 아니라 쾌락은 남녀 간의 육체적인 관계를 통해 즐거움을 느낄 수 있도록 해 준다. 또한, 남녀 간의 성관계를 통해 아기를 낳을 수 있도록 하는 생명의 신비를 경험하게 된다. 이렇듯 사랑을 느끼고, 쾌락을 즐기고, 생명을 얻게 해주는 것이 바로 인간에게 주어진 성의 역할이다. 그러므로 인간의 성은 단순히 남녀 간의 성행위만을 의미하는 것이 아니다. 이러한 성의 기능 중에서 쾌락이라고 하는 측면에만 치우치게 된다면 그 결과는 다양한 사회적 문제를 야기하게 된다. 성적인 행동은 사랑, 쾌락, 생명이라고 하는 세 가지 관점에서 바라보아야 한다. 여기서 말하는 생명에는 소중한 생명에 대한 책임감을 내포하고 있다.

인간의 성 욕구는 종족 보존의 욕구와 같은 생식적인 목적으로만 바라보지 않으며 다양한 욕구가 복합적으로 작용하여 표출된다. 성은 인간 사랑의 표현이며, 긴장 해소, 감정적 이완, 만족감 및 소속감 등을 느끼고자 하는 여러 가지 요소가 함축되어 표출된다. 그래서 인간의 성을 동물의 성과 구별하여 전인적인 차원이라고 말하는 까닭도 여기에 있다. 인간의 성은 동물과는 달리 책임의식을 느끼고 애정을 근거로 하는 정신적인 차원이 존재한다.

인간은 사랑이라는 과정을 통해 성적 파트너에 대한 이해와 성적 기호, 성적 태도 등을 이해하며 성적 행동을 익혀 나가고 상호 간의 관심과 친밀감, 감정의 공유, 배려, 책임 등을 통해 사랑을 발전시켜 나간다. 따라서 인간이 성장하는 동안에 성에 대한 올바른 지식과 가치를 정립해 나가야 한다. 이러한 준비가 되지 않은 성인일 경우에는 많은 갈등에 부딪히게 되고 혼란에 빠지는 경우도 발생한다. 인간의 성장과정에서 발달단계에 맞는 성적 행동과 사랑의 의미를 익히고 가치를 정립해 나가는 일은 매우 중요하다. 인간은 진정한 사랑을 통해 안정과 편안함, 행복감을 향유하게 된다. 사랑은 인간만이 가진 특권이며 성은 사랑이 있는 인간관계를 통해서만 완성될 수 있다.

3. 성이 삶에 미치는 영향

성은 본능이다. 성은 생명을 탄생시키고, 인간을 살아 움직이게 하는 힘이다. 그래서 성은 어쨌든 표현되고, 만족되기를 요구한다. 성욕은 노인이 되기까지 평생에 걸쳐 강약을 반복하면서 영향력을 행사한다. 프로이트는 성을 원시적이며 비합리적인 힘이라고 했고, 그래서 문명과 이성의 표면 아래 무의식의 세계에서 작동하면서 미약한 자아를 지배한다고 주장하였다. 그래서 이러한 성을 가리켜 메이(R. May)는 '악마적(daimonic)'이라고 표현하였다(성교육교재편찬위원회, 2019).

인간이 동물과 다른 특징 중의 하나는 인간은 쾌락을 느끼는 능력을 지니고 있다는 점이다. 인간은 성을 통해 자손을 출산하는 이 외에 순수한 쾌락을 추구하는 성행위를 할 수 있다는 점이다. 뿐만 아니라 인간은 발달된 지능을 활용하여 쾌락을 배가시키는 다양한 방안을 추구하고 있다. 이러한 사례가 바로 매춘, 불륜, 성 착취물 등이다. 성은 본능적으로 쾌락을 가져다주고, 비합리적이며 억제하기 어려운 측면이 있어 다소 과격한 형태로 표출되기도 한다.

인간은 누구나 성적인 존재임에는 틀림없다. 따라서 인간은 누구나 성과 관련하여 '나는 어떤 성별을 지닌 사람인가?', '내 몸은 어떻게 변할까?', '나는 누구를 만나 어떻게 사랑할까?' 등과 관련하여 끊임없이 생각하고 관심을 갖게 된다.

인간의 성은 삶의 전 생애에 걸쳐 관계성을 지켜나갈 뿐만 아니라, 전인적 인격형성과 연계되므로 성은 자신이 남성 또는 여성으로서의 자신을 표현하는 하나의 수단이기도 하지만 자신의 성장과 발달단계에 있어서 개인이 지니고 있는 성에 따라 성숙해야 함을 의미하기도 한다. 따라서 인간발달에 맞춘 성과 관련된 다양한 용어들이 등장하는데 순결이나 정결, 성적 자기의사결정권 등이 그 예이다. 이처럼 인간의 성은 살아가면서 자연스럽게 다가오는 피할 수 없는 과정인 동시에 해결해 나가야 할 발달과업이다. 하지만 성은 은밀하면서도 부끄럽거나 위험할 수도 있다는 점에 유념해야 한다.

은밀한 성이라는 성의 위험으로부터 벗어나기 위해서는 무엇보다도 자신의 성에 대한 성적 자기통제 능력을 지녀야 한다. 즉, 성에 대한 육체적 정결과 마음의 정결을 갖추는 일이 필요하다. 성적인 생각이나 욕망을 조절하고 통제해 나갈 수 있는 능력은 인간만이 지니고 있는 특성이다. 인간의 본성은 성적인 존재임과 동시에 성적 욕망을 조절하고 통제해 나갈 수 있는 능력을 지니고 있는 존재이다. 그럼에도 불구하고 오늘날 우리 사회가 성에 대한 왜곡된 모습을 부각시켜 청소년들의 정체성을 혼란으로 빠져들게 한다는 점은 매우 안타까운 일이다. 대중매체에서 보여주는 흥미 위주의 성은 잘못된 성 인식과 성 가치관을 갖도록 하는 주요 원인이 되고 있다. 올바른 성을 알도록 가르치는 일은 청소년들의 건전한 성에 대한 인식을 갖도록 하는 데 있어서 매우 중요한 일이다.

1) 소중한 생명의 성

성은 사랑과 생명을 포괄한다. 사랑은 성을 통해 새 생명을 낳는 것뿐만 아니라 생명을 낳지 못하는 문제와 새 생명을 기르는 문제까지를 모두 포함한다. 남녀 간의 성행위를 통해 새 생명을 탄생시키는 일은 너무나 중대하고 엄숙한 것이다. 인류의 역사가 시작된 이래 남녀의 중요한 역할은 새 생명을 낳아 종족을 번성시키는 것이었다. 사랑을 통한 인간의 성행위는 생식수단으로 출산에 목적을 둔 생명의 성이었다. 성행위는 출산을 통해 새로운 생명의 탄생과 함께 탄생한 인물에 대한 새로운 세상을 열어주는 역할을 한다. 따라서 성행위는 남녀와 함께 가정이라는 새로운 사회적 상황을 만들어 내고, 그들이 사회의 구성원으로서 사회와 연결하는 계기를 마련해 준다. 사랑하는 사이에서 생명을 소중하게 생각하며 서로 함께 즐겁게 나누는 성이 가장 가치 있는 것이며 이러한 성만이 소중한 '생명의 성'이 될 수 있다.

성행위는 인간의 자발적인 영역에 속하며 인간이 사랑한다는 것은 인간의 본질적인 모습이다. 사랑은 소유하는 것만이 아니라 주는 것이며, 이해하고 자기희생을 통해 성취하는 이타적인 것이다. 인간의 성행위는 두 사람의 심리적, 정신적 합일(合一)을 이루는 행동으로 특별한 만남을 의미한다.

2) 아름다운 사랑의 성

진정한 성은 사랑하는 남녀의 관계를 통해서 완성된다. 사랑하는 사람을 소중하게 생각하고 성행위를 통해 사랑하는 사람에게 자신의 특별한 사랑을 표현한다. 인간은 언어로만 의사소통을 하는 것이 아니다. 언어적 요소 못지않게 비언어적 요소를 활용하여 자신의 의사를 표현한다. 사랑은 언어를 통해서 표현하기도 하지만 느낌으로 사랑을 표현하거나 온몸으로 사랑을 표현하기도 한다. 성행위를 통해 자신의 특별한 사랑을 사랑하는 사람에게 아름답게 표현하기도 한다. 하지만 오늘날 우리 사회는 아름다운 사랑의 표현이 되어야 할 성이 돈벌이의 수단으로 왜곡되어 가고 있어 안타깝기만 하다. 몇몇 사람들은 성을 사고파는 일에 참여하기도 하면서 사랑 없는 성관계가 얼마든지 가능하다고 말하기도 한다. 하지만 사랑 없는 성관계는 성폭행 등의 비인간적인 행위를 낳기도 한다. 공감대와 일치감이 빠진 성, 즉 사랑이 없는 성은 동물에게서나 볼 수 있는 동물적 행동으로 전락하게 된다. 상대방에 대한 관심, 감정의 공유, 배려, 책임 등이 사랑을 발전시킨다.

3) 쾌락을 추구하는 성

사랑하는 남녀가 육체적 접촉을 통해 흥분과 즐거움을 느낀다. 육체적 성행위는 쾌락을 만들어 내는 방법의 일환이다. 진정한 성적 쾌락은 남녀가 인간적인 관계 속에서 서로 사랑을 느끼고 나누며 상대방을 배려할 때 느낄 수 있다. 성은 인간에게 쾌락과 활기를 주기도 하지만, 고통과 수치, 환멸과 혐오를 겪게 할 수도 있다. 인간은 분명히 성을 '쾌락'의 한 요소로 활용하지만 성을 통해 지나치게 쾌락만을 추구하게 되면 사랑에서 오는 진정한 쾌락을 느끼지 못하는 불행을 겪을 수도 있다. 뿐만 아니라, 지나친 쾌락이 인간에게 고통과 혐오로 다가올 수도 있다. 우리의 삶은 쾌락만으로 이루어질 수는 없다. 인간이 느껴야 할 다양한 감정들 속에는 필요에 따라 선택적인 행동을 위해 절제하고 배려하는 행동을 요구한다. 절제와 배려가 없는 행동은 환멸과 혐오를 수반한다. 쾌락보다는 성숙한 사랑을 바탕으로 한 행동일 때 결과에 대해서도 책임질 수 있으며 그러한 성적 행동만이 진정한 성적 존재로서의 소중한 삶으로 이어질 수 있다.

그럼에도 불구하고 성적 욕구는 통제될 필요가 있다. 성행위의 기능에서처럼 성욕은 강한 힘을 지니고 있어서 성행위를 통해 우리가 삶의 의욕을 북돋우고 즐거움을 만끽할 수 있지만 성욕의 강한 힘이 잘못 사용되게 되면 우리의 삶을 파괴할 수도 있다. 우리 사회에서 성은 잘못된 시각으로 인식되어 있는 측면이 있다. 성은 본성적으로 자연스럽고 선한 모습인 데 반해 우리 사회 속에 알려진 성은 자극적인 문화 속에서 즉흥적인 성으로 인식되어 선한 성의 모습에서 많이 이탈되어 있다.

사람들이 사랑을 자율적 판단에 의해 선택적으로 할 수 있는 것과 마찬가지로 성도 능동적으로 선택할 수 있다. 성을 전적으로 인간의 본능에 따라 선택하고 행동한다면 그것은 동물의 사랑과 다를 바 없다. 사랑을 나누고 공유하는 것은 인간만이 할 수 있는 일이다. 사랑은 우리 인간의 현실적인 문제이며, 인간만이 선택적으로 결정할 수 있는 것이다.

신비한 생명의 요람이고, 삶에서 성의 중요한 의미는 사랑의 표현이다. 인간은 성을 통해 사랑을 표현하고 생명을 영속(永續)한다. 각자가 자신의 생명에 대한 책임을 부여받고 있으며, 생명을 영속적으로 이어가기 위한 의무감을 부여받고 있다. 생명은 단순히 지속적인 영속의 단계를 넘어 확산하고자 하는, 즉 생명의 확산을 통해 영원한 상태를 이어가고자 한다. 생명의 영속은 성적인 결합을 통해 가능해진다. 이러한 인간의 욕구는 성적 결합에 대한 욕망에 사로잡히게 한다. 생명체에 있어서의 성은 기본적인 생물학적 의미를 지니고 있다. 성은 인간의 기본적인 욕구로 남녀는 성적인 것을 포함하여 성적 교제를 통하여 몸과 마음이 하나 되며 새로운 생명을 탄생시킨다. 새로운 생명은 올바른 환경 속에서 축복과 보호를 받으며 자랄 수 있어야 한다.

성문제와 관련하여 정신적 혼돈의 세상을 살고 있는 청소년들에게 가장 절실한 것은 성에 대한 올바른 정체감을 확립하도록 하는 일이다. 성은 생명의 문제를 떠나서 생각할 수 없다. 성은 생명을 탄생시키는 근원이며 생명을 이어주는 역할을 하기 때문이다. 뿐만 아니라 앞에서도 언급한 바와 같이 성은 인간에게 쾌락을 가져다주는 역할을 하기도 한다. 하지만 성을 단순히 쾌락의 수단으로만 생각하는 것은 성에 대한 잘못된 인식이다. 쾌락 못지않게 중요한 것은 성에 대한 욕구를 조절해 나가는 일이다. 성욕에 대한 조절은 인간만이 가능하다. 따라서 성욕을 조절하기 위한 자기만의 해소 방식을 터득하는 일은 매우 중요하다. 일반적으로 성욕을 조절하기 위한 해소방법으로 운동을 권한다. 자신이 좋아하는 운동을 통해서, 혹은 자신이 좋아하는 음악을 듣는다거나, 취미활동을 갖는 일, 동아리 활동에 참여하는 일 등의 다양한 방법을 통해 신체적, 정신적 긴장을 해소시켜 나가는 일은 성욕을 해소하는 데 도움이 된다. 또한 우리 사회에 만연해 있는 성 착취물이나 야한 동영상과 같은 성욕을 자극하는 매체를 가급적 멀리하는 일도 자신의 성적 충동을 줄일 수 있는 방법이 될 수 있다. 그럼에도 불구하고 성장과정에 발생하는 성과 관련된 고민에 대해서는 주변의 믿을만한 사람과 상담을 하거나 대화를 통해 해결해 나가도록 하고, 나아가서는 자신이 이루고자 하는 꿈을 향한 도전에 열정을 다하여 성공적인 자아실현을 성취하는 긍정적인 자신의 미래 모습을 만들어가는 데 주력해야 한다.

쉬어가기 **성인지적 접근이란?**

성 중립적(gender neutral) 접근은 여성과 남성을 기계적으로 동일하게 취급하는 접근 방법이며, 성 배제적(gender blind) 접근은 성에 대한 고려를 하지 않고 정책을 수립하거나 집행하는 것이다. 때로는 이러한 접근들이 의도적인 성차별적 정책보다 평등적인 것처럼 여겨질 수도 있으나, 여성과 남성이 처해 있는 실질적 조건의 차이 또는 과거에 누적된 차이 등을 고려하지 않고 기계적으로 동일하게 접근하거나 성을 고려하지 않을 경우, 결과적인 차이를 정당화하거나 특정한 성에 대한 저평가를 재강화할 수 있다. 따라서 '성인지적(gender sensitive) 접근'을 한다는 것은 단순하게 동등한 접근이나 동일한 기회의 제공을 넘어서서 수용해야 할 조건의 차이나 이러한 차이를 극복하기 위한 적극적 전략 등도 포함하는 것을 의미한다.

출처 : 정영애·장화경(2012: 5).

성은 친밀감을 통해 인간 사이의 결합을 튼튼하게 해 주지만 본질적으로 생식을 위한 기제이다. 성에 주어진 가치는 임신과 출산에만 국한되지 않는다. 인간의 성은 결혼과 부부로서 자녀 양육에서의 역할 분담이라는 사회적 조직의 기초단위가 된다. 생식과 자녀 양육을 위해 결혼의 약속과 부부간의 협력이 필요하다. 그러한 유대감과 관련된 감정이 '친밀감'과 '사랑'이다. 친밀함과 사랑으로 맺어진 부부만이 튼튼하며 안전한 성을 유지해 나갈 수 있으며, 임신이나 출산과 같은 자녀 양육을 보장할 수 있다(한국성과학연구협회, 2019). 성이 우리의 삶에 있어서 지대한 영향을 미치고 것은 이러한 관계의 중요성 때문이다.

4. 성에 대한 인식과 성욕

1) 성 인식의 개념과 요소

성 인식(性認識)이란 스스로가 자신의 성생활에 대한 욕구, 태도, 중요도에 대해 어떻게 인식하고 있는가를 나타내는 정도를 말한다. 따라서 성 인식은 연령, 성별, 교육 정도, 결혼상태, 대상자가 지각하는 건강상태, 질병유무, 운동 상태, 성생활 유무, 성생활 빈도, 성적 욕구, 종교 등의 다양한 요인에 의해 영향을 받는다. 올바른 성 인식은 성생활에 대한 긍정적인 태도와 욕구를 갖고 성생활의 중요성을 인식할 때 가능하다.

성 인식에 대한 요인으로 작용할 수 있는 내용에는 일반적 성지식, 성욕구, 성행동, 성 관련 개인기술, 성과 사회문화, 성윤리 등을 들 수 있으며 구체적인 내용은 다음과 같다(최윤정, 2005: 7-11).

(1) 일반적인 성지식

오늘날 현대인들에게 성 인식과 관련된 일반적인 성지식은 성교육의 기본구성요소였던 해부학이나 생식의 '객관적 사실' 차원을 훨씬 넘어선다. 인간은 신체적, 정신적, 정서적 발달이나 인간관계, 그들이 직면하고 있는 성에 대한 사회적인 문제들 때문에 보다 광범위하고 깊이 있는 성교육을 요구한다. 또한, 성에 대한 올바른 의사소통과 올바른 의사결정에 도움이 되는 것이어야 한다. 성에 대한 건전한 의사소통이거나 교육 서비스를 받을 때 인간은 성과 관련된 이야기를 자연스럽게 수용한다. 인간발달은 태아기부터 노년기에 이르기까지의 발달과정을 말하는데 특히 인간발달은 그 사람의 성 인식에 영향을 미친다. 성역할, 성욕구(충동), 월경, 몽정 등이 여기에 해당된다.

(2) 성욕구

성욕구는 성교를 포함한 다양한 성적 표현과 성행동의 근원을 이루는 개인의 경험, 가치, 소망 등을 지칭하는 개념으로, 이는 성기 중심적 의미로만 해석할 수 없다. 성욕구란 인간의 가치이며 본성적인 힘이고 또한 목적임과 동시에 개개인이 가지고 있는 특성이다. 또한 성욕구는 즐거움을 증가시키고 활력을 얻는 능력을 신체적, 정신적, 정서적으로 함양시키고 자신을 수용하고 개인이 배움으로써 성숙되는 성정체감을 형성하는 과정이다. 인간은 성욕구를 충족함에 따라 감각적으로 기쁨을 느끼게 되고 심리적으로는 공감을 통해 일체감을 느끼게 되며, 수태하여 생명을 탄생시키는 체험을 하게 되고 나아가서는 영적으로 둘이 하나가 될 수 있다.

(3) 성행동

성행동과 관련된 성 인식은 자위행위, 성관계, 이성교제 등으로 구성되어 있다. 자위행위는 자신의 성기관이나 음핵을 인위적으로 자극함으로써 성적인 쾌감을 느끼는 것이다. 자위행위와 성 인식의 변화를 보면 건강한 몸을 유지하기 위한 자위방법을 습득해야 하고 자위행위와 관련된 이해 및 오해에 대해 토의를 함으로써 건강한 방향으로 건전한 성 인식을 가질 수 있다. 성관계에 따른 성 인식은 성관계 이후 생명, 쾌락의 문제가 대두된다. 또한 성관계에 따른 남녀의 인식차이와 인간의 바람직한 성욕구 및 성관계 표현에 대해 이해가 되어야 한다. 또한 성관계를 원치 않는 경우에 거절할 수 있는 방법과 행동방법에 대해서도 준비가 되어야 한다.

(4) 성 관련 개인기술

성과 관련된 개인적인 기술의 대표적인 것이 성폭력에 대한 대처 방법이나 예방법이다. 성폭력이란 개인의 자유로운 성적결정권을 침해하는 범죄로 강간뿐만 아니라 성희롱 등 모든 신체적, 언어적, 정신적 폭력을 포함하는 광범위한 개념이다. 상대방의 의사를 침해하여 이루어지는 성적 접촉은 모두 성폭력이라 할 수 있다. 성폭력에는 강간뿐만 아니라 성추행, 성희롱, 성기 노출, 음란전화, 음란통신, 인신매매, 강제매춘, 성 착취물의 제작 및 판매 등이 모두 포함된다. 성건강과 성 인식을 보면 피임에 관한 정보에 대해 정확한 지식과 방법 등의 제공을 설명한다. 피임교육 시 피임방법의 선택에 대해서도 구체적으로 제시해 주어야 하고, 피임과 산아제한, 낙태에 대한 설명이 뒤따라야 한다.

(5) 성과 사회문화

성과 관련된 사회문화와 성 인식을 보면 우리 사회는 과거의 가부장적 남성주위 시대에서 벗어나, 부부 중심의 핵가족 사회로 가족 구조가 변화되면서 여성사회 참여가 많아졌다. 여성의 지위도 상대적으로 성장하면서 성에 대해서 수동적이고 소극적이었던 전통적인 역할에서 벗어나, 남성들에게 보이는 미모나 성적 매력을 강조하게 되었고, 그러한 사회분위기가 여성들에게 새로운 의식과 행동을 자극하고 있다. 여성은 과거의 정조 관념에서 순종이나 정숙 등을 중시하는 경향이 퇴색해 가고 있는 반면, 성적 매력에 대한 과시 경향이 두드러지고 있다.

(6) 성윤리

성윤리는 미성년자 윤락행위, 성폭력, 임신중절(낙태), 인터넷을 통한 성 착취물 중독(잘못된 성의식의 확산), 근친상간, 스와핑(swapping), 이상 성행동 등 잘못된 성문제를 그 예로 들고 있다. 성윤리 영역에서는 책임 있는 성행동에 대한 규범을 제시하고 성 관련 사회적 환경의 문제점에 대한 비판적 사고와 대처에 대한 내용을 포함한다. 성윤리의 보호는 그 사회가 처한 가치판단의 문제에 해당하지만 성윤리 보호가 인간사회에서 문란해서는 안 될 대단히 중요한 문제인 점은 부인할 수 없다. 그러므로 성윤리 보호가 중요하다는 점에 대한 반론은 타당하지 않다. 성윤리 문제를 존재시켜야 하는가, 아니면 폐지시켜야 하는가의 문제가 아니라 성윤리를 어떻게 보호할 것인가라는 방법론상의 문제라는 점을 놓쳐서는 안 된다.

2) 성에 대한 인식의 변화

인간의 성적 욕망은 쾌락이라는 측면을 벗어날 수 없다. 그럼에도 불구하고 중세를 거치면서 시대적 변화에 따라 다소 차이는 있었지만, 윤리적 · 종교적 울타리 안에서 금욕을 강요받아왔다. 금욕이라는 사회 · 문화적 통제는 인간의 삶 속에 새로운 성문화로 금욕주의를 형성시켰다. 그러던 성 인식은 19세기에 이르러서야 과학적 접근을 통해 성을 인간의 생물학적 · 본능적 충동으로 파악하기 시작하였다.

프로이트(Sigmund Freud)의 주장에 의하면 인간의 양심은 발달과 함께 성적 본능을 억압하기 시작하였고, 동물과 구별되는 문명도 발달시켰다. 그러나 그 본능을 어느 정도 억압했는가는 시대와 문화에 따라 차이가 있다고 지적하였다. 우리가 인식하고 있는 현대인들의 성에 대한 태도나 행동은 대부분 이 시대에 학습된 사회 · 문화적 현상들이다(윤가현, 2006).

성은 그 이후에도 끊임없이 사회・문화적 맥락에 따라 변화되어 왔다. 성에 대한 개방적 인식과 폐쇄적인 성가치의 사이에서 성에 대한 인식은 개방과 폐쇄 사이를 왕래하며 지속적인 변화를 추구해 왔다. 때로는 개방적인 성 인식으로 '진보'라는 명칭하에 비난을 받기도 하고, 때로는 폐쇄적인 성 인식으로 '보수'라는 비난을 받으며 성에 대한 과거의 의식이나 풍습을 지키고자 노력하였다. 그러나 분명한 사실은 성에 대한 인식은 16세기에 주류를 이루었던 종교적 성의 억압 정책으로부터 벗어나 19세기 이후에는 전 세계적으로 성에 대한 자율화의 물결이 일어났고, 이러한 의식은 성에 대한 개방적 사고를 확산시키는 계기가 되었다.

특히 20세기에 들어서면서부터는 성에 대한 인식이 단순한 개방이나 자율의 단계를 넘어 사랑을 표현하는 하나의 자연스러운 수단이면서 방법으로 인식하게 되었다. 이러한 변화는 성이 단순히 출산이나 생식을 목적으로 하는 단계를 넘어서서 친근감과 사랑스러움을 표현하는 신체적 자기표출의 일반화된 수단으로 활용되기에 이르렀으며, 이러한 변화는 오늘날 사회의 사회・문화적 현상으로 받아들이고 있다.

3) 인간 성욕과 성의식

성욕은 인간의 본능적 욕구로 성적 행위에 대한 욕망을 말한다. 인간은 본능적인 성욕을 통해 남자와 여자가 만나 하나 되는 음양의 결합으로 가정을 이루고 후손을 생산하여 인류공영에 이바지하여 왔다. 하지만 인간의 성욕은 세대의 연결을 통한 인류 공영보다는 개인의 쾌락을 더 우선시하는 현상이 증폭되면서 인구는 폭발적으로 증가하였고, 탐욕과 이기심에 찬 성적 행동으로 분별력과 책무성이 약화되는 현상을 조장하게 되었다. 인간이 지니고 있는 본능적 욕구인 성욕은 천차만별로 사람마다 개인차가 있지만 스스로의 노력으로 욕망에 대한 억제와 조절이 가능한 점이 동물과 다르다.

인간의 성욕에 대한 연구는 여러 학문분야에서 다루어 왔으나 여기서는 심리학, 생물학, 사회학, 여성학적인 측면에서 살펴보고자 한다.

(1) 심리학적인 측면

성을 심리학적인에서 접근한 대표적인 학자는 프로이트이다. 프로이트는 성은 생물학적인 측면에서 인간의 본능적인 욕구인 동시에 심리적 친밀감을 표현하는 행위로 상호 간의 관계에서 대상과의 유대를 강화하기 위한 방법으로 표현하는 애정 표현의 한 방식이라고 보았다. 특히 심리학적인 측면에서의 인간의 성은 그 사람의 정신 상태나 심리적인 상태와 밀접한 관계가 있으며, 성에 대한 의식이나 성 행동이 그 사람의 인격형성 과정에서 발달한다고 보았다. 또한 사춘기의 성은 표면적이고 표출되는 성이나 성 의식에 높은 관심을 보이며, 한 사람의 성의식은 유아기부터 싹트기 시작하면서 발달과정을 거치는데, 특히 사춘기 때에는 미분화되어 있던 성요소가 표출되는 발달과정을 거친다. 프로이트는 아동기의 성적 본능에 대해 '리비도(Libido)'라는 개념을 도입하여 설명하고 있다. 리비도는 성충동을 의미하는 말로, 기본적으로는 인간이 지니고 있는 성적 욕구를 말한다. 프로이트는 리비도를 성 에너지로 보고 성본능(性本能), 성충동(性衝動) 등과 유사한 개념으로 설명하고 있다. 리비도는 라틴어의 '욕망'이라는 의미의 말로 인간이 태어날 때부터 갖추고 있는 본능 에너지를 뜻한다. 우리가 흔히 이해하고 있는 성욕, 다시 말해 성기(性器)와 성기의 접합을 바라는 욕망과는 다른 넓은 개념의 성이다.

프로이트에 의하면 성적 본능의 에너지인 리비도는 인간이 태어나면서부터 서서히 발달하는 것이다. 사춘기에 어느 날 갑자기 나타나는 것이 아니다. 다만 사춘기에 성에 대한 성 요소가 적극적으로 표출되는 것이다. 이러한 발달과정을 프로이트는 구강기, 항문기, 남근기를 통해 발달하다가 잠복기를 거쳐 사춘기에 이르러 다시 성욕으로 나타난다고 보았다. 인간은 심리적 과정을 거치면서 자아에 의해 성욕구를 통제하고 조절해 나가기 때문에 상황에 따라 리비도는 억눌린다. 성욕도 상황에 따라 도덕성과 리비도가 대립하는 상황을 맞이할 수 있게 되는데 이러한 때에는 자아가 이를 조절하고 억제, 억압 등의 방어기제를 통해 해결해 나간다.

심리학적인 측면에서 성을 바라본 또 다른 학자로 헐록(Hurlock)을 들 수 있다. 헐록은 개인에 따라 다소 차이가 있지만, 이성에 대한 관심과 태도의 발달은 비교적 명확하다고 보고 있다. 일반적으로 5단계의 과정을 거치면서 이성에 대한 관심과 태도가 발달한다고 보았는데 헐록이 제시한 5단계는 다음과 같다.

<표 1-2> 헐록의 성 의식 발달단계

<table>
<tr><th colspan="2">단계</th><th>시기</th><th>성 발달의 특징</th></tr>
<tr><td colspan="2">초기 무심한 단계</td><td>1~5세</td><td>•상대방의 성에 무관심한 단계</td></tr>
<tr><td colspan="2">성적 반항기</td><td>6~11세</td><td>•이성차를 의식하고 서로 대립하며 동성끼리 어울리는 시기</td></tr>
<tr><td colspan="2">성적 혐오기</td><td>12~13세</td><td>•사춘기에 접어들어 이성에 관심이 있으면서 이성을 노골적으로 기피하고 놀리는 시기</td></tr>
<tr><td colspan="2">성적 애착기</td><td>14~15세</td><td>•사춘기에 대한 적응력이 생겨 심리적 안정감을 찾고 애정을 넘어서는 강한 애착 대상자를 찾는 시기</td></tr>
<tr><td rowspan="3">이성애 단계</td><td>송아지 사랑 단계</td><td>15~16세</td><td>•애정적 표현이 영웅 숭배와 같은 방식으로 표출
•연애인, 교사 등을 연애대상으로 함</td></tr>
<tr><td>강아지 사랑 단계</td><td>16~18세</td><td>•같은 또래의 이성에 애정이 싹트기 시작함
•개인을 대상으로 하지 않고 주위에 있는 같은 또래의 이성에 대한 흥미를 갖게 됨</td></tr>
<tr><td>연애 단계</td><td>19~20세</td><td>•애정이 한 사람에게 집중됨
•책임감도 상실한 채 같이 있기를 요구하는 접촉 갈구 형태를 보임</td></tr>
</table>

심리학자 매슬로우(Maslow)도 인간의 욕구와 관련하여 생리적 욕구로 성욕을 설명하고 있다. 매슬로우는 인간의 욕구를 5단계로 구분하여 제시하고 있다. 매슬로우는 인간은 무엇인가를 필요로 하는 결핍의 존재이며, 충족되지 못한 어떤 욕구를 충족시키기 위해 동기가 유발된다고 보았다. 따라서 인간의 욕구는 충족되지 않는 욕구는 행동을 일으키며, 욕구는 계층을 이루고 있다는 전제하에 인간의 욕구를 설명하고 있다.

만약 어떤 욕구가 충족된다면 더 이상 행동을 유발시킬 동기가 사라진다고 보았다. 인간의 욕구 5단계는 생리적 욕구, 안전의 욕구, 소속 및 애정의 욕구, 존경의 욕구, 자아실현의 욕구로 나누어지며 이러한 욕구들은 충족되어야 할 순서대로 계층화되어 있다는 것이다. 따라서 하위단계의 욕구가 충족되어야만 다음 단계의 욕구를 충족시키기 위해서 동기화된다고 보았다. 즉 하위 단계의 욕구가 충족되지 않으면 상위단계의 욕구가 일어나지 않는다는 것이다.

매슬로우는 욕구단계는 단계적으로 일어나는 것이 아니라 동시다발적으로 일어날 수도 있다고 보았다. 하지만 매슬로우의 이러한 인간의 욕구에 대해 상황에 따라 끊임없이 변화하므로 일정한 형태로 파악할 수는 없다고 비판하는 시각도 있다.

(2) 생물학적인 측면

생물학적인 측면에서 우리가 흔히 성(性, sex)이라 함은 남녀의 구분 또는 남녀의 육체적 특성을 가리키는 말이다. 즉, 생물의 많은 종(種)에서 볼 수 있는 암수의 형태에 대한 표현으로 인간의 경우에는 남성 또는 여성이라는 구분을 의미한다. 성은 이러한 2개의 성에 대한 구분만이 아니라 각각의 성이 지니고 있는 성적 특질이나 행동도 넓은 의미에서 성에 포함된다.

성에 대해서 사람들에게 가장 쉽게 접근할 수 있고, 또 가까이 파악할 수 있는 부분은 바로 생물학적인 측면에서의 성에 대한 이해이다. 인간의 생물학적 구조의 차이는 성을 명확하게 구분해줄 뿐만 아니라 성의 차이에 따라 발생하는 생리현상의 차이나 질병을 이해할 수 있게 해준다. 생물학적 성을 잘 이해하지 못하게 되면 성이나 신체에 대한 왜곡된 생각을 갖게 한다. 그러므로 인간의 생물학적 성에 대한 올바른 이해는 인간의 삶을 이해하는 데 중요한 역할을 한다.

인간은 성을 통해 유전자를 재구성하여 다양한 특색을 지닌 자손을 낳아 인구 내에서 진화해 나간다. 생물학적인 측면에서 인간은 다른 동물과는 달리 여성은 다른 영장류들과 다른 가슴과 골반의 모습을 하고 있고, 남성 또한 다른 동물들처럼 화려한 모습을 가지고 있지 않다.

일반적으로 생물학적인 성은 다섯 가지 관점에서 성적 특성을 구분한다. 첫째는 성 염색질의 존재 여부로 결정되는 염색체상의 성, 둘째는 신체의 내부나 외부에 나타나는 성징의 분화와 발달에 관여하는 호르몬상의 성, 셋째는 형태적으로 구분할 수 있는 생식소[1]상의 성, 넷째는 성기의 형태에 따른 성, 다섯째는 성기의 외부 형태에 따른 성 등이다. 이와 같은 성에 대한 구분의 관점과는 달리 성욕에 대한 생물학적 관점은 다르다. 성욕에 대한 생물학적 관점은 과정을 중시하는데 여기에는 성교행동이나 호르몬 방출, 배란, 사정, 임신과 낙태, 출산, 수정 등 생리적인 현상을 중심으로 다루는 것이 일반적이다. 개인의 성욕에 대한 차이는 뇌의 구조나 호르몬의 분비, 신경화학물질, 생리적인 이유 등에서 차이가 발생한다. 생물학적인 관점에서 성을 바라보는 학자들은 성적 기능의 문제를 생리적인 원인에서 찾으며 성적 취향이나 성욕도 성호르몬의 분비, 유전적인 측면, 뇌의 구조 등에서 해답을

1) 생식세포를 만드는 주요 생식선으로 수컷은 정소, 암컷은 난소를 말한다. 히드로충류와 같은 하등 척추동물의 생식소는 일시적인 기관이지만, 고등동물에서는 영구기관이다. 빈모류나 거머리류 같은 몇몇 무척추동물들은 한 개체 안에 암·수의 생식소를 모두 갖고 있다.

찾으려고 노력한다.

(3) 사회학적인 측면

인간의 성적 행위는 그들이 속한 사회적 환경에 절대적인 영향을 받는다. 즉, 종교나 교육수준, 직업, 거주 지역 등의 여러 요소에 의해 그들의 성적 기준이 만들어지고, 설정된 기준의 범위 안에서 성적 행동이 표출된다. 인간의 성행위는 그 사회의 제도에 따라 차이가 있다. 한 사회에서의 정상적인 성행위가 다른 사회에서는 비정상적인 성행위가 될 수 있다.

남태평양 망가이아(Mangaia) 섬에서는 여자가 성적인 활동을 주도하며 공개적인 자유로운 성의 낙원으로 알려져 있다. 망가이아 섬은 뉴질랜드 북동쪽으로 3,000km 떨어져 있는 뉴질랜드 자치령이다. 주민 대다수가 폴리네시아인이며 뉴질랜드의 마오리족과 비슷하지만, 푸카푸카(Pukapuka)인은 사모아인 · 토켈라우인과 유사하다. 이들에게 있어서 성은 사회생활이자 대인관계의 중요한 부분이고 오락이며 종교이다. 그들이 사용하는 언어에는 인간의 성행위와 남녀의 성기를 지칭하는 말들이 수두룩하다. 망가이아 주민들은 남성과 여성의 아름다운 육체를 찬미하고 부러워하지만 성기를 노출시키는 것은 매우 무례한 일로 여긴다. 이들은 어려서부터 자연스럽게 이성을 접하고 성적 관계를 갖는다. 부모들은 혼전 성관계를 정상적인 성인으로 자라는 데 거쳐야 할 과정이라고 인식하고 있으며, 필요에 따라서는 혼전 성관계를 권장하기도 한다. 남녀가 성인이 되기 위해서는 반드시 성인식을 치러야 하는데, 성인식 기간에는 성에 관한 많은 지식을 배우고 실제 성행위를 시험해 보기도 한다. 망가이아 섬 주민들에게 혼외 성관계는 당연시되어 있어서 어느 누구도 남녀의 성관계를 죄의식으로 생각하지 않는다. 이들에게 가장 중요한 것은 성의 기쁨이다. 이들은 서구 사회 여성들의 억압된 성욕이나 의식을 이해할 수 없는 일로 받아들인다. 반면 아일랜드 이니스 비그(Inis Beag)에서는 여성들에게 오직 출산만을 위한 것으로 성욕을 가르친다. 이니스 비그는 아일랜드의 서부 해안에 위치한 조그만 섬마을이다. 이곳에 사는 주민들은 매우 엄격하고 통제된 성윤리 속에서 생활한다. 금욕적인 생활습관이 아주 어려서부터 몸에 배어 있어서 모유를 수유하는 일은 찾아볼 수 없으며 부모와 자녀 사이의 신체적인 접촉도 꺼린다.

성인들 사이에서 성에 관한 문제는 거론되지 않으며 물론 섹스에 관한 토론은 할 수 없다. 뿐만 아니라 오락이나 유희, 춤 등도 남녀가 함께할 수 없다. 이러한 생활

태도는 결혼 전이나 결혼 후에도 마찬가지이다. 성교는 몸을 쇠약하게 만들기 때문에 결혼한 여자는 오로지 출산을 위해서만 모든 것을 받아들여야 한다고 믿고 있다. 이니스 비그의 여성은 절정감을 모른다. 성행위조차 남성 상위의 성교체위만 허용되고 사정 후에는 곧바로 성교가 끝나야 한다. 이니스 비그의 남성들도 다른 문화권의 남성과 육체적으로 다를 바가 없다. 이들도 여성에 대해 강한 성적 욕구를 갖고 있으나 그것이 충족되지 않기 때문에 그 대상으로 자위행위와 술이 성행되어 있어 주민들의 대부분은 알코올 중독자라고 한다.

이와 같은 성에 대한 거부반응은 그들의 정신적인 정통성으로 인식하고 있는 가톨릭교의 신앙에 있다. 가톨릭교의 금욕주의에 기초를 두고 있기 때문에 이들의 성에 대한 금욕주의는 좀처럼 개선되기 어렵다. 성은 더럽고 저속하고 음란한 행위로서 다만 자손을 번식시키는 방편으로만 이해하려는 이들의 성에 대한 인식은 가톨릭교의 금욕주의 사상이 사회생활 전반을 지배하고 있는 한 계속될 것이다.

인간의 역사를 분석해 보면 시대와 문화에 따라 인간의 성욕을 이해하는 관점이 변해 왔다. 즉, 시대와 문화에 따라 성과 성욕에 대한 관점은 변해왔다. 특히 중세시대 서구에서는 종교의 영향으로 금욕을 강조해 왔으며, 종교개혁 이후 매독이라는 성병이 창궐하면서 성은 여전히 절제의 대상이 되었다. 종교적 이념에 따라 합법적인 성관계는 부부 사이에만 인정되었으며 성은 여전히 절제의 대상이 되어 성적인 욕망은 극복해야 하는 과제로 인식되어 왔다.

산업혁명 이후 성에 대한 인식이 변화되어 연애와 성욕이 개방되는 듯했지만, 여전히 성적인 쾌락은 절제의 대상으로 남아 성적인 쾌락을 부정하였다. 빅토리아 시대에는 특히 남성과 여성에 대한 성적 차별도 존재하였다. 남성의 성욕은 자연스럽다고 생각했으나 여성은 성을 느껴서는 안 되는 존재로 인식하였고, 특히 아동이나 청소년은 성적 존재로 인정하지 않았다. 따라서 부모들은 자녀를 양육함에 있어서 성적 행동을 억압하는 양육방법을 선택하였고, 성에 대해 자녀들이 일찍 눈을 뜨지 못하도록 강압적인 통제를 시행하였다.

특히 자녀들의 자위행위는 강한 억압과 통제를 통해 사전에 예방하는 일에 주력하였다. 자위행위는 중세에 접어들면서 자연스러운 성적 욕구의 표현이라기보다는 종교적으로 죄악시하는 풍조가 만연하였으며, 피로와 극심한 신경과민, 분노, 암을 유발하는 원인 등과 같은 부정적인 영향을 준다고 하여 제한하였다. 아동과 청소년은 잠잘 때 이불 밖으로 손을 꺼내 놓고 자야 했으며 심지어 어떤 부모는 자녀가

자는 동안 자녀의 손을 묶어 놓기도 하였다. 이러한 자위행위에 대한 부정적인 이미지는 오랜 시간에 걸쳐 지속되었다.

1960년대 이후에 와서는 여성도 남성처럼 성욕을 가질 수 있는 존재로 여기기 시작하였다. 이러한 성에 대한 인식의 변화는 성을 가볍게 여기는 풍조로 전환되어 일부에서는 성을 가벼운 활동을 하는 정도로 인식하게 되었고 그 결과 남성과 여성 모두 혼전 성관계가 증가하는 양태를 보이기도 하였다. 이러한 결과를 놓고 성욕을 너무 억압해서도 안 되고 너무 자유로운 양태도 바람직하지 않다고 주장하는 이들도 있다. 오래전 자위행위는 영구적인 정신장애로 본 질병의 개념이었다면 오늘날 사회에서 바라보는 자위행위는 그 개념이 변화하였다. 자위행위의 옳고 그름을 떠나 분명한 사실은 인간은 남성, 여성 모두 성적인 존재이며, 인간으로서 성욕을 가지는 것은 지극히 자연스러운 현상이라는 점이다.

(4) 여성학적인 측면

성욕과 관련하여 여성학자들은 지나치게 의학적 · 생물학적인 견해에서 벗어나 사회적으로 성욕에 대한 불평등의 존재로서 여성이 남성들의 전유물이 되어 왔다는 점을 강조한다. 이러한 남성중심의 성이 지배하는 사회적 분위기는 남성중심의 성 사회, 성폭행, 성 학대, 성희롱 등으로 성적 공격이 다양화되고 강화되는 양상을 보인다는 것이다. 이러한 고정관념으로부터 변화를 주도하여 나타난 결과가 여성해방운동이다. 여성해방운동은 여성의 참정권 획득에서부터 시작되었지만 1960년대에 들어서서는 남성과 여성이 모든 면에서 동등한 평가를 받기를 요구하였고, 1970년대에 이르러서는 인간으로서의 여성들이 각자의 재능과 정당한 성적 욕구를 인정받고 그것을 수행할 수 있는 권리를 확보하자는 것으로 도약하였다. 이러한 최근의 여성해방운동에 대해 모든 이들이 찬성하고 있는 것은 아니다. 이러한 여성해방운동에 대해 많은 남성들과 일부의 여성들까지도 이러한 추세를 불안한 시각으로 바라보고 있다. 왜냐면 지나친 여성해방운동이 때로는 독신주의나 불성실한 자녀교육을 초래하지 않을까 하는 우려를 낳기 때문이다. 따라서 현재의 여성운동가들 사이에서도 여성해방이라는 개념이 다시 모호해지고 있는 바, 일부는 여자를 단순히 남자와 대별된다는 개념보다는 남녀의 구별을 떠나 완전한 인간적인 차원에서 모든 문제를 고려하는 동시에 성 그 자체를 중요한 쟁점으로 다루지 않으려고 한다. 하지만 또 다른 일부의 여성운동가들은 남성과 대별되는 의미로서 여성의 성

자체에 더 큰 비중을 두어 더욱더 자유로운 성생활과 여성의 성적 만족을 극대화시키는 방향으로 여성해방운동을 주도해 나가려고 한다. 따라서 이들은 남성의 도움이 필요 없는 여성들의 자위행위나 동성애를 권장하기도 한다(하재청 외, 1992). 이러한 여성해방운동은 여성에 대한 성의 해방을 일부나마 얻을 수 있었으나 그에 따른 부작용 또한 적지 않게 나타나고 있다. 즉, 성의 해방으로 혼전 성관계가 확산되고 동성애가 증가되고 있어 또 다른 사회문제화 되고 있다. 그렇다면 성의 해방이 갖는 의미는 무엇이라고 보아야 할지 고민하지 않을 수 없다. 물론 성의 자유를 통해 우리는 지금까지의 느낄 수밖에 없었던 다양한 성직 행동의 부담으로부터 벗어날 수 있게 되었다. 하지만 우리가 추구하는 성의 해방이 지금까지의 관습을 모두 버리고 새로운 형태의 관념으로 바꾸어야 한다는 의미는 아니었을 것이다. 지금도 많은 이들은 성의 자유가 성을 비인간적이고 반사회적인 주체로 전락시키는 것에 대한 두려움을 갖고 있다. 오늘날과 같은 소비 중심의 사회는 성에 대해서도 만족과 쾌락을 구하는 소비적 성향이 나타나게 될 것이고 이러한 성향은 성 자체를 일시적으로 한번 소비해 버리는 것으로 인식하게 될 가능성이 매우 높다. 이러한 인식은 사랑의 기쁨을 수반하는 즐거운 성을 인식하기 이전에 강한 자극과 충격적인 성을 찾게 되는 위험성을 수반하게 된다. 성에 대한 이러한 변화는 우리가 성을 통해 아무것도 이룰 수 없고 인간의 새로운 면도 찾을 수 없게 되어 결국 인간적으로 서로 멀어지는 결과를 양산하게 될 것이다. 물론 성의 해방을 반드시 부정적으로만 보는 것은 아니다. 성의 해방은 적절한 인간관계를 유지할 수 있게 해주고 정해진 범위 내에서 성을 즐기면서 성을 다양하게 표현할 수 있는 권리라고 긍정적으로 보는 견해도 있다. 성이란 본질적으로 인간의 기본적 가치와 인간성 그 자체의 한 부분이다. 그러한 점에서 성에 대한 자유를 갈구해 왔으며, 성에 대한 자유는 곧 적극적이고 개방적인 성 관념으로 이어져 온 것이다.

쉬어가기 킨제이(Kinsey) 보고서: '성의 금기'를 깨다

인류 역사의 시작과 함께 많은 사람들이 지속적으로 관심을 가져온 주제가 섹스이다. 하지만 그러한 궁금증에 대한 명쾌한 해답은 수천 년이 지난 지금도 얻지 못했다. 킨제이(Kinsey) 보고서는 인간의 성생활을 적나라하게 밝혀낸 연구보고서이다. 미국 생물학자인 앨프리드 킨제이는 인디애나 대학에서 학생들의 요구에 따라 실생활에 도움이 되는 성교육을 개설하고, 부부의 성행위를 다루는 '결혼강좌' 강의를 맡게 되었다. 그는 강의를 준비하던 중 섹스에 관한 임상적인 데이터가 전무하다는 것을 알고 학문적 미개척 분야인 섹스에 관한 연구를 시작했다. 그는 개인의 은밀한 성생활 습관과 방식 등을 조사하기 위해 남녀 1만 2,000명을 대상으로 인터뷰를 진행하였고, 분석한 결과를 '인간 남성의 성적 행동'이라는 제목으로 책을 출간하였는데 세상은 경악했다. 성적 충동을 비이성적 본능의 일부로 간주되었던 프로이트적 섹슈얼리티가 세상을 지배하던 시절이었기 때문이다.

킨제이 보고서는 성생활에 대한 최초의 통계분석자료를 실은 책으로 이 책의 출간을 통해 현대인들의 성생활과 관련된 놀라운 사실들이 밝혀졌다. 여성도 오르가슴을 느끼고 있으며, 절반 이상의 여성이 혼전 성 경험이 있었다. 기혼 여성 중 25%는 외도를 했고, 상당수는 동성애를 통해 오르가슴을 느끼고 있었다. 여성은 오르가슴을 느껴서는 안 되고 혼외정사나 동성애, 자위는 도덕적 파멸을 뜻하는 것으로 인식하던 사회가 충격을 받은 것은 당연하다.

혼외정사, 동성애, 매춘과 같은 말은 단어조차 금기였던 시기에 성에 대한 다양한 통계자료는 대중의 엄청난 반응을 일으켰다. 책에는 성행위 횟수와 인종별, 국가별 성기의 크기 비교 등 다양한 성 관련 자료가 실렸다.

이 책이 학술서적임에도 불구하고 출간된 이후 6개월 동안 성인 도색잡지인 '플레이보이'보다 많이 팔렸다는 사실은 사람들이 그만큼 섹스에 대한 정보에 목말라 있었음을 증명한다 할 것이다. 킨제이는 5년 뒤 '인간 여성의 성행위'를 출간해 전 세계를 또 한 번 충격과 혼란으로 몰아넣었다.

킨제이 보고서는 남성들만의 전유물로 여겨지던 동성애에 대한 미국인들의 편견을 깨는 데 일조를 했고, 그러한 연구가 정상과 일탈의 기준, 이성애와 동성애의 연속성, 성의 기준으로서의 오르가슴 등을 새롭게 정립하는 계기가 되었으며, 섹스에 대한 정의가 다시 만들었다. 또 여성의 성적 자유 신장과 성 평등운동에도 커다란 영향을 미쳤다.

활동자료 1-1

젠더 퀴즈

※ 다음 글을 읽고 섹스와 젠더를 구분해 보세요. 성의 개념 중 섹스와 관련된 개념이면 S에, 젠더와 관련된 개념이면 G에 ∨표를 하세요.

순	내용	성의 개념	
		S	G
1	여성은 아이를 낳고, 남성은 아이를 낳지 않는다.		
2	어린 소녀는 부드럽고 수줍어하지만, 남자아이는 거칠고 모험을 좋아한다.		
3	여성들의 수입은 남성들과 비교하면 약 70% 정도가 된다.		
4	여성들은 모유 수유를 할 수 있고, 남성들은 우유 수유를 할 수 있다.		
5	여성은 아이 양육에 대한 책임이 있다.		
6	남성이 결정권을 갖는다.		
7	고대 이집트에서는 남성들이 집에 머물며 직조를 했다. 여성들은 가족 사업을 담당했다. 여성들이 재산을 상속받았으며 남성들은 그렇지 못했다.		
8	남성들의 목소리는 사춘기에 변성을 한다. 여성들은 그렇지 않다.		
9	유엔의 통계에 따르면 여성들은 세계 전체 노동의 67%를 담당하지만 그들의 수입은 전체의 약 10%를 차지할 뿐이다.		
10	여성들은 자녀들의 교육수준에 관심이 많다.		
11	영국의 건설현장 노동자들은 거의 남성들이다.		
12	여성은 월경을 한다.		
13	여성이 성적 충동이 최고조에 이르는 시기는 남성보다 대개 더 늦다.		
14	완경기가 되면 여성은 성욕이 현저히 감소한다.		
15	파란색은 아들, 분홍색은 딸을 상징한다.		
16	그녀의 얌전하고 여성스러운 행동이 마음에 든다.		
17	그 사람의 파워풀한 행동에서 남성다움을 느낀다.		
18	걸음걸이를 여성답게 걸어라.		
19	사춘기가 되면 남아는 근육의 크기가 증가한다.		
20	청소년기 남녀의 성장 속도는 기존 성장 속도의 2배에 이른다.		

출처 : 양성평등교육진흥원(2023). 홈페이지 자료실의 내용을 바탕으로 재구성함.

정답

번호	1	2	3	4	5	6	7	8	9	10	11	12	13	14	15	16	17	18	19	20
정답	S	G	G	S	G	G	G	S	G	G	G	S	S	S	G	G	G	G	S	S

활동자료 1-2

성인지 감수성 테스트

※ 다음 글을 읽고 질문 내용에 대해 'Yes'와 'No' 중에서 보다 더 가까운 쪽 하나를 선택하여 해당하는 칸에 ∨표를 하세요.

순	질 문 내 용	응답	
		Yes	No
1	성추행 사건이 발생했을 때, 노출이 심한 옷을 입은 상대방도 책임이 있다고 생각한다.		
2	성적 제안을 했을 때 침묵한다는 것은 그 제안을 받아들인다는 의미이다.		
3	남자가 스킨십이나 성적인 접촉을 하기 전에 상대방에게 동의를 구한다는 것은 남자답지 못하다.		
4	성적 제안에 여자가 '싫다'라고 하는 것은, 사실은 속으로는 좋으면서 튕기는 것이다.		
5	혼자 있는 남자친구의 자취방에 여자가 흔쾌히 들어가는 것은 성적 관계를 허락하는 것이다.		
6	친밀한 관계라면 동의를 구하지 않아도 가벼운 스킨십 정도는 가능하다고 생각한다.		
7	둘이서 함께 찍은 가벼운 스킨십 사진은 상대방의 동의 없이 내 블로그에 올려도 된다고 생각한다.		
8	남자라면 누구나 동영상을 보고 성적으로 야한 장면을 실천에 옮기는 환상을 가질 수 있다.		
9	성폭력은 모르는 사람에게나 적용되는 것이지 데이트 성폭력이라는 것은 있을 수 없다.		
10	성적인 농담에 대해서 불편해하는 것은 분위기를 깨는 것이므로 웃고 넘겨야 한다.		

출처 : 경인교육대학교(2019). 성인지 감수성 자가 테스트. 경인교육대학교 양성평등센터.

결과 해석

해석방법	'Yes'에 응답한 개수를 계산하여 아래 내용 중에서 해당되는 내용을 선택하여 해석한다.
해석내용	•0개 건강한 성인지 감수성을 가졌네요. •1~3개 분발하세요. •4~6개 성에 대한 의식개선이 필요합니다. •7개 이상 위험! 성인지 감수성을 높이세요.

Chapter 02

남녀의 생물학적 성*

* 본 장은 이규은(2018). 성, 사랑, 성교육 그리고 가족. 공동체. pp. 50-71의 내용을 재구성하였음.

남녀의 생물학적 성

1. 남녀의 성기관

1) 남성의 성기관

남성의 성기관은 우리가 눈으로 보이는 기관과 보이지 않는 기관으로 구분할 수 있다. 눈으로 보이는 기관에는 음경과 음낭이 있고, 보이지 않는 기관으로는 음경 안에 들어 있는 고환과 부고환, 그리고 전립선, 정낭, 정관 등이 있다.

(1) 음경(penis)

음경의 피부는 얇고 신축성이 있으며 평소에는 매우 부드럽고 말랑말랑하여 밑으로 수그러져 있지만, 성적 자극을 받으면 팽팽하게 부풀어 오르면서 딱딱해진다. 이를 발기라고 하는데, 이러한 발기 현상은 불과 몇 초 안에 일어나며 이는 음경으로 피가 많이 몰리기 때문에 나타나는 현상이다. 음경 안에 있는 중심 동맥을 통해 음경의 해면체 안으로 혈액이 강력하게 흘러 들어가는 동시에 정맥 유출이 차단되어 발기현상이 발생한다. 발기는 음경이나 기타 성감대에 가해지는 직접적인 접촉 자극과 시각, 청각, 후각, 또는 상상력이나 꿈 등에 의한 자극이 그 원인이다.

음경은 소변의 통로이면서 정액을 쏟아내는 사정의 두 가지 생리적 기능을 수행한다. 특히 음경은 사정을 통해 정자를 배출하는데, 이는 성적 흥분이 고조되면 정자가 정소상체로부터 나와 정낭이나 전립선에서 나오는 분배액과 합쳐져 요도의 괄약근 수축에 의해 사정을 통해 정액을 배출한다. 일반적으로 일 회 사정 시에는 평균 2~5밀리리터의 정액을 방출하게 되는데 그 안에는 2억~4억 마리의 정자가 들어 있다. 성교와 관련하여 음경이 클수록 여성에게 만족도를 높여 줄 수 있다는 것은 잘못된 사실이다. 이러한 인식은 우리 사회의 잘못된 남근숭배의 고정관념에서 나온 현상이다.

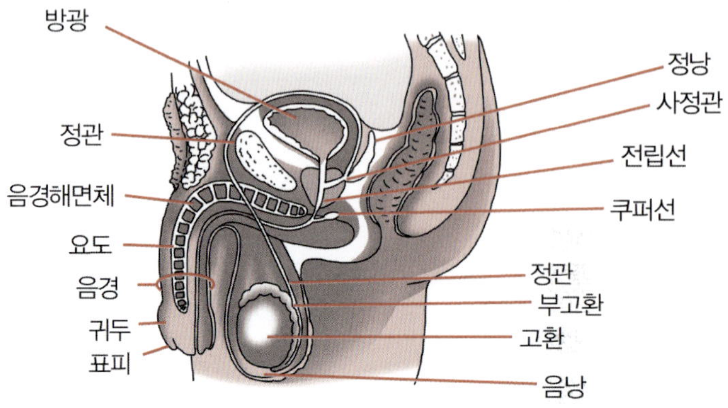

그림 2-1 **남성의 생식기 구조**

출처 : Rathus, Nevid & Fichner-Rathus(1998). Essential of Human sexuality, p. 59.

(2) 음낭(scrotum)

음낭은 음경 뿌리에서 주머니의 모양으로 아래로 처진 피부 주머니로 그 안에 정자를 만드는 기관인 고환과 정자를 저장하는 기관인 부고환이 위치해 있다. 좌우 음낭은 얇은 피부가 감싸고 있는데 이 피부는 멜라닌 색소가 침착하여 다른 부위보다 피부가 검은 편이다. 음낭의 근육은 추위와 운동에 대해 수축반응을 하며, 마음대로 움직일 수 없는 불수의근이다. 음낭의 표면은 피하조직이 없어 가는 주름이 많다.

고환 주위 온도가 올라가면 고환에서 일어나는 정자 생성과정에 장애가 발생할 수 있고, 꼭 끼는 옷이나 속옷 등을 입는 경우 고환의 온도를 상승시켜 불임을 유발할 수도 있다.

(3) 고환(testes)

고환은 부드러운 타원형 모양으로 오른쪽과 왼쪽에 각각 하나씩 한 쌍으로 이루어져 있다. 고환은 음경 바로 뒤, 항문 앞에 있는 음낭 안에 들어 있다. 하나의 주머니 안에 두 개의 고환이 오른쪽과 왼쪽에 각각 하나씩 들어 있으며 대개 왼쪽 고환은 오른쪽 고환보다 낮게 달려 있다. 고환의 길이는 4~5cm 정도의 크기이며, 무게는 약 25g 정도이다. 고환은 정자와 남성 호르몬인 안드로겐(androgen)을 생산하는 역할을 한다. 고환에서 정자가 정상적으로 성숙하기 위해서는 신체의 다른 부위보다 2~3도 정도 낮은 온도가 좋다.

일반적으로 성인의 고환은 음낭 안에 위치해 있지만, 태아의 경우에는 고환이 복강 안에 위치해 있다가 성장하면서 음낭 안으로 내려온다. 그러나 불완전한 성장으로 고환이 내려오지 못하고 복강 안에 있는 상태로 태어나는 경우가 있는데 이를 잠복고환이라고 한다. 고환의 성숙은 테스토스테론(testosterone)과 연관이 있다. 영아의 경우에는 태어난 지 몇 주가 지나고 나면 테스토스테론의 분비가 중지되어 고환 안의 세포들이 유년기에 미숙한 상태로 남아 있게 된다. 사춘기에 접어들게 되면 뇌의 기저부에 있는 뇌하수체에서 생식선 자극호르몬이 분비되어 조직의 발달을 자극함으로써 정자와 안드로겐을 만들기 시작하면서 성숙된다.

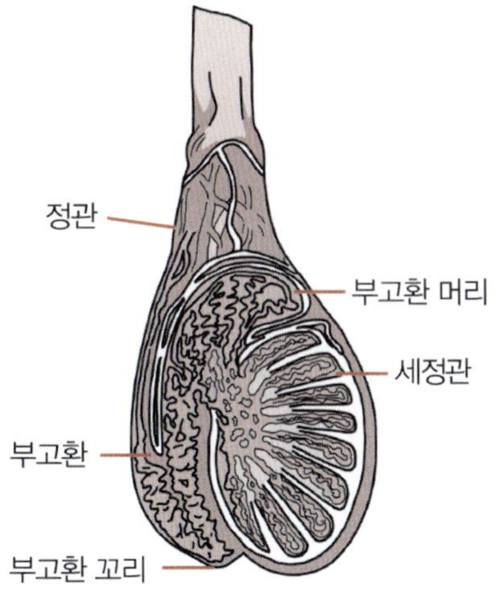

그림 2-2 고환의 횡단면

출처 : 손애리·이호진(2009). p. 46.

(4) 부고환(epididymis)

부고환은 고환 뒤에 가늘고 길게 붙어 있으며 끝부분은 정관과 연결되어 있다. 정자의 수송관으로 음낭의 가운데를 지나 위로 올라가고 방광의 뒤쪽으로 내려와 방광의 가까운 요도 입구에 열려 있다. 부고환은 고환에서 생성된 정자를 성숙시켜 정관으로 이동시키는 기능을 하고 이를 위해 추가로 정액을 생성하기도 한다.

(5) 정관(vas deferens)

정관은 약 40cm 정도의 길이를 가진 관이며 굵기는 가는 국수 정도이거나 이보다 조금 더 굵은 정도이다. 정관은 고환에서 생성된 정자를 정낭으로 운반해 주는 통로 역할을 한다. 정관의 마지막 부분은 팽배하여 생산된 정자가 이곳에 저장되어 있다가 사정과 함께 밖으로 배출된다. 정관수술은 정관을 자르거나 묶는 수술이고 필요한 경우에는 다시 복원하는 정관 복원수술을 한다.

(6) 정낭(seminal vesicle)

정낭은 정관이 끝나는 부분의 주머니로 방광 뒤쪽에 위치해 있다. 정낭은 전립선과 함께 정액을 만드는 곳이다. 사정액의 2/3는 정낭에서 나오는 분비액이다. 정낭에서 생산하는 과당은 정자에게 영양을 공급하고 정자가 활동하고 움직이도록 도와준다.

(7) 전립선(prostate gland)

전립선은 방광 아래에 위치한 밤톨만 한 크기의 섬유질과 근육, 내분비선으로 이루어진 기관이다. 위로는 방광경부에 고정되어 있고 아래로는 비뇨생식격막으로 고정되어 있으며 골반 내에 깊숙한 곳에 위치해 있다. 전립선은 탄성 섬유가 풍부한 결합조직에 의해 둘러싸여서 사정에 필요한 정액을 생산하는 역할을 한다. 정상적인 성인의 전립선 무게는 약 15~20g이고, 길이는 4cm 정도의 크기이다.

남성의 요도는 전립선을 통과하는데 이때 전립선이 확장되면 요도의 출구가 좁아져 오줌이 통과하기가 어려워진다. 일반적으로 50대 후반에 접어들면 이러한 현상에 의해 소변보기를 힘들어하는 경우가 발생하는데 이를 '전립선 비대'라고 한다.

전립선 비대증이 나타나면 밤에 소변을 보기 위해 자주 일어나게 되고, 소변을 보는 데 힘들어하고 이전보다 시간이 더 많이 소요되는 경우가 발생한다. 이러한 전립선 비대증이 심해지면 방광기능의 회복이 어려워질 수 있고 신장기능이 저하될 수 있으므로 약물치료나 수술적 치료와 같은 적절한 치료가 필요하다.

(8) 쿠퍼선(cowper's gland)

쿠퍼선은 요도구의 뒤쪽, 전립선 아래에 위치해 있는 한 쌍의 완두 크기의 분비선이다. 이 부분에서는 정액이 방출되기 전에 흘려보내는 하얀 물질인 쿠퍼선액을 생산한다. 쿠퍼선액은 남성이 사정하기 전에 먼저 분비되어 정자가 나갈 길을 청소하고 산성인 여성의 질을 중화시키는 역할을 한다. 남성들은 때때로 사정하기 전에 물과 같은 맑은 물질이 분비되는 것을 모르는 경우가 있는데 이 액체에는 정자가 포함될 수도 있으므로 사정을 안 해도 임신이 될 수 있어 피임을 하는 경우에는 조심해야 한다.

(9) 정자(spem)와 정액(semen)

성숙한 하나의 정자는 길이가 0.06mm의 올챙이와 유사한 모양이다. 정자는 납작한 머리, 원통형의 몸, 가늘고 긴 꼬리의 세 부분으로 이루어져 있다. 정자의 머리는 주로 핵으로 이루어져 있으며, 23개의 염색체를 가진 염색질로 채워져 있다. 정자의 앞쪽 끝부분에는 수정 시 난세포를 뚫고 들어가기 쉽게 리소좀 같은 효소를 함유한 첨단체(acrosome)라고 하는 작은 부분을 가지고 있다.

정액은 사정할 때 외부에 방출되는 분비물로 정낭에서 약 70% 정도의 액체를 생성하고 30% 정도는 전립선, 쿠퍼선에서 생산되는 액체이다. 정자의 양은 정액의 1% 정도에 불과하다.

2) 여성의 성기관

여성의 성기관은 매우 복잡하다. 대부분의 성기관이 몸 안에 있기 때문에 눈으로 보기가 쉽지 않다. 여성의 성기관은 몸 밖으로 드러나 있는 외부 성기관과 몸 안으로 감추어져 있는 내부 성기관으로 나눌 수 있다. 외부 성기관에는 치구, 대음순,

소음순, 음핵(클리토리스), 요도구, 회음 등이 있고, 내부 성기관으로는 질구, 처녀막, 질, 자궁, 자궁경부, 나팔관, 난소 등이 있다.

(1) 치구(mons)

치구를 뜻하는 'mons'는 라틴어로 '비너스의 계곡'이라는 뜻이다. 치구는 체모와 지방질로 구성된 부분으로 피하조직이 잘 발달되어 탄력성이 뛰어나다. 이 부분은 여러 가지 세포와 연결되어 있어서 자극을 받으면 성적인 충동을 느끼게 된다. 대체로 여성들은 사춘기가 되면 이 부분에 체모가 자라기 시작한다. 체모는 성교 중에 여성의 질에서 분비되는 질액을 흡수하여 주고 성교 중에 상대방과 피부의 마찰을 완화해 주는 역할을 한다.

(2) 대음순(labia majora)과 소음순(labia minora)

외부 성기관인 질 입구와 그 주위를 외음부라고 하는데, 외음부는 대음순과 소음순으로 구분한다. 외음부는 눈으로 볼 수 있는 외부 생식기로 성적으로 매우 민감한 부분이다. 외음부에서 대음순은 질 밖 양측으로 길쭉하게 자리 잡고 있는 두툼한 입술 모양의 기관으로, 항문에서부터 앞쪽으로 걸쳐 계속되며 음부 앞쪽에서 합쳐져 있다. 대음순은 음핵과 요도구, 질구 등을 보호하는 역할을 한다. 소음순은 대음순 안쪽에 있는 주름진 피부로 작은 입술 모양을 하고 있다. 소음순에는 음모가 없으며, 음핵에 못지않게 성적 자극이 민감한 곳이다. 소음순은 피부에 윤활제 역할을 하는 분비물을 생산하는 피지물을 많이 가지고 있다. 사람에 따라 소음순의 좌우 크기가 다르기도 하고, 멜라닌 색소의 침착 정도에 따라 색깔이 약간 짙게 보이는 사람도 있다.

(3) 음핵(clitoris)

음핵은 보통 클리토리스(clitoris)라고 한다. 질 입구에서 약 5센티미터 위에 위치해 있는 음핵은 남성의 성기관으로 보면 음경에 해당되는 기관이다. 자궁 속에서 성장하면서 호르몬 작용에 의해 남아의 경우는 음경으로, 여아의 경우에는 음핵으로 변화한 것이다.

음핵은 외음부에서 가장 성감대가 높은 기관이다. 이 기관은 해부학적으로나 생

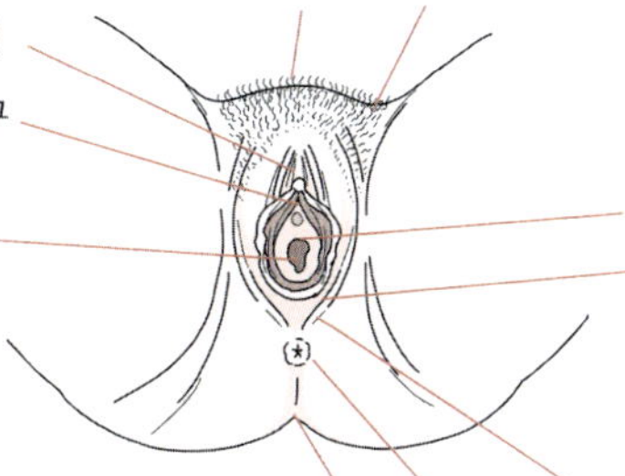

그림 2-3 **여성의 생식기 구조**

출처 : Greengerg, J., Bruess, C., & Mullen, K. (1993). Sexuality, p. 91.

리학적으로 독특한 특성을 지닌 기관으로 성적 흥분을 일으키고 성적 흥분을 고조시켜 성적 자극을 수용하고 전달하는 역할을 한다. 따라서 음핵에는 많은 혈관이 분포되어 있다. 음경과 동일하게 해면체로 되어 있으며 성적 흥분 상태에서는 발기 현상을 보여 딱딱해진다. 음핵의 상부에는 많은 감각 말단 신경이 분포되어 있다.

(4) 처녀막(hymen)

질의 바깥 부분을 개구부 또는 질구라고 하고, 그 입구를 처녀막이라고 한다. 얇은 막으로 되어 있는 처녀막은 부드러운 점막으로서 그 모양이나 크기는 사람에 따라 가지각색이다. 이곳에는 1~2개 또는 몇 개의 구멍이 나 있는데, 월경혈도 이곳을 통해 밖으로 나오게 된다. 처녀막은 아동기에는 질의 입구를 지키는 역할을 한다. 처녀막의 두께와 강도는 사람마다 다르며 일반적으로 삽입형 생리대의 사용이나 격렬한 운동 등으로 인하여 찢어지기도 한다. 간혹 처녀막에 구멍이 없어 문제가 되는 사람이 있는데, 이는 간단한 외과 수술을 통해 치료가 가능하기 때문에 문제가 되지 않는다.

(5) 요도(urethral opening)

여성의 요도는 음핵의 아랫부분에 위치해 있다. 요도는 질 앞 벽의 아래쪽 아주 가까운 곳에 있어서 이 벽을 다치게 되면, 요도에 염증이 생겨 방광에 감염될 가능성이 높다. 방광염이라는 질병은 여러 원인에 의해서 여성의 방광에 염증이 생기는 병으로 따가우면서도 항상 소변을 누고 싶은 증상이 나타난다.

(6) 질(vagina)

질은 근육질로 된 내적인 기관으로 길이는 약 8cm 정도이며 여성의 신체를 향해서 약 45도의 각도로 기울여 위치해 있다. 질 벽은 세 종류의 층으로 구성되어 있다. 질 점막은 가장 외부에 있는 층이고, 입안의 피부와 조직이 비슷하다. 질의 느낌은 살의 감각으로 부드럽고 주름이 져 있다.

질의 벽에는 내분비선이 없지만 질 입구는 자신이 원하는 방식으로 성적 자극을 받으면 극도의 쾌감을 느낄 수 있으며, 불과 10~30초 정도면 마찰을 감소시킬 수 있는 분비물이 나온다.

질 벽에서는 pH 농도 4.0~5.0 강도의 정상적인 산성 강도 분비물을 분비하며, 약간은 짠맛이고, 질의 색깔과 냄새는 여성의 생리 기간에 따라서 변한다. 질은 마치 풍선처럼 모양을 변화시킬 수 있는 잠재적인 공간이다. 질을 통해서 아이를 분만할 수도 있고, 남성의 성기의 크기에 따라 적응하는 공간이다. 따라서 남성의 성기의 크기에 따라 질의 강한 수축력으로 적응하기 때문에 남성의 성기의 크기가 성감에 지장을 주지 않는다.

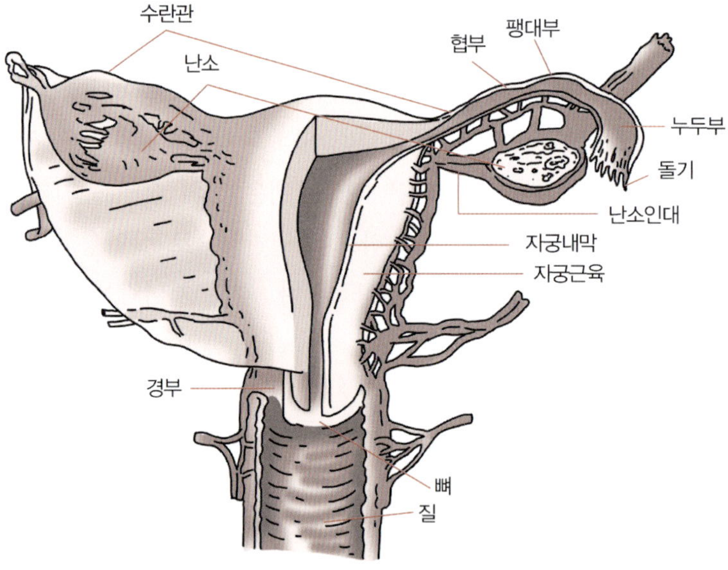

그림 2-4 **여성의 내부 성기관 해부도**

출처 : 채규만(2012). 서울: 학지사. 성행동 심리학. p. 82.

(7) 자궁경부(cervix)와 자궁(uterus)

자궁의 입구는 약간 볼록 나와 있는데 이 부분을 경부라고 부른다. 임신을 하지 않은 여자의 경우 둥글고 조그맣게 부드러운 분홍색 단추처럼 생겼는데 손을 깊숙이 넣으면 경부를 느낄 수 있다. 남성과 성교를 하게 되면 경부를 통해서 정자가 자궁에 들어가고 월경혈이 나오기도 하는 곳이 자궁경부이다. 종종 이 부분에 암이 발생하기도 하는데 그것이 바로 '자궁경부암'이다.

자궁은 수정란이 착상하여 자라는 곳으로 모양은 배의 생김새를 닮았다. 크기는 가로 폭이 5cm, 세로 길이는 7.5cm, 무게는 50g으로 있다가 임신이 되면 가로 폭이 22cm, 세로 길이는 30cm로 30~40배로 커진다. 무게는 1,000g으로 증가하여 임신기간인 280일 동안 태아가 자라는 곳이다.

(8) 나팔관(fallopion tubes)

나팔관은 자궁과 난소를 연결해 주는 7~12cm 길이의 관 모양의 기관으로 성숙된 난자나 정자, 수정란들이 이동하는 1mm 정도의 통로이다. 자궁에서 좌우로 뻗어있는 나팔관은 나팔 모양으로 생겼다고 해서 나팔관이라고 한다.

수정란이 자궁에 정착하지 않고 나팔관 안에서 자라는 경우를 자궁 외 임신이라고 한다. 자궁 외 임신을 방치하게 되면 통증을 수반하면서 나팔관이 파열될 수 있다. 따라서 자궁 외 임신인 경우에는 태아가 성장하기 전에 수술로 제거해야 한다.

(9) 난소(ovaries)

여성의 난소는 좌우 양쪽에 하나씩 위치해 있다. 크기는 약 3×2×1.5cm 정도의 크기로 조그마한 살구 모양을 하고 있다. 남성의 고환이 정자를 만들어 내듯 여성의 난소는 난자를 성숙시켜 배출하는 기관이다. 난소는 난포 세포를 성숙시켜 성숙한 난자를 배출하고 여성의 2차 성징 발현과 정상 생리현상을 조절하는 성호르몬인 에스트로겐과 프로게스테론을 분비하는 기능을 한다.

2. 남녀의 생식기 비정상 형태와 성기능 장애

1) 남성의 생식기 비정상 형태와 성기능 장애

(1) 정류고환

정류고환은 잠복고환이라고도 하는데 고환이 음낭 안에 있지 않거나 음낭 밑으로 내려오지 않은 상태를 말한다. 이때 고환은 음낭 속이 아닌 복강이나 서혜부[1] 등 비정상 위치에 있다. 태아 시기에는 고환이 복강 내에 있다가 점차 하강하여 음낭으로 이동하여 출생 시에는 음낭 내에 위치하게 되는데 어떤 원인에 의하여 음낭까지 하강되지 않은 상태를 말한다. 이 증상은 조산아나 저체중아, 쌍둥이 등에서 발견되는 경우가 많다. 정류고환은 불임, 고환암 발생, 탈장, 고환염전 등이 발생할 가능성이 있으므로 1세 이전에 반드시 치료해야 한다.

(2) 왜소음경

우리나라 사람들은 음경의 크기에 관심이 많다. 자신의 음경이 정상 크기인지 아니면 비정상인지, 성적으로 적절한 기능을 할 수 있을지 등에 대해 고민이 많다. 왜소음경은 의학적으로 모양은 정상이나 크기가 4.5cm 이하로 비정상적인 음경을 말한다. 왜소음경은 2천 명에 1명이 발생할 정도로 매우 드물다. 대부분의 남자들이 음경의 크기가 자신의 자존심과 능력이라고 생각하고 심리적 위축감을 해소하기 위해 음경확대 수술을 하는데 음경에 대한 그릇된 생각이나 비현실적인 기대는 바람직하지 않다.

(3) 발기부전

발기부전이란 남성이 성적인 자극을 받아도 전혀 발기되지 않거나 발기력이 충분하지 못한 경우, 또는 발기가 되더라도 유지가 되지 않아 만족스러운 성생활을

---

1) 일명 사타구니라고도 하는데 좌우 대퇴부의 밑에 있는 하복부의 삼각형 모양의 부분이다. 태생기에 고환이 복강에서 음낭으로 내려올 때, 고환을 보호할 목적으로 늘어난 벽측 복막의 돌기가 생후에 쇠퇴하면서 소실하지 않고 출생 후에도 잔존하여 돌기 속으로 복강 내용이 탈출하게 되면 탈장이 생긴다. 이런 경우가 사타구니에 혹이 만져지고 눌러도 안으로 들어가지 않는 서혜부 탈장이다. 서혜부 탈장은 자연치유가 되는 경우가 많지만 자연치유가 안 되면 수술치료를 해야 한다.

하지 못하는 경우를 말한다. 이러한 증상이 6개월 이상 지속되고 50% 이상의 빈도라면 발기부전이 의심된다.

발기부전의 원인은 크게 신체적 문제인 기질성 원인과 정신적인 문제인 심인성 원인의 두 가지로 구분할 수 있다. 하지만 대부분의 발기부전은 기질성과 심인성이 혼합하여 나타난다. 기질성 원인 중 혈관성 요인은 동맥으로 혈액의 유입이 감소하거나 정맥유출이 증가하면서 발기가 이루어지지 못하는 경우이다. 주로 고지혈증, 당뇨, 고혈압, 동맥경화 등의 심혈관계 질환이 있는 경우이다. 내분비성 요인으로 당뇨에서 나타날 수 있는 합병증으로 인해 초기에 비정상적인 동맥경화증이 나타날 때 발기부전이 동반된다. 또한 남성호르몬인 테스토스테론 분비의 감소나 성선기능 저하증도 발기부전의 원인이 된다. 심인성 원인 중 신경인성 요인으로는 남성의 발기와 사정에 필수적으로 관여하는 자율신경이 외적인 요인이나 타 질병 등에 의해 손상되어 심인성 발기부전이 일어날 수 있다. 심리적인 원인으로 인한 발기부전은 우울증과 불안정서, 상대와의 관계에서 받는 긴장과 스트레스, 과거의 트라우마 등이 원인이다.

(4) 비정상적인 발기

남성 중에는 발기하면 성기가 곡선을 유지해서 통증을 일으키는 경우가 있는데 이런 증상을 남성병(peyronie's disease, 페이로니병)이라고 한다. 이런 증상은 섬유질의 세포가 귀두부에 집중적으로 몰려 있는 현상 때문에 생긴다. 발기가 사라지면 정상적으로 돌아오지만 계속해서 통증을 느끼면 의사의 도움을 받아야 한다. 병적인 지속발기(priapism)는 한 번 발기하면 여러 시간 발기가 지속되는 경우를 말한다. 발기가 6시간 이상 지속되면 피에 산소 공급이 부족해서 조직이 썩어들어갈 수 있다. 이런 증상은 척추 장애, 백혈병, 정상적혈구빈혈증 등의 병 때문에 생길 수 있다(채규만, 2012: 109). 이러한 남성병은 약물이나 수술 등의 방법을 통해 치료할 수 있다.

(5) 조루와 지루

조루 현상은 남성의 성기능 장애 중 가장 흔한 유형이다. 조루라 함은 성적인 만족이 일어나기 전에 자신의 의도와는 무관하게 일찍 사정하는 경우를 말한다.

조루 현상은 주로 성 반응 주기에 대해 무지하거나 성 경험이 없는 남성의 경우에 많이 발생하는데, 대부분의 남성이 첫 관계 시 성적 자극을 컨트롤하기 힘들어 조루를 경험하기도 한다. 발기부전과 마찬가지로 성행위에 대해 지나치게 민감하고 불안해하는 심리적 요인이 기인하므로 성의 목표를 사정이 아닌 상대방과의 교감으로 재해석하는 것이 중요하다(전귀연 외, 2021).

지루는 조루의 반대 현상으로 발기가 되고 성적 흥분이 고양되었음에도 불구하고 사정을 하지 못하는 경우를 말한다. 따라서 지루의 경우에는 조루와는 달리 사정에 이르기까지 긴 시간과 끊임없는 성기 자극을 요구하게 된다.

(6) 역방향 사정

역방향 사정은 정액이 외부로 방출되지 않고 방광으로 사정되는 경우를 말한다. 즉, 사정하기 전에 방광으로 통하는 조직이 닫히지 않아서 정액이 방광으로 들어가는 것을 말한다. 이 경우에는 오르가슴을 느껴도 정액이 나오지 않기 때문에 마른 오르가슴(dry orgasme)이라고 부른다. 이 정액은 나중에 소변을 통해서 방출되기 때문에 신체에 해로운 것은 아니나 불임의 원인이 된다. 역방향 사정은 전립선 수술의 후유증이나 사고, 신경안정제 같은 약물을 잘못 복용해서 발생할 수도 있다. 남성의 오르가슴도 여성의 오르가슴과 같이 아주 복잡하다. 자율신경과 신체반응, 심리적인 상태 등의 종합적인 반응이 성적인 극치감을 느끼게 한다(채규만, 2012: 110). 성은 다양한 요소와 변인들에 의해 영향을 받는다.

2) 여성의 생식기 비정상 형태와 성기능 장애

(1) 질 경련

질 경련은 질 입구와 그 부근의 근육이 비자발적으로 수축하여 성교가 어려운 경우를 말한다. 경우에 따라서는 성교 중 남성의 성기가 빠지지 않을 정도로 강한 질 수축이 일어나 어려움을 겪기도 한다. 또한 남성의 성기 삽입은 가능하지만 고통이 너무 심하여 성교가 불편한 경우가 발생하기도 한다. 이러한 질 경련 현상은 특정한 연령대에서 발생하는 것이 아니라 여성의 모든 연령대에서 나타날 수 있다.

(2) 불감증

불감증은 성적인 흥분을 전혀 느끼지 못하는 증상으로 여성에게만 나타나는 질환이다. 이러한 증상은 여성과 달리 남성은 사정과 함께 오르가슴을 느끼는 데 비해 여성은 이러한 사정 과정이 없다는 점에서 주로 여성에게서 볼 수 있는 증상이다. 즉, 남성은 사정으로 오르가슴을 확실히 느끼지만 여성은 그렇지 않다는 점에서 불감증이 나타날 수 있다는 것이다.

일반적으로 여성의 불감증은 초기에 흥분을 못 느끼는 성욕구 장애(흥분장애)와 절정을 잘 느끼지 못하는 극치감 장애(오르가슴 장애)로 나눌 수 있다. 성욕구 장애란 본인이 성적 관심이나 욕구는 있는데, 어떠한 이유로 인해 성적 자극을 받아도 성적 반응을 보이지 않거나 질의 윤활화를 유지할 수 없는 상태를 말한다. 극치감 장애란 흥분은 이루어지는데 절정을 잘 느끼지 못하거나 지연되는 경우를 말한다. 이것이 문제가 되지 않는 여성이 있는 반면 좌절하거나 분노하는 여성도 있다(전귀연 외, 2021). 이러한 불감증의 치료를 위해서는 원인을 찾아내는 것이 무엇보다 중요하지만 많은 경우 정신적인 측면에 그 원인이 있는 경우가 많다. 이럴 경우에는 부부간의 솔직한 대화와 상담 등 부부의 적극적인 노력을 통해 치료해 나가야 한다.

(3) 성교통증

성교통증은 성교 중이나 성교 후에 음순인 질 또는 골반에 발생하는 통증을 말하는데, 여성의 성기능 중에서 가장 치료하기 어려운 장애 중의 하나이다. 성교통증은 성교 시 생식기에 통증이 있는 경우를 말하지만, 경우에 따라서는 성교 직전, 관계 중, 관계 후에 통증이 생기기도 한다. 이때 통증의 정도가 약할 때는 큰 문제가 되지 않지만 심할 경우에는 성욕이 감퇴한다거나 성관계를 거부하는 등의 문제가 발생할 수 있어 문제를 소홀히 생각해서는 안 된다.

연구결과에 의하면 많은 여성들이 성교통증을 경험하고 있지만 수치심이나 희생심으로 통증을 숨기고 부부관계를 지속하거나 당연한 것으로 여기고 넘기는 사례도 많은 것으로 알려져 있다. 성교통증의 원인은 다양하지만 치료하면 완치가 가능한 것으로 알려져 있으므로 전문가를 찾아 그 원인을 치료하는 것이 중요하다. 자신의 건강과 행복한 성관계를 위해 적극적인 관리와 치료를 소홀히 해서는 안 된다.

(4) 안드로겐 무감각 증상(Androgen Insensitivity Syndrome : AIS)

이 증상을 보이는 아동은 염색체에 이상이 생겨서 신체는 남성이지만, 안드로겐 호르몬에 신체가 반응을 안 보이기에 태아는 마치 여야의 성기 모양과 짧은 질을 가지고 태어난다. 이런 AIS 아이는 여아로 착각하기에 여아처럼 양육된다. 그러나 이런 아동은 사춘기가 되어도 멘스를 하지 않아 신체적인 문제를 발견하게 된다. 이런 아동은 성인이 되어도 자신이 여성인 것으로 착각하고 완전히 여성처럼 행동하고 여성의 역할을 배운다. 이런 현상을 보고 성역할은 사회적으로 학습된다고 결론을 내리고 싶은 유혹도 있지만, 이런 현상은 안드로겐에 반응을 못 하는 신체적인 조건으로 인해 여성화된 신체에 따라 심리적으로 적응한 결과이다(채규만, 2012: 47).

(5) 안드로겐에 과잉 노출된 여성(fetally androgenized females)

임신 중에 태아가 남성호르몬인 안드로겐에 과잉 노출되면 염색체는 정상적인 여성이지만 성기는 음핵이 마치 남성의 성기처럼 크게 발달되어 밖으로 돌출된다. 이러한 아동은 호르몬 치료를 받고 돌출한 성기를 수술로 축소한 후 여성으로 정상적인 사람으로 살 수 있다(채규만, 2012: 48).

쉬어가기 당신의 가슴, '여유증'이 아닌가요?

여유증은 '여성형 유방증'을 줄여서 부르는 말로 남성인데도 불구하고 마치 여성처럼 유방을 지니고 있는 증상을 말한다. 이러한 여유증은 남성호르몬과 여성호르몬의 불균형으로 인하여 비정상적인 유선조직이 생기거나 비만으로 인하여 가슴 부위의 과다한 지방축적이 그 원인이다. 이 밖에도 갑상선 기능 저하 호르몬의 분비 이상, 내분비계 질환 등의 대사성 질환이 원인이 되어 발생하기도 한다. 여유증은 서구에서 높은 발병률을 보이던 질환인데 최근에는 우리나라에서도 여유증으로 고민하는 남성들이 증가하는 추세에 있다. 기름진 음식, 인스턴트 식품의 섭취, 잦은 음주 등과 같은 식생활의 변화와 관련성이 높은 것으로 알려져 있다.

일반적으로 여유증은 남성 유방의 양쪽에 모두 생기는 것이 보통이지만 한쪽에만 생기는 경우도 있다. 여성호르몬인 에스트로겐과 남성호르몬인 안드로겐 호르몬의 불균형이 일어나기 쉬운 사춘기나 노년기 시절에 발생할 확률이 높다. 여유증은 생명을 위협하는 중대 질환은 아니지만 사회활동이 활발하고 외모를 중시하는 젊은 층의 남성들에게는 결코 가볍지 않은 고민이 될 수 있다.

남성의 유방조직은 여성호르몬과 남성호르몬의 수용체를 모두 가지고 있는데, 여성호르몬은 유방조직의 증식을 촉진하고 남성호르몬은 이를 억제하는 기능을 한다. 그런데 여성호르몬과 남성호르몬의 균형이 깨지면 남성인데도 불구하고 여성의 유방을 갖게 된다. 사춘기 때 여성호르몬의 농도가 증가하면서 일시적으로 나타나는 여유증은 대부분 시간이 지나면서 자연적으로 호전되지만 성인이 된 후에도 여유증이 남아 있다면 적당한 치료방법을 찾아볼 필요가 있다.

[여유증 자가진단 테스트]

1. 앞가슴의 형태가 동그랗고 옆은 유륜 주위가 유독 돌출되어 있다.
2. 엄지와 검지로 가슴을 만졌을 때 가슴 몽우리가 있고 크기가 큰 편이다.
3. 전체적으로 비만이며 가슴 주변이 체지방으로 늘어짐 없이 봉긋하다.
4. 전체적으로는 마른 체형이나 유독 유륜 주변만 볼록하게 나와 있다.
5. 청소년기에 가슴이 커진 후 체중 감량을 해도 가슴 부분은 빠지지 않는다.
6. 체중이 늘었다가 빠진 후 가슴 주변의 체지방은 그대로 남아 있다.

□ **위 항목 중 1개 이상이 해당된다면 여유증을 의심해 볼 수 있다. 가까운 병원을 방문하여 전문의와 상담을 통해 검사와 치료를 받아볼 필요가 있다.**

3. 성의 남녀 차이

1) 남녀의 성반응 주기

인간은 성적 자극에 의해 성적 흥분상태에 도달한다. 성적 흥분은 성적 자극에 대한 생리적 및 인지적 반응으로 나타나는 흥분 및 긴장 상태를 말한다. 성적 흥분을 유발하는 성적 자극은 신체적인 것일 수도 있고, 심리적인 것일 수도 있다.

성적 흥분은 호르몬과도 무관하지 않다. 남성이든 여성이든 간에 테스토스테론을 보충해주면 성적 욕구가 되살아난다. 그러나 인간의 성행동은 호르몬보다 다른 요인의 영향을 더 많이 받는다.

카플란(Kaplan)은 여성의 성 반응주기에 대해 욕구단계, 흥분단계, 오르가슴단계의 3단계로 이루어진다고 했다. 특히 인간의 성욕구에 대해 카플란은 초기에 성적인 욕구가 있어야 성행위가 시작된다고 보았다. 부부의 한쪽 편에서 성적인 욕구가 저하되거나 없으면 성생활에 문제가 있다는 것이다. 하지만 남녀의 성생활은 부부 모두가 동시에 성적인 욕구를 느끼지 않아도 한쪽에서 성적인 욕구를 느끼면서 자극하거나 요구하면 성적으로 흥분하면서 정상적인 성관계를 갖는다.

마스터스와 존슨(William Masters & Virginia Johnson)은 성행위 중에 일어나는 반응을 통해 성반응 주기를 탐색하였다. 그들은 성행위와 관련된 생리적 반응의 양상을 관찰하고 기록함으로써, 성에 대한 이야기가 아니라 실제로 벌어지는 성적 반응 및 성행위 자체를 탐구하였다. 그들은 성반응 주기(sexual response cycle)란 성적 자극이나 만족을 경험하는 동안에 나타나는 생리적 및 심리적 변화의 단계 또는 주기를 말하는 것으로, 남녀의 성반응에서 발견되는 주기를 흥분기, 절정기, 오르가슴기, 해소기의 4단계로 제시하였는데 여기서는 마스터스와 존슨의 4단계 성반응 주기에 대해 살펴보고자 한다.

(1) 흥분기(excitement)

성반응 주기의 첫 번째 단계는 흥분기이다. 이 단계는 남녀 모두 심장박동수가 증가하고 혈압이 높아지며 근육이 긴장되는 시기이다. 이 단계에서는 자극에 민감하게 반응하는데 일반적으로 남성은 성적인 그림과 사진, 혹은 눈에 비치는 자극에 강한 관심을 보이고, 상상을 비약시키기도 한다. 그러나 여성은 눈에 띄는 성적 자극에는 그다지 흥미가 없다. 그 대신 촉각에는 예민한 반응을 나타낸다. 몸에 가해지는 자극에는 예민하게 반응하고 살에 무엇이 닿는다든지 강하게 포옹되면 흥분한다. 또 여성은 낭만적인 성적 욕구와 수반하여 정감이 감도는 음악 등, 청각에 의하여 자극되는 경향이 있다. 성적인 자극에 대한 신체적 반응은 신체의 여러 부분에서 성행위 전의 흥분 상태가 표현된다.

남성의 흥분기 특징은 성기의 발기이다. 남성의 발기는 성기 내부에 있는 해면체에 혈액 공급이 많이 되고 대신 방출되는 양이 적어서 피가 성기에 갇혀 있는 현상으로 발기가 되면 성기가 단단해지고 강해진다.

여성의 경우 유방이 커지고 골반 부근 등에서 성적인 흥분이 일어나며 음핵이 길어지고 질은 넓어지며, 질에서 분비물이 나온다. 여성은 흥분하면 공통적으로 숨이 가빠지고 심장이 빨리 뛰며, 입술이 붉어지고 눈동자가 팽창하며 젖꼭지가 단단하게 발기되는 특성이 있다. 흥분기로 접어들기 위해서는 남성과 여성 모두 심리적으로 정서적인 무드가 필요하다.

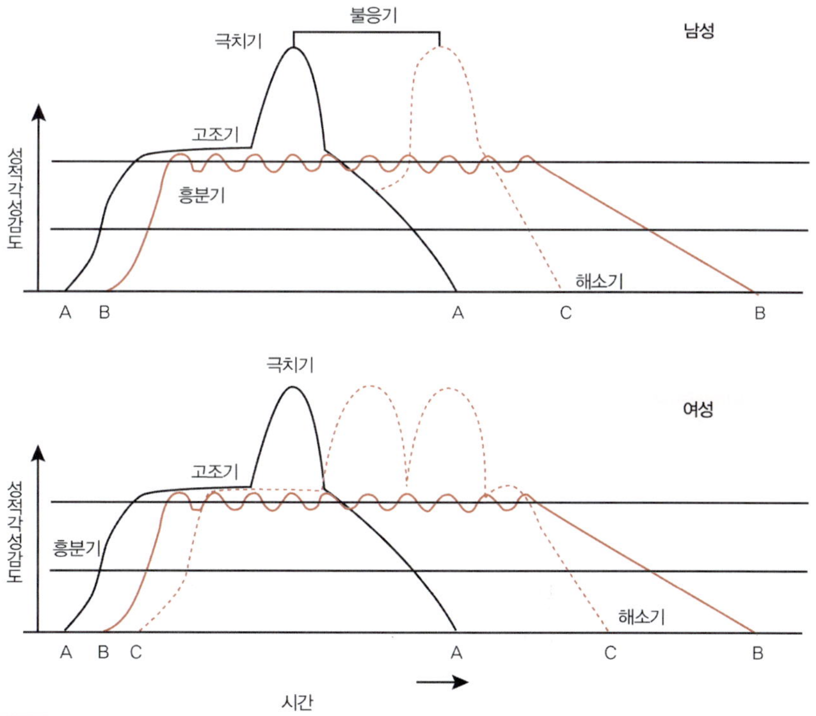

그림 2-5 남녀의 성반응 주기

출처 : Olson, D. H., & Defrain, J.(1994). Marriage and the family : diversity and strengths, mayfield pub. co. p. 411.

(2) 절정기(plateau)

절정기는 흥분기에서 시작한 과정이 계속되고 강화되는 것으로 오르가슴을 느끼기 위한 일종의 준비단계이다. 절정기는 성적인 흥분을 강하게 느끼는 단계로 비교적 짧은 시간에 해당된다. 남성 중에서 조루증이 있는 사람들은 절정기가 아주 짧은 사람들이다. 여성 중에서 남성과 친밀감을 느끼면서 성을 즐기고 싶어 하는 여성은 절정기를 오래 가지고 싶어 한다.

절정기에 남성은 음경이 완전히 발기되어 최대의 길이로 되며, 오르가슴을 향해 가면 고환은 신체 쪽으로 더 밀착되어 사정을 돕는다. 절정기에 남성은 사정하기 전에 쿠퍼선액이라고 하는 맑은 액체가 나오는데, 이 액체 안에 때로는 정자가 포함되어 있어서 사정없이도 여성을 임신시킬 수도 있다.

여성의 경우에는 소음순의 색깔이 변하고 음핵은 음핵포피 속으로 숨어들고, 질 내면은 분비물이 나와 매끄러워지고 질 입구는 음경이 질 내로 들어올 수 있도록 팽창된다. 절정기에 여성의 유방은 계속 팽창하는데 평소 크기의 20~50% 정도 확장된다. 여성에 따라서는 신체에 충혈로 인해서 붉은 반점 같은 것이 나타나기도 한다. 하지만 성적인 자극이 계속되지 않으면 성적 긴장은 점점 줄어든다.

(3) 오르가슴기(orgasme)

오르가슴기는 성반응 주기의 세 번째 단계로 남녀의 신체 반응이 최고에 달하면서 쾌감을 느끼는 단계이다. 오르가슴기는 신체적으로는 가장 짧은 시간으로 몇 초 안에 끝나고 이어서 긴장이 완화되는 기분을 느끼는 시기이다. 오르가슴기는 사람마다 느끼는 기분이 다르다. 어떤 사람은 약간 폭발적이기도 하고, 강렬한 감각이 한꺼번에 몰려오는 사람이 있는가 하면, 어떤 사람은 강렬한 감정을 느끼지 못하는 사람도 있다.

오르가슴기 남성은 전립선과 정낭이 수축되면서 요도를 통해 정액을 분출시키는 사정이 일어난다. 이 단계에서 사정을 중지하기란 매우 어렵다. 남성의 사정 시기에는 방광으로 연결되는 부분이 닫혀 정액이 방광으로 사정되는 현상을 막아준다. 남성의 정액 방출은 0.8초 간격으로 수축작용에 의해 3~7회 배출하게 되고 이 순간 남성은 최고의 기분을 느낀다.

여성이 오르가슴을 느낄 때에는 자궁과 질의 입구 약 3분의 1 부분에서 동시에

리듬을 맞추어 수축작용이 일어난다. 수축작용은 초기에는 강렬하지만 시간이 지나면 약해진다. 사람에 따라서 다르지만 오르가슴은 일반적으로 3~5회 정도의 수축작용이 일어난다. 경우에 따라서는 강한 오르가슴으로 10~15회 정도의 수축작용이 일어나는 경우도 있다. 여성의 오르가슴은 성기관에서만 반응이 일어나는 것이 아니고 신체의 전체에서 일어나는 반응이다. 따라서 신체의 각 부분에서 근육의 수축작용이 일어난다.

(4) 해소기(resolution)

해소기는 남녀의 차이가 크다. 남성은 일회성 오르가슴으로 끝이 나지만, 여성은 한 번의 성관계에서 여러 번의 오르가슴을 경험할 수 있다. 그렇다고 해서 많은 여성들이 여러 번의 오르가슴을 경험하는 것은 아니다. 여성이 여러 번의 오르가슴을 경험하려면 편안한 상태에서 성적인 자극이 계속 주어져야 하고, 다른 생각은 하지 않고 자신의 성적인 만족에만 몰두해야 하며, 자신이 생각하는 성적인 환상 등이 중요한 역할을 하기 때문에 쉽지 않은 일이다.

해소단계는 남녀가 성관계 이전의 상태로 복귀하는 단계이다. 즉, 성기관에 충혈된 혈액이 빠져나가 성기의 크기나 모양이 성관계 갖기 이전의 상태로 돌아오고 여성도 가슴의 크기가 원래대로 돌아오고 소음순, 대음순도 작아지게 된다. 여성은 해소기가 끝나는데 다소 시간이 걸리지만 남성의 경우에는 해소기가 갑작스럽게 온다. 남성은 성관계가 끝나면 피곤해져 자고 싶은 충동을 느끼지만 여성은 해소기에도 남성이 자신을 안아주기를 바라면서 성적인 여운을 즐기기를 바란다. 이런 부분에 대한 남녀 간의 배려가 필요하다.

성행위 뒤에 일어나는 성 심리는 남녀 간에 차이를 보인다. 성행위가 남성에게 종착점이라고 한다면 여성에게는 출발점이다. 생식이라는 관점에서 남성은 한 번 여성에게 수태하는 기회를 주면, 그 이상 생리적으로는 여성에게 어떻게 해 줄 수가 없다. 하지만 여성에게는 거꾸로 성교를 출발점으로 하여, 수태, 임신, 출산, 육아라는 중요하고도 어려운 일이 기다리고 있다. 따라서 앞으로 이러한 일에 협력해 줄 동반자를 바라는 심리가 본능적으로 여성에게 갖춰진 것이다. 이는 여성이 결혼하여 가정을 갖고 싶다는 심리와도 통하는 점이 있다. 남성의 무책임에 대한 여성의 집착 심리도 이러한 본능적 측면이 있다. 물론 이런 남녀 심리의 차이는 생리적인 것 이외에 사회적인 배경의 차이도 영향을 준다.

쉬어가기 **성행동에 대한 비교 문화적인 현상**

인간은 섹스 자체를 통해서 즐거움을 느끼는 것을 공통적으로 원하지만, 섹스에 대한 강조점, 오르가슴에 도달하는 방법 등은 문화권마다 다를 수 있다. 예를 들면, 서구권에서는 섹스를 할 때 오르가슴과 성기 중심의 섹스를 한다. 반면 도교, 힌두교, 불교의 문화권에서는 오르가슴보다는 정신적인 교감과 성적으로 흥분된 상태를 오래 지속하는 데 초점을 두었다. 그러나 우리나라의 남성들은 서구권과 같이 오르가슴과 성기 중심의 섹스에 관심을 가지고 있다. 일부의 아프리카 여인들은 오르가슴을 거의 느끼지 못하거나 오르가슴이 없는 섹스를 한다(Ecker, 1993). 그리고 아프리카 여인들이 섹스를 할 때 분비물이 나오면 일부 남성들은 혐오감을 느껴서 소위 Dry Sex를 즐기기도 한다.

성교 중에 키스는 대부분 어느 문화권에서나 공통적으로 하지만, 에스키모인들은 키스보다는 서로 코를 비빈다. 인도의 힌두교인들은 키스는 성교를 상징적으로 오염시킨다는 믿음 때문에 키스를 회피한다.

오럴섹스는 남태평양과 산업화된 아시아 국가, 서구 문화권에서는 많이 행해지지만, 아프리카에서는 부자연스럽고 아주 역겨운 것이라고 생각하기에 회피한다. 우리나라도 여성들은 오럴섹스를 혐오적인 것으로 간주하고 오랫동안 회피해 왔지만, 서구의 영향으로 이제 젊은 부부들 사이에 조금씩 시도되고 있다.

전위(foreplay)는 서구권에서 많이 시도하지만 우리가 생각하는 만큼 오래 하지는 않고 성교에 초점을 둔다. 한편 동양에서는 본래 성적인 자극을 오랫동안 즐기기 위해 전위를 길게 시도했지만 요즘에는 성기 중심으로 성관계를 가지면서 전위가 아주 짧게 이루어지고 있다. 히말라야의 남성은 여성의 가슴을 간단히 만지고 바로 성교를 시도한다. 여성의 입장에서 보면 충분한 전위가 있어야 신체가 자연스럽게 반응하면서 분비물도 충분히 나와 성을 즐길 수 있다.

여성의 성적인 매력도 문화권에 따라서 다른데, 우리나라는 얼굴의 미모에만 관심을 두다가 요즘에는 여성의 가슴을 강조하는 분위기이다. 서구에서는 여성의 풍만한 가슴이 섹스의 심벌이 되어 왔다. 그러나 일부의 섬 주민들은 여성 성기의 부드러움과 성기 모양에서 성적인 매력을 느끼기도 한다.

출처 : 채규만(2012). 성행동 심리학. 서울: 학지사. p. 125.

2) 일반적인 남녀 성차이

남성과 여성의 성심리 사이에는 커다란 차이가 있다. 여성의 경우 초경을 겪는 경우에는 불쾌감과 놀라움은 있어도 성적쾌감은 체험하지 않는다. 그런데 남자의 경우에는 사정(射精)은 곧 쾌감과 연결된다. 따라서 남자는 성의 성숙과 동시에 자연

발생적으로 쾌감을 체득하게 된다. 이에 비해 여성이 성감을 알게 되는 것은 보통 성행위에 대한 성숙이 완전히 이루어지고 난 뒤이며 남성에 의하여 개발되는 경우가 많다. 결국 남성은 몸으로 성에 대한 눈을 뜨는 것이 곧 마음의 눈을 뜨는 것인데 반해, 여성의 경우에는 몸과 마음의 두 가지가 일치하지 않는다. 이 차이는 남녀 성차이의 출발점이다.

인간은 성호르몬이 증가하면 그 작용에 의하여 성의식에 눈을 뜨고 이성에 대한 관심도 점차 높아진다. 그렇게 되면 남녀 모두 이성에 대한 접근욕이 일어나고, 이것이 성적 접촉으로 연쇄적으로 나아가게 되며 성교욕(생식욕)으로까지 이어진다. 이러한 일련의 성심리 과정을 '성심리의 연쇄작용'이라고 한다. 이 연쇄작용이 진행되는 순서는 남녀 간에 차이가 없다. 그러나 연쇄작용의 진행 방법에는 남녀 간에 명확한 차이를 보인다. 여성은 성의 피해로부터 몸을 지키기 위해서도 남성의 이러한 연쇄작용을 이해할 필요가 있다. 남성은 '여기까지 오면 다음 행위는 당연히 상대가 받아 줄 것이야.'라는 경향이 있다는 점이다. 이러한 남성의 행동은 구체적인 성의 쾌감을 연쇄작용의 종착점에서 발생하게 된다는 것을 예측하고 처음부터 기대감을 갖기 때문에 일어난다. 그러므로 여성이 남성에 대하여 취하고 있는 현재의 행위가 남성의 다음 행위를 불러일으키는 요인이 될 수 있다는 것을 이해할 필요가 있다.

성욕에 있어서도 남녀 간에 차이가 있다. 대체로 남성은 여성에 비해 성충동이 높은 경향성을 보이며, 남성의 성충동은 19세에 최고조를 이루다가 그 후에 점차 감소를 보인다. 그러나 여성의 경우에는 10대 후반부터 서서히 증가하여 36~38세에 이르러 성에 대한 욕구가 최고조에 달한다. 물론 이러한 성욕에는 개인차가 존재한다. 이러한 남녀 간의 성충동의 차이는 다르게 나타나므로 서로에 대한 이해가 전제되지 않으면 성욕의 차이로 갈등이 생길 수 있다.

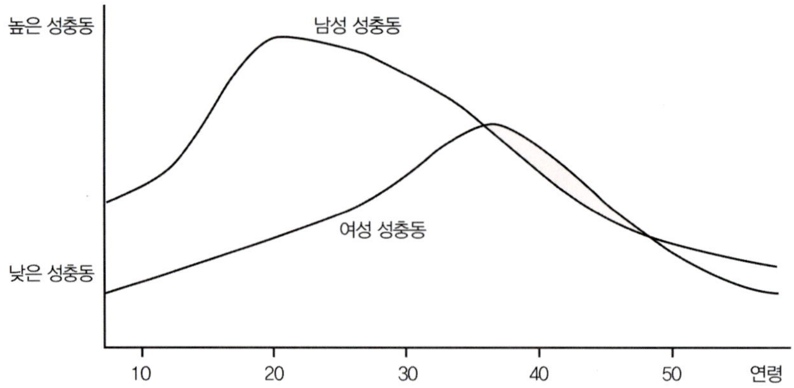

그림 2-6 연령에 따른 남성과 여성의 성충동

출처 : 정아란·유정희(2014). 대학생을 위한 행복한 성과 결혼. 경기: 공동체. p. 38.

뿐만 아니라 성자극의 측면에서도 남성은 시각적인 면으로 그림, 영화, 포르노와 같은 내용에 자극을 많이 받고 직접적인 시각적 자극에 의해 성욕이 없다고 하더라도 과거 경험에 의해, 환상으로 그린 시각적 자극에 의해 성욕이 일어날 수 있다. 하지만 여성은 남성과 달리 청각적, 촉각적인 부분에 더 자극을 받는다.

여성은 아이를 키우기 위한 자궁과 난소가 내장 속에서 상당한 부분을 차지하고 있는데 이를 주기적으로 움직이게 하기 위해 시상하부(視床下部)와 뇌하수체에 큰 부담을 안겨주고 있다. 뇌하수체는 여성이 남성보다 더 크고 갑상선에서 나오는 호르몬도 많이 사용한다. 그러므로 여성은 심리적인 측면에서 호르몬의 주기에 따라 마음의 동요도 크고 특히 시상하부와 관계가 깊은 정서가 성주기로부터 영향을 받는다. 이는 내부의 환경으로부터 생기는 필연적인 것으로 여성 심리의 특징이다. 여성이 남성에 비해 정서적이라고 하는 원인도 여기에 있다. 이러한 여성의 정서적 심리는 내부적인 환경에서 오는 것도 있지만, 외부의 환경에서도 많은 영향을 받는다. 여성이 사물에 예민한 감정을 나타내는 것도 이러한 것의 한 표현이며 이 이외에도 동정심, 부드러운 마음씨, 유행에 약한 것과 같은 여성에서 많이 볼 수 있는 심리적인 것들도 여기에서 기인한다.

<표 2-1> 남녀 간의 성차이

<table>
<tr><th>구분</th><th>남</th><th>여</th></tr>
<tr><td rowspan="2">성욕구</td><td>•생물학적 욕구가 크다.
•접근욕, 성교욕
•육체적으로 성숙하게 되면서 성욕이 매우 예민하고 강해진다.
•때와 장소에 관계없이 충동적으로 급격하게 나타난다. 이때 음경이 발기되며, 때로는 사정하고 싶다는 욕망이 생긴다.</td><td>•생물학적 욕구, 가정환경, 교우관계 및 이성관계 등과 해당 사회의 성적 개방 정도에 더 큰 영향을 받는다.
•정서적 욕구, 애정적 욕구(성교와 함께 따뜻한 애정을 주고받고 확인하기를 원한다.)
•부드럽고 천천히 일어나며 한번 그 감정이 고조되면 성적 욕구가 매우 강해진다.</td></tr>
<tr><td colspan="2">•남녀 모두 이성과의 접촉을 바라는 욕구가 강렬해지지만, 동시에 그것을 부끄럽게 여기는 수치심도 강해져서 자기갈등에 빠지기도 한다. 그러나 이러한 심리적 불안과 갈등을 체험하면서 성적 욕구는 더욱 강화되고 구체화된다.</td></tr>
<tr><td>성행동</td><td>•방출충동, 접촉충동</td><td>•접근 욕구</td></tr>
<tr><td>성심리</td><td>•능동적, 자연발생적</td><td>•감정적, 수동적
•성은 사랑의 표현이며 낭만적인 감정도 포함된다.
•성행위 자체에 대한 욕구보다는 다분히 환상적이고 로맨틱한 연애감정에 관심이 많다.</td></tr>
<tr><td>성자극</td><td>•시각적, 후각적
•여자들에 비해 자극적인 행동, 성적인 그림, 영화, 소설과 같은 다양한 범주의 자극에 대해 쉽게 흥분한다.</td><td>•청각적, 촉각적</td></tr>
<tr><td>성숙과정</td><td>•유정, 몽정→쾌감</td><td>•초경→불쾌, 놀람</td></tr>
<tr><td>성의 절정기</td><td>•18세
•청소년기에 최고조에 달한다. (발기, 자위행위 통한 사정빈도가 이 시기에 절정)</td><td>•35~40세
•부드럽고 천천히 성욕구가 일어나며 30대에 강한 성욕구를 느낀다.</td></tr>
<tr><td>성관계</td><td>•오르가슴을 목표로 하고 친밀감은 부차적인 목표이다.</td><td>•가장 중요하게 생각하는 것은 친밀감, 파트너의 만족, 오르가슴의 순이다.</td></tr>
<tr><td>성관계 후</td><td>•만족감, 정복감, 무책임</td><td>•새로운 관계 시작, 집착</td></tr>
</table>

출처 : 김수경 외(2011). 결혼준비교육 프로그램. 서울: 도서출판 신정.

쉬어가기 자위행위에 대한 일반적인 편견

자위행위와 정신건강

자위행위는 정신건강에 해를 끼친다는 말이 있다. 하지만 정신과 의사들은 무리한 행위가 아니라면 문제가 되지 않는다고 본다. 자위행위를 시작한 초기에는 횟수가 빈번해지지만 어느 시기가 되면 적당히 조절할 수 있게 되므로 빈도에는 신경 쓰지 말고 자신의 일상생활에 무리하지 않을 정도로 스스로 판단하는 것이 좋다고 말한다. 따라서 하루에 한 번씩, 또는 주 1회 등으로 개인에 따라 적절하게 선택하는 것이 좋다.

자위행위와 피부질환의 관련성

자위행위 자체가 좌창이나 다른 피부질환을 야기하는 것이 아니라, 자위행위 시 더러운 손으로 자극한다거나 불결한 환경 속에서 자위행위를 하면 피부질환을 야기할 수 있다.

자위행위와 성기능 장애

자위행위를 하면 '키가 안 큰다.', '머리가 나빠진다.', '머리털이 빠진다.', '음경이 휘어진다.', '성기가 검게 되고 불임이 된다.' 등의 잘못된 인식이 있다. 그러나 이러한 생각은 편견이다. 자위행위가 성기능을 방해하는 것이 아니라 오히려 자위행위의 경험 부족이 성기능 장애를 일으킨다는 보고도 있다.

자위행위와 성별과의 관계

자위행위에 대해 알게 되는 시기는 남녀에 따라 다르지만 자위행위는 남자만 하는 것은 아니다. 남녀를 막론하고 손가락을 이용한 성기마찰이 가장 보편적인 자위행위의 방법이고, 기구를 사용하는 경우도 있다. 최근 자위행위는 여성에게 성적인 긴장감을 방출시키는 하나의 안전하고 자연스러운 것으로 받아들여지고 있다. 여성의 자위행위는 정상적이고 건강한 행위이다. 자위행위는 여성에게 긍정적인 영향을 줄 수 있다. 개인적으로는 자신의 성에 대해 자유로움을 쟁취하고 욕구의 억압으로부터 해방되며 성에 대한 불안감과 죄책감, 편견을 해소시켜줄 수 있다. 또 자위행위로 오르가슴에 도달한 적이 있는 여성은 상대와의 성행동에서도 수월하게 오르가슴을 경험할 수 있다.

결혼 후의 자위행위

결혼한 부부들 간에도 성교를 하기 전에 일종의 준비과정인 애무단계에서 자위행위를 하기도 하고, 임신을 피하기 위해 성교 대신 서로 자위행위를 통해 오르가슴에 이르기도 한다. 혼자가 된 노인들 중에는 자위행위를 자주 하는 사람도 많다.

출처: 천성문 외(2013). 성심리의 이해. p. 49.

활동자료 2-1

당신은 성에 대해 얼마나 알고 계십니까?

※ 다음 글을 읽고 질문 내용이 맞으면 ○표에, 틀리면 ×에 체크하세요.

순	질문내용	응답	
		○	×
1	성적 무기력의 원인은 언제나 심리적인 것이다.		
2	음주는 성적 자극 수준을 떨어뜨린다.		
3	정자는 남성의 고환에서 생산되며 사정 시에만 방출된다.		
4	남성의 음경과 여성의 음핵은 유사한 구조조직이다.		
5	여성의 경우 요도와 질구는 다른 통로이다.		
6	대부분의 사람들이 어느 정도 동성애적인 행동을 행하는 것은 정상적으로 성장한 결과이다.		
7	콘돔을 사용하면 완전한 피임이 보장된다.		
8	정관수술은 성 만족도에 영향을 준다.		
9	성관계 후 성기를 비누로 깨끗이 씻으면 성병에 걸리지 않는다.		
10	임신을 위해서 여자는 성관계 시 오르가슴을 느껴야 한다.		
11	남성은 일생 동안 정자를 생산해 낸다.		
12	여성은 일생 동안 배란할 난세포를 가지고 태어난다.		
13	아기의 성은 난자와 정자가 수정되는 순간에 결정된다.		
14	모든 여성은 처녀막을 가지고 태어난다.		
15	키스를 통해서는 성병이 전염되지 않는다.		
16	한 번의 성교만으로도 성병에 감염될 수 있다.		
17	흡연은 성기능 장애의 원인이 된다.		
18	출산 후 월경이 없는 기간에는 피임을 하지 않아도 된다.		
19	여성의 성적 기능은 유방의 크기와 직접 관련이 있다.		
20	몽정은 성적으로 문제가 있음을 말해준다.		
21	성병에 걸렸던 사람은 불임이 될 수 있다.		
22	여성의 성욕은 자궁이 제거되더라도 변하지 않는다.		
23	인간의 성은 대개 문화적 맥락에서 학습된다.		
24	남성의 음경 크기는 대개 성교 시 여성이 경험하는 성적 만족에 직접적으로 관련된다.		
25	남성의 일 회 사정 시 방출되는 정자의 수는 수만 개 정도이다.		

정답

번호	1	2	3	4	5	6	7	8	9	10	11	12	13	14	15	16	17	18	19	20
정답	×	○	×	○	○	○	×	×	×	×	○	○	○	×	×	○	○	×	×	×

번호	21	22	23	24	25
정답	○	○	○	×	×

활동자료 2-2

남녀 두뇌 회로 테스트

※ 이 테스트는 여러분들의 두뇌 패턴이 여성형인지 아니면 남성형인지 알아보는 것입니다. 이 테스트에는 정답이나 오답은 없습니다. 질문에 대해 여러분과 가장 잘 어울린다고 생각되는 것을 골라 그 기호를 '선택'란에 쓰세요.

순	질문내용		선택
1	지도를 읽거나 도로 안내판을 볼 때 당신은?	a. 어려움을 느껴서 남의 도움을 청한다. b. 지도를 펼치면서 가야 할 방향을 살핀다. c. 아무런 어려움 없이 지도와 안내판을 읽는다.	
2	라디오를 틀어 놓고 친구의 전화를 받으면서 복잡한 요리를 해야 하는 상황이다. 이럴 때 당신은?	a. 라디오를 그대로 틀어놓고 요리를 하면서 친구와 전화를 한다. b. 라디오를 끄고, 전화를 하면서 요리를 한다. c. 요리가 끝나는 대로 전화하겠다면서 전화를 끊는다.	
3	당신의 새집에서 친구들이 방문하겠다며 위치를 묻는다. 이럴 때 당신은?	a. 명확하게 위치가 그려진 지도를 만들어 친구에게 보낸다. 아니면 사람을 시켜 새집에 오는 방법을 가르쳐준다. b. 친구들이 알고 있는 지형지물을 먼저 파악한 다음, 그것을 중심으로 방향을 알려준다. c. 말로 찾아오는 방법을 일러준다. "뉴캐슬로 가는 M3 도로를 타. 그런 다음 램프를 빠져나와서 좌회전해. 그리고…"	
4	어떤 생각이나 개념을 설명할 때 당신은?	a. 연필, 종이, 몸짓 언어를 사용한다. b. 몸짓 언어와 제스처를 써가며 말로 설명한다. c. 분명하고 간결한 말로 설명한다.	
5	감동적인 영화를 보고 난 후 집으로 오면서 당신은?	a. 마음속으로 영화의 멋진 장면을 회상한다. b. 멋진 장면과 그 속의 대화에 대하여 말한다. c. 영화 속의 대화만 주로 인용한다.	
6	영화관에 들어가서 당신은?	a. 주로 영화관 오른쪽에 앉는다. b. 아무 데도 신경 쓰지 않는다. c. 영화관의 왼쪽에 앉는다.	
7	친구가 고장 난 기계 장치를 갖고 왔을 때 당신은?	a. 동정을 해주면서 친구의 기분을 이해한다. b. 그 장치를 고칠 수 있는 사람을 추천한다. c. 기계의 작동 과정을 살펴보면서 가능하면 고쳐주려 한다.	
8	낯선 곳에 갔는데 누군가 당신에게 다가와 북쪽이 어디냐고 물으면 당신은?	a. 잘 모른다고 실토한다. b. 잠시 생각해본 뒤에 당신의 의견을 말한다. c. 아무 어려움 없이 북쪽을 가리킬 수 있다.	

순	질문내용		선택
9	아주 비좁은 주차공간을 발견하여 후진 주차를 해야 한다. 이럴 때 당신은?	a. 다른 주차 공간을 알아본다. b. 조심스럽게 후진 주차한다. c. 아무 어려움 없이 후진 주차를 할 수 있다.	
10	텔레비전을 보고 있는데 전화가 왔다. 그러면 당신은?	a. 텔레비전을 그대로 켜둔 채 전화를 받는다. b. 텔레비전 소리를 낮추고 전화를 받는다. c. 텔레비전을 끄고 식구들에게 조용히 하라고 한 다음 전화를 받는다.	
11	좋아하는 가수의 새 노래를 방금 들었다. 이럴 때 당신은?	a. 그 노래의 일부를 별 어려움 없이 따라 부른다. b. 정말 쉬운 노래라면 추후에 몇 소절을 따라 부른다. c. 노래 가락은 전혀 기억할 수 없지만 가사는 일부 기억한다.	
12	당신이 어떤 일의 결과를 가장 잘 예측하는 방법은?	a. 육감을 이용하는 것이다. b. 입수된 정보에 육감을 적용시켜 결정한다. c. 사실, 통계수치, 데이터만 이용한다.	
13	당신은 열쇠 꾸러미 둔 곳을 잊어버렸다. 이럴 때 당신은?	a. 생각이 저절로 날 때까지 딴 일을 한다. b. 딴 일을 하지만 계속 열쇠 꾸러미 생각을 한다. c. 마음속으로 차근차근 열쇠를 두었을 때의 상황을 되짚어서 어디다 두었는지 마침내 기억해낸다.	
14	호텔 방에 들어갔는데 먼 곳에서 사이렌 소리가 난다. 이럴 때 당신은?	a. 소리가 나는 방향을 정확하게 짚어낸다. b. 정신을 집중하면 그 방향을 짚어낼 수 있다. c. 방향을 전혀 알지 못한다.	
15	당신은 사교모임에 가서 7~8명의 새로운 사람을 만났다. 그 다음날 당신은?	a. 어렵지 않게 그들의 얼굴을 기억해낸다. b. 몇몇 사람의 얼굴을 기억한다. c. 이름만 기억하는 정도다.	
16	당신은 산으로 휴가를 가고 싶은데 배우자는 바다로 가고 싶어 한다. 배우자에게 당신의 계획을 설득하고자 할 때 당신은?	a. 당신의 입장을 이해시킨다. 당신이 얼마나 전원을 사랑하는지, 또 예전에 산에 갔을 때 애들과 가족들도 재미있어 했다는 사실을 상기시킨다. b. 가족들에게 노골적으로 산에 따라가 주었으면 고맙겠다고 말하고 다음번에 해변으로 가자고 말한다. c. 사실을 이용한다. 산속의 리조트는 지리상 가깝고, 비용도 저렴하고, 스포츠와 여가활동 시설이 훌륭하다는 사실을 지적한다.	
17	하루 일과를 계획할 때 당신은?	a. 틈틈이 참조할 수 있도록 종이 위에다 써놓는다. b. 해야 할 일을 머릿속에서 생각한다. c. 마음속에서 만나야 할 사람, 가보아야 할 장소, 해야 할 일 등을 구체적으로 그려본다.	
18	친구가 고민이 있어 당신을 찾아왔을 때 당신은?	a. 동정해주고 이해해준다. b. 그 고민은 그리 심각한 것이 아니라고 말하면서 그 이유를 설명해준다. c. 그 고민을 해결할 수 있는 방법에 대하여 합리적인 조언을 해준다.	

순	질문내용		선택
19	두 친구가 바람을 피우고 있다. 당신은 그것을 어떻게 아는가?	a. 아주 쉽게 눈치챌 수 있다. b. 눈치챌 가능성은 반반이다. c. 눈치채지 못한다.	
20	당신이 볼 때 인생의 목적은 무엇이라고 생각하는가?	a. 친구를 사귀고 주위 사람들과 조화롭게 사는 것이다. b. 개인의 독립을 유지하면서 남들에게 우호적으로 대하는 것이다. c. 가치 있는 목표를 성취하고, 다른 사람의 존경을 받고, 출세와 명예를 얻는 것이다.	
21	마음대로 선택할 수 있다면 이런 방식으로 일하고 싶다.	a. 여러 사람과 함께 어울리는 팀에서 b. 당신만의 공간을 유지하면서 다른 사람들의 주위에서 c. 당신 혼자서	
22	당신이 읽기 좋아하는 책은?	a. 소설과 픽션 b. 잡지와 신문 c. 논픽션과 전기물	
23	쇼핑을 갈 때 당신은?	a. 특이한 제품을 보면 충동구매를 한다. b. 대강의 계획을 가지고서 눈에 보이는 대로 산다. c. 상표를 읽어가며 가격을 비교한다.	
24	취침시간과 식사시간은?	a. 마음 내키는 때에 b. 기본 스케줄을 정하지만 신축성이 있다. c. 매일 정해진 시간에	
25	당신은 새 직장에 들어가서 새로운 사람들을 많이 만났다. 그들 중 한 사람이 당신의 집으로 전화를 했다. 이럴 때 당신은?	a. 그의 목소리를 쉽사리 알아듣는다. b. 목소리를 알아듣는 확률이 반반이다. c. 목소리를 잘 알아듣지 못한다.	
26	사람들과 언쟁을 할 때 당신을 제일 당황하게 만드는 것은?	a. 그들의 침묵이나 무반응 b. 그들이 당신의 관점을 이해해주지 않을 때 c. 그들이 당신의 견해를 의심하면서 따지고 들 때	
27	학창시절 철자 테스트나 작문 시간에 당신의 느낌은?	a. 둘 다 아주 쉽게 해냈다. b. 두 가지 중 하나만 그런대로 해냈다. c. 둘 다 잘하지 못했다.	
28	춤이나 재즈 댄스를 배울 때 당신은?	a. 기본 스탭만 배우면 음악을 몸으로 '느낄' 수 있다. b. 연습은 그런대로 하는데, 막상 사람들과 함께하면 헷갈린다. c. 리듬을 제대로 타는 것이 어렵다.	
29	동물들의 소리를 알아맞히고 또 흉내 내는 능력은?	a. 별로 좋지 않다. b. 보통이다. c. 아주 좋다.	
30	고단한 하루 일과가 끝나면 당신은?	a. 하루 동안 벌어진 일에 대해 친구나 가족과 얘기한다. b. 남들이 그들의 하루 일과를 얘기하는 걸 듣는다. c. 신문을 읽고 텔레비전을 볼뿐, 말은 하지 않는다.	

출처 : Pease Allan(2001). Why men don't listen & women can't read maps?. NY: Broadway.

결과 해석

* 선택한 기호의 개수를 세어 빈칸에 적으세요.

번호	①	②	③
개수			

* 선택한 기호의 개수를 다음 공식에 넣어 점수를 산출하세요.

〈남자의 경우〉
a의 개수 * 15점 =
b의 개수 * 5점 =
c의 개수 * -5점 =
총점 = _____

〈여자의 경우〉
a의 개수 * 10점 =
b의 개수 * 5점 =
c의 개수 * -5점 =
총점 = _____

결과 해석

점수	사고 방식	두뇌의 특성
150 이하의 점수	남성적인 사고방식의 소유자	•점수가 0에 가깝게 내려가면 갈수록, 더 남성적인 사람이 되고 또 테스토스테론의 수치도 높아짐 •논리적이고, 분석적이며, 언어능력이 뛰어나며, 잘 훈련되고 잘 조직된 사람 •통계적 데이터를 가지고 비용을 산출하고 결과를 계획하는 일을 잘함 •좀처럼 감정의 영향을 받지 않는 편임
180점 이상의 점수	여성적 사고방식의 소유자	•이 점수가 높으면 높을수록 그 사람의 두뇌는 여성적임 •창조적, 예술적, 음악적 재능을 가지고 있을 가능성이 높음 •직관 또는 육감에 따라 결정을 내리는 것을 잘하고 최소한의 데이터를 이용하여 문제를 파악하는 일을 잘 함 •창의성과 통찰을 발휘하여 문제를 해결하는 일에도 두각을 나타냄

Chapter 03

성과 젠더*

* 본 장은 이규은 · 장상필(2021). 성과 결혼. 도서출판 어우리. pp. 77-101의 내용을 재구성하였음.

Chapter 03

성과 젠더

1. 젠더에 대한 이해

1) 젠더의 개념

성의 개념은 생물학적인 차원과 사회문화적인 차원의 두 가지를 다 내포한다. 성별 구분, 혹은 성관계는 생물학적인 차원에서 인식한 신체적인 성(sex)이고, 성역할이나 성문화 등은 사회문화적인 차원에서의 사회적인 성(gender)을 의미한다. 생물학적인 성은 한 인간이 태어날 때부터 타고나는 해부학적·신체적 조건을 말한다. 생물학적 결정론자들은 생물학적 차이가 인간의 능력을 결정한다고 보지만, 이러한 주장은 과학적으로 증명되지 않은 허구일 뿐이다(박귀영 외, 2017).

생물학적인 성을 의미하는 섹스(sex)는 타고난 성으로 신체적인 특성으로 구분된다. 생물학적 성인 남자와 여자는 남성 호르몬인 테스토스테론과 여성 호르몬인 에스트로겐 수치가 다르다. 이러한 호르몬은 태아 때는 남자와 여자가 다르게 생겨나는 생식기의 발현을 유도하고, 사춘기를 거치면서 1차 성징과 2차 성징을 통해 가슴과 털, 근육의 비중 등 남자와 여자의 몸의 차이를 만들어낸다. 남성 호르몬인 테스토스테론은 생물학적인 면에만 영향을 미치는 것이 아니라 공격성을 높이는 데에도 직접적인 역할을 한다. 뿐만 아니라 여성 호르몬인 에스트로겐도 혈관벽을 보호하고 뼈가 단단해지는 작용을 돕는 등 우리 몸 안에서 거의 연관되지 않은 영역이 없다. 그런데 중요한 것은 남자도 테스토스테론과 함께 여성 호르몬인 에스트로겐을 가지고 있고 여자도 여성호르몬과 남성호르몬을 모두 가지고 있다는 점이다. 호르몬의 유무가 아니라 호르몬 양의 정도의 차이가 성에 대한 생물학적인 차이를 가져오는 것이다. 이러한 호르몬 양의 정도는 평생 지속되는 것이 아니라 사춘기 때 정점을 찍고 점차 줄어들다가 여성과 남성 모두 중년을 넘어가면서 급격히 감소한다. 중년기에 들어서 성호르몬의 비율이 바뀐 남자가 부쩍 눈물이 많아지거나, 여자가 목소리가 커지고 성격이 괄괄해지는 등의 변화도 이러한 호르몬의 변화와 관련이 있다.

생물학적 성인 섹스(sex)와 달리 젠더(gender)는 사회적인 성으로 남녀 사이의 사회·문화·심리적 차이를 말한다. 즉, 젠더는 생물학적 성을 근거로 사회·문화·심리적으로 학습된 행동과 훈련에 의해 남녀의 기질이 형성된다는 것을 강조한 용어이다. 따라서 젠더는 '남성다움'이나 '여성다움'처럼 사회적으로 구축된 개념과 연계되어 있다. 남성은 남성답게 여성은 여성답게 길러져야 한다고 보는 것은 사회적인 성을 바탕으로 한 개념이다.

'젠더(gender)'와 '성(sex)'의 구별은 1980년대 초반 여성을 연구대상으로 삼은 학자들이 성적 차별화 구조가 남녀 모두에게 어떤 방식으로 영향을 주었는지 논의하고 이를 묘사하기 위해 사용하면서 보편화되었다. 그 후 1995년 북경에서 열린 제4차 여성대회 정부기구 회의에서 '성(性)'에 대한 영문표기를 '섹스(sex)'가 아닌 '젠더(gender)'로 표기하기로 합의하면서 통용되기 시작하였다. 이는 사회·문화적으로 형성된 성별의 차이와 이로 인해 야기되는 성불평등과 차별을 타파해야 한다는 문제의식의 표현이기도 하다. 따라서 젠더의 도입은 사회·문화적인 구성물로서의 '성별'에 따르는 고정관념 및 역할에 대한 변화와 도전이 가능해지는 계기가 되었다(한희선 외, 2016).

'남성다움'과 '여성다움'으로 표현되는 젠더의 개념에는 성차에서 비롯된 불평등한 사회 모습이 내포되어 있다는 점에서 평등한 남녀관계의 실현이라는 과제를 안고 있다. 남성과 여성 간의 뚜렷한 성별의 차이는 남녀 간 불평등의 요인이 되고, 나아가 남성이 가진 권력을 유지하고 재생산하는 데 도움을 줄 뿐이다.

2) 젠더 불평등

젠더라는 용어가 등장하면서 성에 대한 인식에 변화가 있었다. 남성성과 여성성이라는 차이가 생물학적인 성에 따라 주어지는 자연스러운 현상이 아니라, 실천에 따라 변화될 수 있는 삶의 일부분이라는 인식으로 전환되는 계기가 되었다. 즉, 여성과 남성의 차이나 성역할의 구분을 비판적인 시각으로 바라보면서 여성과 남성의 평등한 역할과 사회적 관계 형성을 위한 다양한 연구와 노력이 이루어지기 시작했다. 이러한 관점에서 젠더에 대한 불평등이란 사회적 문제를 한 성이 사회의 특정 영역에 참여하지 못하도록 배제되거나, 하는 일의 가치를 평가절하하여 사회적 기여도를 인정받지 못하도록 하는 것이라고 보고 젠더의 불평등에 대해 다음과 같은 문제를 지적하고 있다(허혜경 · 박인숙, 2020).

첫째, 동일한 조건의 경우에 혜택이나 보상에 있어 차별을 받는 것이다. 비슷한 상황에 처한 남성에 비해 여성이 혜택을 받지 못하는 것을 의미한다. 교육 수준, 계급 배경, 종교, 민족 범주가 비슷한 경우 여성이 남성에 비해 사회적 지위가 낮고 혜택을 적게 받는다면 젠더 불평등의 경우이다. 동일한 상황이라도 판단의 기준이 다른 경우도 많다. 여성은 남성과 같은 일이나 유사한 일을 하더라도 남성보다 적은 임금을 받고 승진기회에 제약을 받는다. 흔히 성공한 남성은 그의 '능력'으로 평가받지만, 성공한 여성은 그녀의 성공을 '외모'나 집안 배경과 연관해 제대로 평가하지 않는 것 또한 젠더 불평등에 속한다. 같은 학력과 조건을 갖추었지만 남성은 정규직에, 여성은 계약직을 포함한 비정규직이나 임시직에 배정하는 경우도 마찬가지다. 아내와 남편이 가정 밖에서 하는 임금노동의 시간이 같아도 남편에 비해 아내의 가사노동과 육아의 양이 훨씬 많은 것도 젠더 불평등이 일어난 경우다. 같은 사회적 계급에 속한 딸이 아들보다 교육을 적게 받고, 그것을 당연하게 생각하는 경우도 마찬가지다. 국가가 세금을 통해 확보된 재원을 어떻게 사용하느냐의 문제 또한 젠더 불평등을 지속시킨다. 미국에서는 생명에는 별다른 지장이 없는 남성 탈모와 대머리에 대한 연구가 유방암이나 자궁암처럼 생명과 직결된 '병'에 대한 연구보다 훨씬 많은 국가 연구비를 지원받고 관심을 받는다. 이것 또한 젠더 불평등의 예이다.

둘째, 특정한 성에 속한다는 이유로 강요되는 억압과 착취다. 젠더 불평등은 혜택이나 보상에서의 차별만을 의미하는 것이 아니라 젠더의 특징적인 억압과 착취의 형태로 나타난다. 예를 들어 과거에는 남아선호 사상 때문에 임신 중 여아로 밝혀지면 낙태를 하거나, 태어나도 여아 살해를 하는 경우가 많았다. '한 자녀 운동'을 벌인 중국의 경우 사회주의 양성평등 의식 덕분에 많은 변화가 있었지만, 한 자녀만 낳아야 한다면 남아를 낳아야 한다는 사상이 지배적인 지역에서는 여아 낙태의 비율이 매우 높은 것으로 나타났다. 남편이나 남자친구가 구타나 강간 등 폭력으로 여성을 지배하는 경우, 남성 중심의 지배적 쾌락을 위해 어린 소녀와 여성의 몸이 포르노와 성매매 같은 성 산업에 대규모로 이용되는 경우, 여성에게 치명적인 피해를 줄 수 있는 '할례' 의식 등이 전통이나 종교라는 이름으로 지속되는 경우, 그 사회는 젠더의 특징적인 차별을 지속시키는 사회라 할 수 있다. 남성의 경우, 흔히 남자보다는 여자, 엄마나 여자 형제 또는 여자 친구들과 잘 어울리면, 종종 '마마보이'라고 불리며, 놀림과 의심의 대상이 된다. 이러한 여성 친화적인 관계는 비정상적인 것으로 여겨지고 빨리 남성의 세계로 진입해 남성과 어울리라는 압력을 받는다. 남성이 자신의 어머니나 다른 연장자 여성으로부터 심리적으로 독립해야 한다는 것은 사회적 동의가 이루어진 반면, 과도하게 남성끼리만 교류해서 생겨나는 초남성성의 획득은 오히려 자연스럽고 당연한 것으로 간주되었다.

셋째, 성에 따라 가치와 의미를 부여하는 방식이 차별적이면 젠더 불평등이 지속된다. 똑같은 일이라도 누가 행하느냐에 따라 다른 가치가 부여되기도 한다. 많은 사람들이 식당에서 남성이 주문을 받거나 서빙을 하면, 그 식당을 '고급식당'으로 평가하고, 남성 요리사는 여성 요리사와는 달리 전문 직종 종사자로 평가한다. 여성이 출산을 할 수 있다는 이유로 여성에게 육아와 양육의 고된 노동을 기대하지만, 사회적으로 가장 제대로 된 평가를 받지 못하는 일 또한 가사와 돌봄 노동이다. 가족 내에서 '무임'으로 행해지는 일들이 사회로 나와 '시장화' 되더라도 노동의 값어치가 낮게 책정된다.

이러한 젠더 불평등은 우리 사회 전반에 걸쳐 아직도 곳곳에 잔존해 있다. 세계경제포럼(WEF)의 2023년 '세계 젠더 격차보고서'에 따르면, 한국의 성평등 지수는 146개국 중 105위로 하위권에 머무르는 것으로 나타났다. 이러한 결과는 우리 사회가 아직도 경제활동에 대한 참여 기회, 교육, 보건, 정치적 권한 등의 다양한 분야에서 성별에 따른 격차가 극심하다는 것을 보여주는 것이며, 젠더 불평등의 표상이라 할 것이다. 우리 사회의 극심한 젠더 격차를 줄이기 위한 더 강력하고 뚜렷한 조치가 필요하다. 젠더 불평등은 우리 사회의 발전을 저해할 뿐만 아니라, 우리 사회를 위협하고 있다는 점에서, 남녀 성차별 해소를 위한 안정적인 정책 마련이 시급한 실정이다.

3) 젠더의 특성

성(sex)은 남성이나 여성의 신체를 규명하는 생물학적, 해부학적 차이를 일컫는 단어로써 일반적으로 생물학적인 남녀를 구분하는 신체적이며 유전학적인 용어라는 점은 앞에서도 기술한 바가 있다. 이와는 달리 젠더(gender)는 사회적 성으로 남녀 사이의 심리적 · 사회적 · 문화적 차이를 말한다. 이러한 젠더의 개념은 사회 · 문화적인 환경과 훈련에 의해 남녀의 기질이 형성된다는 것을 강조한 용어로 '남성다움' 또는 '여성다움'에 대하여 사회적으로 구축된 개념과 연계되어 있다. 그래서 세계보건기구(WHO)에서는 젠더를 특정한 성별의 행동, 활동, 역할에 대한 관념이 사회적으로 구성된 결과라고 정의하고 있다. 사회적 성 정체성과 관련된 젠더는 생물학적 속성 이외에 사회적 속성에 의해서도 형성된다는 점을 강조하기 위한 것으로 사회적으로 구조화된 남성 및 여성의 역할, 신념 체계 및 태도, 이미지, 가치, 기대 등을 의미한다.

각 사회는 정도의 차이는 있으나 생물학적인 성의 차이에 따라 사회학적 성의 차이, 성역할 등에 있어서 서로 다른 차이를 보이며, 그에 따라서 각 개인은 성장과정에서 자신의 성별로 사회가 요구하는 고정관념에 따른 성정체성 및 성역할을 강요받게 된다. 우리가 살아가는 사회 안에서도 성에 대해 지니고 있는 보편적인 고정관념이 있다. 예를 들면 남자는 씩씩해야 하고 여자는 얌전해야 한다든가, 남자는 바지를 입어야 하고 여자는 치마를 입어야 한다는 등의 생각은 특정한 성에 대해 지니고 있는 고정관념이다. 물론 이러한 성에 대한 인식은 사회적인 성과 관련되어 있지만 이러한 사회적인 성은 생물학적인 성과 무관치 않다. 우리사회의 성에 대한 고정관념을 정리해서 제시하면 다음과 같다.

<표 3-1> 보편적인 성적 고정관념

여성성에 대한 고정관념	남성성에 대한 고정관념	고정관념의 예
부드럽다 민감하다 따뜻하다 수동적이다 의존적이다 복종적이다 얌전하다 허약하다	딱딱하다 둔감하다 차다 완고하다 적극적이다 공격적이다 야심적이다 강하다	•성별에 따라 달라지는 장난감 - 인형은 여자아이 장난감이고, 총은 남자아이 장난감 •아들은 강하게 키워야 한다. - 남자가 울면 바보야 •여자아이는 얌전해야 한다. - 여자아이가 얌전하다는 것을 미덕으로 여김 - 여자아이니까 괜찮아. •공격성이 강한 아이에게 남자답다고 칭찬하는 것 - 남자아이는 때리고 부숴도 그것이 남자다운 것이다.

이와 같은 젠더의 개념에는 심리학적인 측면에서 몇 가지 특성을 발견할 수 있다. 파푸아뉴기니, 아마존 정글 등과 같은 외딴곳에 사는 부족들의 삶을 연구한 문화인류학자들에 의하면 남자의 역할과 여자의 역할은 그들이 속한 사회나 환경의 필요에 따라 다양하게 나타난다는 것이다. 아마존의 여전사 부족의 경우에는 여성이 활쏘기를 위해 한쪽 유방을 도려내고 전사로 활동하기도 하고, 모계사회의 여성들은 여성을 중심으로 리더십이 형성되기도 하는데 이러한 생활 모습은 사회문화적 특성과 무관치 않다.

동물 심리학자 해리 할로우의 연구에 의하면 열십자로 된 침팬지 우리에서 열십자가 만나는 일종의 사회적 광장에 해당하는 곳에 가는 통로를 막았더니, 서로 이동이 제한되면서 각자의 집에서 암컷과 새끼들과 고립된 생활을 하게 된 수컷 침팬지들에게서 행동에 변화가 나타났다는 것이다. 수컷 침팬지들의 모습에서 '여성적'인 행동이 보이기 시작했다는 것이다. 위협하는 행동이나 소리가 사라지고, 주변 침팬지들의 털을 골라주거나 암컷 침팬지의 리드에 따르면서 헌신적으로 새끼를 돌보는 행동을 보였던 것이다.

이처럼 젠더는 사회문화적 특성과 관련성을 지니고 있다. 우리가 살아가는 사회 속에는 항상 여성과 남성이 함께 어우러져 살아가고 있으며 여성이나 남성에게 성이라는 존재나 개념, 위치 등에 특별한 의미를 부여하지 않은 채 삶의 동반자로서 정체성을 형성해 나간다. 이러한 맥락에서 젠더의 특성을 다음과 같이 요약할 수 있다(허혜경·박인숙, 2020).

첫째, 젠더는 '만들어진다.'는 특성을 함축하고 있는데, 이는 남녀 간 구조적 불평등을 '자연스러운 것'으로 받아들이게 만드는 과정으로 해석할 수 있다. 이 과정에는 차등, 불평등, 위계화를 포함하고 있지만 일반적으로 이것을 자연의 질서, 신의 창조물, 전통이나 관습, 오랜 문화라고 생각하기 때문에 젠더를 권력의 문제로 연결하지 못하는 경향이 있다. 따라서 성차에 의한 불평등의 문제를 제기하면 남성은 자신의 자아가 도전받고 위협당한다고 느끼거나 여성의 경우에는 무슨 문제라도 일어날 것처럼 전전긍긍하거나 불편해한다. 젠더 정체성은 가족, 학교, 미디어, 정치 등 다양한 영역에서 다른 사람들과 관계를 맺고 성장하면서 구성된 정체성이기 때문에 남녀 모두 이 과정이 내면화된 억압의 결과라는 점을 보지 못하였다.

둘째, 젠더는 여자와 남자는 누구인가의 문제가 아니라 소위 여성성과 남성성, 이성애와 동성애 등의 이분법이 만들어지는 과정에 관한 문제이며 그 관계는 결코 중립적이거나 조화로운 과정을 통해 만들어지지 않는다는 것이다. 신체적 차이에 기반을 둔 본질론적 사고와 일상에 깊이 스며들어 있는 성역할 규범들 때문에 젠더 문제를 권력의 문제로 이해하는 것은 쉽지 않다. 이 때문에 젠더가 구성되는 방식에 따라 한 성이 사회 내에서 불이익을 받고, 억압을 받을 수 있다는 점은 오랫동안 간과되어 왔다.

셋째, 성역할 고정관념에 사로잡히면 자신의 있는 그대로의 모습은 어디에서도 볼 수 없는 상태가 되고, 결국 진정한 내가 아닌 다른 누군가의 모습으로 살아가게 된다.

젠더는 사회심리학적인 정의처럼 '내가 속한 사회의 기대에 따라 행동하는 방식을 달리하는 것'이다. 고정관념 속의 행동은 상황과 필요에 따라서 사회적 역할의 옷을 갈아입을 수 없게 만든다. 우리 사회는 전통적인 성역할처럼 한 가지 방식에 갇혀 있기에는 변화 속도가 너무나 빠르게 변모하고 있다. 특히 서로 협동해야 하는 파트너십, 출산과 육아 문제, 사회경제적 협력문제 등은 수동적이고 이해심 많은 여성상과 강하고 공격적인 남성상만으로는 모든 과업을 수행하면서 살아갈 수 없는 사회가 되었다. 모든 사람은 이성과 감성을 함께 가지고 있다. 즉, 강인함과 유약함, 공격성과 배려심을 함께 지닌 존재이다. 이러한 개별적 존재가 성역할 고정관념에 사로잡히면 내 안의 어느 부분인가는 질식당할 수밖에 없다. 그러한 질식된 나에게서 자신의 있는 그대로의 모습을 본다는 것은 불가능하다. 그렇게 되면 진정한 내가 아닌 다른 누군가의 모습으로 살아갈 수밖에 없다. 나 스스로 자신의 젠더 특성에 맞춰 있는 모습 그대로를 내보이면서 살 수 있을 때, 아름다운 공존의 삶은 가능하게 될 것이다.

쉬어가기 바이젠더(Bigender)의 생활

바이젠더(Bigender)는 남성과 여성의 두 가지 성별을 명확하게 구분하여 가지고 있는 것으로 상황이나 환경에 따라 의식적 혹은 무의식적으로 젠더가 전환되어 두 가지 젠더를 오가는 성적 소수자이다. 바이젠더는 여성일 때와 남성일 때 각각의 뚜렷한 성별적 인격(persona)을 드러내지만 어떤 성별의 상태든 동일한 본인의 가치관과 마음을 가진다. 어떤 경우 두 성별 사이의 회색 공간을 가지기도 하는데 그 회색공간에서 젠더의 전환이 더욱 유동적이다.

다음은 영국일간지 데일리메일에 소개된 바이젠더의 모습이다.

올해 22세의 남성 리안 위글리는 바이젠더이다. 그는 매일 아침 자신의 기분에 따라 하루 동안의 성별을 결정한다. 때로는 평범한 남성들처럼 셔츠와 헐렁한 청바지를 입기도 하고, 기분에 따라서 긴 머리 가발에 원피스를 입고 힐을 신은 여장을 하기도 한다.

남성일 때의 이름은 리안(Rian), 여성일 때의 이름은 리아(Ria)이며, 하루를 남장을 한 남성으로 시작하다가 기분이 바뀌어 여성으로 다시 분장한 뒤 하루를 마치는 경우도 있다.

13세 때 성정체성에 혼란을 느낀 뒤 심리학자로부터 바이젠더가 확실하다는 진단을 받은 뒤 이 같은 자유분방한 생활을 유지하고 있다. 심지어 그에게는 올해 18세인 애인도 있으며, 그녀 역시 리안의 성별이 변화무쌍한 것을 전적으로 이해한다.

리안은 “매일 얼굴 수염과 다리털 등을 면도해야 한다. 장소에 따라서는 그 어떤 여성보다 아름답게 화장을 하기도 한다.”면서 어떤 날은 남성인 것이, 어떤 날은 여성인 것이 마음이 편하다. 길을 가다가 예쁜 드레스를 보면 남성 복장을 하고 있어도 여성이고 싶어진다고 말하기도 했다. 리안이 성적 소수자임에도 불구하고 자신의 정체성을 공개할 수 있었던 것은 그를 지지해주는 친구들 덕분이었다. 친구들은 리안의 성 정체성에 대한 비밀을 듣고도 그를 지지했으며, 그의 아픈 면을 위로했다. 또 차별하지도 무시하지도 않고 그와 현재까지도 좋은 관계를 유지하고 있다. 리안은 “부모님에게 설명하는 것이 매우 어려웠다. 아버지는 내게 ‘여자가 되고 싶냐?’라고 물으셨지만 나의 정체성은 트랜스젠더와 다르다는 것을 설명해야 했다.”라고 말했다.

그의 애인은 “처음 그를 만났을 때 그는 남성이었다. 바이젠더(양성)에 대한 지식이 전혀 없었기 때문에 그의 정체성을 알았을 때 매우 놀랐다.”라면서 “그와 교제하기로 결심한 뒤 처음 리아의 모습을 봤는데 매우 아름답다고 느꼈다.”라고 전했다. 이어 “하지만 여전히 그의 기분이 남성에서 여성으로 그렇게 빨리 변할 수 있는지는 의문이다.”라고 덧붙였다.

출처: 허혜경·박인숙(2020). 현대사회와 젠더. p. 34.

2. 젠더 안의 여성

1) 남성중심의 노동문화

우리나라 근로자들의 연평균 근로시간은 2021년을 기준으로 보면 1,915시간으로 OECD 38개 회원국 중 멕시코 2,128시간, 코스타리카 2,073시간, 콜롬비아 1,964시간, 칠레 1,916시간에 이어 5위를 차지하였다. 이는 OECD 국가의 연평균 근로시간인 1,716시간보다 199시간이나 많은 근로시간이다.

우리나라는 2000년부터 근로시간의 단축을 위해 부단히 노력해왔다. 우리나라의 연평균 근로시간은 2000년 2,512시간을 기록한 이후 20년간 꾸준히 감소추세에 있으며, 2010년에는 연평균 근로시간이 2,193시간으로 단축되었고, 2018년에는 1,993시간으로 단축되었다. 하지만 아직도 OECD 연평균 근로시간보다 우리나라 근로자들이 연간 근로시간이 많다는 점에 유념할 필요가 있다. 이러한 장시간 근로는 낮은 생산성으로 근로의 질을 저하시킬 뿐만 아니라, 일자리 기회의 축소, 나아가 출산과 양육 병행의 어려움을 유발하는 요인이 된다. 이러한 점에서 근로시간이 길다는 것은 사회지표상으로도 부정적인 평가를 받게 되며, 특히 여성 근로자에게는 육아나 가사노동 등 일과 가족의 책임을 병행해야 한다는 점에서 기업의 엄격한 근로 상황을 받아들이기 어렵게 된다. 이러한 점에서 기업 내 고용 관행에 있어서 여성 근로자들의 노동력이 제한을 받을 수밖에 없고, 여성 근로자들의 노동환경을 어렵게 만들고 있다.

우리 사회는 이미 남성중심의 노동문화가 자리 잡은 지 오래다. 우리나라 직장인들의 근로시간을 줄이고 남성과 여성이 평등한 노동문화를 이루기 위한 정부와 노동계, 경영계 등 사회 전반에 걸친 노력과 변화가 절실히 요구된다.

2) 불평등한 남녀 임금격차

우리나라는 OECD 국가 중에서 남녀 임금 격차 1위라는 불평등한 현실에 놓여 있다. 이는 노동시장에서 나타난 젠더 불평등이다. 남녀 간의 불평등한 임금격차라는 사회적 문제를 해결하지 않고서는 삶의 질의 개선이라는 과업은 달성하기 어렵다.

2021년 OECD가 분석한 결과에 의하면 우리나라의 성별 임금 격차 비율은 34%

에 이른다. 이는 OECD 평균 격차인 13.2%보다 무려 20.8%나 높은 수치이다. 이러한 통계가 말해주는 것은 한국의 노동시장은 남성에 비해 여성이 상대적으로 낮은 임금과 취약한 경력으로 많은 여성들이 일을 포기하고 있다는 의미이다. 상당수의 여성들이 비정규직으로 일하고 있어 낮은 임금으로 일하고 있음을 의미하며, 이러한 요인이 여성이 일을 포기하게 만드는 원인이 되고 있다는 의미이다. 많은 여성들이 지니고 있는 개인의 역량을 우리 사회가 최대한 활용하지 못하고 있다는 것이다. 뿐만 아니라 아이를 낳은 여성은 노동시장에서 빠져나가고, 설령 경력이 단절됐다가 노동시장에 복귀하더라도 저임금 일자리나 비정규직으로 일자리를 얻어 낮은 임금에서 시달리고 있는 사람들이 다수다.

OECD는 남녀 성별에 따른 임금격차를 줄이기 위해서는 급여를 결정하는 요인에 대한 투명성을 높여 나갈 것을 권유하고 있다. 우리사회가 다양한 측면에서 성별 임금 격차를 줄이기 위한 노력을 실천해 나가지 않으면 안 될 것이다. 남녀 간의 임금 불일치에 대한 원인을 분석하여 이를 개선해 나가려는 노력이 지속적으로 추진되어야 할 것이다.

쉬어가기 **성별임금격차 1위 한국 여성이 82일 더 일해야 남성과 임금 같아져**

전문직여성한국연맹(BPW)은 5월 1일을 '이퀄페이데이(Equal Pay Day · 동일임금의 날)'라고 소개하며 여성이 남성보다 82일을 추가로 근무해야 남성과 임금이 동일해진다며 성별 임금격차를 줄이기 위한 다각적인 노력이 필요하다고 강조했다. 이퀄페이데이는 동일한 일을 한 여성과 남성 근로자의 임금이 같아지는 날을 의미한다.

한국의 성별 임금격차는 34.1%, 경제협력개발기구(OECD) 부동의 1위이다. 이는 남성이 100만 원을 받을 때, 여성은 66만 원을 받는 것으로, 이를 날짜로 계산하면 여성이 남성이 1년 일한 임금과 같은 임금을 받기 위해 1년을 일하고도 추가로 82일 동안 무급으로 일해야 하는 것과 같다. 여성과 남성이 임금이 같아지는 이퀄페이데이는 유럽은 통상 2월에서 3월, 한국은 5월이다.

BPW한국연맹 회장은 "한국의 성별 임금 격차는 OECD 36개 회원국 중 가장 큰 차이를 보이고 있다"며 "여성의 권한과 지위 향상을 위한 인식 제고 및 환경 조성, 제도 마련 등 사회 각 분야에서의 다각적인 노력이 필요하다"고 말했다.

이퀄페이데이 캠페인은 2009년 BPW세계연맹이 유엔 여성지위위원회(CSW)에서 펼친 'Equal Pay Day Awareness Campaign'을 기점으로 본격 시작됐다. 미국, 영국, 프랑스, 독일, 벨기에, 호주, 스페인, 스웨덴, 스위스, 네덜란드, 일본 등 전 세계 BPW 회원국에서 매년 이 캠페인을 전개하고 있다.

BPW한국연맹은 지난 2011년 국내에서 가장 먼저 이퀄페이데이 캠페인을 진행해 오고 있다. BPW세계연맹은 1930년 스위스 제네바에서 창립되었으며 UN 경제사회이사회의 1급 자문단체로 110여 개의 회원국이 가입된 세계에서 가장 영향력 있는 여성단체다.

출처: 여성신문(2020.5.11.).

3) 불리한 여성 취업

우리 사회에 남녀평등에 대한 인식이 변화하면서 여성의 사회진출에 대한 여건이 나아지고 있지만 아직도 여성이 남성에 비해 취업에 있어서 다음과 같이 불리한 상황에 놓여 있다(이규은, 2019).

첫째, 직업의식에 대한 인식문제를 지적하고 있다. 아직도 우리사회에서는 여성들의 직업의식에 대해 부정적으로 바라보는 시각이 있다. 일부 여성들의 직업에 대한 인식이 직업인으로서의 확고한 삶의 방식보다는 직업을 부업의 일종으로 인식하는 경향이 있다는 것이다.

둘째, 일의 연속성(連續性) 문제이다. 대졸 여성의 평균 연령은 23세이고, 결혼 평균 연령은 30세 초반이다. 결혼 후 직장생활을 계속하기가 어렵다고 본다면 여성이 결혼까지의 근무 기간은 고작 7~8년에 불과하여 직장생활에서 직무에 대한 여성의 연속성 문제를 지적하고 있다.

셋째, 여성의 경우 전공계열(專攻系列)이 제한적이라는 점이다. 일반적으로 여학생의 경우에는 대부분 어학, 인문계, 사회, 예체능, 사범계에 치중되어 있어 남학생의 공학계열, 경상계열의 경우와 대조적이다.

넷째, 근무 시 제한사항이 많다는 점이다. 여성의 경우 출장, 교제, 노사관계 협상, 야근, 특근 등의 근무사항에 제한이 많다는 점이다.

다섯째, 노무관리가 복잡하다. 여성의 경우 산전과 산후 문제, 육아기 근로시간 단축문제, 생리휴가 문제, 출산 후 부당해고 등 노무관리상 인사관리 문제가 복잡하다. 이러한 문제들은 사회적 인식의 전환을 통해 지속적으로 우리 사회가 개선해 나가야 할 과제이다.

4) 일·가정 양립을 위한 사회제도

우리 사회에는 아직도 사라지지 않은 전통 사회의 성 역할 고정관념으로 인하여 직장에 다니는 여성이 직장생활과 자녀 양육 및 가사노동으로 과중한 역할부담과 역할갈등을 경험하고 있는 경우가 많다. 특히 최근 들어 증가하고 있는 맞벌이 부부의 직장생활과 가정생활의 균형 유지, 즉 일과 가정의 양립을 위한 많은 노력이 요구되고 있다. 이러한 일과 가정의 양립을 위한 과중한 부담은 여성들의 출산 기피로 이어지고 있고 그러한 문제가 우리 사회의 저출산 문제로 나타나고 있다. 따라서 일과 가정의 양립을 위한 국가 차원의 다양한 지원과 제도 마련이 이루어져야 한다.

일과 가정의 양립을 위해서는 무엇보다도 일과 생활의 균형(WLB : Work-Life Balance)이 필요하다. 즉, 우리의 삶을 구성하는 두 가지 큰 축인 일과 일 이외의 영역(가족, 여가, 자기계발 및 교육, 커뮤니티 활동, 인간관계) 간의 균형을 유지해 나가는 것을 말한다. 여기서 말하는 균형이란 일과 생활이 동일한 무게를 가져야 한다는 의미가 아니라, 개인이 느끼는 신체와 정신의 안정성 등 심리적 균형을 의미한다. 일과 생활의 균형은 삶에서 일과 일 이외의 생활을 조화롭고 균형 있게 만들어감으로써, 삶의 만족도를 높이고, 이를 통해 효율적인 삶을 살아가기 위한 것이다. 최근 들어 일과 생활 간의 갈등이나 조화가 개인의 생활뿐만 아니라 가족, 동료, 조직성과에까지 영향을 미칠 수 있다는 연구결과들이 등장함에 따라 일과 생활의 균형이라는 주제가 중요한 사회적 관심사가 되고 있다. 뿐만 아니라 삶에 대한 만족도를 높이기 위해 일과 가정 양립을 위한 다양한 프로그램이 개발되고 있다. 현재 기업 내에서 시행되고 있는 WLB 프로그램으로는 다음과 같은 것들이 있다(정영애·장화경, 2012).

첫째, 탄력적 근무제도로 유연 시간제, 시간근무제, 직무공유제, 재택근무제, 시차 출근제 등 노동시간과 장소를 융통성 있게 조절하는 제도들이 도입되고 있다.

둘째, 근로자에 대한 교육과 상담, 가사조력자나 보모 알선 등 전문인력 소개 서비스 등 근로자 지원제도들이 있다.

셋째, 자녀양육 및 교육지원제도로 출산휴가나 육아휴가, 보육시설 직접운영 및 보육서비스 이용 지원, 자녀 학습지원 프로그램 등이 운영된다.

넷째, 가족간호휴가, 노인보호제도 및 간병인 알선 서비스 지원, 가족지원 관련

정보 및 법률정보 등 정보소개 서비스, 카페테리아식 복리후생제도 도입 등 부양가족지원제도 등이 있다.

또한 최근에는 「남녀 고용 평등과 일·가정 양립 지원에 관한 법률」(약칭: 남녀고용평등법)이 제정되어 일·가정 양립을 위한 다양한 제도가 도입되어 시행되고 있다. 「남녀 고용 평등과 일·가정 양립 지원에 관한 법률」에서 규정하고 있는 일과 가정 양립을 위한 구체적인 제도 내용은 다음과 같다.

첫째, 출산 전후 휴가 제도로 임신 중이거나 출산한 여성 근로자는 출산 전후로 90일간의 휴가를 받을 수 있도록 규정하고 있다. 90일의 휴가 기간에는 전액의 급여가 지급된다.

둘째, 배우자 출산휴가 제도로 아내가 출산한 경우 근로자인 남편에게 최소 3일에서 5일까지 휴가를 부여하도록 하고 있다. 이때 최초 3일의 휴가는 반드시 유급휴가로 시행하도록 하고 있다.

셋째, 육아휴직제도로 만 8세 이하의 초등학교 취학 전 자녀를 둔 근로자는 자녀를 양육하기 위하여 1년 이내의 기간으로 육아휴직을 신청할 수 있도록 하고 있다.

넷째, 가족 돌봄 휴직제도로 가족(부모, 자녀, 배우자, 배우자의 부모)이 질병, 사고, 노령으로 인해 돌봄이 필요한 근로자는 연간 최대 90일 동안 무급 휴가를 신청할 수 있도록 하고 있다.

다섯째, 육아기 근로시간 단축 제도로 만 8세 이하의 초등학교 취학 전 자녀를 둔 근로자는 신청을 통해 근로시간을 주당 15시간 이상, 30시간 이하로 단축할 수 있도록 하고 있다.

5) 여성주의의 등장

우리 사회는 전통적으로 가족 내의 인간관계가 남성우위를 바탕으로 이루어져 남성과 여성이 동등한 관계를 형성하지 못하고 있으며 남녀 차별적 규범과 가치관이 아직도 사회 곳곳에 잔재되어 있다. 이러한 관념은 우리 사회 안에 있는 다양한 법과 제도를 통해 여성의 삶을 억압하고 구속을 가하는 형태로 나타난다. 여성주의는 이러한 우리 사회 곳곳에서 드러나고 있는 남녀불평등의 문제에 도전하면서 등장한다. 특히 여성의 삶이 생물학적인 남녀의 차이에서 오는 문제보다 사회적·심리적 조건에 따라 다양한 불이익이 주어진다는 상황에 도전하면서 여성의 지위 향상을 위한 운동이 전개되기에 이른다. 즉, 현실적으로 드러나는 여성의 문제를 남성과 여성의 차별 해소로 접근한 것이다. 이러한 여성주의는 자유주의 여성운동으로 여성의 법적 불평등과 여성의 참정권 확보에 중점을 두고 19세기 후반에 등장한다.

프랑스 철학자 보부아르(Beauvoir)는 "여자는 태어나는 것이 아니라 만들어진다." 라고 하였다. 여성주의에서 생물학적인 성인 섹스(sex)와 사회적으로 구축된 성 젠더(gender)를 구분하는 것도 이러한 사회적 성에 대한 인식이 확산되면서 나타난 현상이다. 남녀 사이의 차이는 일부 신체 구조적인 특성을 제외하고는 사실상 역사적 · 사회적인 영향에 의해 형성된 산물이다. 이러한 영향에 의해 남녀 사이의 불평등한 관계가 형성되고, 성이 남녀 사이의 단순한 구별이 아닌 차별을 만들어 낸 것이다. 따라서 남녀 사이의 차별을 만들어 낸 것은 성이 아닌 성별이다. 여성에 대한 온갖 관념과 요구가 자연에 근거한 당연한 것이라는 생각에서 벗어날 때 우리는 무엇이 잘못되었는지를 말할 수 있고, 다른 삶, 다른 세상에 대한 꿈도 꿀 수 있다. 여성주의는 이러한 관점에서 출발하여 성차별의 원인과 구조를 분석하고 불평등한 여성사회로부터 벗어날 수 있는 방안을 모색함으로써 여성운동에 이론적 기반을 제공하게 된다(허혜경 · 박인숙, 2020).

여성주의는 여성의 문화적 불평등, 성적 규범과 여성의 사회적 역할의 확대, 문화 페미니즘의 부흥 등을 주장하는 여성운동으로 1995년 북경여성대회에서 핵심 강령으로 채택했던 '성주류화(gender mainstreaming)'[1)]에 목표를 두고 있다. 성주류화는 "주류가 여성을 배제하는 방식을 문제 삼으며 여성을 주류에 덧붙이기보다 여성을 배제하는 '주류' 사회의 남성중심성 자체를 변화"하는 것에 목적을 둔 것이다. 이러한 여성주의는 단지 남성과의 동등한 권리를 향유하는 것을 넘어서 성폭력이나 호주제 등 독자적인 여성 의제 등을 대표로 한 법 제도 개선 운동을 통해 구조적 차별을 시정하는 것을 목표로 하고 있다.

---

1) 여성이 사회의 주류 영역에 참여하여 의사결정권을 획득하는 형태로 사회체계가 바뀌는 현상을 말한다. 성 주류화는 정부와 모든 주체는 모든 정책 및 프로그램의 결정과 실행 평가의 각 수준에서 양성 차별과 양성에 미치는 영향을 분석하여 여성과 남성 모두의 이해와 경험을 반영하여야 한다는 것을 주요 개념으로 하고 있다. 1985년 케냐 나이로비에서 열린 제3차 세계여성대회에서 처음 제창되었고 중국 베이징에서 열린 제4차 세계여성대회에서 주요 의제로 다뤄졌으며 베이징 행동강령(Beijing Platform for Action: BPoA)의 기반이 되었다.

쉬어가기 **페미니스트(feminist)의 의미**

페미니스트를 단순하게 보면 여권 신장 또는 남녀평등을 주장하는 사람이나 여성을 숭배하는 사람, 또는 여자에게 친절한 남자를 의미한다. 그러나 좀 더 학문적으로 바라보게 되면, 페미니스트는 1960년대와 1970년대의 정치·사회적 변화와 함께 여성과 성의 전통적인 개념에 도전하기 시작하면서 생겨났다. 페미니스트의 이론적 특징은 '여성의 역사적·심리적·성적·인종적 경험'을 단지 학문적으로서가 아니라 "어떻게 페미니즘이 권력의 근원이 될 수 있는가?"의 지표로서 기술하고 있다.

여기서 말하는 페미니즘은 여성 억압의 원인과 상태를 기술하고 여성해방을 궁극적 목표로 하는 운동이나 이론을 말한다. 페미니즘은 '여성의 특질을 갖추고 있는 것'이라는 뜻을 지닌 라틴어 '페미나(Femina)'에서 파생된 말이다. 즉, 성차별적이고 남성 중심적인 시각 때문에 여성이 억압받는 현실에 저항하는 여성해방 이데올로기를 뜻한다.

이런 이유로 페미니스트 이론과 사회학 간에 긴장이 있어 왔다. 특히 페미니즘은 많은 사회학이 남성의 관점을 진술하면서 남성의 사회학이 되어 왔다는 사실에 도전했다. 그러나 페미니스트 이론은 그 자체가 항상 사회학의 테두리 안에 있기 때문에 노동사회학, 가족사회학, 계급과 사회계층에 대한 분석을 포함해 많은 영역에서 사회학적 관점의 중요한 재구성에 기여하고 있다.

출처: 허혜경·박인숙(2020). 현대사회와 젠더. p. 173.

3. 젠더 안의 남성

1) 남성으로 살아간다는 것

남성들은 친구들과 모여서 삼삼오오 그룹을 형성하여 모여 다니는 것을 좋아하는 반면, 여성들은 단짝 친구를 만들어 함께 다니기를 좋아한다. 바로 남성들의 무리 습성, 조직습성을 보여주는 단적인 예이다. 세상을 지배했던 남성들은 대부분 무리의 힘을 활용하였다. 무리의 힘을 이용하여 많은 영토를 정복하였고, 무리를 형성하기 위한 조직의 중요성을 일찍부터 깨달았다. 남성들은 조직을 통해서 발전하고 조직 안에서 성장할 수 있었던 것이다.

남성으로 산다는 것은 어떤 의미일까? 갈수록 팍팍한 세상살이 속에 힘들어도 힘들다고 말 못 하고 사는 것이 남자들의 속마음일 것이다. 우리나라 40대 중년 남성을 대상으로 실시한 설문 조사에 의하면 한국에서 남성으로 살아가면서 가장 힘든 때가 언제인지에 대한 질문에 응답자의 50%가 '가장으로서의 의무와 임무만 요구될 때'라고 응답하여 가장 높게 나타났고, '승진, 출세해야만 인정받는 사회 분위기'에 48%, '생계를 위해 지겨운 일상을 반복할 때' 43%, '내가 원하지 않아도 억지로 술 마셔야 할 때' 31%, '아내의 바가지와 잔소리를 들을 때' 24% 순으로 나타났다.[2)]

'남성으로 산다는 것', 우리사회가 남성에게 부여한 역할과 책무로 인해 우리사회가 사회문화적으로 인식시켜 온 성역할에 의해 결코 쉬운 길을 살아가고 있다고 보기 어렵다. 이러한 고난으로부터 벗어나기 위해서는 인간의 의식구조를 바꿀 필요가 있는데 쉬운 일이 아니다. 인간을 바꾸기 위해서는 시간을 달리 쓰거나, 사는 곳을 바꾸거나, 새로운 사람을 만나는 것만이 가능한 일이라고 하는데 그 어느 것도 쉬운 것이 아니다.

일반적으로 남성은 급변하는 사회문화적 환경 속에서 보수적이고 전통적인 성역할을 유지하면서 경제적으로 가족을 책임지고 정서적으로 나약한 모습을 보이지 말아야 한다는 압박감 속에 생활한다.

가부장적인 남성주의가 약화되고 양성평등 정서가 확대되는 사회적 분위기 속에서 남자다워야 한다는 압박을 받고 성장한 한국인 중년 남성은 내면화된 전통적인 남성상으로 인해 가족, 친구, 그리고 직장 동료와의 관계에서 긴장을 유발하고 역할갈등을 불러일으킬 수 있다. 이로 인한 성역할 갈등은 삶의 질과 정신건강에 부정적인 영향을 주는 것으로 나타났다(최태산 · 박혜경, 2011). 그럼에도 불구하고 자신의 부정적인 감정을 이야기하거나 문제가 생겼을 때, 상담 등 외부 전문가의 도움을 받는 것을 꺼리는 등 정서적인 측면에서도 부적응적인 모습을 보임을 알 수 있다(최효진, 2010; Bennett, 2007). 이는 도움을 요청하는 것이 이들에게는 자신이 스스로 문제를 해결하지 못했다는 것에 대한 낙인이며 약함이나 무능함을 인정하는 것으로 여겨지기 때문이다. 한국의 남성들은 아이들과 정서적 관계의 기초를 놓아야 할 30, 40대 초반에 야근과 출장이 많아서 자녀와의 친밀한 관계를 형성하지 못하고 그로 인해 중년에 손님과 같은 위치에서 무기력함, 쓸쓸함, 초라함, 소외냉담을 느낄 수 있다. 이로 인해 심각한 '관계장애'를 호소하는 40대 중년 남성들도 증가하

2) 변상규(2020). 한국에서 중년 남자로 살아간다는 것. 변상규 교수의 열린 연구실. https://blog.naver.com/jesusbyun/222109196428. (2020.10.07)

고 있다.

관계 장애란 부부관계, 자녀 관계, 직장에서의 사회적 관계 등에 어려움을 느끼고 소외감과 불안감에 시달리는 현상으로 급격한 세대교체와 기존 권위와 질서의 붕괴, 그리고 사회가치가 혼돈양상을 보이면서 한국의 남성들이 겪기 시작한 일종의 '화병'이다. 이러한 현상에서 우리나라 중년기 남성들에게는 가족생활이 정신건강에 영향을 미치는 가장 중요한 사회적 맥락이라는 사실을 알 수 있다. 우리 사회의 강한 가족주의 가치로 인해 가족 문제가 더욱 심리적으로 허약해지는 측면이 있다는 점을 고려해 보아야 한다(고도심리상담연구소, 2019).

2) 남성의 특성

현대사회와 같이 경쟁이 심한 사회 속에서 남성과 여성의 실패 이유는 다를 수 있다. 흔히 여성들은 자신의 실패에 대해 여성에 대한 사회적 차별이 원인이라고 그 이유를 말한다. 하지만 남성은 다르다. 사회적 차별이 이유가 될 수 없기 때문이다. 남성은 실패의 탓을 자신의 무능력으로 돌릴 수밖에 없다. 그렇기 때문에 남성은 경쟁에서 성공에 대한 집착이 유난히 강하다. 이러한 사회에서의 경험 때문에 남성은 다음과 같은 특성을 지니고 있다(허혜경 · 박인숙, 2020).

첫째, 남성은 자기중심적이다. 남성은 자기에게 주어진 일을 스스로의 힘으로 수행할 수 있음을 남에게 과시하는 것이 자신의 과제라고 생각한다. 따라서 이 과정에서 남성은 자신의 노력을 최대한 동원하지만 이것만으로 충분하지 않을 때는 타인을 이용하거나 지배해서라도 이 과제를 달성하였음을 보여주고자 한다. 그 결과 남성은 자기중심적이 될 수밖에 없다.

둘째, 남성은 많은 상처를 갖고 있다. 경쟁의 세계에 살고 있기 때문에 승리의 기쁨만 누리는 것이 아니라 패배의 쓰라림도 함께 안고 살아가고 있으며 나아가 실패에 대한 불안감을 늘 갖고 있다. 하지만 강하고 굳건해야 한다는 남성다움 때문에 이런 상처를 잘 드러내지도 못한다.

셋째, 남성은 자기를 감춘다. 자신의 약점을 감추고 언제나 강하고 능력 있는 모습만 보여야 하기 때문에 자기를 쉽게 드러내지 않고 다른 남성과는 어느 정도 거리를 둔다. 이 과정에서 때로는 남성은 자기를 과장하거나 허세를 부리기도 하는데, 이것 역시 남성의 자기 감추기의 한 방식이다. 여성은 아름다움, 미적 감각의 향유과정에서 소외되고 객체화되고 수단화되었다면 남성은 아름다움과 미적 감각 그 자체로부터 소외되었다. 그래서 오히려 이들을 긍정적으로 이해할 필요가 있다.

넷째, 남성은 영원한 미숙아라고 할 수 있다. 끝없는 직업적·사회적·금전적 성공이라는 채울 수 없는 욕망의 숙제를 안고 살아간다. 그 결과 자신의 삶에 스스로 만족해하는 성숙된 남성이 많지 않다. 이러한 자신에 대한 불만 혹은 열등감이 남성의 폭력성과 공격성 혹은 권위주의의 원인이 되기도 한다.

다섯째, 남성은 선택적 지각을 하는 경향성이 강하다. 남성과의 일상적 대화 속에서 전달된 의사가 경시되거나 무시되는 경향이 있다. 이는 남성의 선택적 지각과 무관하지 않다. 남성의 선택적 지각에 해당되지 않는 의사전달은 귀로 들어서 입으로 새어 나올 뿐이다. 의사전달에 대한 내용을 입으로 확인했다고 해서 명확한 전달이 이루어졌다고 보기 어렵다. 명확한 의사전달은 귀로 들어서 입으로 나오는 것이 아니라, 뇌에 각인되는 것이어야 한다. 그러기 위해서는 시선 대 시선을 통한 대화가 필수적이다. 전달하고자 하는 내용에 대한 선택적 지각이 명확하게 이루어지도록 해야 한다.

3) 남성과 관계형성

맥코비(M. Maccoby)의 주장에 따르면 전형적인 여성의 대화기법은 협동과 자기주장이라는 두 가지 목적을 가지지만, 남성의 대화에서는 주로 자기주장의 목적만 추구한다는 것이다. 타인과 관계를 맺는 방식은 아동기에 시작되는데, 여자아이의 대화는 개인적인 주요 사건을 중심으로 시작되는 반면, 남자아이의 대화는 집단적 활동 중심의 사건으로 시작된다. 개인 간의 상호작용은 관계를 형성하고 유지하는 데 기여하므로 오랫동안 확립된 남성의 대화유형은 남성 주변의 여성, 그리고 다른 남성과의 사회적 관계의 성격에 영향을 준다(허혜경·박인숙, 2020). 전통적으로 남성성은 관계형성과 관련되어 있다. 즉, 남성성의 특성이 어떤 것이냐에 따라 그에 적절한 성향에 맞춰 관계가 형성된다.

일반적으로 남성은 정서적 표현을 삼가고 공감에는 관심을 갖지 않는 성향을 보인다. 남성의 경우 일이나 의식과 같은 사회적 구조 속에서 상호 간에 연대해 나가면서 정서적으로 가까워지고 싶어 한다. 하지만 여성의 경우에는 일이나 의식에 있어서 비교적 덜 구조적이기를 바라며, 상호 간에 관계를 위한 것보다는 관계 그 자체를 위한 것에 보다 더 잘 적응하는 경향이 있다. 그래서 남성들의 경우에는 운동을 하거나 음주를 즐기는 등의 다양한 방법을 통해 고독으로부터 벗어나고자 노력하지만 남성들의 진정한 모습은 스스로를 감춤으로써 나타나는 고독을 맞이하게 된다. 일반적으로 여성보다 남성들이 관계형성에 있어서 더 큰 외로움을 느낀다.

남성들의 관계형성에 있어서 또 다른 특성은 자신을 드러내는 일에 소극적이라는 점이다. 전통적으로 남성성에 높은 가치를 지니고 있는 남성의 경우에는 자기노출을 피하는 경향이 있다. 이러한 남성들의 경우 자신이 지니고 있는 문제 사태와 직면한 상황에서조차 자신의 능력에만 의지하는 경향을 보인다. 이런 남성들은 자신이 가고자 하는 길을 잃어 헤매고 있는 경우에도 다른 사람에게 길을 묻는 데 주저하는 성향을 보이는데, 이는 연약한 남성성을 방어하기 위한 하나의 방법이다.

이와 같은 남성의 관계형성에 대한 인식에도 불구하고 전통적인 우리사회의 가족제도에는 가부장적 위계제도가 존재해 왔다. 이러한 가부장제도 또한 남성성의 특성과 무관하지 않다. 가부장제도는 가족구성원에 대한 남성(가부장)의 지배를 지지하는 체계로 남성들 간의 위계관계와 남성에 의한 여성지배로 관계가 형성되는 것을 말한다. 즉, 가부장적 사회는 권력의 기초가 되는 다양한 권력자원의 접근이 남성에게 유리한 제도이며, 결과적으로는 남성이 권력화된 사회이다. 이러한 가부장제도는 국가나 부의 형성과정과 긴밀한 관계를 유지한다. 가부장제도의 내용, 범위, 형태, 억압의 정도는 역사적 과정을 거치면서 다양한 방식으로 사회구성원이나 기타 사회제도와 관계를 형성하면서 영향력을 행사해 왔다(정영애 · 장화경, 2012). 이러한 가부장적 제도는 남성들이 억압을 통해 그들의 정서적 삶을 관리하고 이해하도록 사회화된 것과 무관하지 않다. 일상생활에서 남성이 감정을 이해하고 다루고, 표현하는 데 어려움을 겪는 것 또한 사회화의 영향이라는 측면을 무시할 수 없다.

4) 남성성과 성별 이원체계

오늘날 대부분의 사회에서는 남성성에 대해 많은 관심을 가지고 있다. 특히 남성성은 남성학 분야에서 관심이 집중된 영역이다. 남성학은 1970년대 미국에서부터 시작된 남성운동을 계기로 등장한 학문 분야로 페미니즘에서는 다루지 않았던 구체적인 남성성에 대한 관심이 그 출발점이다. 남성학에서는 '남성의 성역할이란 무엇이고, 남성의 성역할은 남성으로 하여금 어떤 경험을 하게 했으며, 아버지들의 삶은 어떠했고, 남성문제는 무엇인지, 남성성의 변천과정은 어떤 과정을 거쳤는지' 와 같은 문제를 복합적으로 고려한다.

전통사회에서 남성은 가족의 생계를 지키기 위해 생산노동을 책임져 왔으며, 군인으로서의 책무를 다하는 국가적 의무를 통해 여성을 보호하고 사회구성원들의 생명과 재산을 지키는 책무를 수행해 왔다. 이는 남성의 강인한 체력과 근력의 특성을 활용한 것이지만, 남성성을 바탕으로 한 성별 이원체계의 시작이다. 즉, 남성은 남성다워야 하고, 여성은 여성다워야 한다는 믿음을 배경으로 하고 있다. 이러한 성별 이원체계는 남성에게 여성보다 더 많은 이익을 보장해 주는 것이며, 남성우월주의적 관행을 정당화시키는 체계이기도 하다. 본래 성별 이원체계의 출발은 남성과 여성 간에 발생하는 생물학적 차이를 기초로 형성되었으나, 사회가 다변화되고 복잡화되면서 성별체계를 다양화하려는 변화가 시도되고 있다. 남성들은 이러한 성별 이원체계를 지키려는 성향이 강한 반면, 여성들은 이를 다양화하려는 변화를 시도하고 있다. 하지만 자유주의를 주장하는 남성주의자들은 성별 이원체계가 남성에게 가하는 성적 억압의 원인이 되었다고 주장한다. 체력과 근력이 생산성과 직결되는 수렵농경사회에서는 남성이 이러한 성역할을 떠맡는 것이 당연했지만, 오늘날과 같은 산업사회에서 남성만이 가족의 부양과 보호를 책임져야 하는 것은 남성의 성역할이 잘못된 방향으로 고착된 것이라는 주장이다. 남성에게 지금까지도 가족의 부양과 보호를 책임져야 한다는 성역할을 요구하는 것은 여성들이 남성의 전통적인 성역할을 당연시하면서 나타난 결과라고 이해한다.

최근 들어 페미니즘(Feminism)의 영향으로 여성들의 사회진출이 확대되고 남녀 문제에 대한 여성들의 목소리가 거세지면서, 남성들 역시 자신들에게 주어진 성역할에 대해 의문을 가지게 되었다. 그동안 젠더문제와 관련해 방관적인 입장을 취해왔던 남성들은 젠더 문제를 남성의 시각에서 주체적으로 해석하고자 노력하게 되었으며, 이러한 시도가 매스큘리즘(Masculism)[3]이 등장하게 되는 배경이 되었다. 매스큘리즘의 활동과 함께 여성의 많은 역할들이 남성들로부터 '보호받아야 할 권리'에서 '수행해야 할 책무'로 변모하는 양상을 보이고 있다. 매스큘리즘에서는 성별 이원체계에 대해 많은 분야에서 다른 의견을 제시하고 있는데, 대표적인 사례가 징병제이다. 즉, 남성 징병제가 전통적인 성별 이원체계에 바탕을 둔 '성차별'에 해당한

3) 남성주의(男性主義, 영어: masculism, 또는 masculinism)는 남성에 대한 편견, 폭력과 차별을 타파하고 남성의 권리를 보호하고 진정한 남성성에 대해 탐구하는 것을 목표로 하는 이데올로기다. '매스큘리스트'는 이러한 '매스큘리즘'을 지지하고 실천하는 사람이다.

다고 주장한다. 양성평등사회에서 특정한 성(性)을 가진 사람들이 병역과 같은 국가적 의무를 담당하는 것은 바람직하지 않다는 주장이다. 오히려 남성만이 병역의무를 담당해야 하는 상황이 온다면, 남성들은 곧 '성차별에 의한 피해자'가 될 수밖에 없다고 주장한다.

성별 이원체계에 있어서 여성성이 끊임없이 남성성에 의한 긍정적인 또는 부정적인 확인을 필요로 하는 것과 마찬가지로 남성성 또한 여성성과의 관련 없이는 생각할 수도 존재할 수도 없는 것이다. 그동안 성별 이원체계에서 여성은 남성의 강인한 체력과 근력을 바탕으로 안위를 보호받고 생계를 부양받아 왔다. 따라서 남녀는 주체와 타자의 관계가 아니라 서로가 끊임없이 서로를 상대하며 이익을 주고받은 호혜적 관계 내지는 쌍무적 관계에 있어 왔다. 남성주의자들이 바라보는 성별 이원체계는 이와 같은 여성의 수혜자성, 남성 고정관념에 대한 여성의 가해자성에 대한 관점을 성별 이원체계를 통해 남성성을 조망해볼 것을 요구하고 있다.

5) 남성과 직업

남성들은 아동기부터 일을 위한 사회화의 대상이 된다. 아동기부터 직업에 대한 꿈을 키우고 성인기가 되면 꿈꾸던 직업을 성취하고자 노력한다. 일반적으로 남자 아이는 생의 초기에 수입이 많은 직업을 갖는 것이 남성다운 것이라는 생각을 갖게 된다. 그리하여 경쟁, 과업성취, 독립이라는 남성적 가치는 다양한 장면의 직업 환경에서 잘 기능하는 데 적합한 태도를 준비시킨다. 남성적 가치는 궁극적으로 직업적 지위에 달려있다고 해도 과언이 아니다. 우리 문화에서는 남성이 단지 사춘기를 지났다고 해서 어른이 되는 것이 아니라 남성으로서의 경제적 힘이 없다면 남성이 될 수 없는 것이다. 남성의 성공은 승진, 좋은 직업, 많은 수입에 의해 정의되기도 한다. 남성 집단과 여성 집단 각각에서 직업의 가치와 관련된 상당한 다양성이 있지만, 여성은 서비스를 제공하는 방향으로 사회화되는 경향이 있다(허혜경 · 박인숙, 2020).

일반적으로 남성은 집단의식으로 일을 하는 성향이 있다. 따라서 남성의 경우에는 그가 향유하는 사회적 지위와 경제적 힘이 명확하다. 뿐만 아니라 그동안 우리 사회에서 남성이 여성에 비해 직업적 차별에 있어서 비교적 자유롭기 때문에 남성들은 자신이 원하는 직업적 분야와 지위 획득에 유리한 위치에 놓여 있었다. 많은 여성들이 '유리 천장'이라는 진입장벽에 막혀 높은 관리직으로 나아가는 것이 불가능했던 시간에 남성들은 '유리 승강기'를 이용하여 상대적으로 쉽게 높은 관리직에 오를 수 있었으니, 직업영역에는 남성의 상대적 우월성이 존재했다.

직업에 대한 의미는 개인의 특성이나 욕구에 따라 달라질 수 있다. 즉, 직업은 단순히 생계를 유지하기 위한 생업의 수단으로서의 기능만이 아니다. 직업과 일을 통해서 남성들은 사회활동의 일역으로 참여하여 무엇인가 사회에 기여하고 있다는 인식을 하게 되고, 이러한 기여를 통해서 사회적 역할의 일역을 수행하고 공헌한다. 따라서 직업은 개인적인 수준에서의 수행뿐만 아니라 사회적 구조나 조직에서 기능적 역할을 수행하는 과정이다.

일반적으로 직업은 세 가지 수준에서 그 의미를 부여하는데 첫째는 생계적 의미로서의 직업이고, 둘째는 사회적 역할분담으로서의 직업이며, 셋째는 개성발휘를 통한 자아실현으로서의 직업이다. 이러한 직업의 세 측면과 관련하여 남성들은 개개인에 따라 어느 측면에 직업의 중점을 부여할 것인지를 결정한다. 즉, 어떤 경우에는 생업으로서의 직업적 측면에 중점을 둘 수도 있고, 어떤 경우에는 사회적 기여 측면에 중점을 둘 수도 있으며, 어떤 경우에는 자아실현으로서의 직업에 중점을 둘 수도 있다. 또한 경우에 따라서는 세 가지 측면 가운데 어느 하나 또는 두 가지 측면을 완전히 도외시하고 있는 직업도 있을 수 있다. 경우에 따라서는 이 세 가지 측면이 부조화를 이루어서 직업을 영속적으로 영위하기가 어려운 문제에 봉착할 수도 있다.

직업의 세 가지 측면은 자신이 한 번 선택한 내용이 영속적인 요소로 자리 잡는 것은 아니다. 개인적 상황이나 경우에 따라 또는 시간이 흐르면서 자신의 가치관 변화에 따라 변화하는 가변적인 것이다. 중요한 것은 남성들이 자신의 적성이나 이상에 맞는 직업을 찾아가고 그러한 직업 활동을 통해서 자신의 삶 속에서 경제적인 안정은 물론, 사회적인 기여와 자아실현을 성취하면서 행복한 자신의 삶을 추구하는 것이다(이규은, 2019).

6) 남성학의 등장

우리나라에 남성학이 알려진 것은 1960년대이다. 우리나라의 남성운동은 서구에서 등장한 안티페미니즘 성향의 남성 운동과는 달리 사회가 규정하는 남성 규범에 대해 비판하는 것이었다. 이러한 남성운동은 우리 사회가 남성의 의무로 강조한 남성성에 대한 저항운동이었다. 그래서 남성도 눈물을 흘릴 수 있어야 한다는 것을 강조하며 사회가 규정하는 젠더 규범을 비판하면서 남성학자와 남성운동가가 등장하기 시작하였다. 이들은 우리 사회에서 이혼에 대한 인식의 전환을 주장하였다. 이혼은 남성에게 불행을 주고 그동안 주목받지 못한 남성의 육아에 대해서도 관심을 갖게 하였으며, 이혼도 자유롭게 할 수 있어야 한다고 주장하였다.

우리나라의 남성학(男性學)은 페미니즘(feminism)과 여성학에 자극되어 1990년대에 본격적으로 등장한 새로운 학문 영역이다. 남성학을 지지하고 실현하고자 노력하는 남성주의(매스큘리즘, masculism)자들의 관심을 받고 있는 분야로 남성에 대한 편견, 폭력과 차별을 타파하고 남성의 권리를 보호하고 진정한 남성성에 대해 탐구하는 것을 목표로 하는 이데올로기다. 남성의 인권 향상을 내세우는 남성주의자(매스큘리스트, Masculist)는 '매스큘리즘'을 지지하고 실천하는 사람이다.4)

사회 전반에 걸쳐 페미니즘 운동이 확산되면서 매스큘리스트들이 증가하고 우리 사회가 규정하고 있는 가부장적 굴레에서 벗어나고자 하는 남성들의 해방운동이 일어나게 된 것이 매스큘리즘의 시작이다. 매스큘리스트들은 여성들이 선망하는 '남성다움'에 구속되지 않기 위해 매스큘리즘을 통해 1990년대부터 남성 해방운동의 싹을 틔우기 시작한 것이다. 하지만 남성학에서 주장하는 바와 같이 모든 남성이 가부장적 문화나 남성중심 가족제도의 수혜자는 아니다. 오히려 남성들이 여성들보다도 더 큰 피해를 입고 있는 피해자 일 수도 있다. 동성애자이거나 독신 남성, 편부 가정 등에서 살아가는 남성의 경우에는 가부장적 문화의 피해자일 수 있다. 오히려 이들이 남성해방 운동을 적극적으로 펼쳐나가고 싶을지도 모른다. 이러한 점에서 앞으로 남성학은 이들의 입장을 대변할 수 있는 다양한 정책과 대안을 제시해야 할 것이다.

---

4) 매스큘리즘(Masculism)은 남성학과 남성운동을 아우르는 말로 인간적이고 바람직한 남성상을 추구하는 운동 혹은 학문을 말한다. 이러한 매스큘리즘의 등장은 젠더 문제를 남성의 시각에서 주체적으로 해석하고자 하는 노력을 배경으로 하고 있다.

쉬어가기 **남자로 살아간다는 것은 무엇인가?**

험한 세상에서 아무리 고통스러운 일이 있더라도 꿋꿋이 견뎌내고 이겨내면서 당당히 길을 걸어가는 고독한 수컷. 평생 감정에는 흔들리지 않고 단 세 번 눈물을 흘리는 강인한 인간. 비바람 불고 눈보라 치는 환경 속에서도 가족을 부양해야 한다는 무거운 책임감을 묵묵히 수행하는 가장. 가슴 한켠에 본능적이며 뜨거운 사랑을 품고 사는 바람 같은 존재. 대부분의 남자들은 남자란 모름지기 그래야 한다고 배우고 믿고 자란다. 최근에는 연인과 아내, 가족과 많은 시간을 나누는 다정하고 자상한 남자라는 덕목이 추가됐다. 그래서 남자들은 행복한가? 이제 전통적인 남성성으로 평생 흘리지 못한 눈물을 흘리고 있고, 강인함과 자상함을 모두 요구하는 이중적인 잣대와 평가 속에서 혼란스럽고 힘겹다. 우리가 있는 남성성에 대하여 생물학적, 사회학적, 심리학적 측면에서 총체적인 접근을 하고, 그로부터 남자가 진정으로 행복해지는 길을 모색한다.

출처: https://blog.naver.com/star1731/174085572 (2020.10.24.)

4. 젠더와 양성평등

1) 양성평등의 도입

1960년대 이후 등장한 여성운동은 근대사회에서 남성에게만 주어졌던 다양한 권리들, 즉 법적 권리를 비롯하여 노동권, 교육권, 참정권 등을 여성에게도 동일하게 허용하자는 일종의 '동등권 운동'이었다. 하지만 1980년대 들어서서 일어난 새 여성운동은 동등한 배분이라는 목적에서 더 나아가 남성 중심의 의미 체계나 가치체계를 모두 문제 삼으면서 '해방'이라는 담론을 제시하였다. 이후 우리나라를 비롯하여 많은 나라의 대학에서는 이러한 사회변화에 발맞춰 여성학의 강의를 개설하고 여성학과 관련된 다양한 내용의 교육이 도입되어 운영되었다. 이 시기에 우리나라에서도 이화여자대학교에서 1977년 여성학 강좌가 개설되어 운영되기 시작하였다. 이처럼 새롭게 등장한 1980년대 이후의 새 여성운동은 단순한 생물학적 차이에서 오는 요인뿐만이 아니라 사회문화적인 측면의 다양한 요인들을 분석하여 새롭게 제시되는 성 주류화와 연계하는 사실상의 여성운동이 전개되게 되었는데, 이

것이 바로 양성평등 운동의 시발점이다.

우리나라의 산업발전 과정을 살펴보면 1970년대와 1980년대 산업의 주축이 되었던 경공업의 발전은 여성근로자들의 참여가 지대한 영향을 미쳤다. 많은 여성근로자들이 생산 활동에 참여하였으며, 그러한 여성들의 역량이 경공업 발전에 크게 기여하였다. 하지만 여성근로자가 많아지는 만큼 직장 내에서의 여성 관련 문제가 다양하게 표출되었으며, 이를 계기로 여성 인권문제와 평등권 문제가 우리사회에 본격적으로 대두되기 시작하였다. 뿐만 아니라 여성들의 교육기회가 확대되면서 고등교육을 받은 여성의 인구가 폭발적으로 증가하였으며, 학문적 역량이 확대되면서 전문가나 전문분야에 종사하는 여성의 수가 확대되었다. 이러한 전문적 역량을 갖춘 여성의 확대는 여성의 경제력을 향상시키는 역할을 하였으며, 이는 상대적으로 높아진 여성의 경제력에 맞춰 적절한 여성의 지위 향상을 요구하게 되는 원인이 되었다. 이러한 사회변화에 따라 헌법은 남녀평등권을 명문화하기에 이르렀지만, 오늘날 가족법의 개정을 둘러싼 논쟁을 통해서 볼 수 있듯이 완전한 평등권이 확보된 것은 아니었다. 아직도 법률상 많은 불리한 점을 안고 있으며, 여성의 지위를 낮게 만드는 다양한 요인과 풍조가 변형된 형태로 남아 있어 여성의 지위 향상을 위한 운동은 아직도 지속적으로 전개될 수밖에 없는 상황이 되었다(허혜경 · 박인숙, 2020).

젠더에 대한 높아진 관심과 더불어 여성운동 내에서도 여성만의 운동에서 남성과 함께하는 양성평등운동으로 한 걸음 더 나아가는 노력이 시작되었다. 이러한 의식의 전환은 여성의 진정한 해방은 여성 억압의 행위자인 남성의 변화가 있어야만 가능하다는 인식이 높아졌기 때문이다. 이제 남성을 운동에 적극적으로 끌어들이는 노력이 시작되었으며, 특히 최근에는 남성의 육아 참여나 부모양육휴가제 등을 통해 남성을 자녀양육이나 가사노동에 동참하게 하고, 성매매 · 성폭력 방지나 여성의 사회참여 확대에도 그들의 협력과 참여가 요구되기에 더욱 그러한 운동이 확대되기에 이른 것이다(허혜경 · 박인숙, 2020). 남성들의 자녀양육이나 가사노동 참여를 위한 관련 법령의 마련은 앞으로 다가올 양성평등의 활성화에 큰 도움이 될 것이며, 이를 활용한 젠더와 양성평등의 본격적인 장이 열리는 계기가 될 것이다.

2) 양성평등과 관련한 논쟁 사항

우리나라 상장기업의 여성 임원 비율은 수십 년간 한 자리 숫자에 머물러 있다. 이러한 기업 내 여성 임원의 낮은 비율은 OECD 국가 중 최하위에 이른다. 다행스럽게도 양성평등의 실현을 위한 일환으로 마련된 <기업 내 여성 이사 의무화제도>에 따라 2022년부터 우리나라 기업 내 여성 임원의 비율이 높아지고 있는 상황이다.

이러한 시도는 기업 내 이사진의 구성을 특정 성별에 치우치지 않도록 하여 성별 다양성을 토대로 지배구조를 개선하고자 하는 의도에서 시작되었다. 이러한 제도의 시행이 어떻게 보면 여성에게만 주는 특혜처럼 보일지 몰라도 궁극적으로는 다양한 성별의 입장과 의견을 기업 운영에 반영하여 기업의 발전에 도움이 된다면 이는 결코 여성을 위한 특혜라고 볼 수 없을 것이다. 이처럼 양성평등은 여성을 위한 것이 아니라 모두를 위한 것이라고 할 수 있다. 지금은 이사회 구성에서 여성의 이사 비율이 현저하게 낮아 여성을 위한 제도처럼 보일지 모르겠지만, 언젠가 여성 이사의 비율이 지나치게 높은 시대가 온다면 아마도 그때는 이 제도가 남성을 위한 것으로 해석될 수도 있을 것이다. 양성평등을 실천하는 남성들의 공통점은 하나같이 모두 양성평등은 여성을 위한 것이 아니라 우리를 위한 것이라고 말한다는 점에 유념할 필요가 있다.

최근 들어 우리 사회에서 논란이 되고 있는 양성평등과 관련한 논쟁사항을 몇 가지 제시하면 다음과 같다.

첫째, 가사노동에 대한 논쟁문제이다. 우리나라는 유교적 사상을 바탕으로 가사노동을 여성에게만 책임지도록 하는 사회적 분위기가 오래전부터 지속되어 왔다. 하지만 오늘날의 우리 사회는 남성과 여성이 모두 사회활동에 적극 참여하고 있으며, 이로 인하여 가사노동을 여성에게만 부여하게 되면 여성의 경우 가사노동과 경제활동이라는 이중의 부담을 감수할 수밖에 없는 불평등한 상황이 전개되게 된다. 뿐만 아니라 여성에게만 가사노동을 책임지도록 하는 것은 여성의 직업 활동을 제약하게 되어 여성의 지위향상에도 전혀 도움이 되지 않는다. 따라서 여성의 지위향상과 사회활동에 대한 참여 기회를 확대하기 위해서는 가사노동에 대한 잘못된 인식을 전환해 나가야 한다. 즉, 가사노동도 돈으로 환산되는 경제적 활동 못지않게 인간의 행복과 번영을 위해 소중한 노동이라는 점을 명확히 인식할 필요가 있다.

비록 가사노동이 직접적으로 돈으로 환산되어 나타나지 않는다고 할지라도 가사노동을 과소평가해서는 안 될 것이며, 가사노동은 여자만이 할 수 있고 여자만이 해야 한다는 식의 사고방식에서 벗어나야 한다. 성역할에 대한 잘못된 인식에서 벗어나 남녀에 상관없이 누구나 가사노동에 대한 분담과 책무를 공유할 수 있어야 한다.

둘째, 여성의 병역의무와 관련된 논쟁문제이다. 저출산으로 인한 인구 감소와 함께 우리 사회에서도 국방의무 수행에 대한 여성의 군대 참여 문제가 논란이 되기도 한다. 남성이든 여성이든 어느 특정한 성별에 대한 차별을 없애고 평등한 사회를 구현하기 위해서는 남녀 모두 군대에 가야 한다고 주장하는 이들의 의견도 전혀 설득력이 없는 것은 아니다. 하지만 여성의 군대 참여에 대한 필요성과 함께 여성의 신체적 한계와 사회적인 제약으로 여성들이 군대에 참여한다는 것은 어려운 일이라고 주장하는 이들도 있다.

"여성도 군대에 가야 한다."라고 주장하는 사람들이 가지고 있는 논의 중에 하나는 "여성이 평등을 누리기 위해서는 국가의 의무를 다해야 한다."라고 주장하는 것이다. 그러나 이 논의가 가지고 있는 문제점은 여성이 가지고 있는 권리는 국가가 주는 것이 아니라 원래부터 가지고 있는 인권이라는 것이다. 인권은 공동의 인간성에 기초한 것으로 인권은 모든 인간이 권리로 갖는 것이다. 인권은 헌법이 정한 국민의 권리에서 추론된 것이 아니라 각 개인이 속한 국가와 관계없이 인정받는 것이다. 남성과 여성은 서로 대립적인 존재가 아니라 보완적인 존재이다. 인권에 대한 추구를 통해 서로 함께 나아가는 방안을 모색한다면 병역에 대한 문제뿐만 아니라 사회의 여러 불평등문제를 해결하는 데 도움이 될 수 있을 것이다(허혜경 · 박인숙, 2020). 또한, 여성들이 군대에 참여한다는 것은 병역의무에 대한 사회적인 인식을 전환시키는 데에도 도움이 될 것이다. 여성들이 군대에 참여하여 자신의 능력을 발휘하고 주어진 임무를 성공적으로 완수해 내는 모습을 보면서 성역할에 대한 고정관념도 사라지게 될 것이고 궁극적으로는 사회 전반에 걸쳐 양성평등을 실현하는 데에도 기여하게 될 것이다. 다만 분명한 것은 여성들의 군대 참여에 대한 논쟁은 다양한 측면이 고려되어야 한다. 여성들의 군대 참여는 인권과 평등을 보장하는 데 기여할 수 있으나 신체적인 한계와 사회적인 제약에도 주의를 기울여야 할 것이며, 군대 참여에 대한 선택은 개인의 자율적인 의사가 존중되어야 한다. 즉, 양성평등하고 성역할 간에 포용적인 사회를 실현하기 위해서는 여성 개개인의 능력과 함께 자율성이 보장되어야 한다.

셋째, 경제활동에서 발생하는 성차별에 대한 논쟁문제이다. 직장생활을 하다 보면 직장 내에서 남성과 여성 간에는 보이지 않는 다양한 차별을 경험하게 된다. 특히 성과 관련된 성차별의 사례는 다양한 측면에서 관찰되지만, 주로 고용기회의 불평등 문제, 차별적 임금문제, 승진에서의 불평등 문제, 법적 보호에 관한 비혜택 문제 등이 대표적인 사례이다.

고용기회의 불평등 문제는 직원의 채용에서부터 배치, 전환 등에서 남성보다는 여성에게 가해지는 차별이 많다. 가장 흔한 사례로는 남성보다는 여성에게 비정규직 직원이 훨씬 많다는 점과 남성과 여성이 동일한 일을 하면서도 여성이 남성의 69%밖에 임금을 받지 못한다는 점 등이다. 동일한 직장 내에서 여성을 '사무실의 꽃'으로 인식하고 능력보다는 외모를 중시하는 풍토도 성차별적 문제의 하나이다. 여성에게 승진의 기회를 주지 않는다거나 여성의 결혼, 임신, 출산 등을 구실삼아 퇴직을 강요하는 것도 성차별적 행동이다. 법적으로 여성에게 부여된 권리를 누리지 못하도록 하는 사례도 종종 볼 수 있다. 대표적인 사례로 모성보호법의 경우 법령에서 제시된 규정마저도 보장해 주지 못하는 경우가 있는데, 이러한 것은 법적 보호에 대한 불법사항이 아닐 수 없다. 모성보호를 더욱 강화해 나가는 방향으로 법령이 정비되고 보장되어야 할 것이다.

활동자료 3-1

남성 콤플렉스 척도

※ 아래의 의견에 대해 여러분의 생각을 1에서 4까지의 척도를 사용하여 답해주세요.

순	내용	평가척도			
		전혀 그렇지 않다(1)	대체로 그렇지 않다(2)	대체로 그렇다 (3)	매우 그렇다 (4)
1	나는 일에서 성공하는 것을 생의 목표로 삼고 있다.				
2	나는 가족을 위해 돈을 벌어야 한다.				
3	나는 과중한 일도 서슴없이 한다.				
4	남자는 가족의 존경을 받아야 한다.				
5	남자는 주장을 굽혀서는 안 된다.				
6	나는 감정적이기보다는 이성적이다.				
7	남자는 항상 자부심이 강해야 한다.				
8	남자는 사소한 일에 불평하지 말아야 한다.				
9	나는 고통스러워도 내색하지 않는다.				
10	나는 남 앞에서 걱정거리를 늘어놓지 않는다.				
11	거칠어 보이는 남자가 좋다.				
12	남자는 경우에 따라 주먹을 쓸 수 있다.				
13	나는 약해 보이는 것이 싫다.				
14	남자는 육체적으로 강해야 한다.				
15	남자는 모험을 즐길 줄 알아야 한다.				
16	나는 "여자 같다"라는 말을 들으면 기분이 나쁘다.				
17	요리나 바느질하는 남자는 매력 없다.				
18	남자는 간호사, 보모 일을 해서는 안 된다.				
19	파마나 액세서리 등 치장하는 남자는 보기 흉하다.				
20	남자가 남 앞에서 우는 것은 부끄러운 일이다.				

출처 : 정아란·유정희(2014). 행복한 성과 결혼. 경기: 공동체. p. 63.

결과 해석

점수	특성
60점 이상	남성우월주의를 내세우는 사내대장부형
41~59점	이상적인 남성형은 알고 있으나 남성으로서 부담을 버리고 안주하려는 갈등형
40점 이하	자신의 감정을 솔직하게 표현하고 여성과 협력하고자 하는 수용형

활동자료 3-2

착한 여자 콤플렉스 척도

※ 아래의 의견에 대해 여러분의 생각을 1에서 4까지의 척도를 사용하여 답해주세요.

순	내용	평가척도			
		전혀 그렇지 않다(1)	대체로 그렇지 않다(2)	대체로 그렇다 (3)	매우 그렇다 (4)
1	기분 나쁜 일이 있어도 사람들이 보는 앞에서는 싫은 내색을 하지 않는다.				
2	여자답다는 칭찬을 듣기 위해 의식적으로 얌전하고 조용하게 행동한다.				
3	텔레비전 드라마에서 적극적이고 자기주장이 강한 여성이 남편과 갈등을 빚어 불행해지는 내용을 볼 때 당연한 결과라고 생각한다.				
4	남자들과 잘 어울리고 자기 의견을 분명히 밝히는 여자는 불쾌하다.				
5	여성이 먼저 남성에게 데이트를 신청하거나 전화를 거는 것은 여자답지 않다.				
6	여성은 가정에서 가족을 돌보고, 남성은 바깥일을 하는 것은 당연하다.				
7	여자의 가장 큰 목표는 현모양처가 되는 것이다.				
8	미팅이나 남성을 만날 때 무조건 여성답게 보이기 위하여 바지보다는 치마를 입을 때가 있다.				
9	규칙이란 무조건 따라야 하며 지키지 않았을 때는 벌을 받아야 한다고 생각한다.				
10	학교나 단체에서 남자는 회장, 여자는 부회장을 맡는 것이 당연하다.				
11	진학, 결혼, 취직문제와 같은 중요한 결정은 주위 사람(부모, 남편, 남자친구)의 판단에 따르는 것이 좋다.				
12	토론할 때 자신과 다른 의견이 있을지라도 문제를 일으키지 않기 위해 침묵하는 경우가 많다.				
13	하고 싶지 않은 일도 다수가 결정한 경우에는 할 수 없이 그대로 따르는 편이다.				
14	지하철 같은 공공장소에서 성과 관련된 이야기를 하거나 잡지를 보고 싶어도 주위의 시선을 의식하여 참는 경우가 많다.				
15	여자가 남자에게 먼저 성관계를 요구해서는 안 된다고 생각한다.				
16	결혼 전까지 여자는 육체적으로 순결해야 한다고 생각한다.				

순	내용	평가척도			
		전혀 그렇지 않다(1)	대체로 그렇지 않다(2)	대체로 그렇다 (3)	매우 그렇다 (4)
17	속담에 "여자 팔자 뒤웅박 팔자"라는 말이 있는데, 정말 맞는 말이라고 생각한다.				
18	여자는 결혼을 잘 하는 것이 사회에서 성공하는 것보다 낫다.				
19	결혼할 상대자는 나보다 뛰어나고 키가 크며 연상이기를 원한다.				
20	칭찬받는 것을 좋아하지만 막상 칭찬을 듣게 되면 마음에도 없는 가식적인 말로 느껴져 기분이 나쁘다.				

출처 : 정아란·유정희(2014). 행복한 성과 결혼. 경기: 공동체. pp. 64-65.

결과 해석

점 수	특 성
80점 이상	착한 여자, 상냥하고 관대한 여자라는 말을 듣는 여성으로 헌신적으로 타인을 위하고 주변 사람 마음대로 좌우되면서도 그냥 참는 형이며, 자신이 이 콤플렉스에 빠진 줄도 모른다.
60점 이상	정도의 차이는 있으나 알게 모르게 착한 여자 콤플렉스에 빠져 있다.
60점 이하	콤플렉스는 그다지 나타나지 않으며 자신의 능력과 가능성을 발휘하여 자립적인 삶을 추구하는 여성이다.

활동자료 3-3

이성 이해도 테스트

※ 다음 질문에 대해서 평소의 일반적인 행동대로 솔직하게 대답하세요. 즉 그렇게 행동 '해야만' 하는 방식이 아니라 당신이 '평소' 행동하는 방식으로 대답해 주십시오. 아래의 의견에 대해 여러분의 생각을 1에서 5까지의 척도를 사용하여 답해 주십시오.

순	내용	평가				
		대부분의 경우 그러하다 (1)	비교적 빈번하게 그러하다 (2)	가끔 그렇다 (3)	드물게 그렇다 (4)	거의 아니다 (5)
1	내가 정말로 좋아하거나 매력을 느끼는 이성이 주변에 있을 때는 평소의 나와는 달리 나의 의사표현을 조심하고 상대방의 동의를 구하며 나의 욕구를 희생시키거나 본래의 자신을 일부 잃어버린다.					
2	나는 내 앞에 나타난 이성들에 대해 '그들이 필요로 하는 것을 내가 해 주어야 하는 것'처럼 느끼거나 행동한다.					
3	이성과의 관계에서 만일 내 친구들이 그랬다면 참지 않았을 방식으로 그들이 나를 대해도 이성이기 때문에 받아들이거나 참는다(일방적 요구, 내 의견의 무시 등).					
4	나는 이성들이 나에게 호감을 갖게 하기 위해 외모를 가꾸거나 옷을 선택하는 일에 있어서 나의 성적 매력을 의식한다.					
5	내가 하고 싶어 하는 일이나 내가 진정으로 느끼는 감정에 대해서 상대에게 말해야 할 때 어떤 반응을 나타낼 것인가에 대한 두려움을 느낀다.					
6	나는 이성 친구들이 과거에 나에게 했던 일, 혹은 현재 나를 대우하는 방식에 대해 원망스러움을 느낀다.					
7	나는 이성 친구들에게 사랑이나 주목을 받기 위해 혹은 나에게 화를 내지 않게 하기 위해 어찌할 바를 몰라 당황하거나 무력하게 행동하게 된다.					
8	나는 내 인생에서 이성 친구들로부터 마땅히 받을만한 모든 존경과 평가를 받고 있다고 느낀다.					
9	나는 내가 관심을 가지고 있는 이성 친구들에게 내가 원하는 것과 필요로 하는 것을 언제나 요구한다.					
10	나는 강한 이성들(직장상사, 권위 있는 인물들) 곁에 있을 때는 편안함을 느끼며 나 자신에게 긍지를 느낀다.					

출처 : 김희은(2002). 내용을 재구성함.

결과 처리

* 다음과 같은 방식으로 점수를 계산하여 모두 합산해 주세요.
질문 1~7번, 10번 : 1은 2점/ 2는 4점/ 3은 6점/ 4는 8점/ 5는 10점
질문 8번, 9번 : 1은 10점/ 2는 8점/ 3은 6점/ 4는 4점/ 5는 2점
합 산 : ( )점

결과 해석

점 수	특 성
80~100점	당신 자신과 관계에 대한 힘든 노력은 소기의 성과를 이루었다. 또한 당신은 당신 인생의 이성들에 대해서 강하지만 사랑이 넘치는 연인이 되는 방법을 알고 있다. 당신은 이성과 함께 있을 때 스스로의 건강한 감각을 유지하는 의사전달이 건전하고 지속적인 관계를 창조하는 필수 불가결한 것임을 알고 있다. 미래의 문제를 피하기 위해 낮은 점수를 받은 영역을 연구해 보자.
60~79점	대부분의 사람들이 이 범주에 들어간다. 조만간 더 큰 문제가 터지지 않도록 주의를 기울일 필요가 있는 몇 가지 경고 신호가 있다. 당신과 당신의 요구를 더 충분하게 표현하도록 노력하라. 당신은 당신이 요구해 왔던 것보다 훨씬 더 많은 존경을 받아 마땅하다.
40~59점	당신은 마땅히 받을만한 사랑과 올바른 인식을 받지 못하게 막고 있는 감정상의 나쁜 습관 몇 가지를 갖고 있다. 만일 당신이 이성 친구 주위에서 당신의 힘을 포기하고 모든 것이 괜찮은 척한다면 당신이 원하는 존경은 결코 얻을 수 없다. 이제는 변화를 이룰 시간이다. 첫 단계는 사실 당신이 얼마나 불만스러운지에 대해 스스로에게 정직해지는 것이다. 그리고 당신이 의도하는 강한 이성으로서 삶을 출발하도록 전력을 다하라.
39점 이하	당신은 너무나 오랫동안 고통 속에서 사랑받지 못한다고 느꼈기 때문에 당신이 진정으로 관심을 갖고 있는 이성 곁에서 당신 자신이 된다는 것이 어떤 것인지를 잊어버렸을 것이다. 아마도 건강한 이성 관계가 어떤 것인지조차 당신은 알지 못할 것이다. 이제는 즉각적인 행동을 취할 시기이며 그것을 혼자서 할 수는 없다. 도움을 줄 수 있는 다른 이성 친구에게 도움을 청하라.

Chapter 04

성 발달과 인간관계*

* 본 장은 이규은 · 장상필(2021). 성과 결혼. 도서출판 어우리. pp. 109-143의 내용을 재구성하였음.

Chapter 04

성 발달과 인간관계

1. 인간의 성적 성숙과정

성숙(成熟, maturation)이란 어떤 생물체가 그 생물의 전형적인 작용을 수행할 수 있는 상태에 도달하는 것을 말한다. 일찍이 정신의학자들은 인간의 성숙과정에 관심이 많았다. 성숙과정을 파악하여 성숙을 촉진하는 요인이나 방해하는 요인이 무엇인지를 구별해 내고자 하였으며, '성숙'의 개념과 성숙의 과정이나 결과에 대해서도 알아내고자 하였다.

20세기 후반 프로이트(Freud)는 성숙과 관련하여 '신경증'이라는 질병을 찾아냈다. 신경증이란 성격이 부분적으로 성숙반응을 포기하고 어린 시절로 퇴행하거나, 신체적으로 성숙한 만큼 행동 양식도 성숙해야 하는 데 반하여, 아동기적 반응형태에서 벗어나지 못한 상태에서 발병하는 증상이다. 즉, 혼란스러운 아동기 감정양식이 과도하게 지배하는 상태(Neurosis is the excessive predominance of disordered childhood emotional patterns)를 말하며, 이는 대개 양육과정의 문제에 그 요인이 있다고 보았다. 또한, 개인의 내적 성향으로 정서발달에 대한 미성숙도 요인이 된다. 정상적인 인간의 성숙은 상황에 대한 적응력이 비교적 높고 퇴행경향성이 낮기 때문에 문제발생에 대한 취약성은 최소가 되기 마련이다. 하지만 발달과정상 성숙이 제대로 이루어지지 않으면 신경증이 발생할 확률이 높아지고 적응력이 손상되어 스트레스에 취약해진다. 아마도 충분히 성숙한 사람은 그렇지 못한 사람에 비해 적응력이 강하고 덜 취약하므로 성숙을 포기하지도 않고 신경증에 따라 현실을 처리하는 방식으로 행동하지도 않을 것이다. 이러한 사람에게 아동기나 유아기로의 퇴행적 반응은 나타나지 않는다. 성숙과 관련하여 프로이트(Freud)의 '신경증'을 하나의 사례로 제시했지만 정상적인 인간의 성숙은 그만큼 중요하다. 인간의 성장 단계에 맞춰 성숙해 나간다는 것은 정상적인 인간으로서 반드시 성취해야 할 발달과업이다.

일반적으로 인간의 성적 성숙과정은 인간의 발달단계에 따라 태생기, 영아기, 유아기, 학령 전기, 학령기, 청소년 전기, 청소년 후기, 성인기, 노년기로 구분하며 발달단계에 따른 성적 특성은 다음과 같다.

〈표 4-1〉 인간의 발달단계에 따른 성적 특징

발달단계	시기	성적 특성
태생기	수정에서 출생	•반사적 발기가 일어남 •성적 반사가 존재함
영아기	생후부터 1세	•친밀한 접촉이 대인관계 형성에 도움을 줌 •원만한 인간관계가 성관계에 긍정적 영향을 줌
유아기	1세부터 4세 이전	•자신의 성에 대한 인식이 가능한 시기 •성기 자극을 통해 쾌감을 경험함 •부모의 충분한 사랑과 애정표현이 중요한 시기
학령 전기	4세부터 6세 이전	•오이디푸스 콤플렉스를 경험하는 시기 •형제간의 관계형성이 대인관계 형성에 영향을 줌 •전체적인 자아개념에 자신의 성을 연결시킴 •성의식 발달에 매우 중요한 시기임 •부모로부터 성적 관계성과 의미를 배움
학령기	6세부터 12세까지	•성인을 대상으로 하는 동일시가 중요한 시기 •성 차이에 따른 특성이 나타나기 시작함 •남아와 여아 사이의 가치관 놀이 등에 차이가 있음 •남녀의 특성이 보다 구체화되고, 단체화되어 감 •남성다움과 여성다움에 신경을 쓰는 시기 •동성부모의 역할이 중요한 시기
청소년 전기	13세부터 18세까지	•초경이 시작되는 시기 •자위행위를 하게 되는 시기 •도덕성 발달이 이루어지는 시기 •충동을 조절하고 욕구와 자제능력을 학습함
청소년 후기	18세부터 23세까지	•심리적 · 사회적 정체감 형성 시기 •갈등과 방황을 경험함 •성역할에 대한 정체감 형성과 직업선택이 이루어짐 •바른 생활 태도 육성 시기
성인기	23세부터 60세까지	•성적 욕구와 정서적 애착관계를 유지함 •성생활에 대한 즐거움을 향유하는 시기 •완경과 갱년기를 맞이하는 시기
노년기	60~65세 이후	•건강한 노년은 성생활에 전혀 문제가 없음 •정자의 양은 감소하지만 90대까지 생식능력을 지님

1) 태생기

태생기는 수정에서 출생까지 모체에 있는 기간을 말한다. 우리는 흔히 태생기는 인간의 발달이 미숙한 시기여서 성에 대한 인식이나 성적 반응이 없다고 생각하기 쉬운데 그동안의 연구를 통해 밝혀진 바에 의하면 그렇지 않다. 인간이 모체로부터 분리되어 나오기 수개월 전부터 남아의 경우에는 반사적 발기가 일어난다는 사실이 초음파검사를 통해 밝혀졌다. 또한 신생 남아의 경우에는 태어난 지 수 분 만에 발기를 하며, 신생 여아의 경우에도 첫 24시간 이내에 질 분비와 음핵발기가 이루어진다는 사실이 마스터스(Masters, 1980)와 칼데론(Calderone, 1983)의 연구에서도 확인되었다. 이러한 사실을 통해 성적 반사는 영아기 초기에만 나타나는 것이 아니라 모체로부터 분리되기 이전인 태생기에도 존재한다는 사실을 알 수 있다.

2) 영아기

영아기는 젖을 먹는 어린아이 시기로 생후부터 1년 사이의 시기를 말한다. 영아기의 아이들은 주로 잠을 자면서 보내지만 잠을 자는 때와 깨어 있는 때가 분명히 구별되는 시기이다. 영아기의 신체 성장 속도는 매우 두드러진 것이 특징이다. 생후 1년 무렵에는 신장이 출생 때의 약 1.5배 정도 되고, 체중은 거의 3배 정도로 증가한다. 2~3개월이 되면 목을 가누고, 물건을 붙잡을 수 있게 되며 5~6개월이 되면 몸을 뒤집는 일이 가능해진다. 7~8개월에는 기고 혼자 앉을 수 있으며, 9개월이 지나면 주위 물건을 붙잡고 혼자 일어서며 걸음마를 할 수 있게 된다. 돌이 지나면 혼자 서서 걸음마를 시작하게 되며, 옹알이를 시작한다. 이때가 되면 보통 몇 가지 간단한 단어를 말할 수 있게 되며 자신의 의사표현도 시작하게 된다. 영아기는 인간으로서의 성품, 즉 인격의 기초를 형성해 나가는 최초의 시기라는 점에서 매우 중요한 시기이다. 뿐만 아니라 영아기는 성 발달 측면에서도 매우 중요한 시기이다. 부모와의 반복적인 접촉을 통해 다른 사람과의 관계성을 형성해 나간다는 점에서 매우 중요하다. 부모가 수유과정에서 자연스럽게 이루어지는 아이와의 접촉이라든지, 목욕시키기와 옷 입히기 등에서 이루어지는 접촉, 아이를 안아주고, 업어주고, 포옹하는 등의 과정을 통한 친밀한 접촉이 원만한 대인관계를 맺는 데 큰 도움이 된다. 이러한 부분에 대한 부족한 경험은 발달과정에 장애로 나타나 원만한 인간관계를 유지하고 발전시키는데 큰 장애가 될 수 있다. 모니(Money, 1980)나 케넬과

클우스(Kenell & Klaus, 1977)의 연구결과에 의하면 이러한 인간관계에 대한 장애는 성관계에도 영향을 미쳐 성인이 되어 원만한 성관계를 유지하는 데 어려움이 있는 것으로 알려졌다.

3) 유아기

유아기는 젖을 뗀 시기부터 학령 전기 이전까지의 시기로 보통 만 1세부터 3, 4세의 시기, 즉 4세 이전까지를 말한다. 유아기는 운동발달이 현저하게 이루어지고 만1세를 전후로 하여 기기, 서기, 걷기 등이 가능해지는 시기이다. 3세가 되면 계단을 오르는 일도 가능해진다.

유아기에는 자신의 독립성을 발견하게 되는 시기로 만 2세에서 만 5세까지 사이에 자신의 독립성을 발견한다. 이로 인해 변덕이 빈번하고 짜증이 많은 것이 특징이다. 그래서 이 시기를 '미운 네 살'이라고 부르기도 한다. 개인차는 있지만 24개월이 되면 배변 훈련을 시작하여, 만 3세가 될 때까지 지속적으로 반복 훈련을 한다. 그러나 너무 이른 배변 훈련은 유아가 강박관념을 갖게 되므로 피하는 것이 좋다. 최근에는 아즈란(Azran)식 배변 훈련법이 등장하여 아이의 심리를 이용하여 단 하루 만에 기저귀를 떼는 훈련을 하기도 한다.[1] 유아기는 인성 형성에 매우 중요한 시기이다. 이 시기의 아이들은 주된 생활공간이 가정이기 때문에, 부모와의 접촉을 통해서 여러 가지 반응양식을 익혀 나간다. 따라서 부모의 교육태도가 어린이의 인성에 지대한 영향을 미치는 시기이다.

유아기는 자신의 성에 대한 인식이 가능한 시기이다. 이 시기의 아이들은 자신의 성기 자극을 통해 쾌감을 경험하게 되고 신체 부위에 대해서도 호기심을 갖게 되는 때이다. 이 시기의 성에 대한 호기심은 어른들의 성적 호기심과는 다른 것으로 우연한 기회에 꽉 조이는 옷을 입거나 대소변을 닦다가 성기에 자극하는 일이 재미있는 놀이라는 것을 발견하게 되고 이러한 경험은 4세를 전후하여 자연스럽게 성기에 대한 호기심으로 나타나게 된다. 이 시기에 나타나는 이러한 자위행위는 아이의

1) 아즈란식 용변법은 아이 심리를 섬세하게 파악해서 단 하루 만에 기저귀를 떼게 하는 용변 훈련 프로그램으로 아즈란(Dr. Azran) 박사에 의해 개발되고, 필(Dr. Phill) 박사에 의해서 체계화된 '하루 만에 기저귀 떼기(Toilet Training in less than a day)' 훈련법이다. 이 방법의 핵심은 배변 훈련을 시작하는 시기를 적절히 판단한 후, 배변 훈련을 최대한 자연스럽게 하기 위해 인형 역할 놀이를 도입하여 배변 훈련을 하는 기법이다.

잘못이나, 질병, 또는 비정상적인 행위가 아니다. 하지만 자위행위에 대한 지나친 집착은 문제가 될 수 있다. 이럴 경우에는 아이를 꾸짖고 위협하기보다는 다른 사람 앞에서 그런 행동을 하는 것은 부끄러운 일이라는 것을 인식시켜 주는 일이 가장 중요하다.

유아의 자위 상황에서 '엄마가 하지 말랬지!', '또, 또!', '아래는 만지지 마.' 등과 같은 말로 야단을 치거나 아무 말 없이 손등을 때리는 등의 비언어성 전달로 유아의 성적인 경험을 금지시키게 되면 나중에 성적인 장애의 초기 원인이 될 수 있다는 연구결과도 있다(Calderone, 1978; Money, 1980).

일반적으로 이러한 유아의 자위행위는 부모의 맞벌이나 짧은 형제 터울로 인하여 부모의 관심과 애정이 충분하지 못할 때 흔히 발생한다. 지나친 자위행위를 보이는 것은 아이가 정서적으로 외롭고 심심하다는 신호를 보내는 것이다. 이럴 때일수록 부모의 충분한 사랑과 애정표현이 중요하다. 서둘러서 버릇을 고치려고 노력하기보다는 아이의 관심을 다른 쪽으로 돌리도록 하는 것이 중요하다.

4) 학령 전기

학령 전기는 4세부터 학교에 입학하기 전인 6세까지의 시기를 말하는데 이 시기는 유아들의 신체적, 감정적 발달이 매우 왕성한 시기이다. 일반적으로 학령 전기에는 대근육 운동기술이 크게 발달하여 신체적으로 균형이 잡히고, 소근육 운동이 정교화되는 특징이 있다. 따라서 4세가 되면 달리기나 뛰기, 던지기 등이 가능해지고 5세가 되면 동작이 민첩해지며, 6세에는 자유롭게 뛰어다닐 수 있는 발달단계에 이르게 된다. 특히 이 시기에는 유아들의 운동기술이 크게 발달함에 따라 좀 더 넓은 세계를 자유롭게 탐색할 수 있게 된다. 또한 신체적인 면만이 아니라 인지발달의 측면에서도 많은 발달이 이루어지게 되는데 이 시기에는 언어적 상징을 적극적으로 사용하고 정서적으로 복잡한 감정과 자아개념이 싹트게 된다. 자기중심적이기는 하지만 다른 사람들과 협조하고 나눌 수 있는 능력도 생겨나기 시작한다. 대소변 가리기나 혼자 옷 입기, 식사하기 등 신체통제능력을 완료하고, 동시에 분노나 눈물 등 감정의 억제를 배우게 된다. 이 시기에는 사회화의 첫걸음을 시작하는 시기로 또래집단과 상호작용하면서 본격적으로 사회적 관계를 습득하고 사회적 관계가 확대된다. 사물에 대한 호기심이 증가하고 직관적 사고능력이 발달하여 반항적 사고가 점차 증대되는 경향을 보인다.

프로이트(Sigmund Freud)의 정신분석학에 따르면 이때는 남근기(男根期)로 오이디푸스 콤플렉스(Oedipus Complex)를 경험하는 시기이다. 즉, 쾌락과 관심의 초점이 성기에 집중되는 시기이다. 사정이 없는 자위행동, 성에 대한 호기심, 성기과시, 노출행동 등이 이 시기에 나타난다. 따라서 이 시기에는 의사나 간호사 놀이를 즐겨 하고, 부모와 자식 간의 삼각관계에서 유아는 부모에 대한 사랑과 미움의 복합감정을 경험하게 된다. 이러한 삼각관계 속에서 부모 중 누구와 내재화하느냐에 따라 미래의 성역할에 대한 기본태도가 형성된다.

형제간의 관계 형성도 대인관계 형성에 영향을 미친다. 카인 콤플렉스(Cain complex)라고 부르는 형제간의 경쟁은 유아에게 동생이 생겼을 때 나타나는 것으로 동생의 출현은 아이에게 기쁨이 될 수도 있지만 부모로부터의 사랑을 빼앗겼다는 슬픔의 원인이 될 수도 있기 때문이다. 유아에게 동생의 출현은 인생에서 매우 중요한 사건으로 부모의 관심과 사랑이 동생에게 옮겨 갔다고 느낄 때 퇴행행동이나 동생학대와 같은 행동 양상을 보이게 된다.

학령 전기의 성역할에 대한 인식이 전체적인 자아개념에 자신의 성을 연결시켜 나가는 특징이 있다. 즉, 유아는 자신의 성과 그에 맞는 행동, 사회적 관계에 관심을 갖고, 동성의 또래친구들과 어울리고, 성에 따르는 사회적 기대를 의식하기 시작한다. 특히 이 시기에 인식하는 성역할은 성역할 기준에 영향을 미치기 때문에 유아의 성 의식발달에 매우 중요한 시기이다. 이 시기의 유아들은 대부분 부모의 기대나 문화적 기준에 맞는 성역할 기준을 수용하고 내면화하는 경향성이 있다. 이 시기에 사회적 관심을 수용하는 능력이 부족하고 타인에 대해 지나치게 엄격한 성역할 기준을 적용하게 되면 대인관계에서 갈등을 경험하게 되고, 다른 사람을 정서적으로 이해하거나 성역할 기준을 설정하는 데 있어서 융통성을 갖지 못하는 문제가 발생할 수 있다.

학령 전기에 가장 많이 하는 질문은 '아기가 어디로 나오나요?', '아이가 어떻게 생기나요?' 등과 같은 질문이다. 유아의 이러한 질문에 대해 부모들은 불편해하거나 대답하기를 꺼리는 경향이 있다. 그러한 태도는 바람직하지 않다. 부모의 그러한 태도는 오히려 유아들에게 상상을 통해 말도 안 되는 질문을 하게 하는 원인이 되기도 하고, 대답을 듣기 위해 집요하게 질문을 이어가는 행동을 유발하는 원인이 되기도 한다. 이러한 태도는 같은 또래의 아이들에게 성과 관련된 호기심을 발휘하여 여자아이의 치마를 들치거나 성과 관련된 욕설을 한다거나 하는 등의 장난기로 표출되기도 한다. 5, 6세가 되면 다소 점잖아지면서 성적 유희의 수가 다소 줄어든다. 하지만 자신보다 큰 아이들로부터 성과 관련된 말이나 욕설을 배우기도 한다.

이 시기의 아이들은 부모로부터 성적 관계성과 의미성을 배우게 된다. 부모의 사이가 좋은 경우에는 포옹이나 키스와 같은 신체적, 정서적 친밀감에 대해 좋은 생각으로 자연스럽게 인식하는 경향이 있으나 그렇지 못할 경우에는 이성과의 친밀감 형성에 악영향을 미치게 된다. 부부끼리 싸우는 모습, 부부간의 상스러운 용어의 사용 등과 같은 언행은 자녀들의 이성과의 친밀감 형성에 나쁜 영향을 미친다.

5) 학령기

학령기는 초등학교 시기로 6세부터 12세까지의 시기이다. 이 시기에는 행동이 점차 민첩해지고 강해지며 우아해진다. 뿐만 아니라 운동의 유연성, 균형 그리고 협응력이 향상되는 시기이다. 일반적으로 이 시기의 아이는 남아가 여아보다 근육세포가 많아 근육의 힘이 더 세고 대부분의 과정에서 민첩하고 빠르지만 작은 물체를 조작하는 운동기술은 남아보다는 오히려 여아가 더 빠른 것이 특징이다.

학령기의 주요한 과업 중의 하나는 학습이다. 학령기에는 주로 단순한 사고를 하지만 과학적인 추리가 가능한 시기이다. 비슷한 점과 다른 점을 논리적으로 판단하여 사물을 구체적으로 분류할 수 있고 다른 사람의 관점을 이해할 수 있으며 개념을 만들고 문제를 논리적으로 해결해 나가기 시작하는 시기이다. 또한 이 시기에는 어떤 상황을 이해할 때 한 가지 면에서만 초점을 두지 않고 다양한 여러 가지 면을 고려하여 판단하는 시기로 '생각하는 방법'을 익힐 수 있는 중요한 시기이기 때문에 교육의 중요성이 강조된다.

학령기 아동의 관심은 생활범위가 확대되면서 그동안의 가정 중심의 삶에서 벗어나 학교나 친구들에게로 옮겨간다. 따라서 학업과 더불어 친구를 사귀고 모임에 참여하는 등 장차 어른으로서의 역할을 습득해 나가면서 보다 독립적이고 사회화되며 도덕적 발달을 형성해 나가게 된다. 이 시기에는 성인을 대상으로 한 동일시가 중요하게 등장한다. 부모가 동일시하는 것을 방해하거나 지나치게 냉정하고 난폭할 때, 인격발달에 문제가 생길 수 있다. 여자 또는 남자답지 못하게 되거나 학교공포증이 생기거나, 자발성이 부족하게 되는 경우 등은 모두 인격발달의 문제에 따른 예이다. 이러한 문제가 심화될수록 가정보다는 집 밖의 상황에 더 많은 관심을 갖게 된다. 따라서 이 시기에는 가능한 많은 일에서 성공을 경험할 수 있도록 기회를 마련해 주고 열등의식에 빠지지 않도록 자신감을 길러주는 일이 중요하다. 가정교육이나 학교교육을 통해 단순한 지식만을 습득하기보다는 지식을 어떻게 습득하는지에 대한 기본적 학습 방법을 중시하고 지식의 습득이 주는 기쁨을 맛보게 함으로써 학습에 대한 자발성을 길러 주는 일이 중요하다. 육체적, 감성적, 개성적 경험을 통해 전인적 인간상을 갖도록 하고 올바른 도덕관과 가치관을 형성해 나갈 수 있도록 도와주어야 한다.

성적인 측면에서의 발달로 가장 큰 특징은 학령기의 아동에게서 성 차이에 따른 많은 특성이 나타나기 시작한다는 점이다. 따라서 이 시기에는 신체를 노출시키는 일에 대해서 강한 부끄러움을 보인다. 뿐만 아니라 학령기 아동은 남아와 여아 사이에 가치관이나 놀이 등이 많이 다르다. 남녀의 특성이 좀 더 구체화되고 단체화되어 가는 시기이다. 남녀의 성차는 성의 구별로 이어져 남자는 남자끼리, 여자는 여자끼리라는 단체로 분류하고 서로 다른 종류의 놀이와 게임을 즐긴다. 서로 이성에 대해 부끄러워하고 남성다움이나 여성다움에 좀 더 신경을 쓰게 되는 시기이다.

가정과 또래 집단에서도 남아와 여아의 활동 구분이 두드러지게 나타난다. 뿐만 아니라 남아와 여아 사이의 영향력도 다르게 나타난다. 일반적으로 남아들은 가족이나 또래 집단의 성인모델에 의해 영향을 받지만 여아의 경우에는 전통적으로 아동기부터 아내와 부모의 영향력이 가장 크다. 이러한 영향은 남녀가 모두 성인으로서의 역할로 이어져 순조롭게 성역할로 옮겨 간다.

프로이트(G. Freud)는 이 시기를 성적으로는 비교적 조용하고 성에 대한 관심이 부족한 잠복기(latency)라고 보았다. 하지만 이 시기에도 여전히 성적인 놀이나 자위행위가 발생하고 성에 대한 호기심이나 의문도 갖는다. 다만 아동들이 보았을 때 어른들이 그런 성적 표현을 좋아하지 않는다는 것을 깨닫고 성적인 사실을 숨기는 것이다.

이 시기의 성교육은 동일시를 통해 확산되며 남자아이는 아버지, 여자아이는 어머니와의 동일화(identification)를 통해 이루어진다. 따라서 이 시기에는 동성 부모의 역할이 매우 중요하다는 점을 잊어서는 안 된다. 대부분의 성인들은 자신의 행동이 자녀에게 성역할을 가르치고 있다는 사실을 알지 못한다. 오히려 성인들은 아동이 보이는 여성과 남성 특유의 자연스러운 전개를 어떤 때는 만족의 눈으로, 그리고 어떤 때는 불안한 눈길로 보고 있을 수밖에 없다고 한다. 이 시기의 남아는 아버지의 행동을 통해 개척자와 같은 남성적이고 자유분방한 생활방식을 배울 뿐만 아니라 남편, 아버지, 시민, 근로자로 이어지는 생활과 복종과 관대함 그리고 친절과 야심과 높은 성취욕 등을 경험하면서 유사한 성역할을 습득해 나간다. 여아 또한 어머니와 주변의 여성들의 모습과 삶에서 같은 방식의 성역할을 습득해 나간다. 그러므로 이 시기에는 앞으로 다가올 청소년기를 대비하는 차원에서 가정과 학교에서의 성교육이 반드시 이루어져야 한다.

학령기의 놀이를 보면 성적인 놀이가 많다. 성적인 놀이라고 해서 큰 문제가 되는 것은 아니지만 강제로 행해지는 놀이와 접촉에 대해서는 부모의 제재가 필요하다. 성적인 경험에 대해 부모가 지나치게 놀라는 반응을 보이게 되거나 엄격하게 대하면 심리적인 측면에서 위해를 받을 수 있다는 점을 유념해야 한다.

6) 청소년 전기

청소년 전기는 학령기가 끝나는 13세부터 18세까지로 주로 신체적, 성적 성숙에서 시작하여 사춘기의 신체적 변화가 특징적으로 나타나는 시기이다. 이 시기는 중·고등학교의 학생 시기로 성적 성숙의 완성과 더불어 심리적으로 자아정체감이 확립되는 시기이다. 또한, 청소년 전기에는 생물학적 발달이 급등하는 시기이다. 여자의 경우에는 남자보다 신체발육이 빨라 10세경에는 남자보다 신체 발육이 앞서기 시작하지만, 대략 13세경이 되면 남자의 신체 발육이 급격히 성장하여 남녀 간의 신체 발육 격차가 반대 양상으로 변화된다.

여자의 경우 청소년 전기가 되면 초경(일반적으로 12~13세에 시작)이 시작된다. 생리는 전체적인 신체상과 성역할 및 정체감을 재조정하는 역할을 하게 되며, 남자의 경우 청소년 전기가 되면 목소리가 굵어지고 체모가 생기며 음경이 자라면서 사정을 경험하게 되고 성적 표현의 한 방법으로 자위행위를 하게 된다.

청소년 전기에 남녀 간의 신체 성숙의 차이는 심리적 적응과 관련이 있다. 남자의 경우에는 조기 성숙이 동료들로부터 부러움의 대상이 되어 긍정적인 신체상을 갖게 하는 데 도움이 되고 사회적 적응에 바람직한 영향을 미친다. 하지만, 여자의 경우에는 신체적 조숙이 긍정적인 신체상을 갖도록 하는 데 도움을 주지 못하여 동료보다 빠른 발달이 오히려 부정적인 신체상을 갖게 하거나 왜곡된 자아개념을 형성하도록 할 가능성이 높다.

청소년 전기에는 인지발달도 확대된다. 사고와 판단의 능력이 확대되면서 뇌의 발달이 이루어지고 비판적 사고 능력이 증대된다. 피아제(Piaget)는 인간이 태어나 성장해 나가는 과정에 4단계의 인지적 발달을 경험한다는 이론을 제시하였는데, 청소년 전기는 바로 형식적 조작기에 해당된다. 형식적 조작기에는 여러 가지 가능성을 놓고 논리적으로 추론할 수 있는 추론적 사고가 가능한 시기이다. 상상을 통하여 논리적으로 상황을 유추하여 판단할 수 있으며, 자신의 생각을 비판적으로 고찰할 수 있는 시기이다. 또한, 이 시기에는 자아중심성에 의해 인지발달이 방해를 받기도 하는데, 이는 청소년들이 자신에 대한 타인의 의견에 지나치게 관심을 갖는 양상으로 표출되어 자아중심성이 오히려 사회적 경험을 통하여 축소된다.

청소년 전기에는 청소년을 둘러싼 가정과 학교, 주변의 친구, 지역사회 등의 생태학적 환경에 따라 깊은 영향을 받는다. 뿐만 아니라 청소년 전기에 경험하는 부모의 양육태도도 청소년의 성격과 행동에 중요한 영향을 미친다. 바움린드(Baumrind, 1977)는 부모의 양육태도를 민주적(권위 있는) 부모, 독재적(권위주의적) 부모, 허용적 부모, 무시적(무관심한) 부모로 구분하였다.

민주적 부모는 높은 수준의 애정과 높은 수준의 통제를 보이는 양육 형태를 말하는데, 이 유형에 해당하는 부모들은 자녀의 행동을 자세히 관찰하여 자녀의 요구에 민감하게 반응하며, 자녀의 행동에 옳고 그름이 확고한 기준을 가지고 있다. 따라서 이러한 부모는 자녀에게 지시적이거나 처벌적이기보다는 지지적인 행동을 보이는 것이 특징이다. 자녀와의 대화에 있어서도 "~~했으니까 ~~-하는 것이 좋지 않을까?" 등과 같은 방법으로 구체적인 설명을 한다는 점이 특징이다. 이러한 민주적 양육 형태의 가정에서 자라난 자녀들은 개인의 인격이나 개성을 존중할 줄 알며, 독립적이고 높은 자존감과 사회성이 뛰어나 동료들과의 관계에 인기가 많은 것이 특징이다. 민주적 양육 태도는 가장 이상적인 부모의 양육방식으로 부모가 일방적으로 자녀에게 지시하는 것이 아니라 매사에 초연한 자세로 일관성 있게 자녀를 대한다는 점이 장점이다.

독재적 권위주의적우에는 높은 수준의 통제를 보이지만, 오히려 양육 형태에서의 애정은 약하고 낮은 수준을 보인다. 높은 수준의 통제를 보인다는 점에서 민주적 양육 형태와 유사한 점이 있지만, 독재적 양육 형태는 민주적인 방식과 달리 처벌적이나 지시가 매우 강한 경향성이 있다는 점에서 차이가 난다. 독재적 부모의 경우에는 통제를 많이 하고 엄격하며 경직된 규칙에 자녀가 무조건적으로 따르도록 하는 특징이 있다. 설명이나 설득보다는 강압적이고 명령적인 방식으로 행동을 제한한다. 특히 독재적 부모의 경우에는 부모와 자녀의 관계에서 수직 관계를 강조하며, 자녀에게 많은 것을 요구는 하지만 왜 그렇게 해야 하는지에 대한 이유는 확실하게 설명하지 못하는 경우가 많다. 따라서 자녀에게 말하는 말투도 '~~해!' 등과 같은 명령조의 말투가 대부분이다. 이러한 독재적 양육 방식에서 성장한 자녀의 경우에는 타인에 대한 부정심이 강하고 자아존중감이 낮으며, 죄책감이나 열등감에 빠져 있는 경우가 많다.

허용적인 부모의 경우에는 자녀에게 온건하고 수용적이지만 너무 낮은 수준의 통제를 보이는 경우이다. 자녀에게 애정적이고 반응적으로 대한다는 장점이 있지만 통제가 거의 없고 지나치게 허용적이다. 이러한 유형의 부모들은 자녀를 애정적으로 대할 때와 꾸중할 때 양육방식에 있어서 일관성이 부족하다는 문제점이 있다. 부모는 자녀에게 훈육을 하기보다는 자녀의 행동을 수용적인 태도로 바라보고 인정하는 경우가 대부분이다. 따라서 자녀와의 대화에서도 '그럴 수도 있지 뭐, 괜찮아 ~~', '오냐오냐' 등과 같은 수용적인 말투가 대부분이다. 이러한 부모 밑에서 성장한 자녀의 경우에는 대부분 의존심이 강하며, 통제력과 끈기가 부족하고 방종적인 경우가 많다. 대부분 조부모의 양육 방식에서 흔히 나타나는 유형이다.

무시적 부모의 경우에는 부모가 아이를 거부하는 태도를 보이는 양육방식이다. 이 유형의 부모들은 자녀에게 냉담하고 무관심한 태도를 보인다. 따라서 이 유형의 자녀들은 독립심이 없고 자기 통제력이 부족하다. 무시적 양육 형태는 곧 방임적 양육 형태로 부모의 책임을 실행하는 데 어려움을 겪는 경우가 많다. 따라서 자녀와의 대화에 사용하는 용어도 '네가 알아서 해', '나는 몰라' 등과 같은 방식의 말투를 주로 사용한다. 이러한 형태의 가정에서 자란 아이는 충동억제 조절이 어렵고, 타인에 대하여 적대감과 좌절감, 불신감 등을 지니게 된다.

청소년 전기에는 도덕성 발달이 이루어지는 시기이다. 도덕적 인식의 확대를 통해 자신의 충동을 조절해 나가고 욕구나 행동을 자제하는 능력을 길러 나가는 시기이다. 즐거움과 만족을 지연시키는 내적 · 외적 통제 능력을 기르는 시기이다.

7) 청소년 후기

청소년 후기는 청소년 전기가 끝나는 18세부터 성인으로서의 역할을 준비하는 22~23세까지의 시기를 말한다. 이 시기에는 주로 심리적 · 사회적 정체감을 형성해 나가는 일이 중요한 과업이다. 청소년 후기에는 심리적 독립으로 인해 일상의 문제를 스스로 처리하고 결정해 나가게 되며, 부모로부터 독립하면서 청소년 전기에 겪었던 부모와의 갈등이 해소되고 점차 부모와의 관계가 긍정적으로 회복되는 시기이다.

청소년 후기에는 자아정체감 형성을 통해 자신의 인생이라는 삶의 구조를 튼튼하게 형성해 나가고 발달시켜 인생구조를 설계하는 시기이다. 인생의 목표를 달성하고자 하는 꿈, 희망, 동기, 가치, 욕구, 능력 등으로 인한 충돌이 발생하며 이러한 현상들을 사회문화적인 측면에서 적응시키고자 노력하는 시기이다. 이러한 과정에서 많은 갈등과 방황을 경험하게 된다.

청소년 후기의 자아정체감이란 자신을 다른 사람과 분리된 '독특한 개인', '개성인'이라는 측면으로 인식하고 대인관계, 역할, 목표, 가치, 이념 등에서 자기다움을 찾아 형성하는 것을 말한다. 즉, 부모에게 의존하던 아동기적 관계에서 벗어나 자신의 판단과 의지로 행동하려는 과정에 작용하는 것이 자아정체감이다. 에릭슨(Erikson, Erik H.)은 자아 정체감은 전 생애에 걸쳐 인간이 획득해야만 하는 발달과업인 동시에 청소년기의 중심적인 과업으로 청소년 후기에는 자아 정체감 확립의 결정적 시기로 보고 있다. 청소년 후기에 자아정체감이 제대로 형성되지 않으면 자아정체감 혼란이 일어나는데 이는 책임감 있는 성인으로서의 행동이 지연되고 오히려 아동기로의 퇴행이 일어나는 것을 말한다.

청소년 후기에 중요한 과업은 성역할에 대한 정체감 형성과 직업 선택이다. 성역할 정체감이란 자신의 사회문화권에서 통용되는 남성다움이나 여성다움을 자신의 것으로 수용하여 내면화하는 것을 말한다. 일반적으로 지금까지의 성역할 사회화는 남성은 적극적이며 경쟁적인 작업을 수행하는 것에 익숙하도록 사회화되고, 여성은 정서적이고 관계 지향적이며 일보다 가사에 더 많은 관심을 갖도록 사회화되는 것을 일반적이라고 보았다. 이처럼 사회적으로 정형화된 성역할을 규정하는 것은 바람직하지 않다. 특히 양성평등의 관점에서 보면 정형화된 성역할은 남성과 여성 모두에게 불리한 결과를 가져다준다. 남성이 일을 통해 정체감을 확립해야 한다는 사회적 압박은 경제적인 능력을 확대시켜야 하는 책무로 받아들여지게 된다. 이와 같이 정형화된 성역할은 창조성과 개성을 방해하게 되어 자신의 개성과 능력에 가까운 역할을 융통성 있게 사용하여 창조적인 역할을 수행하게 하는 데 지장을 초래하게 된다.

최근에는 성 역할에 있어서 많은 부분이 양성평등의 문화로 접근해 가고 있다. 양성평등의 문화는 남성에게도 좀 더 여성스러운 남성을 요구하고, 여성에게도 좀 더 남성스러운 여성을 요구하고 있다. 이제는 남녀 모두 전통적인 성 역할에서 벗어나 보다 독립적이고 자신의 개인적인 생활양식을 구사할 수 있는 기회를 가져야 한다. 그러한 독립적인 생활양식이 곧 모든 사람에게 심리적인 성차를 폐지하는 것이 된다는 의미는 아니다. 성별에 따라 어느 것이 적절하다고 규정된 행동을 만드는 것은 바람직하지 않다는 의미이다.

청소년 후기의 중요 과업 중의 하나가 바로 직업선택이다. 직업은 단순히 생계를 이어가기 위한 수단만이 아니라 개인이 자신에 대한 개념을 규정해 나가는 하나의 과정이다. 직업은 개인의 사회적 역할과 개인의 정체감을 표현해 주는 일환이다. 긴즈버그(Ginzburg)는 인간이 직업을 선택해 나가는 단계를 환상기, 시험기, 현실기 등의 3단계로 규정하고, 단계별 내용을 설명하고 있다.

먼저 환상기는 아동기의 직업관으로 자신의 능력이나 기회 등의 현실적 문제를 생각하지 않고 개인의 소망만을 근거로 직업을 선택하는 단계를 말한다. 시험기는 청소년 초기의 직업 선택으로 다양한 직업에 대해 심사숙고하고 직업 선택을 위해 진학문제를 고려하는 단계이다. 현실기는 청소년 후기에 해당되는 시기로 실제적인 경험이나 교육과 훈련을 통하여 특정한 직업을 선택하게 되는 시기를 말한다.

청소년 후기에는 바른 생활태도를 익히는 일이 중요하다. 이 시기에 대부분 잘못된 생활습관으로 과음을 하거나 흡연, 성 등에 대해 문제를 야기하게 되는 경우가 흔히 발생한다. 건강증진을 위한 바른 생활태도를 실천하는 것이 중요하고 음주, 흡연, 성 등에 대한 바른 태도를 익혀 습관화할 수 있도록 하는 일이 중요하다.

8) 성인기

성인기는 23세부터 시작하여 60세까지의 시기로 결혼과 직업선택에 대해 비교적 안정기로 접어드는 시기이다. 일반적으로 성인기에는 남녀가 만나 단순히 성적인 욕구뿐만이 아니라 정서적인 애착관계를 유지하면서 삶을 공유하는 생활을 한다. 성인기의 성은 초기 성인기(Early Adulthood), 중년기(Middle Adulthood), 완경기(The Menopause)로 나눌 수 있다.

초기 성인기는 20세부터 40세까지의 시기로 결혼이나 직업선택과 같은 인생의 중요한 결정이 완료되고 비교적 안정기에 접어들어서 직업적 생활과 성생활에 대한 즐거움을 향유하는 시기이다. 최근에 와서는 젊은이들의 결혼이 늦어지는 경향이 있는데, 대개 20대에 결혼을 통해 이성과의 성 경험을 하는 것이 출산을 위해서도 바람직한 것으로 알려져 있다. 결혼을 하고 어느 정도의 기간이 지나고 나면 일상적인 생활에 쫓기어 성생활의 즐거움이나 빈도가 줄어들게 되고, 일상적인 생활과 성생활이 조화를 이루지 못하게 되면 혼외정사나 이혼 등과 같은 문제에 직면할 수 있다. 가정이 파탄되어 이혼을 한 사람들은 다시 재혼을 선택하는 경우가 많은데 재혼을 시도하는 대부분의 사람들은 한번 경험을 했으니 재혼을 하면 이전과 달리 결혼 생활을 잘해 볼 수 있다고 생각하지만, 그것은 착각이다. 재혼을 한다고 해서 더 행복해진다는 증거는 결코 없으며 오히려 이전 결혼 생활 때와 마찬가지의 문제가 다시 나타난다.

중년 성인기는 40대의 시기로 자신에 대한 그동안의 삶을 되돌아보고 재조명해 보는 시기이다. 성적인 면에서 중년 남성은 40대에 이르면 정력은 끝난 것이나 다름없다고 생각하고 성적 좌절을 쉽게 겪게 되면서 이를 극복하기 위해 젊은 여자를 상대로 혼외정사를 시도하기도 한다. 또한 중년 여성들도 그동안 남편과 아이들 뒷바라지에서 벗어나 자신을 되돌아보게 된다. 하지만 인생의 여유 있는 시기와 함께 완경기가 겹쳐와 성적으로 쇠진했다는 느낌에 빠져 우울증을 보이기도 한다.

중년 완경기는 50대부터 60대에 이르는 시기이다. 일반적인 여성들은 40세가 되면 배란이 감소하고, 48세에서 52세가 되면 월경이 완전히 끝나 완경을 맞이한다. 이 시기의 여성들은 가장 흔하게 신체의 윗부분이 후끈거리는 것을 자주 느끼면서 이로 인한 불면 등에 시달리기도 한다. 이외에도 어지러움, 발한, 질의 위축이나 질액 분비의 감소 등으로 인해 성교 시 고통을 느낄 수도 있고, 신체의 탄력성 감소, 유방 위축 등도 나타날 수 있다. 대개의 경우 치료를 받지 않고도 자연스럽게 소멸되지만 심한 경우에는 의사의 도움을 받아야 한다.

9) 노년기

노년기(Late Adulthood)는 60세 또는 65세 이후의 시기를 말한다. 일반적으로 노인의 성은 귀찮고 쓸모없는 존재이며 성생활도 하지 않을 것으로 생각하고 있으나 노인들도 성을 즐기거나 관심을 가지고 있다. 대부분 노인들은 성에 대해 초월해야 성숙한 상태에 도달했다고 생각하는 경향이 있는데 실제로는 노인들도 성적인 기쁨을 누리고 싶어 한다. 노인들은 혼자인 경우에 자위행위를 흔히 즐기는 것으로 알려져 있다. 노년기에도 건강상태만 괜찮다면 비록 생식능력은 없을지라도 성생활에는 전혀 무리가 없다. 특히, 남성들은 여성들과는 달리 정자의 양은 감소하지만 90대까지도 생식능력이 있고 성호르몬의 분비도 여성에 비해 그렇게 저하되지 않는다.

남성은 여성들처럼 완경기는 없지만 60세를 넘기면서 남자들의 약 5% 정도에서 피곤함, 식욕 저하, 정력 감퇴, 집중력 저하 등과 같은 증상을 보이는 경우는 있지만 이러한 현상이 성생활에 장애를 초래할 정도는 아니다. 나이가 들어도 성을 함께 할 적절한 배우자와 분위기만 마련된다면 성생활을 즐기는 데에는 노인들도 젊은이들과 다를 바가 없다.

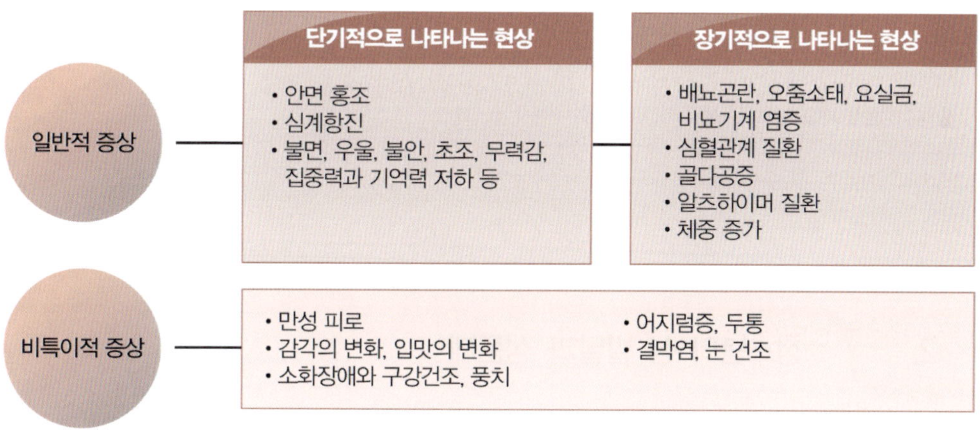

그림 4-1 여성 갱년기의 증상

쉬어가기 **아버지 학교**

결혼과 더불어 가정을 건강하게 유지하는 일은 무엇보다도 여자와 남자, 즉 어머니와 아버지의 책임이다. 그러나 우리 사회는 자녀의 교육과 양육에 아버지의 역할은 근엄하고 존중받아야 한다는 권위주의만 부각시키고, 어머니의 역할인 모성애가 대부분 책임지는 것이라고 강조하고 있다. 그러나 최근 가정은 여자와 남자가 함께 이루는 것으로 아버지의 역할이 강조되면서 아버지의 역할을 위한 교육프로그램이 다양하게 개발되어 운영되고 있다. 어떤 의미에서는 여성의 사회진출이 늘어나면서 일과 가정의 균형을 유지하기 위한 방안으로 자연스럽게 요구된 것이기도 한 시대적 흐름일지 모르지만, 자세히 본질을 생각해 본다면 남성(아버지)도 돈을 벌어 아내와 자녀를 먹여 살리기 위한 가장으로서의 역할뿐만 아니라 생명의 신비로움, 자녀의 재롱, 부인의 사랑과 지지를 받는 인간으로서의 행복을 만끽하는 기회를 공유해야만 한다. 그 때문에 남편이 육아휴직을 할 수 있음이 법적으로 인정되는 것과 아버지 학교 등이 양성평등 사회의 기본 프로그램 중의 하나인 것이다. 자녀를 양육함에 여성과 남성이 균형을 이루어 책임과 역할을 나누어 갖는다면 결혼의 가치와 의미가 좀 더 다른 측면으로 고려될 것이다. 결혼 후 자녀가 짐이 된다는 생각은 줄어들 것이다. 종족 보존과 번성은 인류의 과업이다.

사회 각 단체에서 운영하고 있는 아버지 학교의 프로그램에 대한 예를 구체적으로 살펴보면 '아버지의 영향력', '아버지의 남성', '아버지의 사명', '아버지와 가정', '나는 어떤 아버지인가?', '남편으로서의 아버지', '부모로서의 아버지', '가장으로서의 아버지' 등의 강좌를 수강하고 '가족에게 편지쓰기', '가족과 데이트하기' 등의 과제를 해결하는 과정에서 다정한 남편, 아내와 어려움을 공유하는 파트너 남편, 친구 같은 아버지, 자녀를 인간적으로 성장시키는 멘토이자 코치로서의 아버지로 변화되는 기회를 갖고 있다.

출처 : 강문정 외(2014). 대학생의 성건강. 서울: 수문사. p. 31.

2. 청소년의 성 발달과 성문제

1) 청소년기의 성적 특성

성은 개인에 따라 서로 다른 가치를 갖는다. 개인적인 성에 대한 가치관의 차이로 성이 무엇이냐는 개념 또한 단적으로 말하기가 쉽지 않다. 성은 우리 사회의 환경과 문화를 포괄하는 개념으로 형성되기 때문에 '성은 이런 것이다.'라고 개념을 규정한다는 것은 쉽지 않은 일이다. 자신이 배우고 성장하면서 느낀 바에 따라 그 의미가 각각 다르게 정의되기 때문이다.

청소년기는 생물학적으로 보면 생식기관이 성숙하는 시간으로 일생 동안 태아기의 초기 단계 이후 가장 큰 성적 분화가 이루어지는 시기이다. 따라서 이 시기가 되면 개인은 성적으로 성숙하게 되고 생식할 수 있는 능력을 갖게 된다. 특히 청소년기의 발달은 신체적 발달 이외에 정신적인 변화가 수반된다는 점이 특징이다. 청소년기의 정신적 변화는 정신의 발달과 남녀 간의 성적 차이를 명확히 하는 2차 성징으로 성의식을 발달시켜 강렬한 성적 욕구가 일어나게 되며, 운동능력이나 작업능력 등의 발달에서도 현저한 차이가 생기기 시작하여 일에 대한 흥미나 선택에 있어서 남녀 간에 차이가 나타난다.

청소년기에는 이성에 대한 호기심이 강렬해지고 동경하게 되며, 성적인 충동으로 갈등과 고민에 빠지기도 한다. 이 시기의 남녀는 신체적인 것에 관심이 높아지고 성적인 사물이나 이미지에 대한 호기심도 매우 높아진다. 성적인 상상과 백일몽이 많은 데 비해 이성과의 접촉할 기회가 많지 않기 때문에 연예인, 운동선수, 선생님 등을 정서적인 대상으로 삼아 활동하기도 한다. 오늘날 청소년들의 성 행동의 원인은 크게 신체·심리적 관점과 사회·문화적 관점에서 설명된다. 신체·심리적 관점은 청소년기 성행위의 원인을 신체적 변화와 그에 따른 심리적 갈등에서 찾고자 하는 관점이고, 사회·문화적 관점은 청소년의 성행위가 사회·문화적 환경에 의해서 발생한다고 보는 관점이다.

오늘날 우리 사회에서 발생하는 많은 문제 중에서 청소년의 성문제가 우리 사회의 큰 문제로 대두되고 있다. 특히 정보화가 발달하면서 청소년들은 성에 대해 잘못된 지식과 정보로 인하여 많은 실수와 범죄를 저지르고 있다는 데 그 심각성이 있다. 청소년들의 신체적 성숙과 이에 수반된 감정적 변화들은 청소년들의 변화에 대한 정서적 통합에 문제가 있다. 이러한 변화들이 자신에게 있어 성장해 간다는 기쁨보다는 두려움이 앞설 것이고 그러한 자신을 바라볼 때 혐오스럽게도 느껴질 것이고 또한 빨리 성장하고 싶은 욕구가 있는 반면에 성인이 되어야 한다는 위협감도 느낄 것이다. 이러한 현상들이 자신에게 있어서 정상적인 것인지 비정상적인 것인지 판단을 내리지 못하는 어려움도 갖게 된다.

저실드(Jersild)는 청소년의 성을 성적으로는 성숙되어 있지만, 사회적 통제와 미혼이라는 이유로 그 욕망을 충족시키지 못하는 이른바, 성적 실업자로서의 관점에서 성인의 성과는 다른 다음과 같은 특징을 제시하였다.

첫째, 신체 생리적 변화가 일어남에 따라 청소년은 자신의 변화에 대하여 불안과 호기심으로 이해하려 한다.

둘째, 이것이 계기가 되어 성적 사상에 대한 탐구심이 왕성해진다.

셋째, 이성에 대한 관심이 싹트고, 이성에 대한 접근과 교제를 하고자 원하지만 교제라든가 연애 및 결혼에 대하여 아직 충분한 이해가 서 있지 않으며, 막연히 자기에게 편리한 대로의 견해와 사고방식으로 행동한다.

넷째, 이 시기는 성욕의 배출구 때문에 문제를 갖는 자가 적지 않으며, 사회적인 성문화에 의한 자극이 강하여 이를 소화하지 못하는 데서 오는 문제도 크다.

다섯째, 특히 성인의 성 도덕관과 청소년의 성 도덕관의 차이 때문에 때로는 억압된 형태로, 때로는 방임적인 형태로 기울어져서 여러 가지 성적 악순환의 문제를 만들게 된다.

그러므로 청소년들에게 성적 발달에 맞는 성지식과 성에 대한 올바른 가치관을 심어주어 성적 욕구를 승화시켜 건전한 사회인으로 성장할 수 있도록 구체적이며 실질적으로 도움을 줄 수 있는 성교육 방안이 마련되어야 할 것이다.

2) 청소년기의 성행동

청소년들은 성 착취물, 인터넷, 텔레비전 등을 보면서 성에 대해 눈을 뜨게 된다. 길거리에서 쉽게 접하는 각종 음란 선전물의 문구들이나 사진들이 호기심 많은 청소년들의 눈길을 끄는 것은 당연한 일이다. 가르쳐 주지 않아도 아이들은 주변에 널려 있는 성 관련 이미지를 보면서 알기 시작한다. 소비를 최고의 선으로 생각하는 자본주의 사회는 성관계를 미화시키며 끊임없이 성관계에 대한 욕망을 제조하는 곳이다.

청소년들은 성이라는 말에서 가장 연상되는 낱말로 성관계, 키스, 이성, 이성교제, 사랑, 순결 등을 꼽는다. 남학생은 성을 보다 더 성기나 육체를 중심으로 인식하고 있는 반면, 여학생은 성을 로맨스와 연결시키고 피해자의 입장에서 바라보는 성향이 있는 것으로 알려져 있다. 즉 남성은 유희적인 성향이 강하며, 여성은 로맨스와 연결시키고 피해자의 입장에서 바라보는 성향으로 대개 여학생의 경우가 성을 부정적으로 보는 성향이 많다.

청소년기의 성 행동은 청소년기에 많이 이루어지고 있는 이성교제부터 청소년기에 보편적으로 직면하게 되는 성 충동 문제까지 성과 관련된 행동들, 즉 손잡기, 팔짱 끼기, 키스, 애무, 성교, 자위행위 등을 모두 포함한다. 현대사회의 청소년들의 성을 올바로 이해하기 위해서는 청소년의 일반적인 신체적, 심리적 특징은 물론이고 이들의 성행위에 미치는 특수한 사회·문화적 관점을 고려하여야 한다. 청소년의 성 행동의 원인을 설명하는 관점에서는 크게 신체·심리적 관점과 사회·문화적 관점이 있다. 이를 구체적으로 살펴보면 다음과 같다.

첫째, 신체, 심리적 관점은 청소년기 성행위의 원인을 신체적 변화와 이에 따른 심리적 갈등에서 찾는 관점이다. 청소년기에 자연스럽게 나타나는 성적 욕구와 관심은 이성교제에 대한 관심을 유발시키고 성에 대한 갈등과 스트레스를 유발한다. 청소년들은 이러한 성적 갈등을 해소하기 위해 비행적인 성행위를 모방하거나 정반대로 억압하고 금기시함으로써 성행위에 대한 부정적인 견해를 갖기도 한다.

둘째, 사회·문화적 관점은 청소년의 성행위가 사회·문화적 환경에 의해서 발생한다고 설명하는 것이다. 이러한 관점은 신체적 발달에 의하여 나타나는 성적 충동과 성적 관심은 자연스러운 현상이지만 사회·문화적인 가치와 성 윤리에 의하여 이루어지는 성의 사회화 과정에 따라 성 행동이 결정된다는 것이다. 성의 사회화 과정은 청소년기뿐만 아니라 인생의 전 과정을 거쳐 개인의 섹슈얼리티를 결정하는 중요한 역할을 한다. 따라서 청소년들의 성적인 행위가 갈등을 해소하기 위해 비행 행동을 하는 일탈적 행위로만 바라볼 것이 아니라 사회화 과정으로써 사회 구성원 전체와 관련되는 산물로 보아야 할 것이다.

3) 청소년의 생리현상

남녀의 생리현상으로 대표적인 것은 몽정과 월경이다. 몽정과 월경은 생식능력이 생겼다는 것으로 성인이 되었다는 의미이다. 남녀의 생리현상을 중심으로 한 몽정과 월경에 대한 구체적인 내용은 다음과 같다(이해경·방기연, 2016: 41-45).

(1) 사정과 몽정

사정은 정액이 정관 팽대부에 가득 축적되었다가 성적인 자극을 받게 되어 외부로 배출되는 현상을 말하며, 자는 동안 사정이 일어나는 경우를 몽정이라고 한다.

한국 청소년의 경우 몽정의 시작연령은 13.2세로 나타났다(보건복지가족부 외, 2008). 여성의 월경과 달리 사정은 인간의 의지에 의해 조절할 수 있다. 몽정의 경우 대개 성적으로 흥분되는 꿈을 통해 무의식적으로 사정이 이루어진다. 몽정의 횟수는 대체로 10일에 한 번 이하이나, 사춘기에는 일주일에 한 번 이상 하기도 한다. 반면에 유정현상은 낮에도 다른 일에 몰두하여 중추신경의 통제가 약해졌을 때 사정하는 현상이다. 유정은 성행위 없이 무의식적으로 정액이 흘러나오는 것으로 몸이 허약하거나 일시적으로 무거운 짐을 들기 위해 힘을 가할 경우에 발생한다.

발기는 성적 자극에 의해서 음경의 해면체에 혈액이 몰리면 딱딱해지고 길이와 넓이가 점점 커지는 것을 말한다. 발기의 종류에는 심인성(중추성) 발기, 반사성 발기, 수면 중 발기가 있다. 심인성 발기는 매혹적인 여성을 보거나 성적 충동을 일으키는 그림이나 영화를 볼 때 냄새, 소리, 성적 상상을 할 때 음경이 발기되는 것이다. 반사성 발기는 성기를 직접 자극하여 자극이 척수로 전달되고, 척수에서 부교감신경을 통해 음경에 전달되어 발기되는 것이다. 수면 중 발기는 잠든 사이에 발기하는 것으로 정상 남자이면 누구에게나 나타나는 생리적 발기이다. 이러한 수면 중 발기가 어떻게, 왜 일어나는지에 대해서는 아직 명확하게 밝혀지지 않았다. 일반적으로 소변으로 충만된 방광 때문인 것으로 이해되고 있다.

(2) 월경

사춘기에 접어들어 여성이 직접적으로 신체변화를 느끼는 것 중에 하나는 월경을 시작하는 일이다. 월경을 처음 하는 것을 '초경'이라고 하는데, 초경은 성장이 빠른 경우에는 초등학교 3, 4학년에서 시작되기도 하며, 개인에 따라 더 늦게 시작되기도 한다. 최근 조사자료(질병관리본부, 2014)에 의하면 한국 청소년들의 초경 경험 연령은 11.7세인 것으로 나타났다.

월경이 일어나는 과정은 두 개의 난소에서 성숙한 난자는 한 달에 한 번, 1개씩 번갈아 가면서 배출하는 배란을 한다. 이때 난자가 정자를 만나지 못할 경우에는 자궁내막이 필요하지 않게 되어 자궁내막의 부분이 자궁벽에서 탈락하여 조금씩 떨어져 나오게 되는데 이를 바로 월경이라고 한다. 월경의 양은 20~60ml이고 평균으로는 33ml인 것으로 알려져 있지만 월경의 양은 사람에 따라 차이가 있고, 생리의 양과 건강과는 직접적인 관련이 없다. 생리의 과정은 다음 그림과 같다.

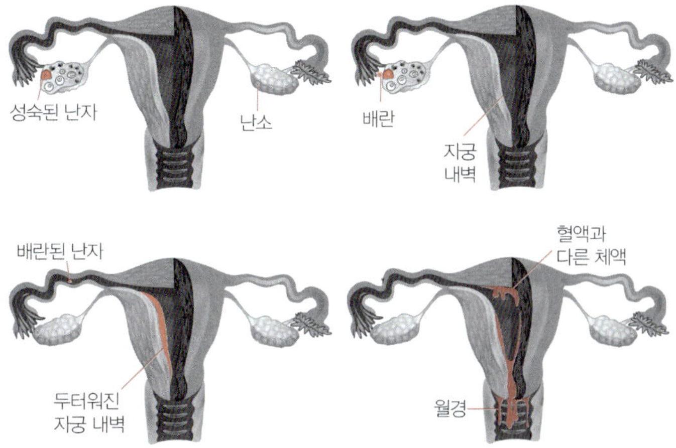

그림 4-2 월경의 과정

월경의 주기는 개인차가 있어 24~35일까지 매우 다양하다. 월경 기간은 3일간에서 7일간으로 다양하며, 보통 2일째나 3일째가 생리혈이 가장 많고 그다음엔 점차 줄어든다. 매달 한 번씩 월경을 한다는 것은 생명을 잉태하고 낳을 수 있는 몸으로 완성된다는 것을 의미한다. 월경혈에는 자궁경관점액, 질분비물, 자궁 내 세포, 자궁내막과 모세혈관의 피가 섞여 있고, 공기 중에 흘러나와 세균과 접촉하면 냄새가 난다.

월경과 관련한 증상으로 월경전증후군과 기능부전성 자궁출혈, 무월경 등이 있다. 월경전증후군(premenstual syndrome: PMS)은 황체기에 일어나는 신체적, 인지적, 감정적, 행동적 증상으로 젊은 여성의 약 1/3 정도가 월경을 시작하기 일주일 전부터 10일 동안 피로, 요통, 복통, 안절부절, 정서적 불안, 긴장, 우울 및 몸이 붓거나 유방이 팽창되는 등의 증세를 나타내며 이들 중 5~10% 정도는 일상생활에서 장애를 받을 정도로 심한 증세를 호소하기도 한다. 월경전증후군은 생리가 시작되면 바로 없어진다. 월경전증후군의 정확한 원인은 밝혀지지 않았으나 에스트로겐 과다와 프로게스테론 부족 또는 비타민 B6의 부족 및 당 대사의 이상이라는 설이 있다.

기능부전성 자궁출혈은 여자 청소년에게서 쉽게 볼 수 있는 질환이며, 9%는 기질적인 원인에서 일어난다. 기능부전성 자궁출혈에는 월경이 오래 지속되는 월경과다, 월경이 자주 있는 부정자궁출혈 등이 있다. 비정상적인 출혈이란 월경주기가 20일 이내로 8일의 월경 기간에 80ml 이상을 출혈하는 경우를 말한다.

무월경이란 14, 15세가 되어도 2차 성징과 자연자궁출혈이 없거나, 정상적인

2차 성징은 나타났으나 16세경이 되어도 자궁출혈이 없는 경우, 초경 후 6개월 동안 월경이 없거나 정상적으로 월경을 하는데 3개월 동안 월경이 없는 경우 등이다. 무월경의 원인은 내분비장애, 만성질환, 영양부족, 과도비만, 심한 운동, 스트레스와 약물 등이 원인이 된다. 체중이 15% 이상 급격히 감소하는 경우에도 무월경이나 사춘기 지연 현상이 나타난다. 최근 사회문제가 되고 있는 무리한 다이어트도 무월경 현상을 증가시키는 원인이 되고 있다.

4) 성도착증

성도착증은 일종의 성적장애로 소수의 인구에서 발견되는 현상이다. 발병은 주로 남자에게서 많이 나타나는데 강력한 성적 충동과 함께 성적 흥분을 위하여 행위에 있어서 비정상적인 상상, 대상, 행위 또는 방법을 사용하는 성적장애가 지속적이고 반복적인 행위로 나타나는 현상이다.

성도착증이 발병하는 시기는 대부분 18세 이전이 가장 많아 전체 발병자의 50%가 이 연령대에 있다. 보통 세 가지 이상의 도착증이 동시에 나타난다. 가장 많이 발생하는 연령대는 15~18세이고 25세 이후에는 점차 감소하는 현상을 보인다. 50세가 넘으면 일부 고립적인 생활을 하거나 도와주는 파트너가 있는 사람을 제외하고는 성도착증이 대부분 사라진다. 성도착증의 유형에 따른 특성은 다음과 같다.

<표 4-2> 성도착증의 유형별 특성

유형	특성
여성물건애	•성적 흥분과 만족을 위하여 어떤 물건에 의존하는 경우 •남성에서만 볼 수 있는 도착증 •이성의 몸과 친밀히 연관될 수 있는 여성의 옷가지 등이 주 대상임 •대개 사춘기 시절 시작되며 극치감은 자위로 얻음
의상도착증	•어린 시절이나 초기 청년기에 시작됨 •성적 흥분을 얻기 위해 이성의 옷을 수집, 보관하고 입는 경우 •이성의 복장을 입고 있을 때 자위행위로써의 극치감을 얻음
노출증	•경계하고 있지 않은 낯선 사람에게 자신의 성기를 노출하고픈 강한 충동을 느끼거나 실제로 노출하는 행위 •성적 흥분은 노출의 기대에서 일어나고 극치감은 자위행위로 경험함 •사춘기 이전에서 중년 사이에 발병하며 상대방에게 성행위를 요구하지는 않음

유형	특성
관음증	•다른 사람의 성행위를 엿보거나 다른 사람이 옷을 벗는 것을 보고 성적 흥분을 느끼는 성적 행동 •엿보기가 단순히 성적 유혹의 한 요소가 아니라 성적 만족을 얻을 수 있는 유일하거나 주요한 원인이 될 때 비정상적인 행위로 여김 •들킬지도 모른다는 조바심이 엿보는 사람을 더욱 흥분시키는 요소로 작용함 •대개 어린 시절 동안 일어나며 남자들에게서 흔히 있음
소아기호증	•13세 이하의 소아가 성행위 또는 성적 흥분의 대상으로 반복적으로 이용되는 경우 •소아기호증 환자의 95%가 이성애적이며 중년 이후에 잘 발생함
성적 가학증	•성적 흥분을 위해 타인에게 심신의 괴로움을 주는 것 •동의하지 않은 상대자에게 심신의 고통을 반복적으로 줌으로써 성적 흥분을 얻는 경우 •합의된 상대자에게 독특한 모욕이나 신체상의 가벼운 상처, 난폭한 성행동을 하는 경우
성적 피학증	•성 파트너로부터 괴로움을 당함으로써 성적 만족을 얻는 경우 •구타, 채찍질, 묶임, 기타 고통을 당하면서 성적 흥분을 얻는 경우 •성적 피학증의 경우 가학적 환상도 함께 갖고 있으며, 남자보다 여자가 더 많고 성인 초기에 주로 시작됨
마찰 성욕 도착증	•혼잡한 지하철 등에서 이성과의 피부접촉과 마찰을 통해 성적 흥분을 일으킴
기타	•전화이설증, 동물기호, 불결애증, 시체성애증, 괴이성도착증 등

5) 청소년 성문제의 유형과 실태

(1) 청소년 성문제의 원인

청소년 성문제의 원인은 다양한 관점에서 제기할 수 있다. 청소년의 다양한 성문제 중 대부분은 우리 사회의 사회제도적 측면에서 발생하는데 그 원인을 몇 가지 제시하면 다음과 같다.

첫째, 학교교육에서 체계적인 성교육을 실시하지 않고 있다는 점이다. 학교교육을 통해 학생들의 발달단계에 맞는 성교육이 필요함에도 불구하고 실질적인 성교육이 실시되지 않고 있다는 점이다.

둘째, 잘못된 성의식 구조가 청소년 성범죄를 급증시키는 원인이 되고 있다. 우리 사회의 성문화가 남녀 평등적 관점이 아니라 남성 위주의 성문화로 정착되어 있어 청소년이 성을 인격체로 보지 않는 데서 많은 성범죄가 발생하고 있다.

셋째, 우리 사회에서 남성의 성욕과 공격성을 남성적이라는 측면으로 부각시켜 전적으로 받아들이는 문화가 청소년들의 성폭행, 성적학대, 성매매 등의 탈선과 윤락을 조장하는 원인이 되고 있다.

넷째, 성에 대한 윤리가 이중적이다. 성에 대한 비윤리성을 강조하면서도 자신은 비윤리적인 성행위를 행하는 이중적 태도가 청소년들의 성가치 형성에 부정적인 영향을 미치고 있다. 이러한 이중적 가치가 우리 사회의 퇴폐와 향락산업을 성장시켰다.

다섯째, 가족관계의 문제가 청소년의 성 비행을 일으키는 원인이다. 가족의 붕괴 현상이 청소년 성 비행을 가속시키는 원인이 되고 있다.

여섯째, 현행 교육제도의 문제가 청소년 성 비행에 심각한 영향을 주고 있다. 진정한 행복을 위한 삶보다는 입시 위주의 학교교육이 학생들의 성 비행을 부추기는 역할을 하고 있다.

(2) 청소년 성 문제의 유형

① 성 관련 고민과 이성교제

청소년기는 아동기에서 벗어나 신체적으로 성숙이 이루어지는 시기이다. 이 시기에 청소년들의 가장 큰 관심거리는 사랑과 이성교제일 것이다. 대부분의 청소년들은 이성교제를 긍정적으로 바라보고 있지만 이성에 대한 지나친 집착에서 오는 문제나 일시적 충동과 유혹에 따른 행동 문제, 성을 경제적 수단이나 쾌락의 도구로 여기는 문제 등 다양한 성문제를 수반한다.

청소년기의 이성교제는 각 성의 이질적 특성을 발견할 수 있도록 해주며 자신의 어떤 성격이 다른 사람들에게 긍정적인 평가를 받는지, 혹은 부정적인 평가를 받는지에 대한 것을 알게 해주는 등의 원만한 대인관계에 도움을 주기도 하지만 아직 미성숙한 청소년들에게는 파국으로 치닫는 길이 될 수도 있다. 또한 보편적으로 직면하게 되는 현상인 성충동으로 인하여 청소년기 성행동의 특성들이 나타나게 된다. 특히 대표적인 청소년기의 성행동으로는 성적인 꿈을 꾸면서 사정을 하는 몽정 현상, 자신의 성기를 자극하거나 스스로 사적 쾌감을 느끼는 자위행위, 미성년 남녀의 성관계 등을 들 수 있다.

청소년들의 성 행동에 영향을 주는 요인으로는 학교에서의 성교육, 매스미디어, 선정적인 잡지, 영화, 비디오, 친구나 데이트 상대의 압력 등이 모두 고려될 수 있으나, 그 중에서 데이트 경험은 혼전 성 행동에 가장 강력한 영향을 주는 것으로 밝혀졌다. 이처럼 청소년기의 이성교제나 성충동에 의한 성행동은 현재뿐만 아니라 앞으로의 생활에까지 커다란 영향을 미치게 되므로 청소년들의 성 행동 특성에 대한 이해는 필수적이라 할 것이다.

② 혼전 성관계에 대한 태도와 성관계

청소년기에는 다양한 요인에 의해 성관계를 시도한다. 이러한 청소년들의 행태를 생물학적 입장에서는 청소년기에 테스토스테론이라는 호르몬이 남녀 모두에게 분비되는데, 이 호르몬이 성적인 흥분을 자극하여 성행동을 촉진시키는 역할을 하기 때문이라고 설명한다. 청소년의 성행동에 대한 심리적인 요인은 신체변화와 이에 따른 성적 호기심을 충족시키려는 시도와 성에 대한 탐색이다. 또한 성에 대한 사회적인 요인은 또래의 압력, 즉 청소년들이 자신이 속한 집단에서 성관계를 통해 충성심과 단결을 표현하는 방법으로 성관계를 시도하기 때문이다(채규만, 2012: 305). 우리 사회는 점점 성에 대해 개방적인 방향으로 변화되어 가면서 혼전 성관계나 성관계 경험 비율에 있어서 높은 수치를 나타내고 있다. 따라서 개방화에 맞춰 이성관계에서 우리가 지녀야 할 올바른 태도가 무엇인지에 대한 바람직한 윤리관 정립이 그 어느 때보다 중요하다.

③ 미혼모와 청소년 비행

청소년들의 불건전한 이성교제와 혼전 성관계가 늘어나면서 미혼모가 증가하는 문제가 발생하고 있다. 청소년 미혼모들의 임신 원인을 살펴보면 미혼모의 대부분을 차지하는 청소년이 주로 우연히 만나거나 직장에서 연결되어 피임에 대한 준비 없이 순간적인 충동에 의해 성관계를 맺고 임신하게 되는 경우가 대부분이다. 아기를 출산하는 대부분의 미혼모들은 피임을 못 하거나 무지로 인해서 임신하게 되는 경우가 많다.

최근 발생하는 청소년 성폭력의 유형을 보면 강간뿐만 아니라, 추행, 성기노출, 성희롱, 음란전화 등으로 다양해지고 있다. 이러한 성 비행의 원인으로 청소년들의 쾌락주의적 청년문화가 지적되고 있다. 청소년들에 대한 올바른 성 가치 정립이 무엇보다 중요한 때이다.

쉬어가기

성호르몬의 기능과 역할

성적 발달을 야기하는데 직접적인 영향을 미치는 성호르몬은 남성에서는 테스토스테론(testosterone)이며, 여성에서는 에스트로겐(estrogen)이다. 이 두 호르몬은 남녀 모두에게서 발견된다.

테스토스테론

여성의 난소와 남성의 고환에서 분비되는 테스토스테론은 남녀 모두의 성욕과 관련이 있다. 이 호르몬은 남녀 모두에게 성적 욕망을 일으키고, 발기, 사정 등과 관계가 있다. 따라서 성욕에 흥미를 잃거나 발기 능력을 잃었을 때에는 테스토스테론 호르몬 치료를 받기도 한다. 또한 남자의 경우 남자의 사춘기 발달에 있어서 남자의 외부생식기관인 고환과 음경을 발달시키고, 변성과 수염, 체모의 발달 등이 나타나게 한다.

사람들은 흔히 고환에서 테스토스테론이 많이 생산될수록 전신에 털이 많이 난다고 생각하고 있으나 반드시 그렇지는 않다. 즉, 테스토스테론이 체모를 자라게 하지만 이 호르몬이 많고 적음에 따라 체모가 많이 자라거나 조금 자라는 것이 아니라, 어떤 인종이냐, 혈통이냐에 따라 좌우되는 것이다. 인종학적으로 보면 백인이 동양인이나 흑인에 비해 체모가 많다. 체모가 많은 남성이 체모가 적은 남성보다 더 남성답다고 생각하고 있는데, 이것은 근거 없는 낭설이다. 고환에서 만들어지는 테스토스테론은 무한정 분비되는 것이 아니라 일정량 이상에 이르면 뇌하수체 전엽에서 테스토스테론을 분비하도록 하는 황체형성호르몬(LH)이 자동적으로 억제된다. LH는 테스토스테론의 분비를 촉진하고, 테스토스테론은 LH의 분비를 조절하면서 상호작용에 의해 균형을 이룬다.

에스트로겐

여자는 여성의 성 호르몬인 에스트로겐을 가지고 있다. 사춘기 동안에 여자들의 신체변화에 가장 큰 기여를 하는 호르몬이 에스트로겐이다. 에스트로겐의 양이 증가하면서 유방이 발달하고 여자의 생식기관인 자궁과 질의 발달을 자극하고 체지방의 분포에 영향을 미쳐 전체적으로 남자의 신체보다 곡선이 많은 여자의 신체 모양을 만든다. 여성들의 월경, 배란, 임신 등의 현상들이 이 호르몬과 관련이 있다.

프로게스테론

프로게스테론은 수정란이 잘 자랄 수 있도록 자궁내막을 두껍게 하고, 영양소를 충분히 갖추게 하는 역할을 한다. 임신 중에는 태반에서도 분비되므로 황체가 없는 경우일지라도 태아가 성장하도록 도와준다. 또한 유방에 대해서도 작용하여 유선을 확장시킨다. 임신 중에 배란이나 월경이 일어나지 않는 것은 황체가 존속하여 프로게스테론을 계속 분비하기 때문이다.

출처 : 이해경·방기연(2021). p. 30.

3. 가족 구성원 간의 인간관계

인간관계는 둘 이상의 사람이 만나 만들어내는 개인적이고 정서적인 관계를 말한다. 이러한 관계는 추론, 사랑, 연대, 일상적인 사업 관계 등의 사회적 약속에 기반을 둔다. 본래 인간은 사회적인 존재로서 사회 속의 많은 이해관계 집단이나 조직과의 상호관계를 통하여 생활해 나간다. 즉 인간은 태어나면서부터 가족이라는 집단에서 시작하여 점차 그 활동범위를 넓혀가면시 관계를 확대시켜 나간다. 따라서 이러한 관계 속에서 적응해 나갈 수 있는 자질을 갖추는 일은 매우 중요하다.

1) 결혼에서 배우자와의 인간관계

전통사회에서는 결혼은 가계를 승계하고 종족을 보존하기 위한 수단으로 여겨져 결혼 당사자보다는 부모나 가문에 배우자 선택권이 있었다. 하지만 최근에는 여성의 사회진출 확대와 교육수준의 향상, 양성평등 사상 등으로 인하여 남녀 간의 교제가 자유로워짐에 따라 배우자의 선택권이 본인에게 있을 뿐만 아니라 선택기준도 다양화되고 있다. 뿐만 아니라 결혼의 의미도 다양화되고 있다.

그렇다면 과연 '성공적인 결혼은 무엇일까?' 일찍이 투르니에(Tournier, 1954)는 결혼에 대해 "모든 성교행위는 결혼이며, 그것은 인간적 행위이면서 동시에 신성한 행위이다."라고 하였다. 이런 의미에서 성공적인 결혼은 신성한 의식을 통한 성교가 될 수 있을 것이다. 이처럼 성공적인 결혼은 결혼의 의미나 목적에 따라 달라질 수 있다. 성공적인 결혼을 위한 조건으로는 다음과 같은 점을 들 수 있다(성교육교재편찬위원회, 2016: 93).

첫째, 성공적인 결혼을 위해서는 결혼에 따른 여러 가지 책임과 의무를 다할 수 있는 두 사람의 신체적, 정신적, 사회적, 경제적, 법적 성숙이 이루어져야 한다. 신체적인 성숙은 자녀를 출산하고 양육할 수 있을 만큼 신체적으로 성숙하고 건강한 것을 말한다. 정신적 성숙은 자기 자신을 수용하고 자기행동에 책임을 질 줄 알며, 남을 배려할 수 있는 것을 말한다. 즉, 사랑의 능력이 있어야 한다. 정신적으로 미성숙하여 감정적으로 미숙한 사람은 사소한 일에 감정적으로 대응하면서 자신의 감정에 매몰되어 다른 사람의 감정을 고려하지 않는다. 또한 자신이 과거에 감정적으로 당했던 기억을 절대로 잊지 않고 다른 사람을 의심한다. 사회적 성숙은 사회의 권위와 전통을 존중하고 원만한 사회생활에 필요한 기본지식, 행동양식을 갖추는 것을 말한다. 사회적으로 성숙된 사람은 편견을 피하고, 자신의 행동과 그 행동의 결과에 대해 책임을 지고, 가족, 친구, 교사, 동료들의 결점이나 약점, 모순점에 대해 인내력을 가지고 규칙과 법을 준수하는 것을 의미한다. 경제적 성숙은 부모로부터 독립하여 자신과 가족을 부양할 수 있는 경제적인 준비가 되어 있는 것을 말한다. 법적 성숙은 당사자 모두 만 18세 이상이면 혼인이 가능하지만, 미성년자의 경우 부모의 동의가 필요하다.

둘째, 결혼 당사자인 자신의 결혼 관련 사항을 철저히 파악해서 자신이 선호하는 것을 명확히 하는 것이다. 즉 '나는 어떤 사람인가?', '내가 좋아하는 배우자상은 무엇인가?'를 생각해 보고 내가 생각하는 결혼에 대한 개념과 결혼의 동기, 결혼에 대한 기대, 결혼생활에서 가장 중요하다고 생각하는 것, 행복한 결혼에 대한 의미, 결혼생활에 대한 모델 등에 대해 파악하는 것이다.

셋째, 성공적인 결혼을 위해서는 바람직한 동기가 필수적이다. 결혼을 위한 바람직한 동기란 자신과 배우자의 존재 자체에 가치를 두고, 배우자와 가정을 이루는 과정을 소중하게 여기는 내적인 동기를 의미한다. 반면 행복하지 않은 결혼생활이 될 가능성이 큰 바람직하지 않은 결혼의 동기는 가족에게서 도피하기 위한 결혼, 부모에게 효도하기 위한 결혼, 순간적인 열정이나 비현실적인 기대에 의한 결혼, 사회적·경제적 지위 상승을 위한 결혼, 이전 교제가 깨진 것에 대한 반발로 하는 결혼, 상대방에 대한 동정심으로 하는 결혼 등이다.

넷째, 성공적인 결혼을 위해서는 양가 가족의 의견을 수렴하고자 하는 노력이 요구된다. 오늘날 우리사회의 가족 형태는 외형적으로는 주로 핵가족 형태이지만, 문화적으로는 친족 간의 전통적인 의례와 관습이 강조되는 확대가족의 성격을 잠재적으로 지니고 있다. 따라서 현실적으로 어려울지라도 성공적인 결혼을 위해서는 결혼 당사자가 양가 가족의 의견을 수렴하고 조정하기 위해 노력하는 태도가 필요하다. 이를 위해서는 결혼 당사자는 물론 양가 부모의 노력도 중요하다.

2) 가족구성원과의 관계

오늘날 가족형태의 대부분을 차지하고 있는 핵가족은 부모와 자녀를 중심으로 이루어져 있다. 이러한 가족 형태에서 가장 중요한 것은 부모와 자녀와의 관계이다. 부모와 자녀와의 관계가 원만하고 긍정적이면 성공적인 가족관계가 형성되겠지만 그렇지 못할 경우에는 가족관계가 난관에 봉착하게 된다. 가족관계에 대한 올바른 이해는 가족구성원들의 행복과 무관하지 않다.

(1) 부모와 자녀 관계

부모와 자녀의 관계는 부부관계 못지않게 중요한 관계유형이다. 부모와 자녀는 인간관계에서 가장 혈연적인 관계이며 본능적 애착이 강한 사랑의 관계로서 독특한 양상을 나타냄과 동시에 사회적 관계이기도 하다. 하지만 부모와 자녀와의 관계에서 부모는 보호자로서의 책임과 역할을 부여받는다. 따라서 부모는 자녀가 건전한 사회인으로 성장할 수 있도록 심혈을 기울여야 할 책무를 부여받는다.

부모와 자녀와의 관계는 천륜의 관계로서 어떠한 인간관계보다 사랑하는 관계이며 일생 동안 끊을 수 없는 운명적인 관계이다. 따라서 상호 간에 지속적으로 영향을 주고받는 의미 있는 관계이다. 자녀가 세상에 태어나 일차적인 영향을 받는 곳은 바로 가정이다. 부모와 관계를 맺고 있는 가정환경이 다른 어떤 집단보다 가장 큰 영향을 준다. 따라서 부모와 자녀와의 관계는 어떤 인간관계보다 중요하며 자녀가 어떤 인간으로 성장하는가를 결정해 주는 중요한 변수가 된다.

(2) 부모와 자녀관계의 중요성과 특질

결혼한 부부가 자녀를 출산하여 부모의 역할을 하게 되면 부모와 자녀로 구성된 가족이 시작되며 가족이 형성된 후부터 부모와 자녀의 관계가 성립된다. 또한 자녀들이 사회적으로 독립적 지위를 획득하기 전까지는 자녀는 부모의 사회・경제적 신분과 지위로 객관적 신분이 규정될 뿐만 아니라, 그들의 인성 자체도 부모의 영향을 많이 받게 된다. 따라서 부모와 자녀의 관계는 개인의 인성 형성과 사회화에 매우 중요한 요인이 된다. 부모가 가족관계를 통해서 자녀에게 미치는 영향은 다음과 같다.

첫째, 부모와 자녀의 관계는 자녀의 출생 직후부터 혹은 태내에서부터 시작된다. 따라서 부모와 어린 시기부터 경험을 공유하는 자녀의 입장에서는 부모의 행동과 사회문화적 환경이 자녀의 발달에 핵심적인 영향을 끼친다.

둘째, 부모는 자녀에 대해 주된 책임을 진다. 부모는 자녀의 출생부터 보호자로서의 역할이 부여되기 때문에 모든 것을 책임져야 한다.

셋째, 부모와 자녀의 관계는 오래 지속된다. 부모와 자녀 간의 관계는 혈연관계로 오랫동안 지속된다.

넷째, 부모와 자녀는 광범위한 경험을 같이한다. 동일한 가정환경에서 생활하면서 많은 부분의 경험을 공유한다.

다섯째, 부모는 자녀와 가장 밀접한 관계를 유지하면서 자녀들의 문제해결 방법에 많은 영향을 미친다.

여섯째, 부모와 자녀의 많은 상호작용은 자녀의 발달에 커다란 영향을 미친다. 특히 어머니의 직접적이고 대면적인 관계는 자녀의 발달에 지대한 영향을 미친다.

3) 조손관계의 이해

조부모와 손자녀의 관계는 한 가족 안에서 세대에 따른 차이와 갈등이 있음에도 불구하고 가까이에서 따뜻한 가족관계를 맺고 있다. 이러한 가족관계가 유지되는 데에는 전세대의 경험과 지혜가 어떤 형태로든지 간에 후세대에게 전해질 필요가 있으며 그것이 곧 우리의 삶에 도움이 된다. 최근에는 이러한 기성세대의 경험과 지혜를 전수받는 것이 사회의 중요한 과업으로 인식되고 있다. 그러나 세대 간에 벌어지는 사회에 대한 인식 차이나 가치관의 차이 등에서 갈등이 발생하지 않도록 세대 간에 조화롭게 살아가는 방법에 대해 지혜를 모아야 할 것이다. 조부모와 손자녀의 관계, 조부모와 손자녀 관계의 의미, 이들 관계에서 얻을 수 있는 장점은 다음과 같다(성교육교재편찬위원회, 2016: 100-102).

(1) 조부모와 손자녀 관계의 중요성

자녀 출산율 감소, 인간수명의 증가로 부모 역할과 조부모 역할이 단계적으로 이어지고 조부모 역할 수행 기간을 연장시키고 있다. 또한 이혼가족, 취업부부 가족, 한부모 가정 등의 증가도 조부모의 역할이 중요함(Burton & Dilworth-Anderson, 1991)을 말해주고 있어 조부모와 손자녀 관계의 중요성은 점차 확대되어 가고 있다.

독립과 개인주의 가치가 지배적인 서구사회에서도 조부모와 손자녀 간의 친밀한 유대감의 중요성이 크게 부각되고 있다. 더욱이 미국에서는 9월 둘째 일요일은 '조부모의 날'로 정하여 기념하고 있다. 이러한 사실만 보더라도 조부모와 손자녀 간의 유대감이 얼마나 중요한지를 짐작할 수 있다.

오늘날 부모의 적절한 통제와 지도가 부족한 가족상황에서 조부모는 정서적 안정을 제공하고 생활지도의 좋은 안내자일 뿐만 아니라, 풍부한 인생의 경험을 기반으로 손자녀의 문제해결에 도움을 줄 수 있는 존재이다. 손자녀와 친밀한 관계는 조부모에게는 위안이며 보람이 될 수도 있다.

부모와 자녀 관계는 의무와 책임이 수반되어 갈등이 생겼을 때 조부모가 중재역할을 함으로써 긴장 상태를 해소할 수도 있다. 그러나 조부모와 손자녀의 관계는 의무와 책임이 수반되지 않으므로 자연스럽게 상호작용을 할 수 있다. 조부모는 손자녀를 통해 혈연관계가 영속되며 감정적으로 만족스러운 접촉이 가능하다. 또한 지혜의 원천이 되어 역사, 기술 등을 가르치기도 하고 손자녀와의 관계가 가족관계의 유대를 강화시키고 변화하는 환경에 적응하며 미래에 대한 소망을 이들 후손을 통해 이루어 보려는 기대를 충족시켜 주기도 한다. 따라서 조부모와 손자녀의 관계는 중요한 의미를 지니고 있다.

(2) 조부모와 손자녀 관계의 의미

조부모와 손자녀의 관계는 다음과 같은 점에서 긍정적인 의미를 지니고 있다.

첫째, 손자녀 측면에서는 손자녀의 중요한 심리적 발달을 촉진시키고, 노년기에 닥치는 사회·심리적 긴장을 미리 경험하게 하는 기회를 제공하고 긍정적 노후에 대한 개념을 형성하게 도와준다(Kornhaber & Woodward, 1985).

둘째, 조부모의 측면에서는 손자녀를 통하여 생의 연속성과 자기가치감, 가족의 중요성을 느끼고 손자녀에게 인생을 통한 경험과 지혜를 제공함으로써 생의 의미를 찾게 되고 생산감, 성취감을 맛보게 해주어 노년기 발달과업인 통합을 이루게 한다(Neugerten & Weinstein, 1964). 또한 손자녀에게 노년기에 닥치는 사회·심리적 긴장을 미리 경험하게 하는 기회를 제공한다(Kornhaber, 1985).

셋째, 전체 가족 측면에서는 가족원들을 결속시키고 가족 역사의 계승을 용이하게 하며 가족에 대한 소속감을 고취시켜 가족원들의 정체감 형성에 기여한다. 이러한 가족문화에 대한 강한 소속감과 결속력, 과거와 현재, 미래로의 연결은 개인들의 심리적 측면뿐만 아니라 생활 모든 면의 복지와 관련이 있다.

하지만 이와 같은 장점이 있음에도 불구하고 조부모와 손자녀의 관계에서는 다음과 같은 점에서 부정적이다.

첫째, 손자녀의 측면에서는 가족 밖의 인간관계가 증가함에 따라 조부모와 함께 시간을 보내는 것을 점차 선호하지 않게 되고 손자녀가 성인기로 접어들면서 조부모의 영향력이 크게 감소되는 단점이 있다.

둘째, 조부모의 측면에서는 자녀양육의 책임으로부터 자유로워지려는 순간에 손자녀에 대한 양육 내지는 부담이 부과되는 경우, 부정적인 관계양상과 갈등이 초래될 수 있다. 또한 손자녀에게 중요한 존재가 되지 못한다는 부정적인 느낌을 가지거나 손자녀와 조부모 사이가 소원해지고 거리감이 생기기도 한다.

셋째, 가족의 측면에서는 노부모와 성인 자녀의 자녀양육에 대해 의견과 가치관에 차이가 날 때 갈등이 생기고 서로 간에 긴장과 실망감을 경험하게 되는 문제점이 있다.

(3) 손자녀가 조부모에게서 얻는 장점

조부모와 손자녀가 함께 생활하면서 손자녀가 얻을 수 있는 장점으로는 다음과 같은 점이 있다.

첫째, 조부모의 품은 인간에 대한 확고한 기본 신뢰감을 함양하는 원천이 된다.

둘째, 손자녀의 건전한 심리적 발달을 도모할 수 있으며 집안의 역사 및 전통문화를 전수받을 수 있다.

셋째, 조부모에 대한 존경과 애정은 손자녀에게 인생을 살아가는 데 있어서 아주 소중한 자산이 될 수 있다.

넷째, 손자녀들은 조부모로부터 자신의 고민을 상담받을 수 있고 친밀한 친족관계를 유지할 수 있다.

다섯째, 전통에 근거한 지식, 기술, 생활의 지혜 등 가정교육을 받을 수 있다.

여섯째, 조부모를 통하여 노년기의 심리적 · 신체적 · 사회적 상황을 미리 접할 수 있어 자신의 노년기 설계에 도움이 된다.

일곱째, 취업부부의 경우 결손된 부모의 역할을 느낄 수 있다.

쉬어가기 **가족관계 구성원의 역할**

가족 내의 인간관계

가족은 결혼에 의해서 결합된 부부와 이들에게서 출생된 자녀로 이뤄진다. 그러나 이러한 결혼과 혈연관계는 가족구성원의 결합계기가 될 뿐 그것이 가족 요건의 전부는 아니다. 가족관계가 가족구성원 간의 인간관계라고 한다면, 핵가족(核家族)의 경우 부부 · 부자 · 모자 · 부녀 · 모녀 · 형제 · 자매 · 남매의 8개 관계가 성립된다. 이것이 확대가족(擴大家族)이 되면 가족 내 존재할 수 있는 관계는 수십 개에 달하고 그 관계는 대단히 복잡해진다. 이러한 가족관계를 요약해 지배적인 관계를 중심으로 분류하면 부부 중심형 · 부자 중심형 · 모자 중심형, 그리고 형제 중심형으로 구분할 수 있다. 이 중에서 부자관계가 지배적인 것은 말할 것도 없이 부계사회(父系社會)의 부권가족(父權家族)을 지칭하는 것이다. 한국의 가족관계는 거주규정(居住規定)이 부처제(父處制)이고, 강력한 부권(父權)이 존재하는 것으로 봐 부권 가족이라고 할 수 있으며, 따라서 부자 중심형의 가족관계가 일반적인 형태라고 할 수 있다. 이러한 가족관계가 가족 내의 분위기를 결정하는 데 작용하기 때문에 그것이 자녀에게 미치는 영향이 크다는 것을 주목할 만하다. 지난해 자녀 3명 이상을 둔 부부의 이혼 비율은 계속 3%대에 머물렀다고 한다. 이혼 사유로는 '성격 차이'라는 응답이 45.2%(4만 8560쌍)로 가장 많았다. △경제문제(10.2%) △가족 간 불화(7.4%) △배우자 부정(7.0%) △정신 · 육체적 학대(3.6%) 등도 주요 이혼 사유로 거론됐다. 우리 사회의 가족문화 발전을 위해 가족이 서로 도와가며 집안일을 함께하고, 가족이 함께하는 시간을 갖고 서로 대화를 나누는 모습으로 서로 사랑해 주는 가족, 서로를 이해하고 아끼는 가족, 서로 배려해 주는 마음을 가진 가족, 가족의 문제가 일어났을 때 서로 감싸주고 위로해 주는 바람직한 가족의 모습이 중요하다. 또 행복한 가족을 만들기 위한 가족 구성원 각자가 자신의 역할을 바로 알고 실천하는 것이 중요하며, 가족끼리 배려하고 협력하는 자세가 필요하다.

출처 : 유지홍(2017). 가족관계 구성원의 역할. 충청일보(2017.11.23.).

활동자료 4-1

키슬러(Kiesler)의 대인관계 양식 검사

※ 자신의 성격이나 대인관계를 잘 나타내는 정도에 맞추어 해당란에 V표를 하시오.

순	문항	평가				순	문항	평가			
		전혀 그렇지 않다 (1)	약간 그렇다 (2)	상당히 그렇다 (3)	매우 그렇다 (4)			전혀 그렇지 않다 (1)	약간 그렇다 (2)	상당히 그렇다 (3)	매우 그렇다 (4)
1	자신감이 있다.					21	온순하다.				
2	눈치가 빠르다.					22	단순하다.				
3	강인하다.					23	관대하다.				
4	쾌활하지 않다.					24	열성적이다.				
5	마음이 약하다.					25	지배적이다.				
6	다툼을 피한다.					26	치밀하다.				
7	인정이 많다.					27	무뚝뚝하다.				
8	명랑하다.					28	고립되어 있다.				
9	추진력이 있다.					29	조심성이 많다.				
10	자기 자랑을 잘한다.					30	겸손하다.				
11	냉철하다.					31	부드럽다.				
12	붙임성이 없다.					32	사교적이다.				
13	수줍음이 있다.					33	자기주장이 강하다.				
14	고분고분하다.					34	계산적이다.				
15	다정다감하다.					35	따뜻함이 부족하다.				
16	붙임성이 있다.					36	재치가 부족하다.				
17	고집이 세다.					37	추진력이 부족하다.				
18	자존심이 강하다.					38	솔직하다.				
19	독하다.					39	친절하다.				
20	비사교적이다.					40	활달하다.				

결과 처리

* 각 유형별 문항에 대한 응답을 아래의 칸에 합산
* 아래 그림에 자신의 점수를 표로 표시하고 점수들을 연결하여 팔각형을 그린 후, 팔각형의 모양이 중심으로부터 특정 방향으로 기울어진 형태일수록 그 방향의 대인관계 양식이 강하다고 해석함

(1) 지배형 (1, 9, 17, 25, 33) : (　　　)점　(2) 실리형 (2, 10, 18, 26, 34) : (　　　)점
(3) 냉담형 (3, 11, 19, 27, 35): (　　　)점　(4) 고립형 (4, 12, 20, 28, 36) : (　　　)점
(5) 복종형 (5, 13, 21, 29, 37): (　　　)점　(6) 순박형 (6, 14, 22, 30, 38) : (　　　)점
(7) 친화형 (7, 15, 23, 31, 39): (　　　)점　(8) 사교형 (8, 16, 24, 32, 40) : (　　　)점

[키슬러 양식에 의한 나의 대인관계 양식]

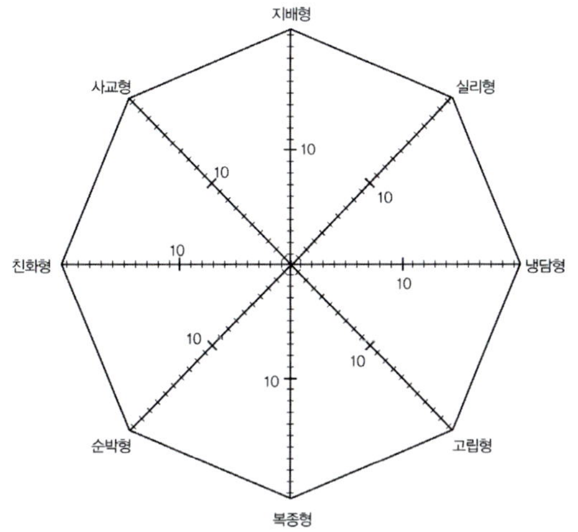

〈나의 대인관계 양식〉

결과 해석

키슬러 대인관계 유형별 특성

순	유형	특징	필요한 자세
1	지배형	•자신감이 있고, 자기주장이 강하며 지도력이 있음 •논쟁적, 독단이 강해 대인갈등을 겪을 수 있음	•타인의 의견을 경청하고 수용하는 자세가 필요
2	실리형	•이해관계에 예민하고 성취지향적임 •경쟁적, 자기중심적, 타인에 대한 관심과 배려 부족	•타인 입장 배려, 관심 갖는 자세가 필요
3	냉담형	•이성적인 의지력이 강함 •타인의 감정에 무관심, 거리감, 피상적 대인관계	•타인 감정에 관심, 긍정적 감정을 부드럽게 표현하는 기술 필요
4	고립형	•혼자 있거나 혼자 일하는 것을 선호함 •사회적 상황 회피, 감정 지나치게 억제함	•대인관계 중요성 인식, 타인에 대한 비현실적 두려움의 원인 파악 필요
5	복종형	•타인의 의견을 잘 듣고 따름 •수동적, 의존적, 자신감이 없음, 자기주장성이 떨어짐	•적극적인 자기표현, 주장 필요
6	순박형	•단순, 솔직, 너그럽고 겸손한 경향 •자기주관이 부족함	•타인의 의도를 헤아려 보고 행동하는 신중함, 자기주장의 노력 필요
7	친화형	•따뜻하고 인정이 많고 자기희생적임 •타인의 요구를 거절하지 못함, 타인을 즐겁게 하려고 지나치게 노력함	•타인과의 정서적 거리를 유지하려는 노력이 필요
8	사교형	•외향적이고 쾌활하며 대화하기를 선호함 •인정받고 싶은 욕구가 강함, 타인에 대한 관심이 많아서 간섭하는 경향이 있고 흥분을 잘하고 충동적임	•심리적으로 지나친 인정욕구가 있음, 이에 대한 통찰이 필요

출처 : 박인숙(2020). pp. 211-214.

Chapter 05

성 정체성과 성역할*

* 본 장은 이규은 · 장상필(2021). 성과 결혼. 도서출판 어우리. pp. 149-190의 내용을 재구성하였음.

Chapter 05

성 정체성과 성역할

1. 성 차이와 성 인식

1) 성 차이와 성차별

남자와 여자는 태어날 때부터 서로 다른 신체 구조를 가지고 태어나는데 이를 성 차이라고 한다. 이러한 성 차이는 남자와 여자에게 서로 다른 신체구조에 맞춰 서로 다른 기능과 역할을 요구해 왔다. 뿐만 아니라 시대나 문화의 변화에 따라서 남자와 여자에게 기대하는 역할도 서로 다르게 나타났으며, 이러한 요구는 잘못된 고정관념으로 고착되어 성에 대한 차별로 이어져 왔다. 남자와 여자 간의 성적 차이는 분명히 있게 마련인데, 이러한 차이를 차별로 이어지도록 하는 것을 성차별이라고 한다. 즉, 성 차이로 인해서 가정이나 학교, 사회에서 기회를 제한받거나 불이익을 받게 되는 것을 성차별이라고 하는데 이러한 성차별은 양성 평등한 사회 구현이나 개인의 자아실현에 방해가 되는 일이다. 여자는 월경, 임신, 출산을 할 수 있고 남자는 남성 호르몬의 영향으로 지방층보다 근육이 발달하여 힘이 셀 수 있다는 것은 성 차이의 예이다. 성 차이로 인한 차별은 잘못된 것이다. 따라서 우리는 성 차이를 '다름'으로 인정하고 '다양성'을 수용할 수 있는 사회문화적 인식에 대한 전환이 필요하다. 양성 평등한 사회를 실현하기 위해서는 남자와 여자의 다름, 즉 차이는 인정하되 차이가 차별로 이어지지 않도록 하는 일이 중요하다.

(1) 태내에서의 성 차이

난자와 정자가 만나 수정란이 되는 순간 한 사람의 생물학적 성은 결정된다. 하지만 수태와 함께 결정되는 성별은 수태 후 6주에 이를 때까지 남녀 발달에 차이가 나타나지 않는다. 6주가 지나고 나서야 내부 생식기관이 남녀에 따라 다르게 발달한다.

태아의 성은 생식선 세포에 의해 결정된다. 생식선 세포가 난소 또는 고환 중에서 어느 한쪽으로 선택하여 발달해 감에 따라 성이 결정된다. 특히 생식선 세포에서 Y 성염색체는 태아의 생식선을 고환으로 발달시키는 데 결정적 역할을 한다. 태아의 고환은 안드로겐이라는 남성호르몬을 만들어 내기 시작하여, 임신 3~4개월경에 이르면 음경이 생기게 된다. 반대로 여성의 경우에는 안드로겐이 분비되지 않아 생식선이 발달하지 않다가 12주가 되면 생식선이 난소로 발달하기 시작하여 임신 6~7개월이 되면 난소 발달이 완성된다. 이와 같이 정상적인 생식의 발달과정에 안드로겐은 결정적인 역할을 한다.

(2) 출생 후의 생물학적 성 차이

사람들의 성별은 태어날 때부터 외부의 생식기관을 통해 여성인지 남성인지를 구분한다. 이를 제1차 성적 특성이라고 하는데, 출생 후 사춘기에 이르기까지에는 남녀 간의 생물학적 특징의 구분은 1차 성징 이외에는 나타나지 않는다.

유아기에서 아동기까지의 성 발달의 차이는 여아가 남아보다 더 빨리 성장하고 사춘기에 도달하는 시기가 여아가 더 빨리 도달한다는 점이다. 즉 여아의 성장이 남아보다 빨리 도달한다.

남녀 간의 뚜렷한 신체적 차이는 사춘기를 지나면서 두드러진다. 사춘기 이전에는 성호르몬의 분비량이 남녀 간에 별 차이가 없어 성별 차이가 거의 나타나지 않지만 사춘기가 시작되면 성호르몬의 분비량과 농도에 있어서 차이가 크게 나타나 여성과 남성 간의 신체적 차이가 뚜렷하게 나타난다. 남성은 고환에서 테스토스테론이라는 성호르몬을 생산하여 분비함으로써 변성이 되고 근육이 발달하며 체모의 증가와 정자가 생산되고 성욕이 증가하게 된다. 이와는 달리 여성은 난소에서 에스트로겐과 프로게스테론이라는 호르몬을 분비하여 유방발달과 월경을 돕고 자궁발달을 촉진시킨다. 이러한 성호르몬의 분비에 따른 남녀 간의 신체변화를 제2차 성적 특징이라고 한다.

사춘기에 시작된 이러한 성 차이는 성인기 동안 그대로 유지되다가 노년기에 이르러 남성은 테스토스테론 호르몬이, 여성의 경우에는 에스트로겐 호르몬의 양이 급격하게 감소하면서 노화와 완경기를 맞이하게 된다.

(3) 성차별

생물학적으로 남자이거나 여자, 서로 다른 신체구조와 기능을 가지고 태어난 성 차이를 가지고, 합리적인 이유 없이 특정한 성에 대해 부정적인 정서를 나타내거나 부정적인 생각이 행동으로 표출되는 것이 성차별이다. 예를 들면 '암탉이 울면 집안이 망하지.', '남자는 여자 하기 나름이다.', '여자가 셋이면 접시가 깨진다.', '여자가 너무 알면 팔자가 세다.' 등이 성차별에 해당한다. 이러한 성차별적 표현들은 성에 대한 불평등한 사회 구조를 말해주는 일면들이다.

성 차이에 따른 성차별은 이뿐만이 아니다. 사람은 누구나 발달과정에서 성 차이가 나타나기 마련인데도 불구하고 그동안 우리 사회는 일률적으로 남자는 경제활동을 해서 가족을 부양해야 했고, 여자는 생물학적 신체구조와 기능으로 인해 가사와 양육을 전담해왔다. 또한 남자는 능동적이고 적극적이며, 여자는 수동적이고 소극적이므로 중요한 정책과 결정은 남자가 전담해야 한다는 고정관념으로 인하여 여자의 사회진출과 공적인 영역의 진입을 방해해왔다. 이는 명백한 성차별에 해당한다.

성차별은 남자와 여자에 대한 평등적 사상을 침해하는 일로 바람직하지 않은 일이다. 부부가 취업해도 아기가 아프면 엄마가 결근을 해야 한다거나, 동일노동을 하고도 여성은 남성보다 낮은 임금을 받게 되는 경우는 대표적인 성차별 사례이다. 성차별은 남녀를 차별하는 형태로 나타나는데, 일반적으로 직접차별과 간접차별로 구분한다.

성차별에서의 직접차별이라 함은 비교 대상 사이에 서로 같거나 실질적으로 차이가 없음에도 불구하고 서로 차이를 두어 다르게 대우하거나 불이익을 주는 경우를 말한다. 예를 들어 직원을 채용하는 데 있어서 '군필자'를 우대한다거나, 여성에게는 지원기회를 박탈하는 경우를 말한다.

성차별에서 간접차별이라 함은 남자와 여자에게 동일한 조건과 기회를 주어 표면상으로는 차별이 없는 것처럼 보이지만 주어진 조건이나 기회가 특정한 성에게 불리하게 작용하여 실질적으로는 특정한 성이 불이익을 받게 되는 경우를 말한다. 예를 들어 남자와 여자 모두에게 동일한 기회를 주되 '키 180cm 이상인 자'를 채용 조건으로 제시하게 될 경우인데, 이런 조건의 경우 여자보다는 남자에게 실질적인 기회가 더 많이 주어지게 되므로 간접 성차별에 해당된다. 유리 천장(glass ceiling)이라는 용어가 여성의 사회적 차별을 대변하는 말이다.

우리나라는 1984년에 'UN 여성차별 철폐 협약'1)을 비준하였고, 이를 통해 여성의 차별을 허용하지 않고 있으며, 하나의 성이 우월하거나 열등하다는 개념, 성역할 고정관념에 기반을 둔 관습이나 관행도 없애기 위해 노력하고 있다.

<표 5-1> '유리 천장(glass ceiling)'이라는 용어의 도입과 의미

구분	내용
개념	•유리 천장은 직장에서 충분한 능력을 갖춘 여성들이 성차별 등의 이유로 고위직을 맡지 못하는 상황을 비유적으로 이르는 경제적 용어 •현대 사회에서 개인이 능력과 자격이 충분함에도 불구하고 성차별이나 인종 차별 등의 이유로 직장에서 고위직을 맡지 못하고 보이지 않는 장벽에 부딪히게 되는 현상을 비유하는 말
문제의 근원	•성차별과 더불어 청각 장애, 실명 등의 장애가 있거나 나이가 많아 승진에서 차별당하는 문제
용어의 유래	•1970년대 미국의 한 경제 일간지에서 미국 여성이 직장에서 승진하는 데 보이지 않는 차별을 당한다는 점을 강조하기 위해 처음으로 사용됨 •유리처럼 눈에 보이지 않는 장애물인 천장이 존재하여 여성의 사회적 성공을 막는 현상을 비유적으로 표현한 말 •'천장'은 승진을 방해하는 상황을 표현한 것이고, 이때의 차별은 회사 규율 등에 공식적으로 드러나지 않아서 존재하지 않는 것처럼 보이기 때문에 '유리 천장'이라고 일컫는 것임
문제해결을 위한 노력	•여성의 사회 진출을 막는 불평등 요인을 제거하기 위한 법률 제도, 제도 도입 등 유리 천장을 없애기 위해 노력함 •유리 천장의 가장 큰 원인인 남성 중심의 조직 문화와 출산 및 육아 문제를 해결하기 위한 정책을 마련해야 할 것임

2) 성 인식과 성적 지향

개인의 성에 대한 인식은 발달과정에서 경험하게 되는 다양한 요소들에 의해 영

1) UN 여성차별 철폐 협약은 정치적, 경제적, 사회적, 문화적, 시민적 또는 기타 모든 영역에서 결혼 여부에 관계없이 남녀가 평등의 기초 위에서 인권과 기본적 자유의 인식, 향유, 행사에 지장을 초래하거나 그럴 목적을 가지는 성에 기반을 둔 모든 구별, 배제, 제한을 의미한다(제1조). 여성차별 철폐 협약은 전 세계의 여성차별 타파를 목적으로 1979년 유엔총회에서 채택된 것으로, 모든 형태의 차별을 포괄적으로 금지하고 있다. 사회적 관습이나 문화적 전통에 의한 여성차별도 허용하지 않으며, 하나의 성이 우월하거나 열등하다는 개념, 성역할 고정관념에 기반을 둔 관습을 없애도록 하고 있다. 이 협약에 가입한 국가는 4년마다 법률, 정책, 계획 등에 대한 협약 이행 보고서를 제출해야 한다.

향을 받는다. 성장과정에서 개인이 어떠한 학습경험을 했고, 어떠한 양육환경에서 자랐으며, 어떠한 인간관계를 경험했느냐에 따라 다르게 나타난다. 이와 같이 성장 발달과정을 통해서 각 개인이 갖는 성에 대한 인지(認知)나 생각, 경험, 견해, 느낌 등과 같은 성과 관련된 전반적인 정서와 행동 양식을 성 인식이라고 한다. 올바른 성 인식을 하는 사람은 남자와 여자의 신체적 특징을 이해하고 그에 맞는 역할과 행동이 무엇인지를 알고 있는 사람이다. 일반적으로 성 인식이 높은 청소년은 건전한 이성교제를 추구하고, 성충동에 대해 적절히 통제하고 제어할 줄 알며 성폭력에 대한 올바른 태도를 가지고 있는 것이 특징이다.

성적 지향(sexual orientation)은 한 개인이 느끼는 성적 충동이나 애정 욕구의 대상이 어느 성으로 향하는가에 관한 것을 말한다. 즉, 성적 끌림이나 성적 욕망이 어디로 향하는 것과 관련된 것이다. 대부분의 사람들은 성적 끌림(attraction)이나 성적 욕망이 이성을 향해 있는데 이를 이성애(heterosexuality)라고 한다. 하지만 소수의 사람들에게서는 성적 끌림이나 성적 욕망이 동성의 사람에게 향하게 되는 경우가 있는데 이를 동성애(homosexuality)라고 말한다. 대부분의 사람들은 이성애의 특성을 지니고 있어 성적 끌림이나 성적 욕망이 이성을 향하고 있다. 이 밖에도 양성애, 무성애 등이 있다.

동성애 중에서 남자 동성애자를 '게이(gay)'라 하고, 여자 동성애자를 '레즈비언(lesbian)'이라고 한다. 이성애나 동성애와 달리 성적 욕망이나 끌림이 동성과 이성 모두에 향하는 경우가 있는데 이를 양성애(bisexuality)라고 한다. 소수의 경우에는 성적 끌림이나 성적 욕망이 향하는 대상이 전혀 없는 경우도 있는데, 이러한 경우를 무성애(asexuality)라고 한다.

최근에는 게이, 레즈비언, 양성애자, 트랜스젠더 그리고 퀴어를 통틀어 LGBTQ(Lesbian, Gay, Bisexuality, Transgender, Qeer)라고 부르기도 한다.

이와 같은 성적 지향은 태어날 때부터 신체적으로 결정된 생물학적인 성(Sex)이나 사회적 성의 개념으로 사용되는 젠더(Gender) 등과는 구별되는 개념이다. 예를 들어, 생물학적으로 남자인 사람이 자신을 여성이라고 여기고 동성인 남성에게서 에로틱한 성적 욕망을 느끼는 상황이라고 한다면 여기에는 트랜스젠더와 동성애의 개념이 모두 포함되어 있는 것이다.

<표 5-2> 성 특성에 따른 유형 분류

성 특성	유 형
생물학적 성별 (sex)	•남성, 여성, 인터섹스
성 정체성 (gender identity)	•트랜스젠더(MTF, FTM, 트랜스 섹슈얼), 시스젠더(cisgender)[2], 제3의 성
성적 지향 (sexual orientation)	•이성애, 동성애(게이, 레즈비언), 양성애, 무성애, 범성애(凡性愛)
연애 지향 (romantic orientation)	•이성연애, 동성연애, 양성연애, 비연애
성적 특성 질문 (question)	•퀘스처너(questioner)[3]

쉬어가기 대만의 동성애

대만은 지난해 5월 동성 결혼을 합법화시켜 아시아 국가로는 유일하다. 그 뒤 지금까지 약 4,000쌍이 동성 결혼식을 올렸다.

대만 육군은 매년 합동결혼식을 치르는데 30일에는 모두 188쌍이 예식에 참여했다. 그런데 이날 처음으로 두 레즈비언 커플이 동참해 눈길을 끌었다고 영국 BBC가 전했다.

한 여군은 "군대 안에서 더 많은 성적 소수자(LGBTQ)들이 자신의 존재를 드러내는 계기가 됐으면 좋겠다."고 말했다. 리윙윙과 결혼한 육군 중위 첸윙수안은 "우리 군은 아주 개방적"이라며 "사랑이란 관점에서도 모두가 평등한 대우를 받는다"고 말했다. 그녀는 또 늘 성적 정체성을 겉으로 드러내왔다고 덧붙였다.

왕이 소령은 멩유메이와 예식을 올리면서 내내 동성애자들의 상징인 프라이드 깃발을 들고 다녔다. 다만 멩의 부모는 식장에 나타나지 않았으며 왕 소령의 부모와 교관은 참석해 축하했다. 왕 소령의 어머니는 AP 통신 인터뷰를 통해 "이건 군대에서의 엄청난 돌파구라고 느껴진다. 아마도 동성애 커플에게 종이 한 장에 불과할지 모르지만 아주 중요한 의미를 지닌다"고 말했다.

대만 육군은 올해 예식에 동성 커플이 참여한 것은 "계몽되고 진보된" 것으로 받아들이며 성적 취향과 관계없이 모든 커플에 축하를 전한다고 밝혔다. 사실 지난해에도 세 쌍의 동성

2) 자신이 사회에서 지정받은 '신체적 성별(sex)'과 본인이 정체화하고 있는 성별 정체성(gender identity)이 '동일하다' 혹은 '일치한다'고 느끼는 사람을 말한다.

3) 성 정체성이나 사회적 성, 성적 지향을 확립하지 못하고 스스로 질문하는 사람으로 퀘스처너리라고도 한다. 성 정체성이나 사회적 성, 성적 지향을 확립하지 못한 경우뿐만 아니라 확립하고 싶지 않은 경우에도 사용하며, 이러한 현상은 일시적일 수도 있고 영구적일 수도 있다.

커플이 예식에 참석하겠다고 등록했다가 나중에 "사회적 압력"이 너무 강하다며 취소했다고 현지 매체들이 군 소식통을 인용해 전했다.

물론 지난해부터 동성 결혼이 합법화됐지만 아직 유럽이나 미국의 동성 결합법처럼 대만의 동성 부부들이 이성 부부와 동등한 사회적 처우와 존중을 받지는 못한다고 방송은 전했다.

2017년 대만 헌법재판소는 동성 커플도 법적으로 결혼할 수 있다고 결정했다가 엄청난 여론의 반발을 샀다. 국민투표에서 압도적 다수가 반대했다. 그 결과 대만은 동성 결혼에 대해 특별법을 제정해 동성 결혼이 합법화된 나라의 시민과 경우에만 허용하고 서로의 친자만 입양하도록 하는, 제한을 두도록 했다.

출처 : 서울신문(2020.10.30.).

2. 성 차이에 대한 관련 이론과 특성

사회 구조 안에서 남자와 여자라는 성은 관습적으로 정해진 행동과 과업에 차이가 있어 왔다. 이러한 차이가 모여서 남자와 여자라는 성에 따른 역할을 달리하는데 이것을 성역할이라고 한다. 이러한 성역할은 사회화 과정을 통해서 학습하면서 자신의 태도와 가치로 형성된다. 성인으로 성장하여 자신의 태도와 가치로 형성하기까지에는 여러 가지 환경적 요인을 비롯하여 다양한 변인에 의해 영향을 받게 되는데, 이러한 변인으로는 크게 생물학적 관점, 정신분석학적 관점, 인지발달론적 관점, 사회학습론적 관점 등으로 구분할 수 있다.

1) 성 차이에 대한 관련 이론

(1) 생물학적 관점

생물학적 관점에서 본 성 차이는 신체구조적인 측면에서 여성과 남성이라는 서로 다른 성으로 태어나 구분되는 것은 자연적이고 필연적인 것으로 인식한다. 우리가 흔히 인식하는 성이란, 태어날 때부터 태생적으로 남성은 생물학적 남성이라는 성에 근거하여 남성으로서의 삶을 영위하고, 여성 또한 생물학적 여성이라는 성에 근거하여 여성으로서의 삶을 영위하게 된다는 의미이다. 따라서 생물학적인 관점에서의 성은 사회화라는 경험적인 수업의 도움 없이 여성화 또는 남성화된다는 것은 불가능하다는 입장이다. 일반적으로 여성화 또는 남성화라고 하면 남성은 힘이 세고, 강인하고, 지배적이고, 적극적인 반면 여성화라고 하면 나약하고, 감성적이고, 감각적이고, 소극적이고, 순종적인 이미지를 지닌 특성을 인식한다.

남녀 간에는 태어날 때부터 신체적으로 다른 특징으로 태어나는 것은 생물학적으로 유전적인 호르몬에 의한 것이라고 본다. 남성과 관련된 주된 호르몬으로는 안드로겐(androgen)과 테스토스테론(testosterone)이 있고, 여성과 관련된 주된 호르몬에는 에스트로겐(estrogen)과 프로게스테론(progesterone)이다.

안드로겐은 남성 호르몬의 작용을 나타내는 모든 물질을 총칭하여 일컫는 말로 남성의 고환에서 생성되어 남성 생식기의 발달에 필수적이다. 뿐만 아니라 테스토스테론 또한 남성의 성 발달과 밀접한 영향을 미치게 되는데, 남성 얼굴의 수염, 굵은 목소리와 같은 남성적 특징, 남성의 성기관 발달에 있어서 테스토스테론은 필수적이다. 남성에게 테스토스테론 호르몬의 분비가 이루어지지 않으면 사춘기와 성적 성숙기 초기에 성인의 생식기관으로 발달하지 못한다. 연구 결과에 따르면 성숙한 남성을 거세시키면 기관이 축소되거나 기능이 중지되는 현상이 나타나는 것으로 알려져 있다.

에스트로겐은 여성 생식기관의 발달, 성숙, 기능 등에 영향을 주는 호르몬의 총칭이다. 에스트로겐은 난소, 질, 나팔관, 자궁, 젖샘 등에 영향을 준다. 이들은 난소에서 난자의 성장을 촉진시키며, 뇌에 있는 뇌하수체를 자극하여 난자의 발육을 돕는 호르몬을 분비하게 한다. 난자는 일단 배란되면 나팔관을 통해 자궁에 도달하는데 나팔관에서 에스트로겐은 두꺼운 근육벽을 발달시키며 수축을 일으켜 난자 및 정자를 운반하는 역할을 한다. 에스트로겐이 결핍되면 여아의 자궁은 성인의 자궁 형태로 발달하지 않으며, 에스트로겐이 부족한 성인의 자궁은 조직이 퇴화되기 시작한다. 에스트로겐은 자궁의 내벽을 덮고 있는 점액성 막인 자궁내막(子宮內膜)을 만들고 유지하는 데 필수적이다. 즉 이들은 자궁 속의 크기와 무게, 세포수, 세포 형태, 혈액의 흐름, 단백질 함량 및 효소 활성 등을 증대시킨다.

프로게스테론(progesterone)은 주로 자궁 속의 환경을 조절한다. 프로게스테론은 난소, 태반, 부신(副腎)에서 생성되는데 난소에서는 황체(黃體) 조직에서 생성된다. 프로게스테론은 배란되기 전부터 생성되며 난자가 여포(濾胞 : 난자 주위 주머니 모양의 조직)를 빠져나간 후 속이 빈 여포를 채운다. 여포에서 배출된 난자가 정자와 결합하여 수정되면 이 수정란이 자궁에 착상하여 태반을 형성하고 태반은 임신 기간 동안 계속해서 프로게스테론을 생성한다.

에스트로겐은 남성과 여성 신체 구조적인 차이에 영향을 준다. 보통 여성의 골격은 남성보다 작고 짧으며, 골반은 넓고 어깨는 좁다. 여성의 신체는 근육, 유방, 둔부, 허리, 대퇴 등을 덮고 있는 지방 조직 때문에 곡선을 이룬다. 체모는 가늘고 그리 뚜렷하지 않으며 머리카락은 대체로 남자에 비해 영구적이다. 후두(喉頭)는 작고 성대가 짧아 더 높은 음을 내며 에스트로겐이 지방성 물질을 분비하는 피지선(皮脂腺)의 활성을 억제하기 때문에 여드름 따위가 적다. 실험동물들에게 에스트로겐을 없애면 교미에 대한 욕구나 기타 성적 행위들이 줄어든다. 남성에서는 미량의 에스트로겐이 혈액이나 소변에서 나타나는데 사춘기나 고령층의 남성에서 더욱 뚜렷하다.

이러한 남성과 여성에게 나타나는 호르몬의 차이가 이차 성징 발달의 차이를 가져온다. 뿐만 아니라 호르몬의 차이가 여성의 불안, 우울 등과 같은 정서적 변화에도 영향을 미치고, 남성의 공격성 변화에도 호르몬의 분비 수준과 관련이 있는 것으로 알려져 있다. 그러나 남성과 여성 간의 정형화된 행동은 생물학적인 영향이라기보다는 다양한 요인에 의한 것으로 보아야 할 것이다. 남성과 여성 간의 특성을 생물학적 특성으로만 보고 있는 연구들, 즉 테스토스테론 수준이 곧 공격성과 관련된다는 연구, 여성의 정서적 변화가 호르몬 때문이라는 연구 등은 이러한 관점에서 비판을 받고 있다. 인간의 성 발달은 전체적인 삶 속에서 이루어지는 변화 과정의 일환으로 성장, 성숙, 학습의 의미를 포함하며 유전적이고 환경적인 요인의 상호작용으로 이루어진다.

(2) 정신분석학적 관점

성 역할과 관련된 이론을 정신분석학적인 측면에서 바라본 대표적인 학자는 프로이트(Sigmund Freud, 1953)이다. 프로이트는 인간의 성역할은 생물학적인 요인에 의한 것이라기보다는 남성과 여성이라는 해부학적인 신체 차이에 대한 반응을 통해서 표출되는 것이라고 보았다.

프로이트는 남성과 여성의 근본적인 차이는 심리 성적 발달 과정에서 나타나는 남근기의 경험에 의해 형성된다고 보았다. 남근기에 경험하게 되는 남아의 오이디푸스 콤플렉스(Oedipus complex)와 여아의 엘렉트라 콤플렉스(Electra complex)를 통해 접하게 되는 문제를 해결하기 위한 방안으로 동일시를 통해 성역할을 학습하게 된다는 것이다. 즉 남아의 경우에는 이성의 부모에 대한 근친상간적 성적 욕망을 갖지만 현실적으로 불가능한 일이라는 것을 알고 동성의 부모를 두려워하게 된다. 이때 남아의 경우에는 심지어 아버지로부터 거세의 불안을 느끼고 이를 방어하기 위한 수단으로 아버지를 동일시하게 된다는 것이다.

프로이트는 오이디푸스 콤플렉스를 약 3~5세 아동의 특징으로 보았다. 그는 보통 이 단계가 되면 아동이 자기 자신을 동성 부모와 동일시하고 자기의 성적 본능을 억제하게 되었을 때 마무리된다고 했다. 부모와의 이전 관계가 비교적 애정이 깊고 심리적 외상이 없으며, 부모의 태도가 지나치게 강압적이거나 자극적이지 않았다면 이 단계는 조화롭게 지나간다. 그러나 심리적 상처가 있었다면 '소아 노이로제'가 일어나며, 이는 아동이 성인기가 되어서도 비슷한 반응을 보일 수 있는 중대한 전조가 된다. 성인의 의식 있는 정신을 지배하는 도덕적 요인인 초자아(super ego)도 오이디푸스 콤플렉스를 극복하는 과정에 그 근거를 두고 있다. 프로이트는 오이디푸스 콤플렉스에 대한 반작용을 인간정신의 가장 중요한 사회적 성취라고 생각했다(박주현 · 최덕경, 2013: 30-31).

이 시기 여아의 경우에는 어머니를 동일시하는 과정을 통해 여성성이 강화된다. 프로이트에 의하면 이 단계의 여자아이는 자신의 성기(clitoris)에 관심을 두는데, 남자아이의 성기(penis)에 비해 열등감을 느끼고 그것을 선망하게 된다. 그러나 남자와 같아지려는 희망을 포기하고 거세(castration)된 사실을 받아들이면서 아버지를 사랑하고 어머니에 대해 반감을 품게 된다. 엘렉트라 콤플렉스는 어머니와 자신을 동일시하고 초자아를 발전시킴으로써 해소되어 다음 단계인 잠복기로 넘어가는데, 이것이 이루어지지 않을 때에는 노이로제의 주요 원인이 된다. 그러나 거세 불안이 없는 만큼 동일시하고자 하는 동기가 남아보다 약하다고 한다. 여아는 자신이 갖기를 바라는 남근을 결코 가질 수 없다는 것으로 남근선망을 가지게 된다고 하였다. 이로써 여아는 남아보다 약한 초자아의 형성, 열등감, 수동성, 공허감, 질투 등을 형성하게 된다고 설명한다. 그런데 이 점이 프로이트의 이론 중 가장 비판을 받고 있는 부분이다(박주현 · 최덕경, 2013: 31). 왜냐면 학자들은 남근선망이라는 개념은 결코 존재하지 않으며, 남근보다는 오히려 남성의 권력이나 지위를 여성들이 부러워하는 것이라고 보기 때문이다. 뿐만 아니라 많은 남성들이 오히려 여성의 임신과 출산, 양육에 대한 선망을 가지고 있다는 주장을 펼치고 있다. 분명한 것은 성적 선망이나 적대감, 긴장, 불안감 등이 단지 해부학적인 차이에서 오는 것만은 아니다. 다양한 요인의 영향이 있겠지만 남녀관계를 바라보는 시각에서 해부학적인 차이도 하나의 요인이 될 수 있는 것만은 분명한 사실이다.

정신분석학적 측면에서 바라본 성 차이는 성역할의 사회화 과정에서 아동이 동성(同性)의 부모 행동을 무의식적으로 본받는 데서 성 정체감이 형성된다고 보는 이론으로 이러한 이론을 '동일시론(同一視論)'이라고 한다.

(3) 인지발달론적 관점

인지발달론적 관점에서는 성 차이에 따른 성인지를 남성이든 여성이든 간에 인간이 성장해 나가면서 스스로 사회와의 상호작용을 통해서 스스로 성에 대한 인지능력을 발달시켜 나가며 이에 따라 자신만의 사회적 성을 확립시켜 나간다고 보는 것이다.

인지발달론적 관점에서 개인의 성차를 설명한 대표적인 학자는 피아제(Jean Piaget)[4]와 콜버그(Lawrence Kohlberg)[5]이다. 이들은 성역할의 발달은 성 차이에 따른 인지발달의 부산물로 자신이 여성인지 남성인지를 인식하고 자신의 성에 적합한 행동으로 수정하여 남성 또는 여성으로서의 성 정체감을 일관성 있게 유지해 나가는 것이라고 보았다. 하지만 피아제는 성역할 개념은 사회적 훈련에 의해서 얻어지는 것이 아니라, 자기 자신의 경험을 능동적으로 구조화한 것이라고 보았다. 이와는 달리 콜버그는 개인의 성역할은 발달단계를 거치면서 세상에 대한 인지적 조작화[6]를 통해 형성된다고 보았다. 즉, 성역할의 발달에 있어서 중요한 것은 어머니와

---

4) 스위스의 심리학자(Jean Piaget, 1896~1980). 임상 진단 방법으로 아동의 정신 발달, 특히 논리적 사고 발달 과정을 설명하고 과학적 인식의 역사적 발전에 대하여 공동 연구를 추진하였다. 피아제는 어린이가 자신의 독자적인 현실 모형을 끊임없이 창조하고 재창조하면서, 한 단계가 지날 때마다 단순한 개념들을 통합해 좀 더 높은 수준의 개념으로 조직화함으로써 정신적으로 성장한다고 보았다. 피아제는 어린이에게는 선천적으로 정해져 있는 사고력 발달의 시간표가 있다는 '유전인식론'을 주장하였다.

5) 미국의 심리학자(Lawrence Kohlberg, 1927~1987). 장 피아제의 인지발달 이론에 영향을 받아 도덕성 발달에 대한 이론을 제시하였다. 도덕성은 인간이 사회생활을 해나가는 데 있어서 바람직하다고 생각하는 행동특성의 규범이라고 보고 피아제의 도덕성 발달이론을 더욱 발전시켜 체계화하였다. 피아제는 도덕성 발달을 인지발달과 관련시켜 도덕성 발달이 외부의 규칙에 의존하는 타율적 도덕 단계에서 스스로 평가하는 자율적 도덕 단계로 진행된다고 보았으나, 콜버그는 피아제가 타율적 도덕성과 자율적 도덕성으로 양분한 것을 도덕성 발달을 지나치게 단순하게 본 것이라고 간주하고 도덕성 발달단계를 도덕적 딜레마를 담은 여러 이야기를 피험자들에게 제시하여 상황에 따른 아동들의 반응을 기초로 도덕성 발달의 단계를 구성하였다. 콜버그는 '하인즈(Heinz)의 딜레마'라는 사례를 제시하여 도덕성 발달 수준을 판단하였다.

자녀와의 관계가 아니라 자녀가 갖는 인지적 발달에 의한 것이라고 보았다. 남아 또는 여아라고 하는 인지적 판단에 의해 남성적 또는 여성적 가치관을 발달시켜 나간다는 것이다.

콜버그에 의하면 아동은 2~3세부터 자신의 성을 인식하기 시작하지만 이 시기의 성적 자기개념은 애매한 상태라고 보았다. 성역할 발달이 2~3세에 시작되지만 5~6세까지는 성이 변화하지 않는 특성이라는 것을 인식하지 못한다. 그러다가 7세 이상이 되어야 성은 변하지 않으며, 영속적인 것이라는 성의 연속성 개념을 인식하게 된다. 또한, 아이가 다른 사람을 통해 자신의 성별에 적합한 행동을 배우기는 하되, 이것은 보상 때문이 아니라 여자 혹은 남자로서 자아정체감을 유지하기 위해서이며, 인지적인 일관성을 추구하기 위해서라고 본다. 즉, '나는 여자(혹은 남자)이다.'라는 식의 인식이 먼저이고, 그에 맞는 적합한 행동, 물건 등에 가치를 부여하는 것은 다음 단계이다. 이 입장에서는 성역할 학습이 일종의 지적 성숙의 결과라고 본다(이성희 · 한희성, 2009).

인지발달 이론의 특이한 점은 아동이 기본적인 남성적 또는 여성적 가치관을 스스로 획득해 나간다는 점이다. 아동의 욕구가 남성적이기 때문에 성인 남성과 모델로서의 다른 남아를 동일시하며, 욕구가 여성적이기 때문에 성인 여성과 다른 여아를 동일시한다는 것이다(김정옥, 2001: 128). 이와 같은 아동들의 성역할은 문화적으로 정해져 있는 성역할을 지적 성숙을 통해 습득해 나가는 것이지만 그것이 부모나 타인에 의한 교육을 통해서라기보다는 신체적 구조와 능력에 대해서 일반적으로 인식한 성차에서 비롯된다는 것이다. 자신의 성에 부합되는 행동을 함으로써 자신에 대한 인정의 감정을 느끼고 성 관련 행동에 대한 체제를 발달시켜 나간다.

(4) 사회학습론적 관점

사회학습론적 관점은 행동주의자들의 입장과 유사한 입장으로 행동을 통제하는 데 있어서 보상과 처벌을 활용하여 행동에 변화를 주고자 하는 관점이다. 즉, 개인이 처한 특정 상황에서 특별한 방식으로 행동에 영향을 주어 변화를 유도하고자 하는 방식이다. 따라서 아동은 주변의 많은 인물과 매체의 관찰을 통해 사회적 · 문화적으로 인정된 행동과 역할을 모방하고 적절한 방식으로 강화해 나가는 학습방식

---

6) 조작화(操作化, operationalization)는 존재나 다른 현상에 의해 인지되지 않지만 직접 측정이 불가능한 현상의 측정을 정의하는 과정을 말한다. 조작화는 그러한 개념을 현실세계에서 직접 관찰하여 경험적인 자료를 구할 수 있도록 하는 구체적 절차의 개발과정이다.

을 활용한다.

사회학습론적 관점에서의 성역할은 아동이 관찰학습이나 직접학습을 통해서 성역할을 학습한다고 보는 입장이다. 즉, 성역할이란 사회적 학습을 통해 형성되는 경험적 변화라고 보는 것이다. 사회학습론에서는 부모를 비롯한 주변인 이외에도 주변 환경이나 문화적·제도적 요소들이 성 정체감을 형성하는 데 중요한 역할을 한다고 본다. 아동은 사회화 과정에서 모델링(modeling)과 관찰학습 등을 활용한다. 성역할의 발달도 사회적으로 수용되는 행동양식을 모델링이나 관찰학습, 모방 등과 같은 방법을 통해 성인으로 내면화해 가는 것이다.

사회학습 이론에서 성역할은 개인이 속한 문화에 따라 달라지며, 아동들이 부모의 또래집단, 기타 관찰이나 모방, 교육을 통한 다른 것들에 의해 사회화되어갈 때 그들 자신에 의해 학습되는 것이라고 설명한다. 이러한 과정은 일생 동안 계속되며 가족과 개인적 경험 등 특별한 환경에 의해 영향을 받는다. 초기의 사회학습 이론가들은 아동들이 그들의 문화권에서 성과 관련하여 요구하는 것들을 수동적으로 받아들여 같은 성을 가진 성인들의 행동을 모방하거나 관찰하는 것으로 표현하는 경향이 있다고 주장하였다. 그러나 현대의 이론가들은 이 역동적인 과정에서 아동 자신이 능동적인 역할을 하고 있음을 강조하고 있다(김정옥, 2001: 125). 아동이 관찰과 모방을 통해 학습하는 것에 영향을 미치는 요인으로는 다음과 같은 것이 있다.

첫째, 아동의 행동에 가장 영향을 미치는 요인은 보상과 벌이다. 아동은 보상과 벌 중에서 벌을 유발하는 행동은 회피할 것이고 보상이 유발되는 행동에 대해서는 보다 더 모방하는 행동을 강화해 나갈 것이다.

둘째, 성인의 유형에 따른 영향이다. 아동은 성인 중에서도 더 권력이 있으며, 따뜻하고 지적인 사람을 더 모방하며 자신과 유사하다고 느끼는 어른을 더 모델링할 것이다.

셋째, 부모의 태도와 반응에 따른 영향이다. 실제 자녀가 여성성(혹은 남성성) 특성을 학습하는 데 밀접하게 관련되어 있는 것은 부모의 실제적인 여성성(혹은 남성성)보다 자녀를 대하는 부모의 태도와 반응이다. 이 관점에서는 개인의 생득적인 성차나 성역할 경향성은 무시하며, 성역할 행동을 이해하고 판단하는 제반 인지적 능력도 전적으로 학습된 것으로 생각한다(박주현·최덕경, 2013: 33).

모델링(modeling) 과정은 아동마다 너무 개별적이어서 행동이 성별에 의해 크게 영향을 받는다고 생각할 수 없을 정도이다. 반면 부모의 성역할 교육은 자녀의 성역할 인지에 효과가 있는 것으로 알려져 있다. 2세 자녀에 대한 아버지와 어머니의 상호작용 방법이 남성적 행동과 여성적 행동에 대한 사회적 기대를 강화하는 것으로 보고된 바도 있다. 사회학습론적 관점에서의 성정체성에 대한 개념은 적어도 부분적으로는 사회와 환경적 요인의 결과라는 사회법적 설계모형의 이론적 기초이다. 이 이론은 여성이 사회화 과정에서 겪었던 편견과 차별적 행동의 본질을 논증해 보인 이래 전통적인 성역할 기대가 여성에게 불리하다고 느끼는 사람들을 이론적으로 지지하고 있다. 그러나 성역할에 대한 생물학적 영향은 대개 간과하고 있다(김정옥, 2001: 126). 사회학습론적 관점에서의 성역할은 말 그대로 남성 혹은 여성에게 그 성에 따른 어떠한 역할을 기대하는 것이다. 이는 오늘날의 세계관의 관점에서 보면 적절한 성역할기제로 남성이 여성적 사고관이나 생활관을 몸에 익히면 여성적이 되고, 반대로 여성도 남성적 사고관이나 생활관을 몸에 익히면 남성적이 된다는 의미를 포괄한다. 사회 구성원으로서의 성역할이란 생물학적인 성을 바탕으로 인간이 사회화의 결과로 형성된 익숙한 성역할사회화라고 할 수 있다.

2) 성 차이에 따른 특성

우리 사회는 전통적으로 남자와 여자의 생물학적 측면에서의 차이를 남녀의 심리적 특성과 사회적 역할을 결정짓는 유일한 준거로 활용해 왔다. 하지만 이와 같은 생물학적 차이가 남녀의 인성과 사회적 역할을 구분하는 준거가 될 수 있으며, 그러한 준거는 과연 타당한 것인지에 대한 논의가 필요하다. 이러한 문제의 해결은 남녀의 생물학적, 심리적, 인성적 차이에 대한 올바른 이해로부터 시작되어야 할 것이다.

남성과 여성 간의 능력 차이는 사실상 생물학적 측면에서 오는 차이라기보다는 사회 기능에 따라 발생한 변화의 차이라고 해야 할 것이다. 우리가 일상 중에 경험하게 되는 문제들은 여성과 남성이라는 차이를 떠나 얼마나 관심을 가지고 접근하느냐에 따라, 또는 얼마나 절박한 필요성에 의해 접근한 것이냐에 따라 결과가 달라지는 것이 대부분이다. 따라서 성별 능력에 대한 차이는 여성과 남성이라고 하는 생물학적 차이점 만을 가지고 해석하기보다는 개개인의 능력과 개인차에 따른 독창성, 성장을 위한 도전과 노력 등을 고려하여 설명되어야 할 것이다. 이러한 일반적인 사실을 염두에 두고 성차에 따른 특성들을 그동안 우리가 갖고 있는 고정관념을 바탕으로 재고해 볼 필요가 있다.

(1) 생물학적 측면에서의 성차

남자와 여자의 생물학적 성은 난자와 정자가 만나 수정란이 형성되는 순간 결정된다. 일반적으로 정상적인 사람의 경우에는 23쌍의 염색체를 가지고 있는데, 그 중에서 한 쌍의 염색체가 성을 결정하는 성염색체(sex chromosome)이다.

생물학적인 측면에서의 성은 성염색체가 XX 또는 XY에 의한 유전적인 성, 성호르몬이 안드로겐 또는 에스트로겐에 의한 것인지에 의한 호르몬의 성, 난소와 고환에 의한 생식선 성, 그리고 음경과 음핵에 의한 생식기 성으로 분류할 수 있다. 성의 결정과 분화는 일련의 연속적인 과정으로, 성염색체에 의해 결정된다.

여성의 XX염색체가 남성의 XY염색체와 만나 XX염색체를 형성하면 여성의 성별로, XY염색체를 형성하면 남성의 성별로 결정된다. 결정된 유전적 성(genetic sex)은 성선(gonad)의 분화를 통해 성장한다. 성선의 분화로 내부 생식기와 외부 생식기가 발달하게 되는데, 태아기 전반부에 각각의 성에 따라 외부 생식기의 모양이 결정되며, 이러한 과정은 이차성징이 발현되는 사춘기에 이르러 완성된다. 생물학적 성과 달리 정신적 성의 확립은 출생 전 호르몬의 영향과 함께 출생 후의 사회적인 영향에 의해 결정된다.

일반적으로 성 분화는 고환 결정인자, 뮬러관 억제인자, 테스토스테론 호르몬 인자 등 중요한 세 가지 인자에 의해서 이루어진다. 즉 Y 염색체상에 존재하는 SRY(sex-determining region of Y) 유전자에서 생성되는 고환 결정인자(testis determining factor; TDF), 그리고 고환으로 분화된 후 고환에서 분비되는 뮬러관 억제인자(Mullerian inhibiting factor, MIF)와 테스토스테론에 의하여 이루어진다. 정상적인 남성의 경우에는 이러한 세 가지 인자에 의해 성분화가 이루어진다. 성염색체와 상관없이 배아는 공통된 원기(primordium)를 가지고 있으며, 남성화 결정인자들의 능동적인 작용이 없는 경우에는 자동적으로 여성으로 분화된다.

성별의 차이는 수태 후 6주가 지나야 알 수 있다. 그 이전까지는 남녀 발달에서 차이가 나지 않는다. 6주가 지나면 내부 생식기관이 남녀별로 다르게 발달하게 되는데, 생식선의 세포에 의해 난소 또는 고환 중에서 어느 한쪽으로 선택하여 결정된다. 이 경우 Y 염색체는 태아의 생식선을 고환으로 발달시키는 데 결정적 역할을 한다. 태아의 고환은 안드로겐이라는 남성호르몬에 의해 임신 3~4개월이 되면 음경이 생기게 되는데, 만약 이 시기에 안드로겐이 생산되지 않으면 여아의 생식선은 발달하지 않고 지내다가 12주에 이르게 되면 생식선이 난소로 발달하기 시작하여 임신 6~7개월이 되면 난소 발달이 완성되게 된다. 이와 같이 성의 분화에 있어서 안드로겐은 결정적인 역할을 한다. 정상적인 사람의 남녀 성별에 따른 생물학적 성차의 특성은 다음의 표와 같다.

<표 5-3> 남녀의 생물학적 성차와 특성

<table>
<tr><th colspan="2" rowspan="2">구분</th><th colspan="2">성차</th><th rowspan="2">특성</th></tr>
<tr><th>남성</th><th>여성</th></tr>
<tr><td rowspan="2">염색체와 호르몬</td><td>염색체</td><td>XY 염색체</td><td>XX 염색체</td><td>성별은 여성 염색체의 X, 남성 염색체의 Y에 의해 결정됨</td></tr>
<tr><td>성호르몬</td><td>안드로겐(테스토스테론)</td><td>에스트로겐(프로게스테론)</td><td>음경과 음핵의 생식기와 관련</td></tr>
<tr><td rowspan="6">생식기와 생식기관</td><td>음낭과 음문</td><td>고환과 한 쌍의 음낭</td><td>대음순과 소음순의 음문</td><td>예민하고 부드러운 외부 생식기</td></tr>
<tr><td>고환과 난소</td><td>한 쌍의 생식선 고환</td><td>골반 내 한 쌍의 생식선 난소</td><td>남성과 여성의 성세포에 의해 사춘기에서 성인에 이르기까지 성장함</td></tr>
<tr><td>정액과 난자</td><td>사춘기부터 지속적으로 정액이 생산됨</td><td>사춘기에서 완경기까지 28일을 주기로 난자를 생산함</td><td>유전학적 성질을 결정하는 DNA와 RNA 분자를 포함하는 성세포임</td></tr>
<tr><td>정관과 난관</td><td>고환에서 전립선과 다른 생식기관으로 정자를 이동하는 관을 정관이라 함</td><td>자궁과 난소를 연결하는 긴 관으로 나팔관이라고도 하며 배란된 난자와 정자, 수정란의 이동 통로로 제공됨</td><td>정액과 난자가 통과하는 한 쌍의 튜브</td></tr>
<tr><td>내분비선</td><td>소변과 정액의 통로 역할을 하며 요도관을 둘러싼 전립선</td><td>음문과 질을 매끄럽게 하는 바스톨린 내분비선</td><td>남성과 여성의 외부 생식기를 매끄럽고 윤활하게 하는 내분비선</td></tr>
<tr><td>생성물</td><td>정액을 분출하는 사정</td><td>월경, 배란, 출산, 젖의 분비 등</td><td>남성과 여성의 성기관으로부터 생성물 방출</td></tr>
<tr><td rowspan="5">신체적 특성</td><td>체모</td><td>얼굴과 몸의 털</td><td>겨드랑이와 음부의 털</td><td>남성과 여성의 피부와 털 모양이 다름</td></tr>
<tr><td>체형</td><td>넓은 어깨와 좁은 둔부</td><td>좁은 어깨와 넓은 둔부</td><td>남성과 여성이 사춘기부터 서로 다른 몸의 형태를 보임</td></tr>
<tr><td>근육</td><td>강하고 무거운 근육</td><td>적은 근육과 두꺼운 피하지방층</td><td>남성과 여성이 사춘기부터 서로 다른 근육의 형태를 보임</td></tr>
<tr><td>후두</td><td>사춘기부터 확장되는 후두</td><td>남성에 비해 상대적으로 적은 후두</td><td>남성의 목소리는 저음인 반면 여성은 상대적으로 높은 고음임</td></tr>
<tr><td>신장</td><td>신장이 여성보다 크고 힘이 센 편임</td><td>신장이 작고 체중이 가벼움</td><td>몸무게, 신장, 완력 면에서 성차가 나타남</td></tr>
</table>

남성과 여성 간의 특징적인 생물학적 차이는 1차 성징 이외에 나타나지 않는다. 영유아기와 아동기 동안 가장 두드러진 성차는 여아가 남아보다 더 빨리 성장하고 사춘기에 더 빨리 도달한다. 남성과 여성 간의 뚜렷한 신체적 차이는 사춘기와 더불어 나타나기 시작한다. 사춘기는 성호르몬의 활동에 의해 시작된다. 사춘기 이전에는 성호르몬의 분비량이 성별로 거의 차이가 없거나 전혀 없다. 그러나 이 시기에 여성과 남성은 모두 세 가지의 기본 호르몬, 즉 에스트로겐과 프로게스테론(여성 호르몬), 테스토스테론(남성 호르몬)을 상당량 가지고 있다. 호르몬에 의한 성차는 각 호르몬의 존재 유무에 의한 것이 아니라 각 호르몬의 분비량이나 농도의 차이에 의한 것이다. 사춘기가 되면 성선에서 해당 성호르몬의 분비를 자극하여 여성과 남성 간의 신체적 차이가 뚜렷해진다. 남성은 고환에서 테스토스테론을 분비하고, 이로 인해 변성이 되고, 근육이 더욱 발달하며, 체모가 증가하고, 정자를 생산할 수 있게 되며 성욕이 증가하게 된다. 한편 여성은 난소에서 에스트로겐과 프로게스테론을 분비한다. 에스트로겐은 유방발달을 돕고 월경을 시작하도록 하며 자궁발달을 촉진시킨다. 프로게스테론은 수정란의 착상을 돕고 임신을 유지해 주며 임신이 되지 않으면 월경을 하도록 한다. 이와 같이 성호르몬의 분비와 더불어 나타나는 남성과 여성 간의 신체적 특징을 제2차 성적 특징이라고 한다(임정빈·정혜정, 2000: 32). 이와 같이 남성과 여성 간에는 분명한 성차가 있다. 남성과 여성 간에는 신체구조적 차이와 함께 재생산의 기능에 차이가 있다. 이러한 남성과 여성 간의 차이는 생물학적 기능과는 별도로 인간의 사회생활에서 중요한 의미가 있다.

(2) 인성에서의 성차

남성과 여성은 우리 사회에서 인성 측면에서 분명히 다르다는 인식이 지배적이다. 여성은 대개 수동적이고 의존적인 반면 남성은 능동적이고 활동적이며 독립적이라고 인식하고 있다. 남성과 여성에 대한 이러한 고정관념은 종종 우리 사회에서 사회적 역할과 지위, 권리와 의무, 등을 결정하는 데 있어서 사회적인 남녀차별의 정당화를 위한 근거로 활용되기도 한다. 그렇다면 남성과 여성은 인성 측면에서 어떤 차이를 보이는지에 대해 지금까지 연구된 내용을 바탕으로 인성 구성요소별로 내용을 비교하여 제시하면 다음과 같다.

<표 5-4> 남성과 여성의 인성에 대한 고정관념과 성차

인성요소	고정관념	남녀의 성차
사회성	•남자는 대상이나 조직에 더 큰 흥미를 보임 •여아는 사람이나 대인관계에 더 큰 관심을 보임	•여성이 사람에 대한 관심이 남성보다 높으며, 특히 가족이나 집단에서 좋은 관계를 유지하는 데 우선순위를 둠
성취동기	•남성이 여성보다 성취동기가 더 강함	•여성의 성취수준이 남성보다 뒤떨어진다는 증거는 없음
감정이입	•여성은 남성보다 사람들의 감정이나 행동에 더 민감함	•남성과 여성 모두가 정서적 반응을 이해하는 데 거의 차이가 없음
공격성	•사회적 상황에서는 남성이 여성보다 더 공격적인 성향을 나타냄	•유아기와 학동기에서의 공격성은 여아가 더 공격적임 •남성은 신체적 공격성이 높고 여성은 언어적 공격성이 더 높음 •여성은 개인적이고 수용적인 상황이나 간접적인 방법으로 공격적인 반응을 함
의존성	•여성이 남성보다 더 수동적이고 의존적이며 더 쉽게 영향을 받음	•아동의 경우 의존성의 성차는 거의 없음 •성고정관념적 기대로 인하여 실제보다 여아를 더 의존적으로 평가할 가능성 •어떤 연령에서도 여성이 남성보다 더 의존적이라는 고정관념이 입증되지 않음
자아개념	•남성이 여성보다 자신감을 더 많이 가지고 있음	•자존감에서 남성과 여성 간의 전반적인 차이를 발견할 수 없음 •여아는 원만한 대인관계에 대해서 자존감을 느꼈고, 남아들은 주로 운동을 잘하는 것과 남을 통제하는 힘에 대해서 자존감을 느낌

(3) 지적능력에서의 성차

남성과 여성은 신체발달에서 분명한 차이를 보인다. 신체발달에 차이가 있다면 신체발달이 언어능력을 촉진시키기 때문에 신체발달의 차에 따라 언어능력의 차도 발생하게 될 것이다. 이러한 남성과 여성 간의 지적능력의 차를 언어능력, 공간지각능력, 수학능력으로 구분하여 비교해 보면 다음과 같다.

<표 5-5> 남성과 여성의 지적능력에 대한 고정관념과 성차

지적능력	고정관념	남녀의 성차
언어능력	• 여자아이가 남자아이보다 말하는 시기가 빠르고 말을 더 유창하게 함	• 학령기가 시작되기 전까지는 어휘의 차이가 없음 • 10~11세에서는 여아의 언어능력이 남아를 능가하기 시작하여 고등학교와 대학교까지 계속됨 • 언어적 추론 및 의사소통 기술과 같은 언어능력 형태에서는 어떤 연령에서든 성차가 발견되지 않음
공간지각 능력	• 남성이 여성보다 공간지각능력이 우수함	• 청년기까지는 공간능력에서 남녀 차이가 없고 청년기 이후가 되면 남성의 공간능력이 여성보다 우수함 • 이는 남성이 성장과정에서 공간지각능력이 적어도 부분적으로 학습된 능력이기 때문으로 봄 • 만약 공간지각능력과 관련된 과제에 대한 연습을 많이 하면 성차는 무의미할 정도로 줄어들 수 있음
수학능력	• 여성은 사실이나 수 개념에 큰 관심을 두지 않음 • 사실이나 수 개념은 남성에게 어울리는 것임	• 어린 시기(2~3세경)에는 수학능력에서 성차가 나타나지 않음 • 10세경부터 남성은 수학능력에서 여성보다 우수하게 나타남 • 수학능력에서 성차는 남성이 우수하다기보다는 문화적 규범 때문이라고 믿음 • 여성은 일찍부터 수학은 남성 일이고 여성은 수학공포증이 있다고 여기고 수학을 잘하면 여성적이지 못하다는 두려움 때문

(4) 의사소통에 따른 성차

여성과 남성 간에 발생하는 다툼의 요인 중에 하나로 의사소통방식의 차이가 있다. 여성들은 남성들의 의사소통 방식에 거부감을 느끼고 남성들은 여성들의 의사소통방식을 제대로 이해하지 못하여 종종 남성과 여성 간 다툼의 원인이 되고 있다. 대화를 통한 의사소통에 있어서 여성들은 남성들이 '말수가 너무 적고 대화 중에도 경청하지 않고 딴청을 부린다.'라고 하소연을 하는가 하면, 남성들은 여성들에게 '쓸데없는 말을 많이 하고, 문제에 대해 도움을 요청하여 해결책을 제시해 주었더니 오히려 나에게 화를 낸다.'면서 하소연을 한다. 이러한 문제는 남성과 여성 사이에 대화를 통한 의사소통에 있어서 발생하는 차이에 그 원인이 있다. 대화를 통한 의사소통에 있어서 남성들은 자기 마음대로 결정하고, 일방적으로 자신의 뜻을 따르도록 강요하면서 소통하려는 경향이 있다. 이에 반해 여성들은 사소한 일이라도 남성과 상의하고 싶어 하고, 위로받고 싶어 하는 경향이 있어 남성과 차이를 보인다.

사람들은 어려움에 봉착하거나 문제가 생기면 다른 사람에게 도움을 요청하게 된다. 그런데 도움을 요청하는 의사소통방식에 있어서도 남성과 여성 간에 성차가 있다. 만약 운전 중에 길을 모르는 경우라고 한다면 여성들은 쉽게 다른 사람에게 도움을 요청한다. 하지만 남성들은 도움을 요청하는 것을 달가워하지 않고 혼자 길을 찾으려고 노력한다. 이러한 남성들의 행위는 남성들이 중요하게 생각하는 독립적 성향을 추구하는 특성 때문이다. 그렇다면 남성과 여성 중에는 누가 더 말을 많이 할까? 그것은 대화가 공적인 것인지 아니면 사적인 것인지에 따라 다르다. 남성들은 대부분 공적인 대화를 즐겨 하지만 여성들은 사적인 대화를 좋아한다.

남성들은 친구들과 만나 주로 하는 대화가 개인적인 사생활보다는 정치적인 것, 권력이나 회사문제 등을 주로 얘기한다. 남성들은 자신의 개인적이고 비밀스러운 부분을 친구에게 이야기하는 것을 좋아하지 않고, 주식시장의 이야기나 정치 문제, 축구와 같은 스포츠 이야기를 즐겨한다. 대부분의 남성들은 누가 '별일 없니?'라고 물으면 대부분의 남성은 '별일 없어.'라고 대답한다. 심지어 어제 애인과 심하게 다투고 이별을 하고 나서도 누가 별일 없냐고 물으면 별일 없었다고 대답한다. 이는 남성들이 사적인 대화를 좋아하지 않기 때문이다. 그러나 여성들은 가까운 사람들끼리 사적인 대화를 나누는 것을 즐겨한다. 여성들끼리의 우정관계는 자신의 비밀을 말해주고 유지하면서 발전해 간다. 자신이 생각하고 느낀 것과 그 날 있었던 사건들을 서로 대화를 통해 공유하면서 우정을 발전시켜 나가는 것이 여성들의 의사소통 방식이다. 여성들의 경우에는 대부분 서로 대화를 많이 나누는 사람이 가장 친한 친구이다.

남성들은 사적인 대화를 좋아하지 않으며 사적인 대화는 대화가 아닌 잡담이라고 여기는 데 반해 여성들은 사적인 관계에서 더 소소한 이야기들을 나누고 싶어 한다. 이 밖에도 남성과 여성의 의사소통방식의 차이를 표로 제시하면 다음과 같다.

<표 5-6> 남성과 여성의 의사소통에 따른 성차

구분	여성	남성
대화의 장소	•사적인 자리의 대화에서 편안함을 느낌	•공적인 자리의 대화에서 편안함을 느낌
대화방식	•다정다감한 것이 특징적	•사회적 지위를 유지하기 위한 수단
선호하는 대화 내용	•다른 사람의 사생활에 관한 내용 •은밀한 정보공유가 상호 간에 친밀감을 높여주는 데 결정적인 역할을 함	•개인의 사생활보다는 정치적인 것, 권력이나 시사 문제에 관심
비언어적 표현	•상대방과의 관계를 중시하므로 비언어적 표현을 많이 사용함	•말 자체에 의미를 두기 때문에 비언어적 표현을 덜 사용함
상대방과의 교류	•눈을 마주 보면서 자신의 감정을 표현하며 교류함	•상대방의 얼굴을 정면으로 보지 않으면서 말을 하는 것을 편안하게 여기고 교류함
대화 중 표출 방식	•자신이 많은 것을 알고 있다는 사실이 드러나면 질투나 좋지 못한 감정을 불러일으킨다고 보고 감추려는 경향이 있음	•상대와의 대화에서 대화를 주도하기 위해 자신이 상대방보다 지식과 정보를 많이 가지고 있을 때 이를 상대에게 알리려고 적극적으로 노력함

3) 성 차이에 따른 성적 편견

우리 사회에는 보이지 않게 성 차이에 따른 성차별이 존재한다. 성 차이는 남녀 간에 나타나는 실제적인 차이에 대한 인식이다. 하지만 성차별은 남녀 간의 차이에 대하여 사회적 인식에 기초하여 다르게 구분하고 차별하는 현상을 말한다. 성차별은 많은 경우 우리 사회에 남아 있는 성역할 고정관념이 그 원인이다. 성역할 고정관념이란 남성과 여성을 구분하여 성별로 다른 사회적 역할이 해당된다고 인식하는 고정관념으로 성차별을 만들어내는 원인이 되고 있다. 물론 우리 사회 구성원들에게 기본적으로 생물학적 성차가 존재하는 것은 사실이다. 하지만 이러한 차이는 태어나면서부터 결정된 것이 아니라 우리 사회가 가지고 있는 기대나 가치로 인해 형성된 것이다. 따라서 성역할 고정관념을 바탕으로 한 성차별은 사회적 편견에 따른 것으로 반드시 사라져야 한다.

이와 같이 우리 사회에는 사회문화적인 영향에 의해 또는 잘못된 정보나 성 지식에 의해 성 차이에 대한 성적 편견이 남아 있다. 이러한 편견은 대부분 과학적으로 검증되지 않은 채 보급된 잘못된 정보이거나 사회문화적 배경이 그 원인이다. 예를 들면 성행위는 항상 남자가 주도해야 한다거나 성적 쾌락은 남성과의 성관계를 통해서만 가능하고 쾌락의 근원은 남성이며 남성의 의지에 의해서만 여성이 성취할 수 있다는 등의 내용은 성 차이에 따른 잘못된 성적 관념이나 편견에 해당된다. 이러한 성적 관념 속에는 여성들이 성적 쾌락을 얻기 위해서는 남성들의 호감을 살 수 있는 정도의 매력을 갖추어야 한다는 잘못된 의식이 담겨 있다.

우리사회의 대중매체나 언론에서는 여성에게도 성을 즐길 수 있는 기회가 증가하고 성적 자유가 있는 것처럼 말하지만 대부분의 여성은 남성에게 의존적이고 종속적인 성관계에서 벗어나지 못하고 있다. 이러한 현상은 성 차이에 따른 성적 편견이 주된 원인이다. 오히려 잘못된 성적 편견으로 성에 대해 무지하거나 왜곡된 지식만을 갖고 있다면 남녀 간의 낭만적이고 과장된 묘사는 실제 성생활에서 실망을 느끼는 원인이 된다(정민자 외, 2005). 아직까지 우리사회는 성에 관한 올바른 지식이나 정보를 교육을 통해 제공하는 일에 소홀하고 접근이 용이하지 않기 때문에 성적 적응문제나 성적 표현의 문제가 발생한다. 따라서 이러한 문제를 해결하고 잘못된 편견을 바로 잡기 위해서는 정확한 성지식과 정보를 성인들에게 제공하고 사회적 인식을 전환해 나가기 위한 노력이 지속적으로 이루어져야 한다.

<표 5-7> 성에 대한 남성과 여성의 고정관념

구분	남성의 관념	여성의 관념
성과 사랑에 대한 인식	성, 사랑, 결혼은 분리될 수 있다.	성, 사랑, 결혼은 분리되기 어렵다.
성적 매력	성과 사랑은 사회적 성공의 종속물이다.	존경할 만한 점에 대해 매력을 느낀다.
성관계에서 중시하는 점	성관계에서 주도적이고 공격적이어야 한다.	성관계에서 친밀감과 결속감이 중요하다.
성적 욕구	야한 여자는 성적 만족을 요구한다.	여자가 성적 욕구를 느끼는 것은 정숙하지 못한 부끄러운 일이다.
성행위에 대한 인식	언제라도 성행위를 거절할 수 있다.	여성은 결코 싫다고 해서는 안 된다.
부부 사이의 성관계	남편이 원할 때 언제나 성관계를 요구할 수 있다.	여성은 고통스러울까 봐 또는 임신에 대한 걱정 때문에 성관계를 두려워한다.
피임에 대한 책임	피임이나 임신은 여성의 몸에 직접 관계되는 일이므로 여성이 책임져야 한다.	남편 위주의 성관계로 자녀를 출산하는 일은 여성의 당연한 의무이다.
성에 대한 만족도	남성의 오르가슴이 중요하다.	남녀는 항상 동시에 오르가슴에 도달해야 한다.

쉬어가기 성 차이와 성차별은 다릅니다.

차이(差異)와 차별(差別)은 다르다. 차이란 '서로 같지 아니하고 다름'을 표현하는 현상이고, 차별은 비교해 차이를 매기는 가치가 담겨 있는 말이다. 차이는 있는 그대로의 모습을 표현하는 현상을 나타내는 말이지만 차별은 호불호, 혹은 우열이라는 가치가 담겨 있는 말이다. 인간의 존엄성 자유 평등은 헌법이 지향하는 가치이다. 이런 가치를 실현하기 위해서는 서로의 다름을 인정하는 다양성이 존중될 때 가능하다. 힘이나 경제력, 사회적 지위 혹은 외모를 비교해 우열을 가리는 사회는 획일을 지향하는 전체주의 사회이다. 성차별, 우리는 오랜 세월 동안 차별이 일반화된 사회에 익숙해져 살아왔다. 남녀차별도 그중의 하나다.

문제의 핵심은 여성이 남성과 같은 사람이라는 '평등의식'이 중요하다. 여성을 남성과 같은 인간으로서가 아니라 '전생의 죄가 많아서 환생한 사람'이거나 '남자의 갈비뼈 하나' 의식이 아직도 버젓이 남성들의 의식 속에 뿌리 깊이 내리고 있는 한 평등사회는 꿈이다. 여성이 '남성에게 쾌락을 제공하는 존재'이거나 '남자가 되다 못 된 미완성품'일 때 사회의 발전은 없다. 여성이 한 인간으로의 존엄과 가치를 인정받는 사회일 때 우리사회는 사회정의가 실현되는 사람 사는 세상이 될 수 있을 것이다.

세상을 살다 보면 너무나 당연한 일이 화제가 될 때가 있다. 버스 노동조합이 단체행동을 할 때 '준법투쟁'을 하는 경우가 그렇다. 준법을 하는데 왜 문제가 되는가? 그만큼 불법이 판을 치고 있다는 얘기다. 지난 12일에 교육부가 발표한 '초 · 중 · 고 교사 뽑을 때 일정한 성비(性比)를 유지토록 추진'이라는 방침이 이와 유사하다. 교육부는 '초 · 중 · 고교 교사를 새로 뽑을 때 한쪽의 성비가 70%를 넘지 않도록 하는 '양성평등채용목표제' 도입을 추진'하겠다고 한다. 교육부는 초 · 중 · 고교 교사 채용 때 일부 지역은 여성 비율이 90%를 넘는 등 불균형이 심각하다며 이를 개선하기 위한 '양성평등채용목표제'를 도입하는 방안을 교원임용시험제도개선위원회에 상정했다고 밝혔다.

성차별에 관한 한 우리사회는 후진성을 벗어나지 못하고 있다. 헌법에 선언적으로 명시된 남녀평등이 있지만 현실은 딴판이다. 대표적인 영역이 정치계다. 여성금지구역쯤 된 정치계에는 남자들의 활동무대다. 경제계도 예외가 아니다. 지위가 높을수록 여성은 찾아보기 힘들다. 여성은 신부가 되지 못하는 종교영역은 금녀의 성이다. 그래도 비교적 성차별이 적은 곳이 교육계다. 성차별에 대한 문제는 제도가 아니라 의식이 더 문제다. '모든 국민은 법 앞에 평등하다. 누구든지 성별, 종교, 사회적 신분에 의하여…'가 명문화된 헌법 제11조 ①항은 대한민국 정부수립 당시부터 보장되어 있었지만 현실은 제도를 따라가지 못하고 있다.

특히 보수언론의 시각은 이러한 남존여비의 사회를 그대로 반영하기를 마다하지 않는다. 이른바 '호스트 바'를 보는 언론의 시각이 그렇다. 남자들에게는 술 시중 정도가 아니라 돈으로 몸을 사고파는 사창이 버젓이 존재해도 이 문제에 대해 집중취재해 개선할 의지를 보이지 않고 있다. 그러나 남자가 여자에게 술 시중을 들면 '세상 말세'가 된다.' 물론 보수언론의 시각은 곧 우리사회 남성들의 성의식의 반영임을 말할 나위도 없다.

현실적으로 나타나는 성차별은 전체 인구의 절반인 여성이 정치, 경제, 사회, 문화 등의 각 영역에서 차지하고 있는 비해 남녀의 성비를 보아도 알 수 있다. 국회의원의 성비는 말할 것도 없고 종교계에서는 여성이 성직자가 될 수 없을 정도다. 당연히 행사할 수 있는 사회적 지위조차도 여성이 하면 오히려 돋보이거나 말썽이 되기도 한다. 지난 4월 있었던 '검사들의 항명파동'은 여성 장관이었기 때문에 더욱 사건이 확대되었던 것은 부인할 수 없는 사실이다.

성차별은 단순히 남성이 여성에 대한 차별로서 끝나는 문제가 아니다. 여성이 '상품이 되면 고급상품(?)을 사기 위해 수컷(?)들의 경쟁은 비정상적으로 치열해진다. 부정과 비리로 검은돈을 마련하고 이러한 돈은 고급상품의 구입으로 흘러 들어가게 되고 사회는 더욱 부패와 타락으로 치닫게 된다. 머리가 별로 좋지 않은 장사꾼이라도 성을 상품화하면 돈이 된다는 것은 어렵지 않게 안다.

출처: 김용택의 참교육 이야기(https://chamstory.tistory.com/3596), (2020.1.24.).

3. 성 정체성

1) 성과 성 정체성

성과 관련하여 사용되는 용어에는 '섹스(sex)', '젠더(gender)'가 있는데 많은 사람들은 성(sex)과 젠더(gender)를 혼용해서 사용한다. 성(sex)은 생물학적인 측면에서의 남자와 여자를 말하는, 즉 성별의 의미로 사용되고, 젠더는 남성과 여성의 행동적, 심리적, 사회적 특성을 뜻하는 것으로 구분된다. 선천적으로 주어지는 출생 시의 성은 생물학적 차원의 성으로 성(sex)을 사용하고, 출생 이후 개인이 사회·문화·심리적 환경에 의해 후천적으로 학습되어 만들어지는 남녀의 특성은 젠더라고 한다.

섹스라는 용어는 원래 생물학적인 성별을 지칭하는 단어였으나 18세기부터 종족보존과정까지 포괄하는 것으로, 그리고 19세기에는 쾌락추구의 상태까지 뜻하는 것으로 의미가 확장되었다. 그러나 근대에 와서는 섹스를 성별의 의미보다는 단순히 성기 또는 성기의 접촉에 의한 행위, 성욕을 발산하는 행위로 국한시켜 이해하는 경향이 있다. 이러한 맥락에서 19세기에 섹스의 변질된 의미와 구분하기 위해 섹슈얼리티(sexuality)라는 용어가 등장하게 되었다. 섹슈얼리티는 개인의 성격, 감정, 행동뿐만 아니라 성적인 존재 및 성별 등을 나타내는 포괄적인 의미로 사용된다.

따라서 최근에는 섹스는 남녀의 해부학적 구조와 생리적 기능을 망라한 종족 보존 과정인 정자와 난자 세포의 생성에서부터 성적 흥분, 성교, 임신 등의 생물학적 기제 등 생물학적인 면을 언급할 때 사용되고 있다. 반면 섹슈얼리티는 종족보존은 물론 쾌락추구 등 성행동과 관련된 심리적·문화적 요소까지 포함하는 용어로 사용된다. 최근에는 섹슈얼리티를 심신에 영향을 미치는 강력한 삶의 원동력이라고 보기도 한다. 한 개인의 성과 관련된 각본은 개인이 경험한 문화와 부모의 역할모델, 아동기 및 청소년기의 친구관계에서 많은 영향을 받으며 전 생애를 통해 점진적으로 변화하는 특징을 가지고 있다. 따라서 젠더도 문화적, 심리학적 특성을 나타내는 용어이므로 섹슈얼리티에 속한다고 볼 수 있다(하혜숙 외, 2015: 35 재인용).

성과 관련된 정체성을 나타내는 말로는 섹슈얼 아이덴티티(sexual identity)와 젠더 아이덴티티(gender identity)가 있다. 본래 '아이덴티티(identity)'라고 하는 정체성의 본질적인 개념은 '변하지 아니하는 존재의 본질을 깨닫는 성질, 또는 그 성질을 가진 독립적 존재'를 의미한다. 따라서 '성 정체성'이란 '성에 대한 본질적인 성질이나 성적 존재적 특성'을 나타내는 말이다. 섹슈얼 아이덴티티나 젠더 아이덴티티는 모두 우리말로 번역할 때 모두 '성 정체성', 또는 '성적 정체성'으로 같이 번역하여 사용하지만, 엄밀히 분석해 보면 두 용어에는 차이가 있다. 섹슈얼 아이덴티티는 해부학적으로 그 사람이 남성인지 아니면 여성인지를 구분하고자 할 때 나타나는 성적 정체성을 말한다. 그러나 젠더 아이덴티티라고 하는 것은 그 사람이 속한 사회문화권에서 통용되는 '남성다움(masculinity)' 또는 '여성다움(femininity)'을 나타낼 때 사용한다.

이러한 젠더 아이덴티티는 그 사람이 성장하는 과정 안에서 경험하게 되는 부모와 또래와의 사회화 과정에서 형성된다. 따라서 한 사람의 사회와 문화 속에서 경험하게 되는 성역할은 매우 중요하다. 즉 그 사람이 속한 사회문화의 영향에 따라 자신이 남성인지, 아니면 여성인지를 주관적인 측면에서 부여하게 되는데 이를 성 정체성이라고 한다. 즉, 인간의 발달과정에서 '나는 어떤 성이지?'와 관련하여 인식하는 성에 대한 심리적, 정신적 정체성을 말한다. 이러한 성 정체성은 인권법에 의해 보호되는 '성적 취향'과는 다른 것이다. 성 정체성은 타고난 성별과 다를 수 있으며, 사춘기를 거치면서 바뀌기도 한다. 유아기에 얻은 성 정체성은 청소년기에 인식하는 정체성과 다를 수도 있다.

성 정체성의 발달은 개인에 따라 다소 차이는 있으나 일반적으로 생물학적인 측면에 바탕을 두고 3~4세경부터 발달하기 시작한다. 대부분의 경우 자신의 신체적 특징에 따라 자신의 성을 '남성' 또는 '여성'으로 구분하는 것이 일반적이다.

2) 생물학적 측면에서의 성 정체성

인간의 세포는 46개의 염색체를 가지고 있다. 46개의 염색체는 어머니로부터 23개를 물려받고, 아버지로부터 23개의 염색체를 물려받아 23개의 쌍을 형성하여 만들어진다. 23쌍의 염색체 중에서 22개의 쌍은 동일한 형태를 하고 있고 23번째 염색체만이 서로 다른 형태를 보이고 있다. 이와 같이 서로 동일한 형태를 보이는 22개 쌍의 염색체를 '상(常)염색체'라 부르고, 서로 다른 쌍의 23번째 염색체를 '성(性)염색체'라고 부르는데, 사람의 성별을 결정하는 염색체는 바로 '성염색체'이다. '성염색체'는 어머니의 난자에서 X 염색체를 물려받고 아버지의 정자에서 X 또는 Y 염색체를 물려받아 형성된다. 아버지로부터 X 염색체를 물려받았다면 여자아이가 탄생하고, 아버지로부터 Y 염색체를 물려받았다면 남자아이가 탄생하게 된다.

하지만 생물학적인 측면으로 인간의 성 정체성이 모두 동일하게 결정되는 것은 아니다. 성 정체성이란 생물학적인 성과 상관없이 심리적으로 '나는 남자다' 혹은 '나는 여자다'와 같이 느끼고 경험하게 될 때 성 정체성을 갖게 된다. 이렇게 스스로의 경험과 판단에 의해 결정된 성 정체성은 다른 사람들과 관계를 맺고 유지 발전시켜 나가는 데 있어서 중요한 역할을 한다. 자신이 지니고 있는 성 정체성이 사회적 적응력을 높여주는 데 도움이 되기도 하지만 반대로 잘못된 성 정체성으로 혼란에 빠져 사회적 적응력을 어렵게 만들기도 한다. 성 정체성의 혼란을 경험하는 사람들은 대부분 자신의 생물학적 성이나 신체 조건과 상반되는 성에 대한 정체성을 지니고 있는 사람들이다. 이들은 자신의 생물학적 성에 대한 혼란으로부터 벗어나기 위해 신체적 여건을 바꾸기도 하는데[7] 우리는 이런 사람을 '성전환자(트랜스젠더: transgender)'라고 부른다. 트랜스젠더는 생물학적으로 타고난 성과 정신적인 성이 일치하지 않는 사람으로 '성 동일성 장애(gender identity disorder)'를 겪고 있는 사람들

7) 트랜스젠더(transgender)라고 부르는 성(性)전환자로 이들은 성을 바꾸는 사람을 말한다. 이들은 신체적으로는 남성 또는 여성의 몸으로 태어났지만 타고난 자신의 성과 반대되는 성적 특성을 가진 사람을 통칭하는 말이다. 트랜스젠더 중에는 의료적 수술이나 치료를 원하는 사람도 있지만 그렇지 않은 사람도 있다. 특히, 이들 중에서 수술이나 치료를 받아 생물학적인 성을 버리고 정신적인 성으로 삶을 사는 사람 또는 이러한 조치를 희망하는 사람들이 있는데, 이들을 트랜스섹슈얼(transsexual)이라고 한다.

이다. 이들은 호르몬 치료와 성전환(transsexual) 수술을 통해서 서로 다른 반대의 성이 지니고 있는 신체를 소유하고자 하거나 자신의 성에 반대되는 의복을 입거나 행동하고자 하는 욕망을 보인다.

3) 사회 · 문화적 측면에서의 성 정체성

성 정체성을 구분 짓는 판단 기준에는 생물학적 측면과 사회 · 문화적 측면으로 구분할 수 있다. 생물학적 성은 신체 · 물리학적 측면에 기반을 두고 있으며, 사회 · 문화적 성은 사회 · 문화적 영향으로 설정된 성 역할 기준에 근거한다.

사회 · 문화적 측면의 성(性) 정체성은 남녀가 평등하고 대등한 상태에서 사회 · 문화적 가치관이나 정체성만 다르다는 개념으로, 남녀를 신체적 구조로 차별하는 생물학적 성(性)과는 구별된다. 일반적으로 남성은 성 정형화를 통해 남성의 역할을 습득하고 여성은 여성의 역할을 습득하게 되는데, 이러한 성 정형화 과정을 통해 개인은 성역할 정체감을 지니게 된다. 즉, 사회 · 문화적 측면에서의 성 정체성은 전적으로 신체적인 성에 따라 나타나게 되는 것이 아니라는 것이다.

사회 · 문화적 측면의 성 정체성과 관련하여 흔히 사용하는 용어가 '젠더'라는 용어이다. '젠더'라는 용어는 1995년 9월 5일 북경 제4차 여성대회정부기구회의에서 처음 사용되었다. '젠더'와 관련된 용어로 '젠더폭력'이라는 용어가 있는데, 이는 남녀 간에는 사회 · 문화적 측면에서 서로 사회적 배경과 문화적 환경을 경험하였기 때문에 서로 다른 정체성과 가치관을 지니고 있는 것으로 보는 것이다. 따라서 이러한 서로 다른 사회 · 문화적 배경이 남녀 간 갈등을 유발하고, 이러한 갈등이 자신과 다른 상대방의 젠더(性)에 대한 혐오로 인식하게 되어 신체적 · 성적 · 정신적으로 상대방을 공격하거나 괴롭히게 되는 행위를 '젠더 폭력'이라고 한다. 이러한 '젠더 폭력'에는 성폭력을 비롯하여 가정폭력, 스토킹, 데이트폭력, 사이버폭력 등 신종 여성폭력까지를 모두 포함한다.

사회 · 문화적 측면에서의 성 정체성의 발달은 남성성(masculinity)과 여성성(femininity)의 개념이 정교화되는 것과 성적 환상과 대상 선택에서 표현되는 개인적 성애에 의해 특징지어진다. 따라서 사회 · 문화적 측면에서의 성 정체성은 성차(性差)를 바르게 인식하고 이성 간에 차이를 정확히 인지하여 차별적인 사회 · 문화 환경에 대해 공감대를 형성해 나가도록 하는 것이 무엇보다 중요하다. 생물학적인 측면에서의 성뿐만이 아니라 심리적 · 정신적 측면의 성을 수용하면서 상대방에 대한 배려와 함께 살아가는 공동체에 대한 따뜻한 시선과 관심이 필요하다.

4) 성 정체성의 유형

성 정체성의 형성은 정상적인 발달을 가늠하는 잣대로 성장과정에서 경험하고 학습하게 되는 환경과 무관하지 않다. 일반적으로 인간 발달에 있어서 성 정체성은 생후 16~17개월에 성 정체성 형성과정의 첫 징후가 출현한다. 성 정체성의 발달은 4세 경에 이르러 상당히 확고해진다. 성 정체성 형성에 미치는 영향은 생물학적 측면의 요인과 함께, 호르몬 작용에 의한 태아의 뇌 발달과 관련이 있는 것으로 알려져 있다. 또한 심리적인 측면에서 성 정체성의 형성은 분리와 개별화 과정의 일부를 이루는 것으로 알려져 있다.

산드라 벰(Sandra Bem)은 성역할 유형을 남성성, 여성성, 양성성의 세 가지로 구분하였다. 산드라 벰에 의하면 남성성은 남성적 특성이 높은 경우, 여성성은 여성적 특성이 높은 경우에 해당되며, 양성성은 남성성과 여성성의 바람직한 특성을 모두 공유한 개념으로 정의하고, 이러한 양성성을 지닌 사람이 심리적 · 정신적으로 건강한 삶을 누린다고 보았다.

이와는 달리 스펜스(Spence et al., 1975)는 산드라 벰의 분류에 미분화를 추가하여 네 가지의 유형으로 분류하였다. 스펜스가 말하는 미분화는 남성적 특성과 여성적 특성이 모두 낮은 경우를 말하는데, 아직 성 정체성이 미분화되어 어떤 성 정체성에서도 높은 특성을 보이지 않는 경우를 말한다. 이러한 스펜스의 성 정체성 유형에 대한 분류는 그동안 남성성(masculinity type)과 여성성(feminity type)으로 이분되어 왔던 인식에 큰 변화를 가져온 것이다. 인간의 성 정체성에 남성성과 여성성 이외에 양성성(androgyny type)과 함께 미분화(undifferentiated)의 차원이 존재한다는 주장은 새로운 성에 대한 인식을 가져오는 변화이다. 이러한 변화는 성 정체성이 성역할과 성행동이라는 사회 · 문화적으로 결정되고 고정된 남성과 여성의 특징적 행동유형에 새로운 변화를 불러일으키는 요인이 된다는 점에서 의미가 크다.

4. 성역할

1) 성역할의 개념

성역할은 여성과 남성이 어떻게 생각하고 행동해야 하며 어떻게 느껴야 하는지를 포괄하는 일련의 성에 대한 기대이다. 따라서 성역할은 사회·문화적 인식과 관념에 따라 영향을 받는다. 오늘날과 같이 급변하는 사회에서 여성들의 사회진출은 점차 확대되고 여성의 사회진출이 활성화될수록 사회에서의 여성에 대한 역할과 책무가 강화되어 가고 있다. 이러한 변화는 사회 구조의 변화를 가져왔을 뿐만 아니라 양성평등을 통해 성역할의 절대적 기준이 사라지게 하는 요인이 되고 있다. 따라서 남성과 여성은 서로의 차이에 대해서는 인정하되 성에 따른 역할에 있어서는 서로 돕는 상호 보완적인 관계로 발전해 나가야 하며 양성성을 지향하는 사회로 전환되고 있다.

성역할과 관련하여 성역할 정체감(sex role identity)이라는 용어가 있다. 성역할 정체감이란 개인적 정체감의 내용 중 하나로서 사회가 그 성에 적절하다고 인정하는 특성이나 태도 혹은 흥미와 동일시하는 것을 말한다. 전통적으로 성역할 정체감 개념은 '남성적(masculine)' 혹은 '여성적(feminine)'의 두 가지로 분류된다. 모든 남성은 남성적 성역할 정체감을, 그리고 모든 여성은 여성적 성역할 정체감을 발달시킬 것으로 생각되고 그렇게 기대한다. 여성과 연합된 사회적 규범인 온화함과 양육성 등을 동일시하는 사람은 여성적 성역할 정체감을 가진 것으로 이해되며, 남성과 연합된 사회적 규범인 공격성과 독립성을 등을 동일시하는 사람은 남성적 역할을 가졌다고 평가한다. 한편 사회가 기대하는 성역할을 강하게 동일시하지 못하거나 이성의 성역할을 동일시하는 사람은 심리적으로 문제를 가진 사람으로 인식된다. 성역할 동일시(sex role identification)는 사회적 성역할 기대를 내면화하는 과정이다(허혜경·박인숙, 2010).

청소년기의 아이들에게 성역할에 대한 고정관념은 미래를 선택하는 데 치명적인 걸림돌이 될 수 있다. 성역할에 대한 고정관념은 미래사회가 원하는 창의력이 높은 사람으로 키우지 못할 확률이 높기 때문이다.

2) 성역할 사회화

인간은 사회화 과정을 통해서 성숙한다. 사회화(socialization)란 한 개인이 속해 있는 사회 안에서 그 사회가 지니고 있는 문화를 내면화하면서 자기만의 인성을 형성해 나가는 과정으로 사회구성원으로서 지녀야 할 기술, 가치, 태도, 역할 등을 익히는 것을 말한다. 성역할도 그 사회에서 기대하고 있는 남녀별 행위나 태도가 있는데 이러한 성역할을 학습해 나가는 과정을 성역할 사회화라고 한다. 일반적으로 사회구성원으로서의 성역할 사회화는 남자나 여자에게 필요한 역할 중에서 바람직한 행위나 태도는 권장되고 그렇지 못한 것은 제재를 받는다. 성역할 사회화가 잘 형성된 남성은 전통적인 사회에서는 성에 대한 정체감을 명확하게 정립하게 되어 높은 자신감을 갖게 되지만 여성의 경우에는 그렇지 않다. 그것은 우리 사회가 여성의 역할보다 남성의 역할을 더 중요하게 생각하고 높이 평가하기 때문이다. 전통적인 사회에서 성역할을 잘 수용할수록 여성의 성취는 낮아지는 까닭이 여기에 있다. 성역할 사회화를 설명하는 이론에는 동일시 이론, 사회학습론, 인지발달 이론 등 세 가지가 있다. 동일시이론과 사회학습론은 성장기에 주어지는 사회적·환경적 요소를 중시하는 입장이고, 인지발달 이론은 주체적 인지능력을 중시하는 입장의 이론이다. 성역할 사회화를 설명하는 세 이론의 기본 입장은 다음과 같다.

<표 5-8> 성역할 사회화 이론의 기본 입장

구분	기본입장	발달과정
동일시 이론	•프로이트의 동일시 개념을 적용한 모델링 이론이 기본 바탕이다.	•직접적 훈련이나 보상이 없이도 무의식적으로 동성의 성역할이 발달됨 •타인의 성격을 자기의 것으로 수용하는 과정에서 발달함
사회학습 이론	•성역할 행동은 관찰학습, 변별학습, 일반화학습 등으로 형성 발달된다.	•보상이나 벌과 같은 강화에 의해 성역할이 형성됨 •직접 또는 간접적인 조건형성으로 성역할이 형성되고 발달됨
인지발달 이론	•성역할 행동이란 문화권 내에 성차에 따라 남녀를 다르게 대우하기 때문에 형성된다.	•남녀에 따라 성역할이 다르다는 것을 인정함 •자신의 성을 인식하고 남녀의 신체구조나 능력을 종합적으로 식별하여 지각하는 과정에서 성역할이 형성되고 발달함

(1) 동일시 이론

동일시 이론은 정신분석학의 창시자 지그문트 프로이트(Sigmund Freud)의 딸인 안나 프로이트(Anna Freud, 1895~1982)가 제창한 이론이다. 이 이론은 인간의 타고난 본성이 성역할 사회화를 촉진한다고 보는 이론이다. 인간의 무의식적 본능을 구성하는 성적 에너지인 리비도가 집중되는 성감대인 구강, 항문, 남근을 중심으로 아동의 심리적 성적 발달이 이루어지는데, 각 단계에서 아동은 부모와의 관계에서 동일시를 통해 성역할 정체감이 발달된다고 보는 이론이다.

원래 '동일시(identification)'란 용어는 사회심리학에서 개인에 의해 다른 사람의 행위에 영향을 미치는 영향력을 설명하는 데 사용되는 용어이다. 일반적으로 동일시는 일차적 동일시와 이차적 동일시로 구분한다. 일차적 동일시는 주(主)와 객(客)이 객체로서는 분화되었으나 감정적으로는 완전히 분화되지 않은 상태에서 나타나는 근원적인 감정의 연결을 말한다. 대표적인 일차적 동일시는 갓난아이와 어머니의 관계와 같은 것이다. 아이는 어머니와 자신을 구별하지 못하나 감정적 유대가 연결되어 있는 상태와 같은 경우이다. 이차적 동일시는 주객의 구별이 있는 대인관계에서 발생한다. 주객이 명확히 구분되어 있으나 대상 간에 존재하는 유사성을 인정하고 이를 감정적으로 연결하여 타인의 인격적인 특성들을 본보기로 삼아 자기 속에 끌어들여 독립된 인격을 만드는 무의식적인 심리 과정이다. 즉, 이차적 동일시는 다른 개인이나 단체와 같이 존재하거나 똑같이 되려는 희망이다.

동일시이론은 동일시를 아동이 성역할 행동의 기초가 되는 성격, 가치, 야망, 행위, 감정, 소망, 태도 기준 등을 완전히 학습하는 수단으로 보며, 동일시에 의해 습득된 행동은 어떤 상황에서도 밀접한 관련이 있다. 동일시와 그에 따른 성역할 학습은 아동과 동성 부모와의 관계로부터 비롯된다는 가정하에 만들어진 이론이다. 따라서 아동이 동성 부모와의 동일시를 통해 성역할 정체감을 형성해 나가기 때문에 동일시 과정이 끝나면 아동과 그의 모델인 동성 부모와는 매우 유사해진다는 것이다.

안나 프로이트는 남근기에 남아는 오이디푸스 콤플렉스(Oedipus complex)에 의해, 여아는 엘렉트라 콤플렉스(Electra complex)에 의해 성역할 동일시가 이루어진다고 보았다. 동일시의 동기는 남아와 여아는 서로 다르다. 이러한 차이는 남녀 간의 전반적인 성격 차이가 그 원인이다. 일반적으로 남아는 거세불안과 같은 강한 아버지로부터의 보복에 대한 두려움에서 '방어적 동일시'를 하는 반면, 여아의 경우에는 '어머니의 사랑을 잃어버리지 않을까?' 하는 두려움에서 발생하는 '의존적 동일시'를 한다. 이러한 동일시는 동성 부모와의 강한 정서적 결합을 전제로 하기 때문에 정서적 유대관계가 없으면 성역할을 습득하는 데 장애가 될 수도 있다.

<표 5-9> 오이디푸스 콤플렉스와 엘렉트라 콤플렉스

오이디푸스 콤플렉스	
대상	남아가 아버지를 대상으로
과정	① 어머니에게 강한 성적 욕망을 느낌 → ② 아버지를 경쟁자로 보고 적개심을 느낌 → ③ 적개심을 아버지에게 투사하고 아버지가 자기를 경쟁자로 인식할 것이라고 믿음 → ④ 아버지가 자기의 성기를 거세할 것이라고 생각하고 두려워함(거세불안) → ⑤ 이러한 어려움을 해결하기 위해 아버지를 동일시하고 어머니에 대한 욕망을 포기함
결과	•남성성을 동일시하게 됨 •여성 경멸 혹은 여성에 대한 두려움이 형성됨 •강한 초자아 발달이 이루어짐

엘렉트라 콤플렉스	
대상	여아가 어머니를 대상으로
과정	① 본래적으로 어머니와의 정서적 유대관계를 유지함 → ② 자신이 남근이 없다는 것을 알게 됨 → ③ 남근이 없다는 것에 대해 어머니를 비난하고 어머니에 대한 애정을 철회함 → ④ 남근 선망을 아이를 갖고자 하는 소망으로 대치함 → ⑤ 아이를 갖기 위해 아버지를 사랑의 대상으로 택하고 어머니를 질투하게 됨 → ⑥ 점차로 아버지를 소유할 수 없음을 알게 됨 → ⑦ 어머니를 동일시함으로써 여성성을 재확립하고 다른 남성에게 매력적인 연인이 되고자 노력함
결과	•여성성을 동일시하게 됨 •성적 매력을 자존감의 주요 근원으로 여김 •다른 여성을 경멸하고 열등감이 형성됨 •아이를 갖고자 하고 약한 초자아가 발달함

(2) 사회학습 이론

사회학습 이론(social learning theory)은 캐나다 출신의 미국 심리학자 앨버트 반두라(Albert Bandura)가 주장한 이론으로 사람의 행동은 다른 사람의 행동이나 상황을 관찰하거나 모방한 결과로 이루어진다는 것이다. 즉, 인간의 행동은 성장해오면서 경험하게 되는 주변 사람이나 환경에 의해 결정된다는 것이다.

반두라의 사회학습 이론은 '사회인지 이론'이라고 한다. 이는 반두라의 사회학습 이론에서 말하는 학습은 인간이 삶을 살아가는 데 있어서 인지를 전제로 한 것이며 인지가 얼마나 중요한 역할을 하는지를 말하는 것이다. 즉, "사람들은 인지적으로 생성된 동기를 통해 스스로를 자극하고, 선견을 통한 기대에 의해 행위를 안내한다. 또한 사람들은 예기된 행위결과가 생겨나기를 기대할 뿐만 아니라 스스로 목표를 정하여 가치 있는 미래가 실현되도록 자신의 행위의 진행을 계획한다."라고 보았다. 즉, 인간의 행위에 있어서 인지적 동기가 매우 중요하다는 점을 강조하였다. 사회학습 이론은 크게 네 가지의 특징으로 요약할 수 있다.

첫째, 사회학습 이론은 인간의 내적과정과 외적과정을 결합한 것으로 보았다. 즉 인간의 행동은 사회적 상황 속에서 개인의 내적·인지적 과정과 환경적 영향력 간의 상호작용으로 결정된다고 보았다.

둘째, 관찰학습의 중요성을 강조했다. 사회적 상황 속에서 행동은 학습되는 것으로 보고, 인간의 행동은 상호결정론과 행동의 습득 사이에서 관찰을 통해 이루어진다고 보았으며 그만큼 관찰학습이 중요하다는 점을 강조하였다.

셋째, 인간의 행동은 자신의 경험을 통해 학습한다고 보았다. 인간의 행동은 자신의 경험(직접·간접경험)을 통해 강화함으로써 학습된다고 보았으며, 이러한 인간의 행동은 과거에 겪어온 경험에서 다른 사람이 문제를 어떻게 해결해 나갔는지를 떠올리며 이를 모방하여 현재의 행동을 결정한다고 보았다.

넷째, 인간행동의 표현은 모델에 관한 관찰을 통해 이루어지는 인지적 활동이라고 보았다. 이러한 부분을 오늘날에 와서는 '롤모델(Role model)'이라는 용어를 사용하여 설명하고 있다. 롤모델이란 '자기가 마땅히 해야 할 직책이나 임무 따위의 본보기가 되는 대상이나 모범'을 말한다. 즉 인간은 누구나 자신이 해야 할 일에 관하여 의식적 또는 무의식적으로 본보기가 되는 인물을 선정하여 그 인물의 행동을 모방하게 된다는 것이다.

사회학습 이론은 관찰을 통한 학습과 인지의 중요성을 강조하였으나 다음과 같은 점이 문제점으로 지적되고 있다.

첫째, 인간행동에서 외부환경의 중요성을 강조하면서도 내적이고 자발적인 측면을 과소평가했다. 인간의 행동이 외적 강화를 통해 행동을 증가시키기는 하지만 내적 흥미도 자발적 행동을 강화시키는 요인이 될 수 있다. 즉, 모델이 강화되면 내적으로는 호기심, 흥미가 유발되고 그것으로부터 자발적인 행동으로 학습하게 된다.

둘째, 관찰학습은 단순한 행동을 신속하고 쉽게 학습할 수 있지만 다양하고 복잡한 기능을 하는 행동의 학습을 설명하는 데는 한계가 있다. 복합적인 기능을 관찰만을 통해 학습을 성취하는 데는 한계가 있다.

셋째, 인간행동의 발달에서 학습과 관련된 인지적 수준에 따른 차이를 인정하지 않았다. 즉 인간은 성장과정이나 개인의 인지적 차에 따라 학습의 정도가 다른데 이러한 발달차를 고려하지 않았다.

사회학습 이론은 인간의 행동 결정의 요인으로 인간의 경험을 중시하고 상호작용을 강조했다는 점에서 큰 의의가 있다. 사회학습 이론에서는 인간의 행동 발달이 칭찬이나 벌과 같은 강화를 통해서만 이루어지는 것이 아니라 관찰만으로도 가능하다고 보고 중요한 것은 모델 대상의 역할이라는 점을 강조한 이론이다. 이러한 사회학습 이론은 성역할의 학습에서도 마찬가지라고 보았다. 성역할과 관련된 행동이 내적 동기보다는 외적・환경적인 힘에 의해 통제된다고 보았다. 따라서 환경에 대한 행동의 강화가 성역할을 획득하는 데 중요하다고 보고 있으며 성역할은 동일시 이론에서처럼 부모의 복사판이 아닌 학습경험의 산물로 부모와의 정서적 유대 없이도 학습이 가능하다고 보았다. 따라서 성역할은 성장과정에서 다양한 매체를 활용한 학습에 의해 형성되고 학습된 행동 유형은 강화를 통해 내면화된다.

(3) 인지발달 이론

성역할과 관련된 인지발달 이론은 사람들이 인지발달단계에 따라 외부의 환경적 자극을 스스로 인지해 나가는 과정을 통해 구조화해 나감으로써 성역할 개념을 구성해 나간다고 보는 이론이다. 즉, 각 개인이 자신의 경험을 스스로 능동적으로 구성해 나가면서 얻어진 지적성취의 결과로 성역할을 구성해 나간다고 본다.

콜버그(Kohlberg)는 성역할을 동일시해 나가는 데 있어서 가장 중요한 요인은 자신의 성에 대한 성별 자아개념을 인식하는 것이라고 보았다. 동일시를 수행하기에 앞서 자신의 성별을 인식하는 것으로 남자아이가 '나는 남자다.'라는 인식을 하고 난 후에, '그러므로 나는 남자에게 적합한 행동을 해야 해.'라는 동일시가 나온다고 보았다. 이처럼 동일한 성에 대해 동일시하는 것을 정신분석이론이나 사회학습이론에서는 성역할을 습득하기 위한 선행조건이라고 보는 데 반해 인지발달이론에서는 이보다 먼저 성유형화[8]가 이루어져야 한다고 보았다.

성유형화는 인지적 요인과 사회적 요인의 상호작용 결과로 나타나고, 개인이 남성 또는 여성에 적합하다고 간주되는 태도와 행동을 발달 또는 내면화시키는 과정

8) 성 정체감뿐만 아니라 문화에서 그들 성에 적절하다고 생각하는 동기, 가치 및 행동을 획득하는 과정으로 모방과 동일시 및 가족의 양육, 아동의 인지발달 과정에서 성유형화가 이루어진다. 일반적으로 사람들은 성유형화의 결과로 성을 인식하게 되고, 남녀의 성차를 식별하는 지각하는 능력을 가지게 된다.

을 말한다. 성역할이 사회가 성별에 따라 부여한 일련의 가치나 태도라고 한다면, 성유형화는 그것을 내면화하는 과정이다. 이러한 성유형화에 따라 각 개인이 사회적 기대를 내면화하여 남자 또는 여자의 특성으로 규정짓는 것을 성역할 고정관념이라고 한다. 즉, '남자는 강인해야 한다.', '여자는 온순해야 한다.' 등과 같은 것이 성역할 고정관념의 예이다.

인지발달 이론에 따르면 아이들은 타인을 통해 성에 적합한 행동을 배운다. 즉, 개인은 인지가 발달해 감에 따라 자신이 살고 있는 사회적 세계 속에서 적극적으로 정보를 탐색하고 자신의 성을 지각하며 자신이 남자 혹은 여자라는 성별 자아개념을 인식하고 그에 적합한 성역할을 배우게 된다. 하지만 그 이유는 보상 때문이 아니라 남자나 여자로서의 자아정체감을 유지하기 위해서이다. 다시 말하면, 적극적으로 성정체감을 형성하고 그들 주위에 있는 세상을 이해하려는 노력을 통해서 성 고정관념과 가치들을 연합시킨다. 성역할을 학습하는 내용은 환경이 결정할 수 있으나 성역할에 대한 사고의 구조는 인지적 성숙에 의해 영향을 받는다(Hustion, 1983). 이와 같이 인지발달 이론에서는 성역할을 획득하는 과정은 매우 자생적이고 적극적이며 능동적이라고 본다.

성에 대한 고정관념(stereo type)은 아동들의 관찰과 신체에 대한 해석에서 생긴다. 그리고 성 구별을 광범위하게 지지하는 우리 사회에서 성과 관련된 역할 구분에서 발생하고 만들어진다. 일반적으로 안정적인 성정체감은 안정적인 성역할 고정관념의 근간이 된다.

울리안(Ullian)은 콜버그(Kohlberg)의 성역할 개념의 발달과정에 대해 성역할 개념화는 아동기에 완성되는 것이 아님에도 불구하고 아동기까지만의 이론을 제시했다는 문제점을 지적하였다. 이러한 문제를 해결하고자 성역할 개념화의 발달단계를 청년 후기까지 확장하여 여섯 개의 수준으로 구분하여 다음과 같이 제시하였다.

<표 5-10> 울리안의 성역할 개념화 발달단계와 특성

<table>
<tr><th>단계</th><th>수준</th><th>연령</th><th>발달단계에 따른 특성</th></tr>
<tr><td rowspan="2">1단계
(생물학적
지향)</td><td>1수준</td><td>6세 이하</td><td>•키, 머리 등과 같은 외적인 신체적 차이로 성을 구분함
•친근감을 자신의 성과 성 동일시로 유지함
•성차의 표현에 동조함</td></tr>
<tr><td>2수준</td><td>7~8세</td><td>•신체적 모양과 성별 특성은 무관하다고 인식함
•남성적 특성과 여성적 특성이 있음을 앎
•성역할에 대해 인식함</td></tr>
<tr><td rowspan="2">2단계
(사회적
지향)</td><td>3수준</td><td>9~10세</td><td>•남성성과 여성성이 고정되고 불변한 것임을 앎
•성별에 따라 역할체계가 다름을 인정함
•남성성·여성성이 사회체계 요구의 만족도와 관련됨을 인식함</td></tr>
<tr><td>4수준</td><td>11~12세</td><td>•사회적 역할체계가 인위적인 것이며 변화할 수 있다는 인식을 함
•성역할이 개인의 성과와 무관하게 작용할 수 있다고 인식함
•성역할은 개인적 관심에 따른 자유 활동임을 이해함</td></tr>
<tr><td rowspan="2">3단계
(심리적
지향)</td><td>5수준</td><td>13~17세</td><td>•개인별 심리적 정체감의 수용 여부가 남성성·여성성의 결정요인임을 이해함
•성차가 생물학적이거나 사회적인 것이 아님을 앎
•개인의 정체성에 따라 남성과 여성으로 성역할이 결정됨을 이해함</td></tr>
<tr><td>6수준</td><td>18세 이상</td><td>•전통적인 표준, 역할 및 행동에 대한 동조와는 별도로 남성성과 여성성이 존재한다는 것을 인식함
•성 고정관념적 특성이 개인의 정체감의 핵심 부분으로 간주되지 않는다는 것을 앎
•평등과 자유의 원리가 행동의 기준이 됨을 앎
•성역할이 개인적 기능과 대인관계 기능의 기준이 됨을 알게 됨</td></tr>
</table>

3) 양성성

인간의 성장과정에서 성역할을 균형 있게 자랄 수 있도록 하는 일은 매우 중요하다. 성역할을 균형 있게 형성시켜줄 때 개인의 가치와 경쟁력은 커진다. 부모가 지닌 편협된 성역할 고정관념을 버리는 일은 쉽지 않은 일이지만 매우 중요한 일이다. 균형 잡힌 성역할을 익히는 순간 사람들은 훨씬 더 창의적이고 건강한 사회성을 가진 인재로 성장할 수 있다. 성역할에 있어서 남성성 혹은 여성성이 강한 사람들의 공통점은 '남자답게 또는 여자답게'를 가르치고 있는 부모가 있다는 점이다. 성역할 고정관념을 이루는 남성다움과 여성다움을 구분하지 않고 한 인격체 내에 남성성과 여성성을 동시에 갖춘 것으로 인식하는 것을 양성성이라고 말한다. 양성성을 지닌 사람은 어느 한쪽의 성도 무시하거나 무시당하기를 싫어한다. 남성성 혹은 여성성이 강한 사람보다 양성성을 지닌 사람들이 삶에서의 행복도도 높다는 연구결과가 있다.

(1) 양성적 성역할

양성적 성역할이란 양성성을 지닌 사람들의 성역할을 지칭하는 말이다. 즉, 양성적 성역할이란 남성성이나 여성성처럼 고정된 성역할을 기준으로 한 생활에서는 성역할이 균형적으로 발달하도록 하는 데 도움이 되지 못한다고 보고 남성성과 여성성을 모두 수용함으로써 두 가지의 역할 개념을 동시에 갖도록 하는 것을 양성적 성역할이라고 한다.

최근 들어 여성의 사회진출이 확대되면서 전통적인 성역할 구분이 현대사회에 적합하지 않을 뿐 아니라 인간의 잠재력을 충분히 발휘하는 데 장애가 된다는 주장이 대두되었다. 이러한 맥락에서 심리학자들은 남성적 특성과 여성적 특성을 모두 지닌 양성적 역할이 가능한 양성성의 개념을 도입하여 설명하고 있다. 양성성을 지닌 사람은 상황에 따라서 남성적인 특성 및 여성적인 특성의 역할을 적절하고 융통성 있게 수행하기 때문에 적응력이 높다는 것이다. 이러한 성역할에 대해 앞에서도 살펴본 바와 같이 학자들은 인간이 타고나는 것이 아니라 문화적 소산임을 강조하며 부모가 보다 자유로운 방향으로 성역할을 교육하는 방법이 필요하다고 주장한다.

양성적 성역할을 지닌 삶을 보다 효율적으로 영위할 수 있다. 또한 양성적 성역할 개념을 가진 사람들이 일반적으로 자아존중감이 높고 성취 지향적이며, 집단 내에서도 원만한 인간관계를 유지한다. 양성성을 높이기 위해서는 성역할에 대한 고정관념을 주입시켜서는 안 된다. 성역할 고정관념이 사회성 확립에 영향을 미치기 때문이다. 많은 아이들의 성역할 고정관념은 부모의 의식에서 비롯되는 경우가 대부분이다. 가정에서부터 학교 사회에 이르기까지 성역할에 대한 열린 자세와 융통성 있는 수용적 태도가 필요하다.

세계에서 특허를 가장 많이 보유하고 있는 IT 강국 스웨덴은 유치원의 남녀 교사의 비율이 거의 같다. 이는 스웨덴 사람들이 어려서부터 성역할에 대한 개방적인 사고를 경험하기 때문에 나타난 결과이다. 어려서부터 스웨덴 아이들은 직업관이 열려 있기 때문이다. 뿐만 아니라 일상생활에서도 어려서부터 성역할 고정관념을 갖지 않고 놀이를 즐기고 남자도 자유롭게 감정을 표현하며, 여자 또한 강인할 수 있다는 열린 환경 속에서 교육을 받고 자랐기 때문이다. 이러한 교육과 경험이 성 역할 고정관념을 없앤 결과이다. 양성성을 자연스럽게 배운 아이들이 친구들과의 관계에서 훨씬 유연하고, 남을 배려할 줄 알며 소극적이고 방어적인 태도에서 적극적이고 주도적인 자세로 생활 모습을 변화시킨다.

(2) 양성평등

우리나라는 과거 남존여비 사상으로 남성에 비해 여성이 더 많은 차별을 받아 왔다. 하지만 오늘날 우리 사회는 여성의 높은 교육열과 사회진출의 확대로 인하여 지위가 현저하게 향상되면서 양성평등의 개념이 부각되었다.

양성평등은 성 역할에 따른 고정관념을 버리고 성에 따른 차별을 받지 않고 자신의 능력에 따라 동등한 기회와 권리를 누리는 것을 말한다. 고정관념에 의해 사람을 판단하여 차별하는 것은 인간의 기본적 권리를 침해하는 일로 양성평등 사회에 어긋나는 일이다. 양성평등 사회를 만들기 위해 남녀를 차별하는 법과 제도를 고치고 남녀가 서로를 이해하고 존중해 주어야 한다. 양성평등은 헌법에 명시된 바와 같이 모든 국민이 인간으로서 평등해야 한다는 전제를 바탕으로 한다. 남녀가 평등하다는 것은 남성과 여성 사이에 차이가 없다는 것을 말하는 것이 아니다. 남성과 여성 간에는 분명히 기질이나 능력, 성격 등에서 차이가 있고, 생물학적인 측면에서도 차이가 있다. 하지만 이러한 남성과 여성 간의 차이가 차별로 이어지지 않도록 하는 것이 양성평등의 시작이다. 인간의 존엄성이라는 본질적 측면에서 평등을 인정하자는 것이다. 집안일을 분담하여 남녀가 공동으로 참여하고 양성평등에 대한 의식을 전환해 나가는 것이 양성평등의 일환이다. 자녀 양육과 가사노동 등 부부의 역할을 서로 충분한 대화를 통해 각자의 능력과 특성에 맞도록 분담하여 생활하는 것도 양성 평등한 가족문화 형성과 무관하지 않다.

여성가족부와 통계청에서 발간한 '2019 일・가정 양립지표'에 따르면 맞벌이 가정에서 여성의 가사노동 시간은 하루 평균 3시간 13분으로 남성의 56분보다 3.4배에 해당된다. 뿐만 아니라, 기혼 남성 중 부인과 가사노동을 공평하게 분담해야 한다고 생각하는 사람도 47.5%에 불과한 것으로 나타났으며 가사노동을 공평하게 분담하여 실제로 행동에 옮긴 사람은 16.4%에 불과한 것으로 나타났다[1]. 가사노동을

1) 출처: 한국경제(2023.7.11.).

비롯한 가정생활에서부터 남녀가 평등하게 존중되어야 한다. 이를 위해서는 남성과 여성에 대한 고정관념이나 부정적인 감정을 갖지 않는 것도 중요하다. 남녀가 서로를 이해하고 존중하며 조화를 이루며 살아갈 때 행복한 가정과 사회가 실현될 수 있다.

양성평등은 성별에 따라 차별받지 않는 것 이상의 의미를 지닌다. 양성평등의 실현은 여성이 지니고 있는 능력을 개발하고 이를 기반으로 국가사회의 경쟁력을 높여 나갈 수 있기 때문이다. 따라서 헌법에 보장되어 있는 남성과 여성의 동등한 기본권인 양성평등은 우리 사회에서 반드시 실현되어야 한다.

(3) 성 평등

양성평등과 성 평등은 다르다. 양성평등에서 말하는 성은 섹스(sex), 즉 남성과 여성을 정의 내리기 위한 선천적, 생물학적, 생리학적 특징으로서의 성을 의미한다. 하지만 성 평등이라고 할 때의 성은 젠더(gender)의 의미로 사회문화적 성으로서의 성역할을 의미하며, 자신이 후천적으로 선택한 성도 포함한다. 따라서 양성평등이 아닌 성 평등이라고 할 때의 성은 자신이 선택한 성을 포함하는 개념이어서 자신이 남자 또는 여자로 전환이 가능하다는 의미를 포함한다. 이러한 차이는 동성애에 대한 인식에서도 차이를 보인다. 성 평등의 관점에서 보면 성은 생물학적 남녀의 개념을 넘어서는 상태이기 때문에 자연히 '동성애'라는 개념은 없어지게 된다. 물론 성 평등의 관점에서 보면 '양성평등'이라는 개념도 사라져야 한다. 성 평등의 관점에서는 선천적 생물학적으로 지니고 있는 자신의 성(sex)보다는 자신이 스스로 택한 자신의 젠더(gender)가 더 존중되어야 한다고 보는 것이다. 따라서 젠더를 인정하고 존중해 주는 것이 곧 인권임일 강조하는 이유가 여기에 있다. 이미 젠더 이론이 주류가 된 미국의 뉴욕주(州)에서는 공식적으로 31개의 성별을 인정하고 있다. 하지만 양성평등과 성 평등이라는 서로 다른 관점에서 바라보는 성은 상호 수용적이기보다는 배타적인 특성을 지니고 있다. 어느 한쪽의 성을 선택하면 다른 한쪽의 성은 자연스럽게 부정된다. 따라서 사회적 변화에 따른 구성원들의 명확한 인식하에 가치선택이 이루어져야 한다. 양성평등과 성 평등에 대한 기본 인식의 차이를 특성별로 구분하여 제시하면 다음과 같다.

<표 5-11> 양성평등과 성 평등에 대한 기본 인식의 차이

구분	섹스(sex)	젠더(gender)
성별의 수	남녀 두 가지의 성별	남녀를 포함한 수십 개의 성
선천성 여부	선천적으로 타고나는 성	후천적으로 선택하는 성
전환 가능성	자유롭게 전환할 수 없음	언제라도 자유롭게 전환이 가능함
성전환 인정 기준	외과수술을 통해서만 가능	외과수술 없이 정신적 선언만으로도 가능
인정한 국가	한국을 포함한 대부분 국가(199개)에서 인정	유럽을 중심으로 한 일부 국가(23개, 2017년 6월 현재)에서 인정
평등에 대한 인식	양성평등, 남녀평등을 주장	성 평등, 수십 개의 성이 동등함을 주장
도입 시기	수천 년간 인정받아 옴	최근에 도입된 개념임
동성애에 대한 인식	이분법적 성 구분만을 인정함	성 평등에 근거하여 합법적이라고 봄

쉬어가기 '워라밸'로 일·가정 양립하는 두 마리 토끼 잡는다.

워크 앤 라이프 밸런스, 요샛말로 '워라밸'(Work and Life Balance, 일·가정 양립)이 사회적 화두이다. 하지만 우리나라 직장문화는 여전히 존재하는 직장 내 여성차별, 불균형적으로 큰 여성의 가사노동, OECD 국가 중 남녀 임금격차 부동의 1위 등으로 아직 갈 길이 멀다.

이러한 현실 속에서 일·가정 양립 지원 정책과 직장 내 양성평등을 실천하는 기업이 있어 주목받고 있다. 육아에 대한 부담으로 저출산이 심각한 사회문제로 대두되고 있는 가운데 KT&G는 직원들이 안정적으로 자녀를 출산하고 양육할 수 있도록 여러 제도를 운영하고 있다.

건강한 출산을 위해 임신한 여직원들이 출산휴가와 별도로 최대 1년까지 출산휴직을 할 수 있도록 했으며, 육아휴직의 기간은 2년까지 확대했다. 따라서 출산휴직과 육아휴직 연속 사용 시 아이 1명당 최대 3년까지 휴직이 가능하다. 사실 육아휴직 사용에 있어 현실적인 문제 중 하나는 소득이 줄어드는 데 따른 경제적 부담이다. KT&G는 육아휴직 1년 차에는 정부지원금 100만 원(최대)에 회사가 100만 원을 추가로 지급해 매월 약 200만 원을 수령할 수 있도록 하고, 2년 차부터는 정부 지원이 없는 점을 감안해 회사가 200만 원을 전액 지원하는 방식으로 아이 양육에 전념할 수 있는 환경을 조성하고 있다. 육아휴직 후 업무 복귀 시에도 휴직 전과 동일 직무 배치를 원칙으로 하고 있으며, 휴직 기간의 인사평가에서는 '만족' 이상의 등급을 부여하고 있다. 또한 KT&G는 출산휴가 이후 별도의 절차 없이 자동으로 육아휴직으로 전환되는 '자동육아휴직제'를 2016년부터 선도적으로 도입했다. 육아휴직을 사용하지 않을 경우에만 기관별 인사담당자에게 미사용을 신청하면 되는 것이다. 자동육아휴직제를 도입하자 육아휴직 이용률이 3배 가까이 증가할 정도로 직원들의 호응도는 매우 높다. KT&G는 직원들의 출산과 영유아 양육을 위한 제도적 지원뿐만 아니라 일과 가정이 양립할 수 있도록 다양한 프로그램을 운영 중이다.

KT&G는 직원들이 입사 이후 5년마다 3주간의 휴가를 부여하는 리프레쉬(Refresh) 제도를 운영하고 있다. 회사 측에서 7일의 휴가를 제공하고, 연차 사용 독려 차원에서 연차 8일을 함께 사용하게 해 총 3주간 쉴 수 있게 하는 것이다. 직원들은 휴가기간 동안 여행, 가족과의 시간 등을 통해 근무시간 동안 지쳤던 몸과 마음을 힐링하는 기회를 가지고 있다. 이렇듯 KT&G는 임직원들이 필요에 따라 휴직을 자유롭게 할 수 있게 하고, 휴가 사용을 장려해 일·가정 양립을 지원하고 있다. 이는 현재의 고용을 유지하며 신규 채용을 늘리기 위해서이다. KT&G의 이러한 '일자리 나눔 모델'은 임직원들의 근로시간 단축분을 신규 고용창출에 활용하는 모범사례로 평가받고 있다.

출처 : 한국경제 TV (2018.1.17.).

활동자료 5-1

남성 성역할 갈등 검사

※ 자신의 성역할을 가장 잘 나타내는 정도에 맞추어 해당란에 ∨표를 하시오.

매우 그러하다 : 6점	그러하다 : 5점	약간 그렇다 : 4점
보통이다 : 3점	그렇지 않다 : 2점	전혀 그렇지 않다 : 1점

순	문항	점수					
		6	5	4	3	2	1
성공·권력·경쟁	다른 남자들보다 더 똑똑하고 힘센 것이 나에게는 중요하다.						
	나는 다른 사람들보다 우월하다고 느끼고 싶다.						
감정표현 억제	나는 섬세한 감정을 잘 표현하지 못한다.						
	나의 감정을 표현할 수 있는 적절한 단어를 찾기 어려울 때가 종종 있다.						
일·가정 양립갈등	나의 일이나 학업이 종종 내 생활의 다른 영역(가족, 건강, 여가)을 방해한다.						
	일이나 공부에 대한 성취욕구로 과로하고 스트레스를 받게 되어 힘들다.						
남성우월	나보다 더 성공한 여성과 같이 지내는 것은 불편하다.						
	여성 상사 밑에서 일하는 것을 원하지 않는다.						
가장 의무감	나는 가족의 생계를 책임져야 한다.						
	나는 가족을 위해 희생해야 한다.						
남성과의 애정행동 억제	나는 때로 다른 사람들이 나를 어떻게 생각할지 염려되어 남자들에게 다정하게 대하는 것을 주저한다.						
	다른 남성들과 너무 친밀해지는 것은 나를 불편하게 만든다.						

출처 : 한국여성정책연구원(2012) / 동아일보(2012.2.2.)

결과 해석

* 총 44점 이상일 경우 '남성이라면 이렇게 해야 한다'는 자기인식이 강한 것으로 볼 수 있음

활동자료 5-2

성역할 검사

※ 아래 문항의 말들은 자기 자신을 표현하는 말들입니다. 자신에게 가장 적절하다고 생각되는 번호에 ∨표를 하시오.

1. 전혀 혹은 거의 그렇지 않음
2. 대개의 경우 그렇지 않음
3. 가끔 그러나 드물게 그러함
4. 때때로 그러함
5. 자주 그러함
6. 대개의 경우 그러함
7. 항상 혹은 거의 항상 그러함

순	문항	평가						
		1	2	3	4	5	6	7
1	자신감이 있다.							
2	순종/양보한다.							
3	남에게 도움을 잘 준다.							
4	자신의 신념을 강력히 주장한다.							
5	명랑하다.							
6	기분이 잘 변한다.							
7	독립적이다.							
8	수줍어한다.							
9	양심적이다.							
10	운동을 잘 한다.							
11	자애롭다.							
12	(연극처럼) 꾸민 것 같다.							
13	주장이 뚜렷하다.							
14	남이 듣기 좋아하는 말을 잘한다.							
15	기쁘다.							
16	성격이 강하다.							
17	충절을 잘 지킨다.							
18	예측할 수 없다.							
19	강요를 잘 한다.							
20	여성답다.							
21	믿을만하다.							
22	분석적이다.							
23	동정심이 많다.							
24	질투심이 강하다.							
25	지도자의 능력이 있다.							
26	타인의 욕구에 민감하다.							
27	정직하고 성실하다.							
28	모험을 좋아한다.							
29	이해심이 있다.							
30	비밀이 많다.							

순	문항	평가						
		1	2	3	4	5	6	7
31	의사결정을 쉽게 한다.							
32	연민의 정이 많다.							
33	진지하다.							
34	자부심이 강하다.							
35	상한 마음(감정)을 위로해 주고 싶다.							
36	잘난 체한다.							
37	지배적이다.							
38	(말씨가) 상냥하다.							
39	호감이 가는 성품이다.							
40	남성답다.							
41	온화하다.							
42	엄숙하다.							
43	자기주장을 주저 없이 한다.							
44	부드럽다.							
45	친절하다.							
46	공격적이다.							
47	속기 쉽다.							
48	비능률적이다.							
49	지도자처럼 행동한다.							
50	어린애같이 순진하다.							
51	융통성이 있다.							
52	개인주의자다.							
53	거친 말을 쓰지 않는다.							
54	조직적이 아니다.							
55	경쟁적이다.							
56	어린이를 사랑한다.							
57	눈치가 빠르다.							
58	야심적이다.							
59	온순하다.							
60	관습에 따른다.							

결과 처리

* 아래의 채점기록표에 점수를 기록하여 A부터 L까지의 점수를 합산한 후, (가)에서 (다)에 해당하는 합산 점수를 환산한다.
• 환산된 점수에 2.322를 곱하여 P의 값을 산출한다.

[채점기록표]

1		2		3		4		5		6		7		8		9		10		11		12	
13		14		15		16		17		18		19		20		21		22		23		24	
25		26		27		28		29		30		31		32		33		34		35		36	
37		38		39		40		41		42		43		44		45		46		47		48	
49		50		51		52		53		54		55		56		57		58		59		60	
A		B		C		D		E		F		G		H		I		J		K		L	
(가) A+D+G+J / 20=(　　)								(나) B+E+H+K / 20=(　　)								(다) C+F+I+L / 20=(　　)							
P = { (나) - (가) - (다) } × 2.322																							

결과 해석

* 여성성 평균 점수가 남성성 평균 점수보다 작으면 이 값은 음수로 나옴
* 이 점수가 -2.025보다 작으면 남성적 방향으로 성특징화 경향이 있음
* 2.025보다 크면 여성적 방향으로 성특징화 경향이 있음
* 점수가 -1에서 1 사이이면 여성성과 남성성의 특징이 고르게 개발된 양성성의 성 특징화 경향임
* -2.025에서 -1 사이, 1에서 2.025 사이이면 이런 특징이 다소 미분화 경향

출처 : 박인숙(2020). pp. 153-155.

Chapter 06

사랑과 친밀감*

* 본 장은 이규은 · 장상필(2021). 성과 결혼. 도서출판 어우리. pp. 197-222의 내용을 재구성하였음.

Chapter 06

사랑과 친밀감

1. 사랑의 의미와 특성

1) 사랑의 정의

사랑은 인간의 본질인 동시에 현실 생활에서 경험하는 것이고 인간의 심리이다. 이러한 인간의 심리를 하나의 개념으로 정의한다는 것은 매우 어려운 일이다. 사랑에 대한 정의는 개인마다 차이가 있다. 모든 사랑의 의미를 한마디로 정의할 수는 없지만 공통적으로 받아들이는 개괄적인 의미에서 남녀 사이의 사랑을 중심으로 그 의미를 살펴보면, '상대방의 매력에 끌려 상대방을 열렬히 그리워하거나 좋아하는 마음', '사람들 사이에서 강력하게 접근하고자 하는 정서', '인간 상호 간에 경험하게 되는 긍정적인 감정' 등으로 정의된다.

사람은 누구나 태어나면서 죽을 때까지 끊임없이 누군가와 사랑을 주고받으며 살아가는 사회적 존재이다. 따라서 사람마다 강도의 차이는 있지만 누군가가 자신을 소중히 여기는 대상으로 인식될 때 상대방과의 상호 관계에서 긍정적인 감정을 경험하게 되는데 이를 '사랑'이라고 한다. 이러한 사랑은 인간이 가지는 순수하면서도 강렬한 욕구 중의 하나이다. 인간에게 사랑의 정서가 일어나게 되면 상대방에 대한 접근과 인식능력이 강해지고 친밀감을 형성하고 싶어 한다.

사랑이라는 단어는 다른 어떤 단어보다 자주 여러 곳에서 사용된다. 많은 학자와 유명 인사들은 사랑을 고유한 방식으로 정의하고 있다. 대표적인 심리학자 프롬(Erich From)은 "사랑이란 자신의 기쁨, 흥미, 지식, 슬픔 등 자기 자신 안에 있는 모든 것들의 표현은 물론 자신의 생명까지 줌으로써 상대방을 감동시키고 상대방의 생활을 풍요롭게 만드는 것을 통하여 그 속에서 자신이 살고 있음을 느끼는 것이다. 또 그러한 사람을 통하여 서로의 참된 자아를 찾아 보다 성숙한 인간이 되는 것으로 한 사람을 사랑한다는 것은 그 사람을 관통하는 것, 외면적인 것, 지적능력까지도 제외하고 남은 것들에 눈을 마주치고 감싸줄 수 있는 애틋한 마음이다."라고 하였다. 또한 스피노자(Spinoza)는 "사랑은 외적 원인의 관념을 동반하는 기쁨이다."라고 정의하였다. 프로이트(Sigmund Freud)는 "사랑이란 목적이 억제된 성(性)이다."라고 말하고, "사랑이란 또 다른 열망, 자기실현을 향한 투쟁, 자기 이상에 도달하려는 헛된 충동에 대한 대체물"이라고 하였다. 또한, 프랑스의 극작가 폴 제랄디(P. Geraldy)는 "당신이 한 여인에게 아무것도 숨길 수 없게 될 때 당신은 그녀를 사랑하는 것이다."라고 정의하였다.

사랑이란 인간의 가장 순수하며 아름다운 감정이다. 그 사랑은 자신의 감정을 기반으로 한다. 따라서 사람은 자신을 사랑해야 다른 사람도 사랑할 수 있다. 최소한 누군가를 사랑한다면 상대방을 존중하고 배려하는 마음이 있어야 한다.

사랑이라고 하는 감정은 유한하고 가변적이며 불안정하고 불확실한 것이다. 따라서 인간은 사랑을 하는 과정에서 기쁨과 슬픔, 기대와 좌절 같은 감정의 변화를 경험하게 된다. 이러한 경험을 정당화하기 위해서 흔히 "나는 정말 사랑했는데 그 사람이 변해서 어쩔 수 없었어."라는 방식으로 스스로를 속여 합리화한다. 사랑을 소유하게 되어 기뻤던 감정이 곧 슬픔으로, 원망으로, 미움으로, 예속으로 변할 수 있다. 마음의 감정을 통제한다는 것이 어렵고 힘든 것인데, 이런 인간의 감정이 어떤 것에 예속되게 되면 일상이 어려워진다. 예속이란 의존의 상태로 어떠한 감정에 몰입하게 되면 감정이 나를 지배하여 의존적으로 변하게 되고 그렇게 되면 그 이외의 것을 보지 못하는 상태가 된다. 사랑에 빠지면 객관적인 시각을 잃게 되는 것도 이런 까닭이다. 즉 인과관계를 인식하지 못하는 불행한 결과를 초래하게 된다.

사랑을 인식하는 의미는 연령에 따라 다르다. 나이가 젊을수록 사랑을 추상적인 시각으로 바라보는 인식이 강하고, 나이가 많을수록 친밀감, 책임감과 열정에 대한 인식이 강화된다. 사랑에 대한 연령대별 정의와 특성을 제시하면 다음과 같다.

<표 6-1> 연령대에 따른 사랑의 정의들

연령	성별	사랑에 대한 정의	특성
10대	남	운명, 맥주, 축복, 슬픔, 힘든 것, 아름답고 아픈 것, 신비, 성숙, 불꽃	•사랑에 대한 환상과 기대가 표현 •추상적인 묘사 대부분
	여	그림자, 나눔, 무지개, 아름다운 것	
20대	남	자꾸 보고 싶은 것, 삶의 활력소, 놀이 투자, 사탕, 양팔저울, 스카이다이빙, 촛불, 전쟁	•열정적이고 낭만적인 사랑의 의미가 강함
	여	별똥별, 생크림, 한 끼의 식사, 오아시스, 2% 부족한 것	
30대	남	양보, 배워가는 과정, 인연, 아껴주는 것	•과정으로서의 사랑을 강조 •책임감이 나타나기 시작함
	여	과정, 아껴주는 것, 의지	
40대	남	관심, 그림자, 양파껍질(살아봐도 속이 보이지 않음)	•친밀감의 의미가 강함 •책임감의 의미가 담김
	여	책임, 동반, 헌신	
50대	남	서로를 품어 안는 것, 서로 받아들이는 것, 풍성한 것, 시들어 가는 꽃	•책임감의 의미가 강함 •친밀감의 의미가 담김
	여	존경, 양보, 없으면 허전한 것	
60대	남	주고받는 것, 한 길로 지속하는 것, 공기와 같은 것, 살아봐야 아는 것	•인생을 관조하는 입장 •열정보다는 책임감과 친밀감이 앞섬
	여	베푸는 것, 든든한 것, 시련 뒤에 느끼는 행복	

출처 : 미래가족연구회(2011), 결혼과 가족, 재인용, p. 46.

2) 사랑의 특성

사랑은 자신에게 가치가 있는 대상에 이끌리는 정신적 과정이다. 사랑이라는 감정은 긍정적인 감정만 있는 것이 아니다. 사랑은 강한 긍정적 감정뿐만 아니라 그리움이나 안타까움과 같은 부정적 감정까지도 포함한다. 극단적인 감정은 긍정적인 쪽과 부정적인 쪽을 왔다 갔다 하는 '한(恨)'의 감정이다(나은영, 2013). 따라서 사랑은 신뢰에 바탕을 둔 안정 애착이 근간이 되어야 한다.

세상에는 여러 가지 사랑이 존재한다. 그 중에서도 남녀 간의 사랑에 있어서는 두 사람 사이의 성적 · 신체적 매력뿐만이 아니라 서로에 대한 신뢰, 배려와 책임의식, 서로에 대한 존중, 이해 등이 필수적이다. 개인의 특성이나 가치관에 따라 사랑의 유형은 차이가 있을 수 있지만 사랑이 서로에 대한 존중과 이해를 바탕으로 관계가 유지되고 발전해 나간다는 점에서는 다르지 않다. 사랑이 지니고 있는 특성도 개인의 가치나 대상에 따라 차이가 있을 수 있다. 보편적이고 일반적인 사랑의 특성을 세 가지로 요약하여 제시하면 다음과 같다.

첫째, 사랑의 표현방법은 문화적 환경에 의해 학습되며, 문화가 다른 사람은 사랑을 표현하는 방법도 다르다. 사랑의 표현은 그 사회의 문화와 관련이 있다. 표현방법은 물론이거니와 사랑 표현의 장소, 횟수 등도 그 사회의 문화적 환경에 의해 학습되고 전수되어 간다.

둘째, 사랑은 막연한 호의에서부터 아주 강렬한 애정까지 다양한 모습으로 나타난다. 사랑을 사람들 사이에서 접근하고자 하는 정서라고 보았을 때 그 강도는 다양하게 표현된다. 단순하게 호의 정도로 표현되는 사랑이 있는가 하면, 아주 강렬한 애정으로 표현되는 사랑까지 사랑의 모습은 다양하다.

셋째, 사랑은 경험을 통해 성숙해진다. 사랑은 긍정적인 감정만이 아니라 부정적인 감정까지를 포함한다. 이러한 긍정과 부정의 극단적 측면의 감정에 대한 조정은 다양한 경험을 통해서 성숙된다.

이 밖에도 사랑의 특성에 대해 페어(Fehr, 1988)는 신뢰감, 충실성, 돌보는 것, 헌신, 정직성, 상대방의 방식을 받아들이는 것, 우정, 지지해주는 것, 존중, 상대방과 함께 있기를 원하는 것, 상대방이 잘 되기를 원하는 것, 상대방에 대한 관심 등 12가지의 특성을 사랑의 중심적 특성으로 제시하였다. 또한, 루빈(Rubin, 1973)은 상대방을 도와주기를 원하고 돌보는 것, 상대방이 나를 생각해 주고 나에게 마음 쓰기를 갈망하는 것, 서로 속 깊은 이야기를 털어놓을 수 있을 만큼 상대방을 신뢰하는 것, 결점을 포함해서 상대방을 너그럽게 받아들이는 것 등 네 가지를 사랑의 특성으로 제시하고 있다.

사랑의 특성에 대해 정민자 외(2000)는 다음과 같은 다섯 가지를 제시하고 있다.

첫째, 사랑은 현실생활에 존재한다. 사랑은 객관적인 진실성을 갖고 있다. 그러므로 사랑은 어디까지나 실제로 존재하는 것이며, 사랑의 경험이야말로 인간의 가장 강력한 경험이 될 수 있다.

둘째, 사랑의 능력은 개인의 문화와 환경에 의해서 학습된다. 그래서 문화가 다른 사람끼리는 사랑이나 애정표현 방법이 다르다. 왜냐하면 인간은 그들이 어렸을 때부터 배워 온 대로 사랑하기 때문이다.

셋째, 사랑은 여러 단계로 존재할 수 있다. 단지 좋아한다는 막연한 호의에서부터 아주 강렬한 애정에 이르기까지 여러 단계가 있다.

넷째, 사랑에는 여러 다른 형태가 있다. 즉 상대를 위해 희생하는 이타적 사랑, 청소년기의 낭만적 사랑, 성년기의 동료적 사랑, 그리고 성적인 사랑 등이 있다. 결혼생활에서 부부의 사랑은 주로 성적인 사랑과 동료적인 사랑으로 구성되어 있으며, 부모의 사랑은 대표적인 이타적 사랑이다.

다섯째, 사랑은 성장한다. 사랑은 섬광과 같이 순간적인 것도 아니고, 어느 일순간에 깨달을 수 있는 것도 아니다. 사랑은 많은 경험을 통해서 성장하는 것이다. 즉 어릴 때부터 모든 경험을 통해 발달된 개인의 성격이나 인성 속에서 성장하는 것이다. 그러므로 한 개인에 있어서 정서적 성장이 건전하다면 그의 타인에 대한 사랑도 건전하게 성장한다고 볼 수 있다.

사랑이 인간의 심리적 정서의 한 측면이라고 한다면 인간의 성장 발달에 미치는 영향이 지대하다. 인간에게 이러한 사랑이 자기중심적인 축소나 고립의 불안에 의해서 결핍되거나 은폐되면, 이로 인해 다양한 성적인 측면의 장애가 나타난다. 동성애, 사디즘[1], 마조히즘[2], 노출증, 페티시즘[3], 엿보기 등의 성도착증이 바로 그것이다. 이와 같은 문제들은 성의 충동적 차원의 문제로 볼 것만은 아니다. 성장 발달 과정에서 경험해야 할 심리적 요인들이 결핍되거나 은폐되어 나타난 하나의 병리 현상이기 때문이다.

3) 친밀감과 사랑

친밀감은 라틴어 '인티무스(intimus)'에서 유래된 말로 '내적인', 또는 '가장 깊은 부분'이라는 뜻을 지니고 있다. 대부분 사람들은 자신의 깊은 곳에 자리 잡은 내적인 것은 공개하지 않고 감추어 두는 것이 일반적이다. 그것은 내적 깊은 곳에 자신만의 욕구나 바람을 담아두고 있기 때문에 다른 사람에게 드러내는 것을 두려워하고 불안해하기 때문이다. 친밀감이란 이와 같이 자신의 깊은 곳에 자리 잡고 있는 자신의 생각과 감정을 드러내어 솔직함을 보여주는 데서 시작된다.

---

1) 사디즘(sadism)이란 가학증 또는 학대음란증으로 성적 대상에게 고통을 줌으로써 성적인 쾌감을 얻는 이상 성행위를 말한다.
2) 마조히즘(masochism)이란 이성으로부터 육체적, 정신적으로 학대를 받고 고통을 받음으로써 성적 만족을 느끼는 일종의 변태 성욕이다. 사디즘(sadism)에 대응하는 의미를 지녔다.
3) 심리학에서 생명이 없는 물건 또는 성적 부위가 아닌 인체 부위에 접촉함으로써 성적 감정을 느끼는 것을 특징으로 하는 성적 도착증의 일종이다. 배물애, 여성물건애라고도 한다.

미네소타대학교(University Of Minnesota) 심리학과 윌라드 하텁(Willard H.) 교수는 "친구들로부터 소외당하는 아이들, 공격적이고 주의가 산만한 아이들, 다른 아이들과 긴밀한 관계를 유지하지 못하는 아이들, 그리고 동년배 문화 속에서 제자리를 찾지 못하는 아이들은 매우 위험한 상태에 처해 있다."고 지적하면서 상호의존과 친밀감, 그리고 대등한 관계를 더하면 이러한 힘들이 균형을 이룰 때 사랑은 꽃을 피울 수 있다고 말하고 그만큼 사랑에서 친밀감이 중요하다는 것을 강조하였다.

친밀감은 사랑의 정서적 측면을 반영한 특성으로 가깝고 편하며 서로를 잘 이해하고 결합되어 있다는 느낌이 드는 감정이다. 만남의 횟수와 교재기간에 비례하여 친밀감은 서서히 증가하며 어느 정도 높은 수준에 이르러 서로 친밀하다는 것을 의식하지 않게 되는 상태로 발전하게 되면 더 이상 증가하지 않는 특성이 있다.

청소년들은 육체적, 지적, 사회적 변화를 함께 경험할 때 가장 깊은 친밀감을 느낀다. 이들은 이런 발달을 통해서 보다 성숙한 관계를 형성하고 유지하며 다른 사람의 경험에 반응하고 감정이입을 통해 더욱 성숙한 단계에 도달하게 된다. 친밀감과 애정은 서로 감정적으로 연결된 느낌을 갖고 정서적으로 가까움을 느낀다. 따라서 애정과 친밀감은 상대방을 배려하고 믿고 수용할 때 성숙된다. 사랑하는 사람 사이에서 친밀감을 형성하는 것은 아주 중요하다. 친밀감을 형성하지 못하면 두 사람의 관계는 파국을 맞을 수밖에 없기 때문이다.

청소년들이 사춘기 후반에 들어서면 동성친구 간의 친밀감은 점점 쇠퇴하고 이성친구나 연애 상대와의 친밀감은 꾸준히 증가한다. 좋은 우정은 오래갈 수 있지만 성적 감정과 연애의 친밀감을 공유하는 관계의 강렬함에는 비할 수가 없다. 그럼에도 불구하고 청소년기에 연애, 가정, 학교, 우정의 욕구 사이에서 균형을 맞추기란 쉽지 않다. 이 시기에 몸과 마음이 하나로 연결되어 있다는 사실을 깨닫게 된다. 아무리 두 가지를 떼어놓으려고 애써도 마음은 육체를 따라간다는 것을 경험을 통해 터득한다.

사랑은 세 가지 형태의 인간관계 경험에 뿌리를 두고 있다. 첫째는 부모를 향한 아이의 사랑이다. 어린아이는 부모에게 매달리며 의지하고 보살핌을 받으려 한다. 이처럼 우리는 애정, 보호, 보살핌을 제공하는 사람들에게 사랑을 느끼고 접근하는 경향이 있다. 두 번째 유형은 자녀를 향한 부모의 사랑이다. 자신이 보살펴야 할 어린아이에 대해서 애정을 느끼며 지극정성으로 보살피는 부모의 사랑이다. 이처럼 사랑은 호감을 느끼는 사람에게 애정과 보살핌을 제공하려는 마음을 포함한다. 세 번째 유형은 연인들이 느끼는 낭만적인 사랑이다. 두 남녀가 서로에게 호감과 애정을 느끼며 정서적인 친밀감뿐만 아니라 성적인 열정을 나누는 것이다. 이러한 사랑은 두 사람이 동등한 입장에서 서로가 서로를 특별한 존재로 여기면서 애정과 보살핌을 주고받는 애착관계를 의미한다(하혜숙 · 정환욱, 2015: 163).

사랑에는 친밀감이 전제되고 깊은 친밀감이 성숙함을 만들어낸다. 친밀감과 애정을 쌓는 것은 상호적인 것이다. 어느 일방의 노력으로 만들어지는 것은 아니다.

쉬어가기 사랑의 화학작용

페닐에틸아민(Phenylethylamine : PEA)

연인을 바라보고, 손을 잡고, 냄새를 맡을 때, 뇌에서 분비되는 신경전달 물질로써, 이것이 분비되면 피부가 붉어지고, 손에 땀이 흐르며 숨이 가빠진다. 그 외에 도파민, 노르에피네프린과 같은 천연적인 암페타민(amphetamine, 속칭 히로뽕)이 분비되면 황홀감을 느끼게 된다. 이들의 지속기간은 2~3년이며 그 후로 감소하는 것을 보면 불같은 사랑이 잠시 타오르다가 식어버리는 현상을 설명해 준다. 이후에 또 다른 사랑을 찾아 헤매지만 쉽지 않다. 상습적인 마약 투약자가 재차 황홀감을 느끼려면 처음보다 많은 PEA가 분비되어야 한다. 그러므로 두 번째 사랑을 하기가 힘들다. 열정적인 사랑은 마치 중독과 같다.

엔도르핀(endorphin)

뇌에서 분비되는 천연 진정제 혹은 진통제이다. 연인과 함께 있을 때 안정감과 평온함을 느끼게 한다. 반면에 연인과 헤어지면 이것이 결핍되어 가장 큰 스트레스를 경험하게 된다. 엔도르핀은 PEA와는 달리 작용기간이 길므로 검은 머리가 파 뿌리가 될 때까지 부부의 애정을 유지시킨다.

옥시토신(oxytocin)

뇌에서 분비되어 출산 시 자궁을 수축시켜 분만을 촉진하고 젖을 만드는 데 관여하는 물질로써, 아기를 껴안거나 연인을 포옹하는 행동을 촉진한다. 성관계 시 절정감을 느낄 때 평소보다 5배 더 증가한다.

출처 : 김영희(2016). p. 95, 재인용.

2. 사랑의 이론

20세기 전까지만 해도 사랑은 인간의 심리에 근거한 감정에 관한 것이어서 이를 과학적으로 분석하는 데는 한계가 있다고 보았다. 그러나 20세기에 접어들어서 사랑에 대한 과학적인 접근이 시도되고 사랑에 관한 많은 연구들이 이루어졌다. 사랑의 속성이나 과정, 유형, 특성, 연인관계 등을 연구하면서 사랑에 관한 학문은 확대되었고, 최근에는 '사랑학'이라는 독립적인 학문분야로 자리 잡기에 이르렀다.

1) 레이스(Reiss)의 사랑의 수레바퀴 이론

사랑은 언제나 우연적으로 일어나는 것만은 아니다. 레이스(Reiss, 1971)는 사랑이란 두 사람의 친밀감에서 시작되어 마치 수레바퀴처럼 네 단계를 거치면서 하나의 순환과정으로 진행되는데 친밀감 형성(rapport), 자기표현(self-revelation), 상호의존(interdependence), 개인욕구 충족(personality need fulfillment)의 과정을 거친다고 보았는데 이를 '사랑의 수레바퀴 이론(The wheel theory of the development of love)'이라고 한다. 사랑의 수레바퀴 이론의 단계별 내용을 살펴보면 다음과 같다.

(1) 1단계 : 친밀감 형성(rapport) 단계

친밀감 형성(rapport) 단계는 두 사람이 서로에 대해서 편안한 감정을 갖기 위해 노력하는 단계로 상호 간의 매력에서 나온다. 친밀감은 보통 두 사람이 공통된 의사소통 기반을 만들려고 노력하는 초기 데이트 기간 중에 생겨난다. 친밀감은 서로가 신뢰하고 존경하는 마음이 있을 때 형성되며 친밀감을 형성하는 능력은 사람마다 다르다. 친밀감을 형성시켜주는 것은 일반적으로 유사한 문화적 배경, 양육환경, 사회계층, 의사소통 방법, 교육이나 취미활동 등과 같은 배경에 기초해서 형성된다. 사랑은 자기의 성격이나 자기가 바라는 것이 상대방에 의해 수용될 때, 또한 동의, 칭찬, 존경을 주고받을 때 시작되며 서로 간의 욕구가 채워지면 애정으로 발전한다. 즉, 친밀감 형성을 위해서는 사회적 욕구를 충족시켜주는 일이 중요하다.

(2) 2단계 : 자기표현(self-revelation) 단계

자기표현(self-revelation) 단계는 서로의 감정이 노출되는 단계이다. 이 단계에서는 두 사람이 자신에 대한 개인적인 정보를 주고받으면서 좀 더 가까워진다. 일반적으로 두 사람은 이 단계에서 삶의 가치나 목표, 희망, 가치관 등과 같은 좀 더 심도 있는 주제에 대해 이야기하면서 서로를 열어 보이기 시작한다. 상호 간의 자기노출이 계속되면 될수록 친밀한 관계가 발전하게 된다. 자기표현은 서로가 상대방에게 반응하면서 감정이 고조되는 점진적인 과정으로 이루어진다.

(3) 3단계 : 상호의존(interdependence) 단계

상호의존(interdependence) 단계는 두 사람이 좀 더 많은 시간을 함께 보내기를 원하면서 서로에게 관심과 호의를 보이는 단계이다. 따라서 이 단계에서는 상호작용하면서 상대방에게 의존하기 시작하며, 서로가 서로의 존재를 필요로 한다. 즉, 두 사람 사이의 공통된 습관이 만들어지고 서로의 욕구에 반응하며 같이 행동하는 일에 익숙해져 상대에게 의존하기 시작하게 된다. 또한 이 단계에서 사람들은 상대방으로부터 칭찬받기를 희망한다. 이러한 개인적인 내면 감정이 노출되면서 서로 의존하게 되고, 이러한 상호의존 속에서 안정감을 찾게 된다.

(4) 4단계 : 개인욕구 충족(personality need fulfillment) 단계

개인욕구 충족(personality need fulfillment) 단계에서는 서로가 상대방의 가장 기본적인 감정적, 신체적, 심리적 욕구를 충족시켜 줄 수 있다고 느끼고 이를 실행해 나가는 단계이다. 따라서 이 단계에서는 서로 간의 욕구를 만족시켜주는 일에 주력한다. 사람들은 누구나 사랑하고 싶어 하고, 또한 사랑받고 싶어 하는 감정적 욕구를 지니고 있다. 이러한 감정적 욕구 또한 서로의 관계가 발전하면서 충족을 위해 노력한다. 이 단계가 되면 서로는 공적으로나 사적으로나 '사랑하는 관계'라는 것이 공개되는 상태에 있게 된다.

레이스(Reiss)는 사람이 한 번 사랑에 빠졌다고 해서 언제나 그대로 머물러 있지는 않는다고 보았다. 네 단계를 거치면서 사랑이 발전하여 개인적 욕구가 충족되었다고 하더라도 처음에 시작되었던 또 다른 친밀감 형성 과정으로 돌아가 더 높은 친밀성, 즉 더 가까운 친밀감을 요구하게 되고, 더 큰 자기표현, 더 많은 상호의존과 개인욕구 충족을 요구한다는 것이다. 즉 좀 더 가까운 친밀감, 좀 더 깊은 자기노출, 상호의존 관계의 심화 그리고 각자에 대한 욕구 만족의 증대 등으로 순환하면서 진행된다고 보았다. 사랑이란 마치 수레바퀴가 돌아가듯 계속적으로 더 높은 강도로의 발전을 향해 진행된다는 것이다. 따라서 사랑을 지속적으로 유지하기 위해서는 자기 자신과 사랑하는 사람에 대한 끊임없는 탐색과 노력이 필요하며 계속적으로 주목해 나가면서 독창적인 것을 발견하는 것이 필요하다.

상황에 따라서는 순환적인 사랑의 발달이 가역적으로 이루어지기도 한다. 특정한 단계에서 어떤 어려움을 맞아 극복해 내지 못하게 되면 사랑의 수레바퀴가 거꾸로 회전하여 애정의 진전을 멈추게 하기도 한다.

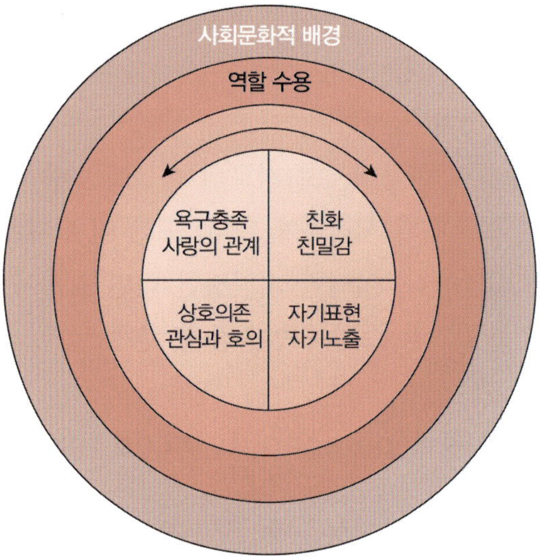

그림 6-1 **레이스(Reiss)의 사랑의 수레바퀴 이론**

출처 : Reiss, I. L.(1971). Toward a sociology of hetrosexual love relationship. Marriage and family living. 22, 139-145.

쉬어가기 **로제토의 수수께끼**

펜실베이니아의 로제토 마을 사람들이 심장마비에 걸린 확률이 다른 곳보다 현저히 낮다는 것이 보고되었다(Egolf et al., 1992). 이 현상의 원인을 밝히기 위해 연구자들은 이 마을 사람들의 식생활과 운동, 유전정보 등을 분석했지만 별다른 차이점을 발견하지 못했다. 오히려 이 마을 사람들은 담배도 피우고, 보통 미국사람들과 비슷한 음식을 먹는 것으로 나타났다. 이 수수께끼의 해답은 과연 무엇이었을까? 연구자들은 그 해답이 식생활이나 운동, 유전 등에 있지 않다는 것을 깨달았다. 비밀은 로제토 마을 자체에 있었다.

로제토 마을은 이탈리아 이민자들에 의해 만들어진 마을로, 한 지붕 아래 3대가 모여 사는 집이 많고, 나이 든 사람들은 젊은 사람들의 존경을 받았고, 교회를 중심으로 마을이 결속되어 있었다. 고작 2천여 명이 사는 마을에 시민모임이 22개나 되었고, 공동체의 평등주의적인 정서는 부유한 사람들이 거들먹거리지 못하게 하고 가난한 사람들을 돕는 역할을 하였다. 이탈리아 남부의 농노문화를 펜실베이니아 동부로 옮겨온 로제토 사람들의 이러한 삶의 방식은 현대사회의 압박과 스트레스로부터 스스로를 지켜내기에 충분할 만큼 강력한 사회적 안전망으로 역할을 했던 것이다.

'로제토 효과'로 알려진 이 현상은 1960년대 초까지 지속되었지만 초창기의 가족 전통이 점점 줄어들기 시작하면서 이 마을에도 심장병 확률이 점점 증가하기 시작하였다.

출처 : 하혜숙·정환욱(2015). p. 169.

2) 스턴버그(Sternberg)의 사랑의 삼각형 이론

사랑의 삼각형 이론은 스턴버그(R. Sternberg)에 의해서 개발되었다. 스턴버그는 미국의 심리학자로 사랑과 지능에 관한 연구로 잘 알려져 있으며 인간의 지능과 감정, 그리고 지능과 감정이라는 두 요소 간의 관계를 증진시키는 데 기여한 사람이다. 스턴버그는 사랑의 삼각형 이론을 설명하기 위해 세 가지 구성요소를 제시하였다. 그것은 바로 두 사람의 감정적인 연결을 의미하는 친밀감, 관계에 대한 결정적인 헌신과 약속에 해당하는 투신, 두 사람 사이의 신체적인 끌림과 로맨틱한 감정을 담은 열정이다. 스턴버그는 사람의 세 요소인 친밀감, 투신, 열정이 모두 결합되어 표출될 때 비로소 완전한 사랑을 이룰 수 있다고 보았다.

(1) 친밀감(intimacy)

친밀감은 가깝고 편하게 느끼고 서로를 잘 이해하고 함께 공유하고 원활한 의사소통 및 긍정적인 지지가 일어나는 것이다. 친밀감은 사랑하는 사람과 함께 있으면 느끼게 되는 행복감, 사랑하는 사람과의 상호 이해와 소통, 사랑하는 사람을 소중히 여기는 마음, 사랑하는 사람의 행복을 증진시키고자 하는 마음, 자신이나 자신의 소유물을 사랑하는 사람과 공유하고 싶은 마음, 사랑하는 사람으로부터 지지를 받고 싶은 마음 등으로 표출된다.

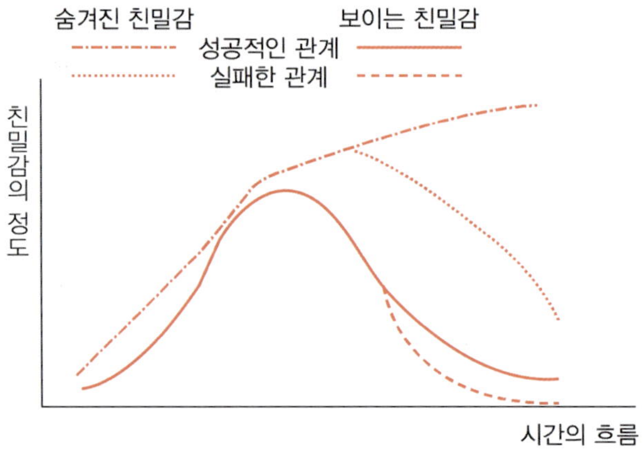

그림 6-2 친밀감의 변화과정

출처 : 미래가족연구회(2012). 결혼과 가족. p. 50.

(2) 열정(passion)

열정은 성적 열망으로 연인들을 생리적으로 흥분시켜 들뜨게 하고 사랑하는 사람과 함께 있고 싶고 일체가 되고 싶은 강렬한 욕망을 불러일으킨다. 이러한 열정은 오래 지속되기보다는 연인 간의 교제기간이 길어짐에 따라 열정의 강도는 감소하거나 다른 형태로 변화되는 것이 일반적이다.

학자들은 이 열정의 시기를 900일로 말하며 특히 일 년이 지난 후에는 열정의 50%가 감소하게 된다고 보고 있다. 따라서 연인들은 일 년이 지난 시기에 대부분 이별을 경험하게 되는데 이는 연인들이 사랑하는 관계에서 열정이 식어가는 시기에 애착이나 친밀감 또는 헌신 등 다른 방법으로 사랑의 모습을 바꾸지 못하기 때문에 헤어짐을 경험하게 된다고 한다(김양희 외, 2012).

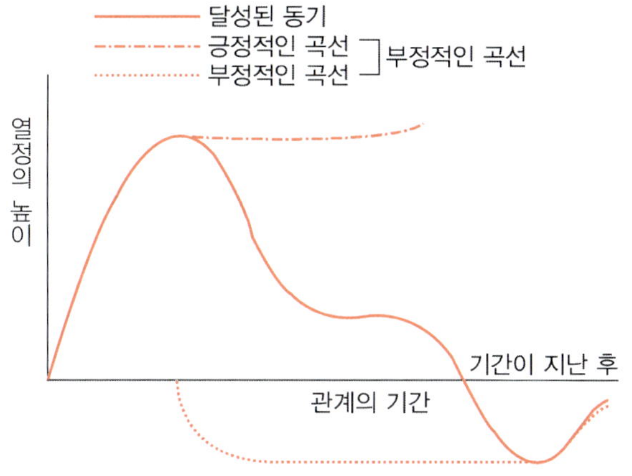

그림 6-3 열정의 변화과정

출처 : 미래가족연구회(2012). 결혼과 가족. p. 51.

(3) 투신(commitment)

투신은 사랑에 책임을 지는 것으로써 상대방을 사랑하겠다는 결정과 행동적 표현을 의미한다. 사랑의 가장 대표적인 투신행위는 약혼과 결혼이며 그 밖에 사랑을 약속하고 맹세하고 사랑의 징표나 선물을 교환하고 이벤트를 열어주고 주변 사람들에게 연인을 소개하는 일 등이 이에 해당한다. 투신은 시간경과에 따라 서로가 점차 가까워지면서 정비례로 증가하는 모습을 보인다. 투신이 어느 정도 한계점에 도달하게 되면 점차 감소되고 두 사람과의 관계가 끝나게 되면 투신은 영점으로 돌아간다.

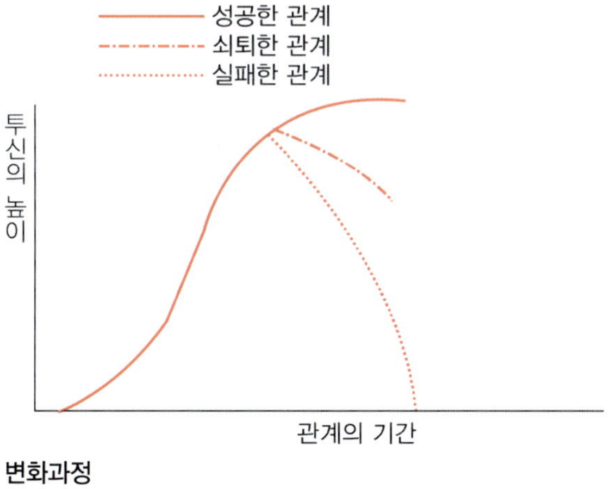

그림 6-4 투신의 변화과정

출처 : 미래가족연구회(2012). 결혼과 가족. p. 52.

친밀감, 열정, 투신이라고 하는 사랑의 3요소는 시간이 흐름에 따라 강도가 변화하는데, 이 강도의 정도에 따라 사랑은 서로 다른 양상의 유형을 나타낸다. 사랑의 요소별로 시간의 흐름에 따른 사랑곡선의 모습을 그림으로 나타내면 다음과 같다.

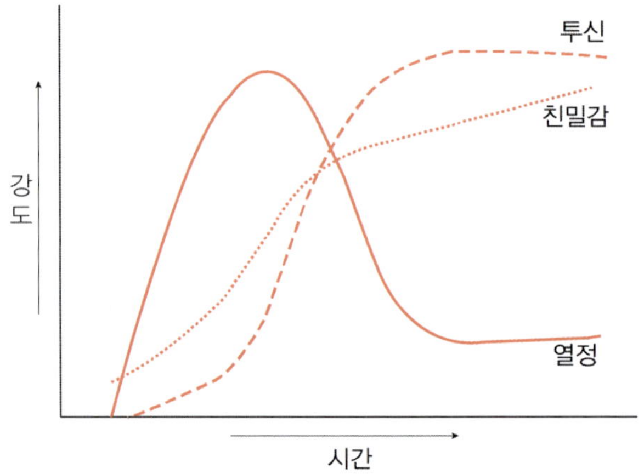

그림 6-5 시간에 따른 사랑곡선

(4) 사랑의 8가지 유형

사랑에는 세 가지 구성요소, 즉 친밀감, 열정, 투신이 모두 필요하지만, 세 구성요소를 기반으로 하여 여덟 가지 사랑의 유형이 조합된다. 세 요소가 전무한 상태의 '비사랑'에서부터 세 요소를 모두 갖춘 '완전한 사랑'까지의 유형을 제시하면 다음과 같다.

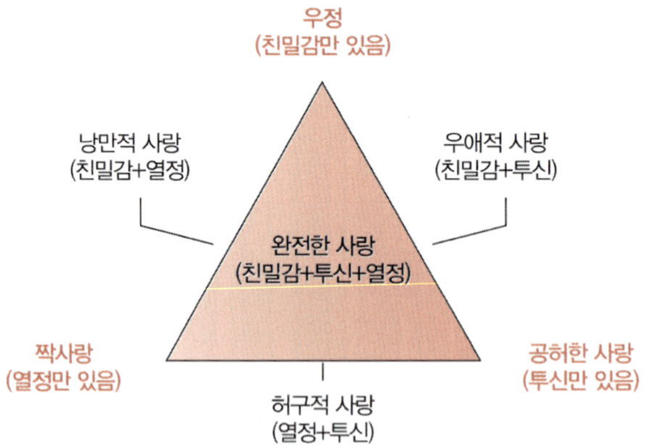

그림 6-6 사랑의 3요소에 따른 사랑의 유형

① 비사랑(non love)

세 가지 구성요소가 없는 상태로써 우리가 일상적으로 만나 지나치게 되는 많은 사람들과의 무의미한 대인관계가 이에 속한다.

② 우정(liking)

뜨거운 열정이나 상대에 대한 투신적 행동은 없지만 가까움과 따뜻함을 느끼는 상태로써 친구관계에서 느끼는 우정과 같은 관계이다.

③ 짝사랑(infatuation)

짝사랑의 대상을 생각하거나 멀리서 보기만 해도 가슴이 뛰고 설레며 다리에 힘이 쭉 빠지는 등 신체적 흥분상태를 수반한 열정을 경험하게 된다. 그러나 상대에 대한 이러한 열정만 있을 뿐 서로 간에 친밀감이나 투신적인 행동은 없다.

④ 공허한 사랑(empty love)

연애시절의 열정도 없고 친밀감도 없고, 사랑도 없이 결혼이라는 투신적인 생활만을 하는 부부가 이에 속한다. 또한 열정과 친밀감 없이 돈과 사회적 지위를 가진 늙은 남자와 결혼만 한 젊은 여자의 경우도 이에 속한다.

⑤ 낭만적 사랑(romantic love)

서로 친밀하고 열정을 느끼지만 결혼과 같은 미래에 대한 약속이나 확신 없이 서로를 사랑하는 경우이다. 드라마나 영화 속의 사랑이 대부분 이러한 지고지순한 사랑을 표현하고 대중매체가 사랑을 상품화하여 표현하지만 모든 사랑이 이렇게 낭만적이지는 않다. 그래서 드라마나 영화를 많이 본 미혼남녀는 이러한 낭만적 사랑의 형태로 결혼을 꿈꾸고 있지만 실제로 결혼생활은 그렇지 않기 때문에 실망하기도 한다. 사랑의 구성요소에는 친밀감과 열정뿐 아니라 투신도 뒤따른다는 것을 명심하여 현실의 결혼생활은 반드시 이런 낭만적 사랑이 아닐 수도 있다는 것을 기억해야 한다.

⑥ 허구적 사랑(fatuous love)

열정을 느껴 투신행위를 했지만 친밀감이 형성되지 못한 사랑의 경우이다. 만난

지 며칠 만에 열정을 느껴 약혼하고 보름 만에 결혼하는 투신 식의 사랑을 말하는데 흔히 이런 사랑은 지속되기 어렵다.

⑦ 우애적 사랑(companionate love)

친밀감과 투신행위는 있지만 열정이 없거나 식어버린 관계의 경우로 오랜 결혼생활을 한 부부간의 관계에서 흔히 볼 수 있는 사랑이다.

⑧ 완전한 사랑(consummate love)

성숙한 사랑이야말로 세 가지 요소를 모두 갖춘 이상적인 사랑인데 이런 사랑을 얻기 위해서는 많은 노력이 필요하다.

<표 6-2> 사랑의 유형에 대한 분류표

사랑의 유형	구성요소		
	친밀감	열정	투신
비사랑	없음	없음	없음
우정	있음	없음	없음
짝사랑	없음	있음	없음
공허한 사랑	없음	없음	있음
낭만적 사랑	있음	있음	없음
허구적 사랑	없음	있음	있음
우애적 사랑	있음	없음	있음
완전한 사랑	있음	있음	있음

사람마다 사랑의 유형은 다르며 여덟 가지 사랑의 형태는 고정적이고 지속적인 것이 아니라 시간이 흐르고 관계가 지속됨에 따라 한 형태에서 다른 형태로 변해가는 것이 일반적이다. 열렬히 사랑했던 부부도 결혼할 때에는 완전한 사랑으로 결혼했으나 살아가면서 부부간의 갈등으로 인해 점차 열정과 친밀감은 사라지고 오로지 자식들을 위해 투신하면서 살아가는 공허한 사랑으로 변한다는 것을 쉽게 알 수 있다(김은영 · 이규은, 2010: 129).

(5) 사랑의 도형적 분석

스턴버그(1990)는 '사랑의 삼각형 이론 척도'를 제작하여 친밀감, 열정, 투신의 세 요소를 수량화하여 측정했다. '사랑의 삼각형 이론 척도'에서 세 요소는 사랑의 삼각형을 구성하는 세 변의 길이가 되며 세 요소에 대한 총점은 각 요소의 크기나 강도를 반영한다. 세 변으로 구성한 삼각형의 넓이는 사랑의 양 또는 크기를 반영하며 삼각형의 모양은 사랑을 구성하는 요소들 간의 균형 정도를 나타낸다.

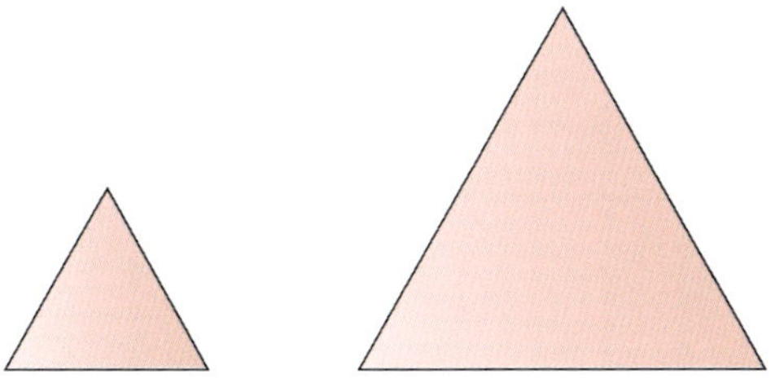

그림 6-7 **삼각형의 크기에 의한 사랑의 평가**

사랑이 되기 위해서는 세 구성요소의 균형적 존재와 발달이 필요하다. 삼각형을 구성하는 세 변 중 두 변의 길이의 합이 다른 한 변의 길이보다 짧을 때 삼각형이 구성될 수 없다는 기하학의 원리가 사랑에도 존재한다. 세 가지 구성요소가 균형적으로 잘 발달한 사랑이 크고 풍성한 사랑이 되고 사랑의 세 요소가 지나치게 불균형적으로 구성되어 있는 애정관계는 그만큼 불완전한 사랑이라고 볼 수 있다.

또한 두 개의 삼각형을 비교함으로써 현실에서의 사랑과 이상적인 사랑이 어떤 점에서 차이가 있는지를 시각적으로 평가할 수 있게 되고, 이러한 분석을 통하여 이상적인 사랑에 도달하기 위해서는 현실적 사랑 중 어떤 요소를 더욱 성장시켜야 하는지에 대한 시사점을 얻을 수 있다.

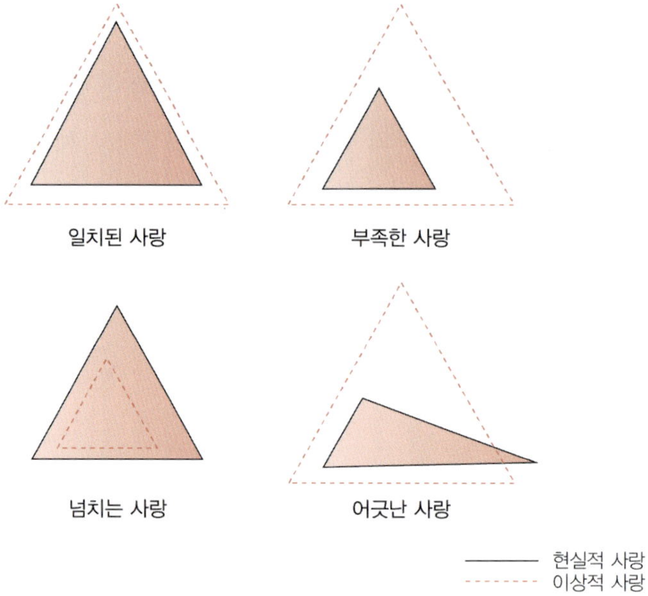

그림 6-8 현실적 사랑과 이상적 사랑의 비교

또한 사랑하는 두 사람 간에도 각자의 관점에서 삼각형을 비교함으로써 두 사람의 차이점을 알 수 있다. 서로에 대해서 사랑의 어떤 요소를 강하게 경험하고 있는지, 또는 상대방을 위해 사랑의 어떤 요소를 채워주기 위한 노력이 필요한지를 알 수 있다. 두 사람이 각자 이상적인 사랑의 삼각형을 비교해 봄으로써 이상적으로 추구하는 사랑의 형태가 어떤 것인지 알 수 있고 서로를 위해서 어떤 노력을 해야 할지를 알 수 있게 된다(김은영 · 이규은, 2010: 129).

3) 리(Lee)의 사랑의 유형

1970년대 들어서서 사랑을 유형별로 구분하고자 시도한 사람은 리(Lee, 1973)이다. 그는 사랑을 다양한 색깔에 비유하여 유형을 구분하였다. 사람마다 색에 대한 선호가 다른 것처럼 사랑도 선호하는 유형이 사람마다 다르다는 것이다. 리(Lee)는 사랑의 색을 1차 색과 2차 색으로 구분하였다. 색깔에도 기본 삼원색이 있듯이 사랑에도 기본 세 유형이 있는데 이를 '사랑의 1차 색'이라고 하였다. 기본색이 2차 색을 만들어 내듯이 사랑도 기본 세 유형이 2차 유형을 만들어 내는데 이를 '사랑의 2차 색'이라고 하였다.

기본 삼원색이 빨강, 노랑, 파랑인 것처럼 사랑의 기본 유형인 사랑의 1차 색에는 에로스(eros), 루더스(ludus), 스토르게(storge)가 있다. 이차색 속에 기본 삼원색이 녹아 있듯이 사랑도 기본유형인 사랑의 1차 색이 사랑의 2차 색을 만들어 낸다. 따라서 사랑의 2차 색은 1차 색의 독특한 증후와 특성이 녹아져 만들어진다. 사랑의 2차 색에는 마니아(mania), 아가페(agape), 프라그마(pragma) 등이 있다.

리(Lee)는 사랑의 우월함에 대해 어느 사랑이 더 우월하다고 말할 수 없다고 단정적으로 말하였다. 사람마다 좋아하는 색이 다른 것이 곧 우월함을 의미하는 것은 아니라는 것이다. 그것은 단지 선호의 문제일 뿐이라고 보았다. 리가 제시한 사랑의 유형을 표로 나타내면 다음과 같다.

<표 6-3> 리(Lee)가 제시한 사랑의 유형

구분	사랑의 형태	테마 색깔	특성
사랑의 1차 색	낭만적 사랑 (에로스)	빨간색	•첫눈에 반하거나 상대방의 신체적 매력에 강하게 이끌리는 사랑을 말한다. •이상적인 연인을 만나 결혼하는 것을 가장 중요하게 생각한다. •사랑의 영원성을 믿는다.
	유희적 사랑 (루더스)	노란색	•사랑을 놀이나 심심풀이로 생각한다. •장기적인 관계를 피하고, 상대방이 자신에게 의존하는 것을 허용하지 않는다. •자기만족에 중점을 두며, 언제든지 다른 대상을 찾아 떠날 준비가 되어 있다.
	우애적 사랑 (스트로게)	파란색	•오랜 만남을 통해 서서히 사랑으로 변하는 형태이다. •정서적으로 편안함을 느끼며, 집안에서도 친밀하게 받아들이는 경향이 있다. •감정보다 이성의 통제를 받는다.
사랑의 2차 색	소유적 사랑 (마니아)	주황색	•낭만적 사랑과 유희적 사랑이 결합된 형태 •상대방에게 중독되어 있는 사랑을 말한다. •상대방을 완전히 소유하려고 하며, 만일 상대방이 다른 사람에게 조금만 관심을 보여도 질투하고 절망한다.
	헌신적 사랑 (아가페)	보라색	•낭만적 사랑과 우애적 사랑이 결합된 형태 •열정적 사랑과 우애적 사랑이 결합된 형태로, 아무 조건 없이 상대방에게 베풀어주는 자기희생적 사랑이다. •상대방의 행복을 위해 기꺼이 물러나기도 한다.
	실용적 사랑 (프라그마)	초록색	•유희적 사랑과 우애적 사랑이 결합된 형태 •논리적이며 실용적인 사랑이다. •현실적인 배경, 가치, 흥미, 개성 등을 따지며 자신이 정한 조건에 합당해야만 사랑을 느끼고 접근한다.

사랑의 특성에 따라 리는 여섯 가지의 유형을 제시하였는데 사람들이 접하는 사랑의 특성을 보면 어느 한 가지의 유형으로만 접근하지는 않는다. 필요에 따라서 한 가지 또는 두 가지의 혼합된 유형을 사용하기도 하고, 두 가지 유형을 공유하여 사용하기도 한다. 이를 '인접성의 원칙'이라고 하는데 이는 비슷한 요소들이 가까이 있을 때 더 가까워지려는 경향과 같은 현상이다.

쉬어가기 캐들린 키팅(Kathleen Keating)의 포옹기법(Hugging therapy)

신체적 접촉은 기분이 좋아지는 것뿐만이 아니라 건강을 위해서도 필요한 것이다. 우리들의 정서적 안정과 신체건강을 위해서 접촉에 의한 자극이 절대적으로 필요하다. 치유를 위한 접촉은 의학적으로도 필수불가결한 도구로 최근에는 대형 종합병원에서 간호사 훈련 과정에도 접촉이 포함되고 있다. 접촉은 고통 · 근심 · 절망을 해소해 주거나 환자의 생존 의지를 북돋워 주는 데에도 사용된다.

포옹이 주는 신체 접촉의 효과는 우리 자신과 주위 환경에 대한 느낌을 호전시켜 주고, 아이들의 어휘력과 지능 발달에 좋은 영향을 주며, 접촉하는 사람 모두에게 상당한 생리 변화를 일으킨다. 포옹의 접촉방법과 형태는 무수히 많으나 캐들린 키팅(Kathleen Keating)의 포옹기법(Hugging therapy)을 몇 가지 소개하면 다음과 같다.

(1) 곰 포옹

포옹 형태는 키가 큰 사람이 똑바로 서거나 작은 사람 위로 약간 구부린 채 두 팔로 상대방의 어깨를 세게 감싸 안는다. 키가 작은 사람의 머리를 키가 큰 사람의 어깨나 가슴에 기댄 채 바로 서서 두 팔로 세게 상대방의 허리와 가슴 사이, 손이 닿는 곳을 끌어안는다. 두 사람의 몸이 꽉 조이는 느낌이 들 만큼 힘있게 서로 밀착된 상태에서 5~10초 또는 그 이상 계속한다. "너의 기쁨과 고통은 곧 나의 기쁨과 고통이야."와 같은 정감 어린 말을 해 주면서 하면 더욱 효과적이다. 곰 포옹은 하고 있는 동안 따뜻하고 든든하며 안전한 느낌을 준다.

(2) A자 포옹

서로 마주 보고 서서 두 팔로 상대방의 어깨를 안는다. 이때 머리 옆 부분을 서로 맞대고 몸은 앞으로 기울이되 어깨 아랫부분은 서로 닿지 않게 하면 A자 포옹이 된다. A자 포옹은 새로 알게 된 사람들이나 직장 동료 또는 어느 정도 예의 바른 태도가 필요한 사이에 적합한 형태이다. 또한 다른 형태에 비해 비교적 어색하지 않게 느껴져, 수줍음을 타거나 포옹을 많이 해보지 않은 사람들에게도 편안한 느낌을 준다.

(3) 뺨 포옹

뺨 포옹은 흔히 정신적인 성격을 띠는 아주 가볍고 부드러운 포옹이다. 뺨 포옹은 앉아서도 서서도 편하게 할 수 있다. 또 전신 접촉이 아니기 때문에 한 사람은 앉고 한 사람은 선상태에서 할 수도 있다. 두 사람 모두 앉아 있을 경우에는 서로 편안하게 다가가서 뺨과 뺨을 마주 댄다. 뺨 포옹은 아주 깊은 친밀감을 느끼게 한다. 특히 두 사람이 가까운 친구 사이일 때는 더욱 그렇다.

(4) 샌드위치 포옹

샌드위치 포옹은 세 사람이 함께하는 포옹이다. 바깥쪽의 두 사람이 서로 어깨를 껴안은 채 안에 있는 사람과 함께 셋이서 모두 머리를 맞대는 것이다. 세 사람의 몸이 모두 포근하게 맞닿도록 한다. 샌드위치 포옹은 가운데 있는 사람에게 특히 강한 안정감을 주므로, 그 사람이 역경을 헤쳐 나가거나 특별한 정신적 격려를 받아야 할 때 도움을 줄 수 있는 포옹이다.

(5) 집단 포옹

여럿이서 되도록 서로 몸을 가까이하고 원을 이룬 다음, 어깨나 허리를 서로 감싸 안고 바짝 껴안는다. 집단의 구성원들이 서로 껴안고 원의 중심을 향해 바짝 껴안으면서 원을 좁히는 방법도 있다. 좁히면서 박수나 환호성을 함께 하는 것도 좋다. 집단 포옹은 서로의 신뢰감, 안정감, 애정과 같은 좋은 느낌 외에도 일체감과 소속감을 느끼게 한다.

(6) 어깨동무 포옹

두 사람이 나란히 걸으면서 상대방의 허리 또는 어깨에 팔을 두르고 가끔씩 더 힘을 주어 껴안는 포옹이다. 친구와 나란히 줄을 서 있을 때 할 수 있는 즐겁고 장난기 어린 포옹이다.

(7) 뒤에서 껴안기 포옹

허리잡기 포옹법이다. 포옹하는 사람이 상대방의 뒤로 다가가 허리를 두 팔로 붙잡고 부드럽게 껴안는다. 뒤에서 껴안기 포옹은 집안일에 몰두해 있는 사람을 포옹하는 데에는 가장 완벽한 방법이다.

(8) 가슴포옹

가슴포옹은 서로 마주 보고 선 두 사람이 똑바로 시선을 맞춘 후 두 팔로 상대방의 어깨나 등을 감싼다. 머리도 맞대고 몸 전체가 완전히 마주 닿게 한다. 가슴포옹은 강렬하면서도 부드러워서 두 사람이 함께 편안하게 호흡을 하면서, 한 사람의 가슴에서 다른 사람의 가슴으로 깊은 온정이 전해지도록 마음을 모을 수 있는 포옹기법이다.

3. 사랑의 과정

1) 사랑의 시작 : 애착

사랑에 대한 접근은 매우 어려운 문제이다. 낯선 사람과 만나 친밀감을 갖고 소통을 통해 사랑을 만들어간다는 것은 쉬운 일이 아니다. 사랑에 대한 욕구는 사랑을 받는 것만이 아니라 상대방에게 베푸는 것도 포함된다. 그래서 사랑은 일방적인 것이 아니라 상호적인 것이다. 사랑은 애착으로부터 시작된다. 애착은 아이와 엄마와의 정서적 유대관계를 나타낸 말인데, 이러한 애착이론을 정립한 사람은 존 보울비(John Bowlby)이다.

존 보울비(John Bowlby, 1069, 1980)는 아이와 엄마의 유대관계를 최초로 이론으로 정리하여 제시한 사람이다. 보울비는 특정한 두 사람 사이에 형성되는 정서적인 유대관계를 애착(attachment)이라고 정의하면서, 어린아이가 애착을 느끼는 특정 인물은 세상을 탐색하는 안전기지의 역할을 한다는 애착이론(attachment theory)을 제시하였다. 유아는 엄마가 어디에 있는지 끊임없이 살피면서 엄마가 가까이 있으면 안전감을 느끼지만 엄마가 너무 멀어지면 불안을 느낀다. 이처럼 애착은 유아가 양육자와의 거리를 조절하면서 독립적인 존재로 성장하는 바탕을 형성하는 기초가 된다.

애착관계는 다음과 같은 네 가지 특징을 나타낸다.

첫 번째 특징은 근접성 유지(proximity maintenance)인데, 애착대상에 가까이 붙어 있기를 원하는 것이다. 두 번째 특징은 애착대상을 안전한 피난처(safe haven)로 여겨서 위안과 확신을 얻기 위해 의지하는 것이다. 세 번째 특징은 이별 고통(separation distress)으로서 애착대상과 예기치 못한 이별을 하거나 장기간의 이별상태에 놓이게 되면 괴로움을 느낀다. 네 번째 특징은 애착대상은 안전기지(secure base)의 역할을 하게 되며 세상을 적극적으로 탐색하고 활동하는 기반이 된다는 것이다. 유아가 성장할수록 애착대상으로부터 떨어져 편안하게 견딜 수 있는 시간과 거리가 증가한다. 평균적으로 12개월의 유아는 3세 아동에 비해서 엄마와의 짧은 이별에도 더 많은 스트레스를 경험할 뿐만 아니라 엄마로부터 떨어져 탐색하는 범위가 더 좁다. 일반적으로 후기 아동기나 청소년기에 이르면 분리불안이 감소되면서 장기간의 이별이 가능해진다. 이처럼 아동이 부모와 관계경험을 통해서 자신과 타인에 대한 내면적 표상체계를 형성하게 되는데 이것은 요람에서 무덤까지 전 생애를 통해서 지속적으로 이루어진다고 보았다(하혜숙 · 정환욱, 2015: 161).

사랑의 시작은 애착에서 온다. 애착(attachment)이란 '몹시 사랑하거나 끌려서 떨어지지 않는 마음'을 말한다. 그래서 애착의 대상은 반드시 사람만이 아니다. 물건도 될 수 있고 일이나 삶이 될 수도 있다. 하지만 심리학에서는 엄마와 아이 사이에서 형성되는 상호적이고 감정적인 유대관계를 애착이라고 한다. 엄마가 2살 이하의 아이를 어떻게 돌보느냐에 따라 달라질 수 있다는 것이다. 2살 이하처럼 생의 초기에 애착이 형성되는 것은 아이가 엄마 없이는 아무것도 할 수 없는 상황에서 엄마의 역할이 매우 중요하기 때문이다. 아기가 먹는 것, 자는 것, 입는 것, 변을 보는 것 등 어느 하나도 엄마의 도움 없이는 불가능하기 때문이다. 부모와 자녀 간에 형성된 애착관계에는 다음과 같은 세 가지 형태가 있다(정민자 외, 2005).

첫째, 안정된 애착관계이다. 안정된 애착관계를 형성한 아이들은 엄마가 곁에 있을 때면 활발하게 주위를 탐색하고 낯선 사람하고도 쉽게 교류한다. 엄마가 잠시 자리를 떠나더라도 크게 불안해하거나 걱정하지 않고 자기가 필요할 때 엄마가 다시 돌아올 것이라고 믿는다. 엄마가 돌아오면 그동안의 불안이 곧 사라지고 다시 주위를 탐색한다.

둘째, 회피적 애착관계이다. 회피적 애착관계를 형성한 아이들은 엄마가 잠시 안 보이면 금방 심하게 불안해지고, 자신에게 엄마가 필요한 일이 생겨도 그때 엄마가 나타나지 않을 것 같은 걱정에 사로잡힌다. 엄마가 다시 돌아와도 엄마와의 접촉을 회피하고, 엄마가 달래주고 아이의 불안했던 마음을 위로해 주려고 해도 이를 외면한다. 이런 아이들은 혼자 노는 것을 별로 싫어하지 않고 어른이 되어서도 다른 사람과의 친밀한 교류를 싫어하는 양상을 보인다.

셋째, 불안-저항적 애착관계이다. 불안-저항적 애착관계를 형성한 아이들은 엄마가 다시 돌아왔을 때 분노감으로 가득 차 있고, 엄마가 달래주어도 그 화가 풀어지지 않는다. 그들은 세상에 대하여 잠재적으로 적대적인 태도를 가지고 있는 사람처럼 행동한다.

성인의 애착유형에 대해 캐나다 시몬프레이저 대학교(Simon Fraser University)의 심리학자 바살러뮤(Kim Bartholomew)와 미국 스탠퍼드 대학교(Stanford University)의 심리학자 호로비츠(Leonard Horowitz)는 애착의 유형을 크게는 안정 애착과 불안정 애착으로 구분하고, 불안정 애착을 다시 몰입형, 무시형, 두려움형으로 구분하였다. 자신과 타인에 대한 신뢰를 믿을 수 있는 긍정적인 존재냐 아니면, 믿을 수 없는 부정적인 존재냐에 따라 유형이 달라진다고 보았다.

자신과 타인에 대해 모두 긍정적이면 안정형(secure)이, 자신과 타인에 대해 모두 부정적이면 두려움형(fearful)이 형성되고, 자신에게는 긍정적이지만 타인에게는 부정적이면 무시형(dismissive)이, 자신에게 부정적이고 타인에게 긍정적이면 몰입형(preoccupied)의 애착이 형성된다고 보았다.

안정형은 항상 대인관계에서 편안함을 느끼며 원만하게 생활하지만, 두려움형은 다른 사람들과 친밀한 관계를 맺고 싶어도 그들을 신뢰하지 못하여 의존하기를 두려워한다. 무시형은 자신의 행동에 대해 타인의 눈치를 전혀 보지 않고 행동하며 자신은 스스로가 다른 사람들과 잘 지낸다고 생각하지만 주변 사람들은 매우 불편함을 느낀다. 몰입형은 자신은 다른 사람들과 가깝게 지내는 것을 원하지만 다른 사람들이 자신을 싫어할까 봐 걱정하는 스타일이다.

사랑이란 각각의 개개인에 대한 깊은 이해와 수용을 바탕으로 상호 간의 건전한 신뢰관계와 존중을 포함하는 개념이다. 개인은 사랑을 받고 포용되는 것을 통하여 스스로가 가치 있는 존재라고 인식한다.

2) 사랑의 발전과 소멸

애착을 통해 친밀감이 증대되면 단순히 아는 정도에서 더 나아가 점차 서로에게 흥미를 가지게 된다. 사랑의 출발점은 다양하겠지만 보통 무엇인가에 대해 매력을 찾게 되면서부터 시작된다. 종종 첫인상은 좋지 않았으나 친밀감이 형성되어 발전하는 경우도 있다. 연구결과에 따르면 남성은 보통 20회, 여성은 17회의 데이트를 거쳐서 사랑을 느끼게 된다는 보고도 있다. 첫눈에 반하여 사랑에 빠지는 경우도 있지만 일반적으로 여러 차례의 데이트를 거쳐 사랑을 느끼게 된다.

사랑의 발전은 어느 날 갑자기 이루어지는 것이 아니다. 서로의 노력과 상호작용을 통해 관계가 돈독해지면서 사랑이 발전한다. 사랑의 발전과정에는 다음과 같은 몇 가지 특성이 있다.

첫째, 두 사람의 데이트가 함께 즐기는 것이 되어야 동료감이 발달한다.

둘째, 상호작용을 통해 두 사람의 견해가 공감하게 되면서 상호 간의 배려가 이루어진다.

셋째, 사랑의 진행은 언제나 평탄하지 않으며, 좋은 순간과 나쁜 순간을 모두 경험하게 된다.

이러한 경험을 통해 신뢰가 형성되고 나면 평범한 관계에서 밀접한 데이트나 약혼으로 서서히 발전한다. 사랑은 결혼의 기초를 형성하여 결혼 전에 그 관계가 풍부할수록 결혼 후에도 풍부한 사랑으로 이어질 가능성이 높다. 두 사람 간의 생동적인 관계는 시간이 흐를수록 더 발전하지만 빈약한 관계는 시간이 지남에 따라 점차 소멸된다.

사랑의 소멸은 서로에 대한 흥미를 상실해 가면서 관계를 그만두게 된다. 소멸의 단계에 들어서게 되면 두 사람은 모두 관계가 악화된다는 것을 인식하기 마련이다. 그러나 문제는 한 사람의 관심은 새로운 대상에게로 옮겨 갔으나 나머지 한 사람은 아직 이전의 관계에서 헤어나지 못할 때 심각한 문제가 발생할 수 있다. 그런 경우에는 두 사람의 관계를 끝내기가 어려워진다.

두 사람의 관계를 끊어내는 방식에 절교라는 방식을 쓴다. 절교란 적용하기 어려운 것이지만 자칫 잘못하면 지나친 감정대립의 관계로 발전하게 된다. 또한 오랫동안 사귀어 온 상대를 버린다는 죄의식 때문에 단번에 관계를 끊기는 어렵다. 누구도 상대가 고통스러워하는 것을 좋아하지는 않을 것이다. 이럴 때에는 다음의 방법을 활용해 보는 것도 하나의 방법이 될 수 있다.

첫째, 서서히 관계를 줄여나가는 점진적 감소 방법을 적용해 본다. 둘째, 사랑이 식으면 깨끗이 끊어 버리는 선명한 절교 방법을 적용한다. 셋째, 친구나 다른 사람(상담가나 임상 의사 등과 같은 전문가)의 도움을 구하는 원조 요청 방법을 활용해 본다.

3) 사랑의 종결

많은 연인들은 열렬히 서로 사랑했지만 다양한 이유로 인해 사랑이 행복한 결말을 맺지 못하기도 한다. 좋은 상대방을 만나 관계를 발전시키는 것도 중요하지만 자신에게 맞지 않는 상대방과 잘 헤어지는 것도 매우 중요하다. 이성 관계를 끝내야겠다고 결심하면 상대방이 상처받을 것임을 인정하고 명확한 이유를 들어 관계를 종료할 의사를 분명히 밝힌 뒤 관계를 끝내야 한다. 이성관계를 종결하는 방식으로는 다음과 같은 경우가 있다. 첫째, '일방적 실연'의 방법으로 한쪽이 헤어질 것을 통보함으로써 이루어지는 경우이다. 둘째, '합의된 실연'으로 남녀 서로가 합의하여 관계를 종결하는 경우이다. 셋째, '강요된 실연'으로 부모의 반대, 한쪽의 죽음, 사고 등과 같은 외부요인으로 관계가 종결되는 경우이다. 간혹 강요된 실연에 따른 그리움이나 아쉬움으로 인해 사랑의 감정이 더 애틋해지면서 연인 간의 결속이 강화되는 '로미오와 줄리엣 효과'를 낳는 경우도 있다.

실연은 사랑의 상실로서 실연의 상처는 사람마다 다르기는 하지만 때로는 여러 가지 고통스러운 상처를 남기고 심리적인 후유증이 뒤따르면서 각자의 삶에 심각한 영향을 미치기도 한다. 실연을 하게 되면 일반적으로 우울, 슬픔, 분노, 미련, 후회 등 여러 가지 고통스러운 정서적 경험을 하게 되며 인지적 기능에도 변화가 생겨 주의가 산만해지고 집중력, 판단력, 기억력이 저하되어 학업이나 직업수행에 있어서 곤란을 겪을 수도 있다. 또한 행동상에서도 변화를 가져와 의욕과 흥미, 활동성 및 식욕이 저하되기도 하며 두통, 소화불량 등 신체적 증상을 수반할 수도 있다.

이와 같이 실연이 너무 고통스러워서 처음에는 극복하지 못할 것 같은 느낌이 들지만 실연을 극복하는 방법이나 기간은 사람에 따라 다를 뿐 대부분의 사람은 실연의 고통을 극복한다. 따라서 이별의 순간이야 가슴이 아프고 이루 형언할 수 없는 고통이 따르겠지만 사랑이 붕괴되고 이별을 맞이하게 된다 하더라도 크게 두려워하거나 실망할 필요는 없다. 실연의 고통을 극복하는 과정을 통해서 자신을 돌아보면서 성장하기 때문이다.

실연의 상처가 빨리 아물도록 돕기 위해서는 다음과 같은 과정을 거치는 것이 중요하다.

첫째, 자신이 실연으로 아파하며 슬퍼하고 있다는 사실을 받아들인다. 실연의 고통은 '나'만 겪는 것이 아닌 '누구나' 겪는 자연스럽고 정상적인 반응임을 자각하면서 대부분의 사람들처럼 이러한 고통으로부터 벗어날 수 있다는 것을 인식하도록 한다.

둘째, 충분히 아파하고 슬퍼할 필요가 있다. 실연의 고통을 부정하지도 말고 회피하지도 말고 충분히 아파하는 과정을 경험함으로써 자신의 괴로운 감정을 온전히 느끼고 표현하는 것이 실연의 고통을 빨리 치유하는 데 도움이 된다.

셋째, 가능하다면 1~2주 정도 일상적 생활로부터 벗어나는 것도 좋다. 시간을 내어 사색이나 여행 등을 함으로써 일상의 업무 부담에서 벗어나 기분을 전환하고 환경을 변화하는 것이 도움이 된다.

넷째, 실연에 대해서 반성해 본다. 충분히 아파하고 기분전환을 한 후에 사랑과 실연의 과정과 원인을 담담하게 반성해 봄으로써 자신이 개선해야 할 부분에 대해 생각해 본다.

다섯째, 실연의 아픔으로부터 벗어나 일상의 생활로 돌아온다. 이러한 완화 과정을 거쳐서 스스로 재기를 위한 현실 생활로 돌아오도록 노력해야 한다.

이와 같은 실연의 고통을 극복하는 과정은 가까운 가족의 죽음을 극복하는 과정과 유사하다. 사랑하던 사람이 사망하게 되면 우리는 애도 과정(mourning process)을 거치게 된다. 사랑했던 사람을 잃은 슬픔을 표현하고 사랑했던 사람의 장례식을 치르고 무덤을 만들면서 그 사람의 죽음을 현실로써 받아들이게 된다. 두 가지 경우 모두 사랑하는 사람을 떠나보내는 상실의 경험으로부터 극복하는 과정이다. 이러한 과정을 거쳐서 사랑하는 사람의 상실을 충분히 현실로 인정하게 되면 상실의 고통은 견딜 수 있는 수준으로 완화된다(권석만, 2008).

실연으로 인한 고통은 일시적임을 인지하고 혼자만의 시간을 갖는 것도 좋다. 이성교제가 종결된 후에는 당연히 전화, 방문, 문자 등은 하지 않도록 한다.

쉬어가기 실연극복, 이렇게 하라

- **있는 그대로 받아들여라.**
떠나간 사람이 사실은 나를 좋아하고 있다든지 언젠가 다시 돌아올 것이라는 생각은 아예 버리자. 분명한 것은 왜 헤어졌느냐가 아니라 지금 헤어졌다는 사실이다. 불확실한 답을 구하려고 시간을 보내지 말자.
- **슬픔의 극복 과정에서 "왜?"라는 질문은 필요 없다.**
자책감과 후회는 슬픔을 증폭시킬 뿐이다. 자신에게 "왜?"라는 질문만 던지지 않아도 깨진 사랑에 대해 생각하는 시간은 훨씬 줄어들 것이다.
- **어떤 감정이라도 모두 받아들여라. 부정적인 감정도 받아들여라.**
욕을 하고 싶으면 마음껏 욕을 하고, 울고 싶으면 지쳐 쓰러질 때까지 마음껏 울어라. 우리는 성인이 아니라 감정을 주체하기 어려운 인간일 뿐이다.
- **감정을 밖으로 드러내라.**
슬픈 감정을 감추려 태연하게 행동하려고 노력하지 마라. 그것이 오히려 부자연스럽다. 마음껏 슬퍼하라. 실연은 창피한 것이 아니다. 다른 사람의 시선을 신경 쓰지 마라. 남이 뭐라고 하건 그 사람도 실연하고 나면 당신과 똑같다.
- **슬픔이 하룻밤에 사라질 것이라고는 생각하지 마라.**
슬픔이 어느 정도 지속되느냐는 사람에 따라 다르다. 분명한 것은 생각보다는 길다. 중요한 것은 슬픔을 어떻게 처리할 것인가의 문제이다. 계속 슬퍼할 것인지 아니면 슬픔을 떨쳐버리고 떠나간 사람을 빨리 잊을 것인지를 결정해야 한다. 미련에 빠져 허우적거리는 것만큼 실연에서 어리석은 것은 없다.
- **친구가 중요하고 친구가 필요하다.**
사실 숨기고 싶은 일일 수도 있지만 슬픔을 극복하는 데 자신의 마음의 문을 여는 것은 매우 중요하다. 이럴 때일수록 자신의 마음을 이야기하고 고통을 나눌 수 있는 친구가 필요하다. 실연을 경험했던 사람들의 이야기를 들어보라. 이미 실연을 경험한 사람들의 이야기를 듣다 보면 자기만 특수한 경우에 처해 있는 게 아니라는 것을 깨닫게 된다. 다른 사람도 다 비슷한 경험을 하면서 살아간다.
- **자신을 소중하게 여겨라.**
세상에서 가장 중요한 것은 '나'다. 자포자기에 빠지는 것은 결코 도움이 안 된다. 연애가 끝나버린 것에 대해 자신을 책망할 필요는 더더욱 없다. 오히려 이 실연이 자신의 성장에 얼마나 도움이 될지를 생각하라. 떠난 그 사람은 나의 성장을 위해 필요했을 뿐이라는 생각이 중요하다.

출처 : 천성문 외(2013). 성 심리의 이해. 서울: 양서원. p. 105 재인용.

활동자료 6-1

사랑의 유형 검사

※ 아래 문항은 캐나다 토론토대학교의 존 리(John. Alan. Lee) 교수가 제시한 사랑의 유형에 따른 검사지로 당신이 원하는 사랑의 유형을 알아보기 위한 것이다. 이전에 경험했던 사랑이나 현재 진행하고 있는 사랑을 생각하면서 3점 척도에 따라 해당하는 란에 V 표를 하여라.

번호	질문 내용	응답		
		아니다 (1)	대체로 그렇다 (2)	매우 그렇다 (3)
1	한참 지난 다음에야 비로소 내가 사랑하고 있었음을 알았다.			
2	나는 '첫눈에 반한다'는 것이 가능하다고 생각한다.			
3	현실적인 관점에서 나는 사랑을 고백하기 전에 먼저 나의 장래 목표부터 생각해 보아야 한다.			
4	애인에게 나의 태도를 불확실하게 해두는 것이 언제나 좋다.			
5	애인이 어려운 처지에 빠지면 설사 그가 바보처럼 행동한다 하더라도 도와주려고 노력한다.			
6	우리들 사이에 일이 잘 풀리지 않으면 나는 소화가 잘 되지 않는다.			
7	먼저 좋아하는 마음이 얼마 동안 있은 다음에 비로소 사랑이 생기는 것이 원칙이다.			
8	우리가 처음 볼을 비비거나 키스를 했을 때, 나는 신체에 화학적 반응이 오는 것을 느꼈다.			
9	애인을 결정하기 전에 인생설계부터 잘 해두는 것이 좋다.			
10	연애하는 재미란 둘의 관계를 발전시키면서 동시에 내가 원하는 것을 얻어내는 것을 실험하는 데 있다.			
11	애인을 고통받게 하기보다는 차라리 내가 고통을 받겠다.			
12	나는 연애에 실패한 후 너무나 우울해져 자살까지 생각해 본 적이 있다.			
13	예전에 연애 상대였던 사람들 모두 지금 나와 좋은 관계를 유지하고 있다.			
14	나는 연애를 시작하기 전부터 나의 애인이 될 사람의 모습을 분명히 정해 놓고 있었다.			
15	비슷한 배경과 처지를 가진 사람끼리 사랑하는 것이 가장 좋다.			
16	사랑하는 애인이라면 나에 관해 모르는 것이 있다 할지라도 그것 때문에 속상해하지는 않는다.			

17	애인이 행복하지 않으면 나는 결코 행복해질 수 없다.			
18	나는 사랑에 빠지면 매우 흥분이 되어 잠을 이루지 못하는 때가 있다.			
19	최상의 사랑은 오랜 기간의 우정으로부터 싹튼다.			
20	제일 먼저 나의 주의를 끄는 것은 대체로 그의 외모이다.			
21	애인을 결정할 때 한 가지 고려해야 할 점은 그가 우리 가정을 어떻게 생각하는가이다.			
22	나는 두 애인이 서로 알지 못하도록 교묘하게 꾸민 적이 적어도 한 번은 있었다.			
23	나는 어느 사람하고 헤어지고 나면 그의 좋은 점을 발견하려고 무척 애쓴다.			
24	애인이 나에게 관심을 보이지 않으면 나는 온몸이 쑤시고 아프다.			
25	사랑해서 가장 좋은 것은 둘이 함께 살며, 함께 가정을 꾸리고, 함께 아이들을 키우는 것이다.			
26	그의 손을 잡았을 때 나는 사랑의 가능성을 감지했다.			
27	배우자를 결정함에 있어 가장 먼저 고려해야 할 것은 그가 좋은 부모가 될 수 있는가 하는 점이다.			
28	나는 매우 쉽고 빠르게 사랑했던 관계를 잊어버릴 수 없다.			
29	애인이 원하는 것을 위해서라면 나는 기꺼이 내가 원하는 것을 희생할 수 있다.			
30	나는 사랑에 빠지면 도무지 일에 집중하기가 힘들다.			
31	우리가 언제부터 서로 사랑하게 되었는지 정확히 알 수 없다.			
32	나는 매력적인 사람들과 바람피우는 것을 좋아한다.			
33	상대를 선택할 때 고려해야 할 점은 그가 자신의 직업을 어떻게 생각하는 가이다.			
34	애인이 나와 다른 사람들 사이에 있었던 일을 알게 된다면 매우 화를 낼 것이다.			
35	만약 나의 애인이 다른 사람의 아기를 갖고 있다면, 나는 그 아기를 친자식처럼 키우고 사랑하며 보살펴 줄 것이다.			
36	나는 애인이 다른 사람하고 같이 있는 것 같은 생각이 들면 도저히 견딜 수가 없다.			

결과 처리

* 다음의 채점기록표에 점수를 기재하여 사랑의 유형별로 합계 점수를 산출해 낸다.
* 가장 점수가 많이 나온 유형이 자신의 사랑 유형이다. 사랑 유형에는 어느 유형은 좋고, 어느 유형은 나쁘다는 의미가 아니다. 자신의 유형을 알아보고 다른 사람과는 어떻게 다른지를 결과해석에 나온 사랑의 유형별 특징을 보면서 생각해 보도록 한다.

[채점기록표]

사랑의 유형	질문 문항 각 문항 채점 점수						합계:(점수)
1. 우애적 사랑 (스트로게)	1	7	13	19	25	31	합계:( )
2. 낭만적 사랑 (에로스)	2	8	14	20	26	32	합계:( )
3. 실용적 사랑 (프라그마)	3	9	15	21	27	33	합계:( )
4. 소유적 사랑 (마니아)	4	10	16	22	28	34	합계:( )
5. 이타적 사랑 (아가페)	5	11	17	23	29	35	합계:( )
6. 유희적 사랑 (루더스)	6	12	18	24	30	36	합계:( )

결과 해석

* 리(Lee)가 제시한 사랑의 유형별 특징 〈표 6-3〉을 참고하여 자신의 사랑의 유형에 따른 특성을 알아보도록 한다.

Chapter 07

이성교제와 배우자 선택*

* 본 장은 이규은 · 장상필(2021). 성과 결혼. 도서출판 어우리. pp. 229-250의 내용을 재구성하였음.

Chapter 07

이성교제와 배우자 선택

1. 이성교제의 의미와 기능

인간은 발달과정에서 자아정체성이 확립되는 시기에 도달하게 되면 이성에 대해 흥미와 관심을 보인다. 이러한 흥미와 관심이 '데이트'라고 하는 이름 아래 공개적인 만남으로 연결되는데, 이것이 이성교제이다. 이성교제라고 하는 공개적 만남이 일반화된 것은 그리 오래되지 않았다. 미국에서 데이트가 대학생 사이에 등장한 것은 제1차 세계대전 이후이다. 데이트라 불리는 이성교제는 20세기 이후의 가장 흥미 있는 현상 중의 하나로 오늘날 우리에게 익숙해지기까지는 실상 1세기도 못 되는 역사를 가지고 있다. 이성교제에 대한 역사적인 변화과정을 보면 1930년대에 들어서서 데이트가 일반화되고, 1940~1950년대에 이르러서는 데이트가 10대까지 파급되었다. 이러한 데이트 문화가 일반화된 요인에는 산업화와 도시화의 영향이 크다(옥선화 외, 2000).

1) 이성교제의 의미와 장단점

(1) 이성교제의 의미

이성교제는 이성에 대한 관심을 가지고 남녀가 서로 사귀어 가까이 지내는 것으로 대부분의 남녀는 이성교제를 통해 서로에 대해 이해하고 알아간다. 즉, 이성교제는 이성에 대해 서로 탐색해 나가는 과정으로 '남자와 여자가 함께 친한 관계를 유지하고 활동하는 모든 것'이라고 정의할 수 있다. 이러한 이성적 관계는 우리의 삶에서 보면 인간의 삶이 의도적이든지 또는 비의도적이든지, 아니면 외적 또는 내적이든 간에 이성적 인간관계를 떼어놓고는 생각할 수 없다. 특히 청소년기는 정신적·신체적 발달과정이나 생리적인 현상에 있어서 이성교제에 대한 관심이 가장 높은 시기이다. 이성교제는 미혼 남녀들이 이성에 대한 탐색을 통해 배우자를 선택하는 실질적인 준비과정이기도 하다. 따라서 이성교제를 위한 청소년들의 올바른 이성관의 확립이 필요하다. 이러한 청소년들의 올바른 이성관이 가르침이나 제도 없이도 스스로 잘 형성되리라고 생각하는 것은 잘못된 생각이다. 이성교제에 대한 바른 이해와 인식을 갖도록 하는 것은 청소년의 성장과정에서 중요한 부분이다. 청소년들이 자기 자신에 대해서 남과 다른 점을 발견하고 외모에 관심이 많으며, 이성에 대해 새로운 흥미와 관심을 갖고, 호감을 가진 이성과 교제하고 싶어 하는 것은 발달 과정에서 나타나는 자연스러운 현상이다. 이러한 현상에 맞춰 나갈 수 있도록 청소년들에게 이성교제에 대한 바른 인식을 갖도록 하는 것이 필요하다.

이성교제는 이성을 존중하는 마음에서 시작되어야 한다. 이성을 인격체로 존중하고 예절을 지키며 성행동을 절제하는 등의 사랑과 책임을 바탕으로 한 마음가짐으로 접근해야 하며, 이성 간 생각의 차이와 마음을 이해하고 수용하려는 자세가 필요하다.

(2) 이성교제의 장단점

미국의 심리학자 매슬로우(Abraham Maslow)는 인간의 욕구를 다섯 단계로 구분하여 '매슬로우의 인간 욕구 5단계론(Maslow's hierarchy of needs)'을 발표하였다. 이 이론에 따르면 성욕은 배고픔, 수면, 갈증에 대한 욕구와 함께 인간에게 가장 기본적이고 일차적인 욕구에 해당된다. 따라서 이성교제는 성욕의 한 영역으로 인간의 일차적인 욕구에 해당하는 것으로 자연스러운 것이며 한 남자가 한 여자에 대하여 이성적인 친교를 갖는 것 또한 자연스러운 이치이다.

일반적으로 이성교제에 대해 청소년기 전반에는 대부분의 청소년들이 동성 간의 우정에 비중을 많이 두지만 후반기에 들어서면서부터는 이성을 그리워하고, 또 이성을 만났을 때에는 손잡고 이야기하고 서로 즐기는 자연스러운 모습이 나타나게 된다. 청소년들은 이성교제를 통해서 남녀가 서로를 잘 이해하고 앞으로 나아갈 사회생활에 대비하여 사회구성원의 일원이 된 남자 또는 여자로서의 역할과 상호작용을 터득하게 된다. 또한 이성교제를 통해 자신과 상대방의 성격이나 인간성을 체험하는 기회를 갖게 되고, 자신의 행동이 이성에 미치는 영향이 무엇인지를 깨달으면서 자신을 재조명하는 기회도 가진다. 따라서 청소년기의 이성교제는 자신의 성장과 함께 스스로를 사회적으로 성숙하게 하는 기회가 된다. 하지만 이러한 청소년기의 이성교제가 반드시 좋은 점만 있는 것은 아니다. 잘못 인식된 이성교제관이 청소년들을 오히려 고난의 과정으로 빠져들게 하기도 하고 사회적 문제를 야기하는 원인이 되기도 한다. 따라서 청소년기에 활발하게 이루어지는 이성교제에 대한 장점과 단점을 바르게 인식하고 상황에 따라 적절하게 대응해 나갈 수 있는 능력을 길러야 한다.

이성교제의 장점으로는 친구관계의 폭이 확대되고 사랑이라는 감정을 경험할 수 있다는 점을 들 수 있다. 친구관계가 동성으로 제한되었던 인간관계가 이성교제를 통해 이성으로까지 확대되어 관계에 대한 이해의 폭이 넓어진다. 또한 이성에 대한 사랑이라는 감정의 경험을 통해 상대를 존중하고 배려하는 마음을 갖게 되어 동성에게서 배울 수 없었던 존중이나 배려와 같은 것을 배울 수 있는 기회도 된다. 뿐만 아니라 잘못 인식된 성에 대한 편견을 고칠 수 있는 기회가 되기도 한다. 왜곡된 시선으로 바라보았던 이성에 대한 인식이 이성교제를 통해 바로잡아 나갈 수 있고, 좋아하는 감정을 조절해 나가는 방법을 익혀 후에 배우자를 선택하는 데도 많은 도움이 된다. 이성교제는 이성 친구를 통해 자신의 정체성을 확립해 나갈 수 있는 기회가 되기도 한다. 이성 친구의 조언과 격려로 자신의 어려움을 극복해 나가면서 상호관계가 형성되어 자아정체성이 확립되는 기회가 되기도 한다.

하지만 청소년기의 이성교제는 일상생활에 부담이 된다는 점과 함께, 여러 가지 단점을 지니고 있다. 먼저 이성교제의 단점으로는 지나치게 외모에 관심을 갖고 신경을 쓰는 일이다. 자신의 몸을 관리한다는 측면에서 외모에 관심을 갖는 것은 좋으나 일상생활에 지장을 줄 정도로 지나치다는 점은 문제점이다. 또한 사람마다 개인차가 있기는 하지만 자신이 좋아하는 이성친구가 실망하거나 떠나지 않을까 하는 마음으로 항상 불안해한다는 것이다. 특히 건전하지 못한 이성교제는 잘못된 성행위를 유발하게 되고 이로 인해 씻을 수 없는 상처를 가지게 되며 임신했을 경우에는 더 큰 개인적·사회적 문제를 야기하게 된다. 서로 합의하에 자녀를 출산하여 낳기로 한다고 하더라도 미혼모라는 사회적 문제로 여러 가지 어려움을 겪게 되고, 안타깝게 합의가 되지 않아 낙태로 이어진다고 해도 생명경시에 대한 문제가 발생하게 된다. 이러한 과정은 여자는 신체적으로 아픔을 경험하게 되고 남자는 책임감을 상실하여 자괴감에 빠지게 되는 문제가 발생한다. 뿐만 아니라 이성교제는 상대방에 대한 집착으로 인하여 스스로 인간관계를 좁혀나가는 문제가 있다. 이성친구만을 생각하고 이성친구에 신경을 쓰다 보면 친구들에게 소홀하여 친구관계의 폭이 좁아지기 마련이다. 또한 잦은 기념일이나 선물로 과소비를 조장하거나 외모에 집착하는 현상이 두드러져 경제적 부담감이 커지기도 하고 경우에 따라서는 외모에 대한 열등감으로 이어져 또 다른 문제를 발생하기도 한다.

<표 7-1> 이성교제의 장점과 단점

구분	내용
이성교제의 장점	•이성에 대한 사랑의 감정을 경험하게 함 •친구 관계의 폭을 넓힐 수 있음 •이성과의 관계를 안정적으로 이끌어 갈 수 있는 기회를 갖게 됨 •잘못된 성에 대한 인식이나 편견을 고칠 수 있음 •이성을 이해하고 수용하는 데 도움이 됨 •이성을 통해 자아정체감을 확립할 수 있는 기회를 갖게 됨 •배우자 선택에 대한 가치관을 정립할 수 있고, 배우자 선택의 기회가 되기도 함
이성교제의 단점	•이성교제에 지나치게 신경을 쓰고 외모에 지나친 관심을 갖게 됨 •이성친구가 실망하거나 떠나지 않을까 하는 마음으로 불안해함 •성 충동으로 인하여 건전한 관계를 유지하기 어려울 수 있음 •주변 친구나 동료, 가족들에게 소홀해지고 인간관계의 폭이 좁아질 수 있음 •잦은 기념일이나 선물로 과소비를 조장하여 경제적 부담감이 커질 수 있음 •잦은 이성과의 이별 경험이 행동의 무책임을 강화시킬 수 있음 •건전하지 못한 이성교제로 인해 임신, 성폭력, 청소년 비행 등이 발생할 수 있음

이성교제는 일률적으로 장·단점만으로 판단할 수는 없다. 이성교제는 인간의 발달과정에서 거쳐야 하는 이성에 대한 인식과 소통의 경험이기 때문이다. 따라서 남녀는 이성교제를 통해서 이성 간의 소통 방법을 습득하고 인간으로서 성숙하는 데 필요한 이성에 대한 인식의 폭을 넓혀나가는 데 중점을 두어야 한다. 이성교제를 단순히 그 자체로 생활에 흥미를 주고 즐거운 경험을 제공하는 과정으로만 볼 것이 아니라 이성교제에 대해 부수적으로 따르는 책임과 사랑에 대해 바르게 인식하는 계기로 삼아야 한다. 사랑과 책임이 따르지 않는 이성교제는 정신적·신체적으로 다양한 문제의 원인이 되기 때문이다.

2) 이성교제의 발달과정과 단계

사람은 일생에 걸쳐 많은 사람들과 어울리며 다양한 인간관계를 유지하면서 살아간다. 이러한 인간관계는 크게 자연적 혈연관계인 가족관계와 선택적 관계인 사회적 관계로 나뉜다. 청소년기에는 가족관계보다 사회적 관계의 일종인 친구관계에서 가족보다 더 친밀한 관계를 형성한다. 그래서 청소년기에 친구들과의 어울림에 몰두하여 자신의 본분을 망각하고 시간을 낭비하는 경우가 발생한다. 청소년기의 이성관계도 친구관계의 일환으로 인식하여 가족관계보다 더 큰 친밀감을 형성하기 쉽다. 이러한 시기에 이성교제의 발달과정에 적합한 이성관을 갖도록 하는 일은 매우 중요하다. 또한 성에 대한 책임의식과 생명 존중의 사상을 인식시키고, 남녀 상호 간의 인격적 가치를 보호하는 일을 실천하도록 해야 한다. 이성교제가 오히려 삶의 보완이자 협력자인 이성의 제반 특성을 올바르게 이해하는 기회가 되도록 해야 한다.

(1) 이성교제의 발달과정

이성교제가 활발히 이루어지는 청년기는 이성교제의 발달과정으로 청년 전기, 청년 중기, 청년 후기로 구분한다. 개인차는 있지만 일반적으로 청년 전기라 함은 12세에서 15세까지의 시기를 말하고 청년 중기는 16세에서 18세까지, 청년 후기는 19세에서 22세까지를 말한다.

청년 전기의 시기는 이제 막 아동기가 끝나고 청년기로 접어드는 시기이다. 따라서 이 시기는 아직 이성교제에 대한 낭만적 관계를 수용하지 못하는 시기이다. 이 시기에는 이성교제에 대한 관념이 한쪽으로 치우칠 경향이 있는데, 이는 동성 간에 형성된 정체감이 우정으로 남아 있기 때문이다. 또한 이 시기는 이성교제가 보편화되거나 널리 관심을 끌지 못하는 시기이다. 따라서 이성교제의 유형은 주로 남학생과 여학생이 단체로 학교 환경과 관련이 없는 외부로 나가 큰 부담이나 걱정 없이 함께 시간을 보내는 방식으로 진행된다.

청년 중기는 이성교제가 상당히 일반화되는 시기이다. 이 시기의 이성교제는 이성과 반드시 친밀한 관계이어야 하는 것은 아니며 우발적으로 이루어지는 경우가 많다. 즉 근거리에 관심을 보이는 이성을 좋아할 확률이 높은 시기이다. 또한 이 시기는 이성교제의 가능성만으로도 쾌감을 갖는 경우가 많아 실제로 이루어지는 이성교제의 유형은 격식을 차리지 않는 경우가 대부분이다. 교제의 형태는 짝으로 이루어진 2인이 시간을 보내는 경우가 많으며, 점차 외모를 치장하는 등 격식을 갖추는 방향으로 전환되어 간다. 그러나 동성친구와 이성친구의 분화가 확립되지 않는 경우가 많다.

청년 후기는 성적 성숙과 이성 간의 성적 관계를 통해서 성인 사회에 통합하려는 욕구가 높아지는 시기이다. 따라서 이 시기의 이성교제는 이성과의 관계가 친밀해지면서 성적인 안정성을 보이는 경향이 나타나기 시작한다. 하지만 이성 간의 관계에서 자아를 발견하면서 자기에 대한 비판력이 증가하여 자신에게 부족한 부분을 이성이나 동성친구에게서 찾길 희망하는 '이상적 연인' 찾기에 주력하는 시기이다. 이성교제 대상으로 선택한 애정의 대상은 1인으로 한정하게 되고 영속적인 이성관계를 획득하려 한다. 두 사람 사이의 이성교제 횟수는 독립성이 인정될수록 점차 증가한다.

이성교제는 반드시 결혼을 전제로 하는 것은 아니다. 특히 청소년기의 이성교제는 배우자 선택보다는 이성에 대한 이해의 폭을 넓히는 데 더 큰 의미가 있다. 하지만 이성교제가 서로 사랑할 수 있는 배우자를 선택할 기회가 된다는 면에서 더욱 중요하다.

〈표 7-2〉 청년기의 시기별 이성교제 특성

시기(연령)	이성교제에 대한 특성
청년 전기 (12~15세)	•동성 단짝 관계에 대한 친밀감이 강함 •이성교제가 절대적인 관심을 끌지 못함 •이성교제에 대한 낭만적 관계를 수용하지 못하는 시기임 •남학생과 여학생이 단체로 이성교제를 진행하는 경향성이 있음 •학교나 외부에서 부담과 걱정 없이 함께 시간을 보내는 방식을 선호함
청년 중기 (16~18세)	•동성 간의 단짝 친구를 여전히 유지하면서 이성친구와의 친밀감 욕구가 점차 높아짐 •이성교제가 상당히 일반화되는 시기임 •이성과 반드시 친밀한 관계이어야 한다고 보지 않음 •우발적인 이성교제를 선호함 •근거리에 관심을 보이는 이성을 좋아할 확률이 높음 •성적 만족을 추구하는 욕구와 안정된 이성관계를 형성하려는 욕구가 생겨남 •이성교제의 가능성만으로도 쾌감을 느낌 •초기에는 이성교제에서 격식을 차리지 않는 경우가 잦음 •단짝으로 이루어진 2인이 시간을 보내는 경우가 많아짐 •점차 외모를 치장하는 등 격식을 갖추는 방향으로 전환됨 •동성친구와 이성친구의 분화가 확립되지 않는 경우가 많음

청년 후기 (19~22세)	•성적 성숙과 이성 간의 성적 관계를 통해 성인 사회에 통합하려는 욕구가 높아짐 •이성과의 관계가 친밀해지면서 성적인 안정성을 보임 •자기에 대한 비판력이 증가함 •자신에게 부족한 부분을 이성 및 동성친구에게서 찾길 희망하는 '이상적 연인'을 찾으려고 노력함 •두 사람만의 '특별한' 이성관계를 추구하려는 욕구와 사회 내에서 개인적 위치를 확립하려는 욕구가 생겨남 •애정의 대상은 1인이 되고 영속적인 이성관계를 획득하려 함 •이성교제의 횟수는 독립성이 인정될수록 증가함

(2) 이성교제의 단계

이성교제는 잠재적으로 결혼을 전제로 한 만남이지만 결혼이 필수가 되는 것은 아니다. 처음에는 남녀 간에 둘이 좋아서 만나고 사귀지만 언제든 헤어질 가능성은 상존해 있다. 따라서 이성교제의 단계도 모든 교제가 처음부터 끝까지 모든 단계를 거친다고 볼 수는 없다. 경우에 따라서는 단계에 따라 잘 진행되다가 중지할 수도 있다. 따라서 이성교제가 헤어짐으로 인하여 중지되더라도 그것으로 인하여 분노와 죄의식에 사로잡히지 않도록 하는 지혜로운 교제가 필요하다. 성공하지 못한 이성교제라고 하더라도 이성교제는 성인으로서의 성숙한 책임감을 형성해 나가는 데 좋은 밑거름이 되기 때문이다.

이성교제의 발달과정을 바라보는 시각은 학자마다 다소 차이가 있다. 여기서는 이성교제의 발달과정을 3단계로 구분한 이론과 5단계로 구분한 이론, 7단계로 구분한 이론을 제시하고자 한다.

① 3단계의 발달과정 이론

이성교제의 발달과정을 3단계로 구분할 때에는 자유교제 단계, 지속적 교제 단계, 결정적 교제단계로 구분한다.

자유 교제단계는 이성교제를 처음으로 시도하는 단계로 여러 사람의 이성과 자유롭게 교제하는 단계를 말한다. 이 단계에서는 특정한 상대를 정해서 만나는 것이 아니라 여러 사람을 자유롭게 만나는 것으로 언제든지 교제관계를 끝낼 수 있으며, 여러 사람과 교제함으로써 자신을 이해하고 이성에 대한 판단능력을 형성해 나간다. 대부분의 사람들은 이 단계를 통해서 이성에 대한 에티켓을 배우고 자신의 성과 다른 사람들의 사고방식이나 행동양식을 이해하게 된다. 또한 여러 사람의 이성과 만나면서 자신의 강점과 약점을 인식하고 자신에게 맞는 유형의 이성이 어떤 사람인지를 알게 되는 단계이다.

지속적 교제단계는 자유교제 단계에서 만난 여러 사람 중에서 매력적인 한 사람을 선택하여 계속적인 만남이 이루어지는 단계이다. 지속적 교제 단계에서는 상대방과의 자유로운 개방을 통해 친밀성이 증진되고 심리적 안정을 얻게 된다. 이 단계에서는 이상보다는 현실로서 서로를 평가하고, 상대방의 장래성이나 서로의 가능성에 대해서도 생각한다. 하지만 이 단계에서 비합리적인 판단으로 빈번한 만남에서 오는 성급한 개방과 성적인 접촉으로 갈등을 일으킬 수도 있다. 지속적인 만남의 과정에서는 잠재적으로 결혼의 대상자로 적합한지를 파악하며 결혼 후 행복하게 살 수 있는 상대인지를 신중하게 탐색해 본다.

결정적 교제단계는 계속적인 교제를 통해 상호 간에 신뢰가 생기고 결혼에 대한 의지가 생기면 결정적 교제의 단계로 진입하게 된다. 결정적 교제단계의 초기에는 암시적으로 언젠가는 두 사람이 결혼한다는 것을 전제로 하지만 공식적인 약속은 없는 단계로 상호 간에 현실이나 미래의 문제에 대해 진지하게 의논하고 상대방의 가족이나 친지와도 친숙하게 지내게 된다. 결정적 교제단계의 초기를 넘어서면 서로 간에 결혼을 약속하고 어느 정도 상호 간에 구속적인 관계에 놓이게 된다. 결정적 교제단계는 혼인의사를 확인하는 과정을 거쳐 결혼 과정으로 이어진다.

② 5단계의 발달과정 이론

이성교제의 발달과정을 5단계로 구분한 이론은 첫인상 단계, 지향 단계, 탐색적 애정 교환의 단계, 애정 교환의 단계, 안정적 교환 단계로 구분한다.

첫인상 단계는 상대방에게 관심을 가지는 단계로 상대방의 외모나 행동을 관찰하며 인상을 형성해 나가는 단계이다. 이 시기에는 상대방에게 호감을 갖기 시작하고 상대방에 대해 더 알고 싶어 한다.

지향 단계에서는 자신에 대한 상세한 정보를 이성에게 제시하는 단계이다. 이 단계에서는 피상적인 정보 교환이 이루어지기는 하지만 가급적 좋은 인상을 주기 위해 노력한다. 수용한 정보의 내용에 따라 관계를 지속할 것인지의 여부를 결정하게 된다. 또한 서로 간에 마음에 들지 않아 헤어짐으로 이어진다고 해도 깊은 감정이 쌓여있지 않아 마음의 상처가 크지 않은 단계이다.

탐색적 애정 교환의 단계는 지향단계에서 선택한 이성과의 만남이 계속적으로 이루어지는 단계로 상호 간에 친밀감을 높여 나가는 단계이다. 이 단계에서는 초보적인 사랑의 감정을 느끼게 되고 자신의 감정을 이성에게 알리고 상대방의 사랑도 확인하려고 시도를 한다. 이성 간에는 대화의 내용이 더 풍부하고 깊어지며 이 단계에서 헤어짐을 선택할 경우 상당한 아픔을 경험하게 된다.

애정 교환의 단계는 이성과 상호 간에 깊은 신뢰를 형성해 나가는 단계이다. 따라서 상호 간에는 연인이라는 것을 묵시적으로나마 인정하고 가급적 확실한 방법으로 애정을 표현하려고 노력한다. 하지만 공식적으로는 연인이라는 것을 공개하거나 약속하지 않는 단계이다. 따라서 이 시기에는 가급적 자신의 약점이나 단점을 보이지 않으려고 노력한다.

안정적 교환 단계에서는 이성 간 사랑에 대해 확신하고 인정하는 단계이다. 따라서 이 단계에서는 사랑에 대한 확신을 갖고 안정된 애정 교환이 이루어진다. 대부분의 연인들은 이 단계가 되면 결혼을 약속하고 신체 접촉도 활발히 이루어진다. 자신의 속마음이나 약점과 단점 등을 상대방에게 자연스럽게 내보이기도 하고 그런 단점을 수용하는 단계이다.

③ 7단계의 발달과정 이론

이성교제 발달과정의 7단계 이론은 이끌리는 단계(like), 알고 싶은 단계(understand), 수용의 단계(accept), 믿음의 단계(believe), 필요의 단계(need), 사랑 표현의 단계(propose), 사랑 약속의 단계(promise)로 구분한다.

이끌리는 단계(like)는 좋아하는 단계로 이성 상호 간에 상대방이 좋게 느껴지고 가까이하고 싶어지는 단계이다.

알고 싶은 단계(understand)는 상대방에게 호감이 생겨 상대방의 모든 것에 대해 알고 싶은 특별한 관심이 생기는 단계이다.

수용의 단계(accept)는 이성 간에 상호 공감대를 발견하고 기쁨을 느끼며 일치의 발견에 따른 수용이 이루어지는 단계이다. 이성 간의 공통점과 공감대의 발견으로 신뢰가 형성되고 기쁨이 증대된다.

믿음의 단계(believe)는 이성 간에 상호 신뢰가 구축되는 시기로 서로를 누구보다 잘 알고 좋아하며 무엇이든지 같이 나누는 사이라는 믿음이 생기는 단계이다.

필요의 단계(need)는 상대방이 필요하다는 것을 의식하고 항상 함께 있으려고 하는 단계이다. 하지만 이 시기의 또 다른 특성은 필요의식이 지나쳐 다른 누구와도 함께 있는 것을 받아들이지 못하고 상대방을 독점하려고 하는 독점의식이 생기는 시기이기도 하다.

사랑 표현의 단계(propose)는 상대방에게 사랑하고 있음을 알리는 사랑 고백이 이루어지는 단계이다.

마지막으로 사랑의 약속 단계(promise)는 이성 간에 서로 사랑을 획득했으며 서로 자신의 마음속에 상대가 있음을 믿게 되는 단계이다.

이성교제의 7단계 발달과정 이론의 내용을 요약하여 표로 나타내면 다음과 같다.

<표 7-3> 이성교제의 7단계 발달과정 이론에 따른 단계별 특성

단계	특 성
Like (이끌리는 단계)	•이끌리고 좋아하는 단계 •상대방이 좋게 느껴지고 가까이하고 싶어짐
Understand (알고 싶은 단계)	•상대방에 대해 특별히 관심이 있는 단계 •상대방의 모든 것에 대해 알고 싶어짐
Accept (수용의 단계)	•일치의 발견 또는 수용의 단계 •공통점과 공감대를 발견하고 기뻐함
Believe (믿음의 단계)	•서로를 누구보다 잘 알고 신뢰하는 단계 •서로 좋아하고 인정하여 무엇이든지 같이 나누는 사이라는 믿음이 생김
Need (필요의 단계)	•상대방의 필요를 느끼는 단계 •상대방에 대한 독점의식이 생김
Propose (사랑 표현의 단계)	•사랑을 표현하는 단계 •상대방에게 사랑하고 있음을 고백함
Promise (사랑의 약속 단계)	•사랑을 약속하는 단계 •사랑을 획득했으며 서로의 마음속에 상대방이 있음을 믿음

3) 이성교제의 기능과 어려움

(1) 이성교제의 기능

남녀 간의 사랑은 이성교제를 통해서 얻게 되며, 이성교제를 통해서 배우자를 선택하게 된다. 인격의 정상적인 발달을 성취할 수 있는 이성교제는 다음과 같은 기능을 갖는다.

첫째, 사회적 자아의 확인 기능이다. 다른 사람과의 상호작용을 통해 자신이 어떤 사람인가를 알게 되고 사회적 관점에서의 자신의 모습을 인식할 수 있게 해준다.

둘째, 오락의 기능이다. 이성교제는 이성과의 만남을 통해 자기생활의 흥미와 의의를 가질 수 있는 계기를 만들어 줄 뿐만 아니라 생활에 흥미와 활력을 준다. 이성교제는 반드시 결혼을 목적으로 하는 것만은 아니다. 서로가 만남을 통해서 남녀가 여가를 즐겁고 재미있게 보내는 기능을 수행한다.

셋째, 심리적 욕구 충족의 기능이다. 이성교제를 통해 동료애, 우정, 친밀감과 같은 개인의 심리적 욕구를 충족시킨다.

넷째, 사회화의 기능이다. 이성교제는 성인 남녀가 역할을 수행하기 위한 준비를 하는 단계이다. 서로 다른 성격을 소유한 이성 간에 접촉하며 교제를 하는 동안 다양한 역할모델을 실제 상호작용을 통해 배운다. 이성교제는 사회구성의 일원으로서 기대되는 성인 남녀의 역할 수행을 위한 준비과정으로 사회적으로 개인을 성숙하게 만드는 중요한 기능을 한다.

다섯째, 인성발달의 기능이다. 이성과의 만남은 사회가 기대하는 정상적인 인격을 길러주는 데 중요한 역할을 한다. 이성과의 만남을 통해 자신의 행위가 타인에게 어떠한 영향을 주는지에 대해 인식하게 되고 또 다른 사람의 행위에 대해서도 자신이 어떻게 대응해 나가야 하는지를 깨닫게 하여 자신의 행동을 의식적으로 통제하고 자제하는 능력을 길러준다. 이러한 행동의 변화는 사회구성원들과의 상호작용에 대응해 나가는 적응력을 향상시켜주며 인격체로서 갖추어야 할 인성함양에도 도움을 준다.

여섯째, 이성에 대한 적응 기능이다. 이성과의 만남을 통해 서로 사귀고 친해지게 되면 이성에 대한 적응력이 생기게 된다. 이러한 적응력은 성숙한 대인관계 기술 습득에 도움이 된다.

일곱째, 배우자 선택의 기능이다. 이성교제의 궁극적인 목적은 배우자 선택에 있다. 이성교제가 직접적으로는 만나서 서로 즐기고 개인의 인성 함양을 목적으로 이성교제를 한다고 하지만 잠재적으로는 배우자 선택이 궁극적인 목적이다. 이성교제는 유사한 생각이나 희망했던 특성을 지닌 사람을 발견하는 과정이고 구혼과정의 시작이며 자신에게 적절한 배우자를 찾아내는 효과적인 방법이다.

이성교제의 여러 기능 가운데 오락적 기능이나 배우자 선택의 기능에 비해 사회화의 기능이나 이성에 대한 적응기능, 인격도야의 기능은 비교적 덜 중요시 되고 있는 실정이다. 남녀 간에는 의사소통 방식이나 성행위의 문제, 가치관의 차이로 인한 행동 선택의 문제 등으로 성숙한 이성관계로 발전시켜 나가는 데 상당한 어려움이 따른다. 이러한 문제들을 이성교제를 통해 사회적 기술을 익히고 이성과의 친밀감을 형성해 나가며 자신의 인격을 연마해 나가는 일은 이성교제가 가지고 있는 중요한 기능 중의 하나이다(이재림 · 옥선화 · 이경희, 2002). 이러한 이성교제의 기능은 이성교제 기간으로 끝나는 것이 아니다. 이성교제 이후의 결혼생활에 대한 적응력을 높여주는 데도 중요한 역할을 한다.

(2) 이성교제의 어려움

이성교제는 배우자 선택이나 이성에 대한 이해의 폭을 넓히고 개인의 인격 형성에 도움을 준다는 점에서 필요한 과정이지만 몇 가지 문제점도 지적되고 있다. 이성교제의 어려움에 대해 다음과 같은 점을 지적하고 있다(성교육교재편찬위원회, 2016: 77-80).

① 이중기준

청소년들은 이성교제를 통해 친밀한 관계를 형성하고자 하지만, 남녀 각자가 지닌 사고방식이나 심리적 및 생리적 차이, 문화적 차이 등으로 인해 성가치관이나 행동기준이 상이한 이중기준의 어려움을 가지게 된다. 친밀한 관계를 유지하고 싶지만 성적 접촉은 절제하고 싶어 하는 여성의 성향, 데이트 비용 부담에 대한 의견 차이, 성적 진전을 선호하는 남성과 서로 다른 사고방식과 행동 기준으로 인한 갈등 등이 유발될 수 있다. 한쪽은 가벼운 이성교제를 원하는 반면 다른 한쪽은 결혼을 전제로 진지한 관계를 원하는 경우처럼 관계인식에 대한 이중기준으로 어려움을 겪기도 한다.

② 데이트 불안

이성교제는 사회생활의 일부이므로 대인관계 기술과 자기 확신이 필요하다. 성장과정에서 의사소통 기술을 적절하게 습득하지 못했거나 사회성이 낮은 경우, 또는 자아존중감이 낮은 경우에도 이성교제 시 불안감이 생길 수 있다. 이러한 데이트 불안은 우울감, 학업 또는 취업의 실패에 영향을 미치거나 결혼으로의 진전을 방해할 뿐만 아니라 설령 결혼을 하더라도 결혼 후 갈등을 유발하기도 한다. 즉 사회성 발달이 부족함에 따라 인간관계에 능숙하게 대처하지 못하는 경우 이성교제도 불안하게 진행될 뿐만 아니라 자신의 심리적 건강 및 사회생활에도 어려움을 초래할 수 있다.

③ 부모와의 갈등

부모는 자녀의 배우자 선택에 무관심할 수 없으므로 배우자 선택의 시험단계로 인식될 수 있는 이성교제에 자연히 관심을 가지게 된다. 부모들은 자녀의 이성교제를 결혼과 관련시켜 진지하게 생각하는 경향이 있으므로 지나친 염려나 반대를 하기도 한다. 이럴 경우 자신의 의사결정이 중요한 청소년들은 자신의 이성교제에 대한 부모의 지나친 관심이나 요구로 인해 갈등을 빚기도 한다. 이성교제에 대한 부모와 자녀 간의 갈등을 해소하기 위하여 부모들은 권위의식을 버리고 자녀와의 대화를 통하여 자녀의 이성교제를 이해하려는 마음가짐을 가져야 한다. 또한 부모는 자녀들이 원만한 대인관계를 하도록 지원하는 것이 중요하다.

④ 일 또는 학업의 지장

이성교제는 삶의 활력을 부여하는 오락의 기능이 있는 반면, 이성교제에 지나치게 몰입할 경우 일상생활에 지장을 줄 수 있다. 남녀가 서로 그리워하거나 사랑하는 것은 자연스러운 현상이지만 과도할 경우 일이나 학업에 몰두하지 못하여 어려움에 처할 수 있다. 따라서 이성교제를 할 경우 데이트에 시간과 노력을 할애하는 점을 감안하여 효율적으로 시간을 배분하여 자신의 일과 학업생활을 합리적으로 관리해야 한다.

⑤ 혼전 성행위

이성교제 중 자기표현을 적극적으로 하는 청소년들은 상대방에게 사랑한다면 성관계를 갖는 것이 당연한 행위로 착각하고 성관계를 요구하기도 한다. 하지만 진정한 사랑은 서로가 서로를 지켜주고 보호해 줄 때 아름다운 가치가 있는 것이다. 사랑한다면 서로의 몸을 보호해 주고 지켜주는 성숙한 자세가 필요하다. 이성교제를 하는 청소년들이 증가하면서 자연스럽게 신체접촉의 기회와 빈도가 늘어나게 되고 육체적 쾌락에 대한 통제력 상실로 인해 무분별한 혼전 성관계, 죄책감, 피임의 실패와 미혼부모의 발생 등 문제가 될 수 있으므로 이성교제 시 상대방을 배려하고 보호하는 마음과 행동이 필요하다.

⑥ 데이트 폭력

데이트 폭력(Dating Violence)이란 미혼 남녀가 이성교제 과정에서 상대방에게 해를 끼칠 의도를 가지고 행한 모든 언어, 신체, 정서, 성적인 행위를 의미한다. 데이트 폭력에는 모욕적 언사, 욕과 같은 언어적 공격과 물건 부수기, 위협하기 등의 비언어적 공격을 포함하는 심리적 및 물리적 폭력, 상대방에게 의도성 혹은 잠재적 의도성을 가지고 힘이나 도구를 사용해 상해를 입히는 신체적 폭력, 그리고 성관계를 강요하거나 강제로 성관계를 갖는 성폭력 등이 포함된다. 데이트 폭력의 경우 호감을 가진 이성 간에 일어나기 때문에 가해자에게 책임을 묻기 어려워 반복되는 경우가 많다. 데이트 폭력은 장차 부부폭력으로 발전될 수 있기 때문에 가정폭력의 예방 차원에서 다루어져야 할 심각한 사회문제로 대두되고 있으며, 폭력 수준이 심하지 않더라도 상습적으로 폭력을 행사하는 상대방이라면 가급적 관계를 정리하는 것이 현명하다.

이 밖에도 이성교제의 어려움으로 대화의 내용이 빈곤하거나 일치하지 않는 점, 장소와 비용의 문제 등도 지적되고 있다. 이러한 문제를 해결해 나가기 위해서는 남녀가 서로 공통의 흥미와 관심사를 중심으로 대화를 이어갈 수 있도록 노력하고 비용부담이나 장소 선정에 있어서도 어느 한 사람의 책임으로 몰아가기보다는 공동으로 협의하여 부담하고 책임을 공유해 나가려는 자세 전환이 필요하다. 또한 이성교제의 어려움으로 가장 많이 등장하는 문제가 이성 간의 성행위 통제문제이다. 이는 남녀 간에 발생하는 성적 충동에 대한 차이에서 기인한 문제이다. 일반적으로 남자의 경우에는 사랑과 성적 충동은 별개의 문제로 나타난다. 즉, 남자의 경우 사랑의 여부와는 무관하게 성적 충동이 발생한다. 하지만 여자의 경우에는 사랑과 성이 일치하는 경향을 보인다. 따라서 남자보다 먼저 여자가 남자로부터의 성행위에 대한 요구를 통제해야 하는 문제에 직면하게 된다. 여자의 경우에는 이성교제의 상대인 남자를 사랑하지만 성행위를 거부하게 될 경우 발생하게 될 남자와의 단절을 우려하지 않을 수 없다. 그렇다고 성행위를 수락하게 되면 원하지 않는 임신으로 강제적인 결혼이나 낙태에 직면하게 되어 성행위에 대한 고민을 하지 않을 수 없는 것이다. 이성교제는 어디까지나 피상적인 관계이다. 하지만 여기에 사랑의 감정이 개입되고 성행위가 허락되기 시작하면 상대에 대한 이성적인 판단은 어려워진다.

따라서 상대방의 감정을 상하지 않게 하면서 성행위의 속도를 지연해 나갈 수 있는 지혜가 필요하다.

이성교제는 배우자 선택에만 목적이 있는 것이 아니라는 점을 분명하게 인식할 필요가 있다. 많은 이성과의 만남을 통해 다양한 경험을 하는 것은 중요한 의미를 갖는다. 충분한 대화를 통해 상대에 대한 이해의 폭을 넓히고 자신과 어울리는 상대라는 확신이 생길 때, 두 사람과의 관계를 진전시켜 나가는 일이 바람직하다.

이성교제는 젊은 시절에 누릴 수 있는 특권이기도 하지만 인생의 반려자를 찾는 매우 중요한 과업이기도 하다. 이성교제에 책임감과 신중성이 뒤따라야 하는 이유도 여기에 있다. 이성에 대한 적절한 관심은 상호 간의 성장과정 그 자체를 인정하는 데에서 출발한다. 이성관계의 특별함을 이해시킬 필요도 있고, 인간관계는 항상 공감과 배려가 바탕이 되어야 한다는 규범을 체득하게 할 의무도 있다.

쉬어가기 태어난 계절과 애정운의 변화

행복한 결혼 생활을 유지할 수 있는 가장 중요한 핵심은 '조화'다. 출생 계절에 따른 그의 특성을 이해하고 다른 점을 인정한다면 서로 부족한 부분을 보완해 조화를 이루기 쉬울 수 있다.

(양력 2·3·4월) 여성 : 온순함과 섬세함을 잃지 않는 우아한 아내가 될 가능성이 크다.
봄 남성을 만나면 새싹이 쉬지 않고 자라듯 끊임없이 발전을 꿈꾸는 커플로 조용하고 평화로운 환경을 바라는 그가 온순함을 간직한 당신과 함께한다면 큰 소리 없이 지낼 수 있다. 여름 남성을 만나면 그의 긍정적이고 활동적인 성격 덕분에 즐거운 결혼생활을 할 수 있지만 지갑을 맡기면 충동 구매하는 경향이 있어 되도록 경제권은 당신이 쥐고 있는 것이 좋다. 가을 남성을 만나면 전통적인 가정을 바라는 당신에게 열심히 일하며 가정을 지키는 듬직한 남편이다. 겨울 남성을 만나면 배려심이 부족하고 자기주장만 내세울 때가 많지만 시간이 지나면서 강인한 의지와 믿음직스러운 모습을 발견하게 된다.

(양력 5·6·7월) 여성 : 다정다감하고 천성적으로 낙천적이며 명랑 쾌활하다.
봄 남성을 만나면 가족을 사랑하고 가정을 소중하게 생각하는 모범적인 남편이 되어준다. 여름 남성을 만나면 둘 다 자기주장이 강하여 사랑이 순탄치 않다. 가을 남성을 만나면 당신의 기대가 높아질수록 압박감으로 느껴질 수도 있으니 평소 형식적인 대화가 아닌 진심 어린 대화로 서로를 이해해준다. 겨울 남성을 만나면 첫 느낌에 당신과 달리 의지가 강한 그를 좋아하게 된다.

(양력 8·9·10월) 여성 : 천성으로 모성애가 강하며 현명한 어머니가 된다.

봄 남성을 만나면 성격 좋고 배려 잘하는 그에게 다소 부담스러울 수 있다. 여름 남성을 만나면 성격이 급하고 기분파인 그에게 당신의 야무진 행동이 상호 보완적이다. 가을 남성을 만나면 생각이 비슷한 동지 같은 배우자가 된다. 겨울 남성을 만나면 평소 그는 아무리 남자답고 당당해 보여도 가정과 경제적인 면에서 당신에게 의지한다면 서로 융합할 수 있다.

(양력 11·12·1월) 여성 : 가계를 잘 꾸리는 편이며 저축에도 소질이 있다.

봄 남성을 만나면 자상하고 배려심이 깊은 그 덕분에 당신은 행복한 결혼 생활을 누린다. 여름 남성을 만나면 밝고 화젯거리가 풍부한 그는 즐거운 결혼 생활에 안성맞춤인 배우자다. 가을 남성을 만나면 그는 가장이라는 표현이 잘 어울린다. 겨울 남성을 만나면 동등한 입장에서 서로 존중하는 마음이 있을 때 사랑이 발전한다.

출처 : 마이웨이(2010. 1월호)

2. 배우자 선택 이론과 선택 요인

1) 배우자 선택 관련 이론

결혼의 선행단계로 배우자를 선택하고 결정하게 된다. 배우자를 선택하는 문제는 인생의 행복이나 안정성을 결정하는 가장 중요한 의사결정이다. 오늘날 배우자의 선택은 사회적 기능보다는 개인적 가치관이나 사랑을 더 중시하는 경향이 있다. 배우자 선택의 준거로 애정, 사랑, 성격 등과 같은 점을 중시한다는 점이 그 예이다. 배우자 선택과 관련된 몇 가지 이론을 살펴보면 다음과 같다(이규은·장상필, 2017: 305).

첫째, 부모 이미지 이론을 들 수 있다. 부모 이미지 이론은 부모의 이미지와 같거나 비슷한 사람을 배우자로 선택한다는 이론이다. 대부분 사람들은 그동안 함께했던 부모와의 생활습관이나 행동양식에 있어서 부모와 유사한 사람을 선택함으로써 안정감과 예측성을 제공받게 된다는 것이다.

둘째, 상보적 욕구 이론이다. 상보적 욕구 이론은 같은 욕구를 상이한 정도로 갖고 있을 때 욕구는 보완적일 수 있다는 점에서 배우자를 자신과 다른 특성을 지닌 사람, 즉 자기와 다른 성격을 지닌 이성에게 관심을 갖고 상호 보완적 특성을 중시하여 선택한다는 것이다. 예를 들면, 내성적인 성격 소유자가 외향적 성격의 배우자를 선택한다거나, 지배적 특성을 지닌 사람이 복종형의 배우자를 선택하는 것과 같은 경우이다.

셋째, 출생순위 이론이다. 출생순위 이론은 배우자를 선택함에 있어서 가족 내 자녀의 출생순위를 중시하는 선택을 말한다. 이는 출생순위가 개인의 성격이나 행동에 영향을 미친다는 점을 강조한 데서 발단이 된 이론으로, 예를 들면 막내가 배우자로 맏이를 희망하는 경우와 같은 선택이다.

넷째, 교환 이론이다. 교환 이론은 배우자를 남성, 여성이라는 하나의 상품으로 인식하고 상품을 중심으로 교환한다는 개념의 이론이다. 따라서 투자한 비용보다 더 많은 이득을 얻고자 하는 선택을 중시하는 방식이다. 이들은 결혼을 통해 보상적인 결과를 극대화 시키려는 데 초점을 맞추고 있으며, 극대화를 위한 요인으로는 경제력, 가문, 학력 등과 같은 사회적 가치 특성과 인성, 매력, 연령 등과 같은 개인적 특성을 고려대상으로 한다.

다섯째, 공평 이론이다. 공평 이론은 상호관계에서 상대에게 부여한 만큼 받는 것이 공평하다고 생각하고, 이익이 되는 교환보다는 공정한 거래에 초점을 둔 이론이다.

여섯째, 여과망 이론이다. 여과망 이론은 케르코프와 데이비스(Kerkoff & Davis, 1962)에 의해 최초로 배우자 선택의 여러 가지 요인을 발달적 모형으로 제시한 이론이다. 여과망 이론에 의하면, 배우자 선택은 단순한 사회적 배경과 욕구에 의해 결정되는 것이 아니라 여러 가지 여과망을 거치면서 선택되는데, 사회적 배경, 가치관, 흥미, 보완적 욕구 등이 관계 진전에 더 큰 영향을 미친다고 보았다. 우드리(Udly, 1971)는 데이트로부터 결혼에 이르기까지 6개의 여과망을 거치면서 최종적으로 한 사람을 선택하게 된다고 보았다. 6개의 여과망으로는 가까이 있는 사람과 결혼한다는 근접성 여과망, 상호 매력을 느끼는 사람과 결혼한다는 매력 여과망, 유사한 사회적 배경을 가진 사람과 결혼한다는 사회적 배경 여과망, 유사한 태도와 가치관을 가진 사람과 결혼한다는 의견일치 여과망, 상호 보완적 관계에 있는 사람과 결혼한다는 상호 보완성 여과망, 결혼할 준비를 잘 갖춘 사람과 결혼한다는 결혼준비 상태 여과망 등이 있다.

일곱째, 자극-가치-역할 이론이다. 이는 SVR(Stimulus-value-role)이론이라고도 하는

데, 이 이론은 머스타인(Murstein, 1978)에 의해 제안된 이론으로 여과망 이론을 보완하여 발전시킨 것이다. 배우자를 자유롭게 선택하는 상황에서 각자 가지고 있는 장점과 단점의 교환가치에 따라 서로가 매력을 느껴 선택하게 된다는 이론이다. 이 이론에서는 이성교제에 대한 관계 발전에 영향을 주는 요인으로 자극, 가치, 역할을 제시하고 있다. 이 이론의 첫 번째 단계는 자극단계로 자극단계에서는 만남을 통해 서로가 상호 매력을 느끼고 교제를 시작한다고 보았다. 두 번째 단계는 매력발산 단계로 시작 전 외모, 명성 등과 함께 직접적인 상호작용을 통한 자질 평가가 이루어지는 단계이다. 세 번째 단계는 가치비교 단계로 대화를 통해 인생, 정치, 종교, 결혼, 성에 대한 가치관을 비교하고, 중요한 사항과 관련한 가치관 등에서 서로에게 매력을 느끼는 단계이다. 네 번째 단계는 역할조화 단계로 현재와 결혼 이후의 역할수행능력과 상호 역할기대를 고려하여 판단하는 단계이다. 역할기대가 일치하고 적절하다고 판단하면 결혼을 선택하게 된다.

결혼을 위한 배우자 선택 이론에서 배우자 선택 유형에 따른 특징과 주장하는 중요학자들을 정리하여 제시하면 다음과 같다.

<표 7-4> 배우자 선택 이론별 특징과 중요학자

이론	특징	중요학자
부모 이미지 이론	•프로이트의 정신분석 이론을 배우자 선택에 적용함 •오이디푸스 콤플렉스와 엘렉트라 콤플렉스에 의해 아들과 딸이 각각 동성부모의 이미지와 유사한 배우자를 선택함	머스타인 (Murstein, 1986)
상보적 욕구 이론	•사람들은 서로 비슷한 사람보다는 서로를 보완해 줄 수 있는 요인이 있을 때 매력을 느끼고 이러한 특성이 배우자 선택에서도 작용한다고 보는 관점 •유형1 : 특정 분야에 높은 욕구를 가지고 있는 사람이 그 분야를 가진 사람에게 매력을 느낌 •유형2 : 만족하려는 욕구 분야가 서로 다를 때 매력을 느낌 •색스톤(Saxton, 1968)은 지배-순종 욕구, 양육-의존 욕구, 성취-대리성취 욕구, 적의-비하 욕구들이 상보적으로 작용한다고 봄	윈치 (Winch, 1958)
출생순위 이론	•가족집단에서 형제간의 경쟁이론에서 출발 •같은 형제라도 태어난 출생서열과 부모의 사랑을 독차지하려는 경쟁으로 제각기 다른 성격을 형성하고 이런 성격유형이 배우자 선택에 영향을 줌 •첫째는 '폐위된 황제', 둘째는 '속도 조절자', 막내는 '응석받이'로 봄	아들러 (Adler, 2015)

이론	특징	중요학자
교환 이론	•사회 상호작용에서 개인들이 자원교환을 통해 이익을 얻으려는 경향을 설명한 이론 •경제학 이론에 기초하여 배우자 선택 상황에서 비용보다는 더 많은 이득을 얻을 수 있는 다양한 대안들 중 가장 많은 보상을 줄 최선의 대안을 선택함 •비용과 보상에 대한 평가는 시대, 사회마다 다르지만, 경제적 조건, 사회적 계층, 사랑, 성, 신체적 매력, 직업, 학벌, 가문 등이 대안으로 인식됨	조지 호만스 (George C. Homans, 2015)
공평 이론	•공평은 공정성을 의미하는 것으로 이익이 되는 교환보다는 공정한 거래에 더 매력을 느끼고 이러한 특징이 배우자 선택에서도 작용한다고 보는 관점 •상대방은 서로 자원을 교환하는 과정에서 제공되는 자원의 질과 양의 상호 형평성 등을 고려하고 동등한 결합(공정교환)을 원하며 상대방의 가치 인정에 대한 판단이 서로 유사할 때 평가가 쉬움	센터스 (Centers, 1975)
여과망 이론	•시간적 순서에 따라 관계가 진전되는 배우자 선택과정에 초점을 맞춘 이론 •시간에 따라 각기 다른 여과망에 의해 배우자가 걸러진다고 가정함 •초기에는 근접성, 매력, 사회적 배경, 의견일치 등의 동질적 측면이 중요하게 작용하고, 이후 관계의 발전에는 상호보완적 측면이 중요하게 작용함	커코프와 데이비스 (Kerckhoff & Davis, 1962)
자극-가치-역할(SVR) 이론	•배우자 선택이 시간에 따라 중요하게 여기는 가치가 변화하는데, 자극(stimulus)-가치(value)-역할(role)의 단계로 변화한다고 가정함 •자극(S) 단계 : 최소한의 상호작용만 존재하는 단계로, 외적으로 나타나는 특성에 상호 매력을 느끼는 총체적 매력이 균형을 이루면 다음 단계로 진전됨 •가치(V) 평가 단계 : 인생관이나 성, 결혼생활에 대한 가치나 태도 등이 서로 공존하고 양립 가능한가에 따른 상호유사성이 평가 기준 •역할(R) 평가 단계 : 두 사람이 함께 부부로서 수행할 다양한 역할에 대해 서로 얼마나 적합한지 평가하는 단계	머스타인 (Murstein, 1970)

출처 : 전영주 외(2021)에서 재인용.

2) 배우자 선택 요인

배우자의 선택은 개인에 따라 다소 차이가 있기는 하지만 일반적으로 다양하고 복잡한 과정을 거쳐 이루어진다. 배우자 선택이 이처럼 복잡한 과정을 거치는 것은 배우자의 선택이 자신의 미래의 삶에 지대한 영향을 미치기 때문이기도 하지만 건강하고 행복한 결혼생활을 위해서는 다양한 측면을 대상으로 상대방의 잠재적인 능력과 소통에 대한 바른 이해가 필요하기 때문이다. 일반적으로 배우자의 선택은 상호호환성에 기초하여 결정한다. 상호호환성이란 자신과 상대방과의 관계에서 찾을 수 있는 공유점을 바탕으로 선택하는 것을 말하는데 서로 간에 비슷한 관심사나 가치관, 목표 등이 대표적인 기준으로 등장한다. 이 밖에도 서로 간에 공유할 수 있는 취미라든지, 지적인 추구, 유사한 생활방식 등도 선택하는 평가의 기준으로 등장하기도 한다.

흔히 연애하던 사람과의 관계가 발전하여 결혼으로 이어지는 것이 일반적이기는 하지만 그렇다고 해서 애인과 배우자가 같은 관점으로 이해되고 해석되는 것은 아니다. 즉, 연애와 결혼이 다른 것처럼 애인과 배우자도 다르다. 그래서 배우자를 선택하는 일은 매우 신중하게 결정해야 한다. 연애할 때에는 애인과 의견 충돌이 발생하거나 이해하기 어려운 사태가 발생하게 되면 헤어지면 해결될 수 있는 문제이지만, 결혼은 그렇지 않다. 서로가 의견이 다르고 충돌이 발생하더라도 부단한 노력을 통해 맞추어 나가면서 결혼생활을 유지해야 하는 이유와 책임이 있기 때문이다.

일반적으로 배우자를 선택할 때 고려하는 판단 기준으로는 연령, 성격과 가치관, 경제력과 직업, 건강과 신체적 매력, 사회계층과 가정환경, 교육수준, 종교 등이 있으며 이와 관련한 구체적인 내용은 다음과 같다.

<표 7-5> 배우자 선택 기준

구분	선택 기준
연령	•대체로 자신의 연령과 비슷한 배우자를 선택함 •남성들은 자신보다 3~5살 어린 여성을 선호함 •연령 차이가 많이 날 경우 세대차로 인한 갈등문제, 노후에 혼자 살아가는 기간이 길어지는 문제 등이 있음 •최근에는 연령차에 대한 경직된 사고에서 벗어나 여성이 남성보다 연상인 결혼이 증가하고 있음
성격과 가치관	•성격과 가치관에 대한 일치 정도가 높을수록 결혼에 대한 적응이 높음 •배우자 선택에 있어서 개인적 특성이 중요하며, 그 중 성격이 가장 중요한 요인으로 등장함 •비슷한 부부의 행복지수가 높고 성격 차이가 클수록 결혼만족도가 낮고 파괴적인 생활양상을 보임 •이혼 사유로 성격 차이를 가장 많이 제시함 •배우자의 내적 요인인 성격과 가치관을 매우 중요하게 고려해야 함

구분	선택 기준
경제력과 직업	•경제적인 능력은 결혼 조건에서 매우 중요한 요소임 •맞벌이 부부가 증가하면서 남성도 여성의 경제력에 의지하는 경향이 있음 •직업은 생활능력과 함께 경제력을 나타내는 증표가 되므로 배우자 선택에 있어서 매우 중요한 요소임 •배우자 직업의 안정성, 경제적 현실성 등이 중요한 선택 기준이 됨 •가사노동과 자녀양육을 공유할 수 있는 직업인가에도 관심이 많음
건강과 신체적 매력	•건강은 안정된 가정을 지켜나가는 데 필수적인 요소임 •건강한 2세의 출산과 양육에 있어서 매우 중요한 요인이 됨 •후광효과(halo effect)로 건강을 판단하는 경향이 있음 •신체적 매력이 첫인상에 영향을 주어 외적인 건강을 경시하는 경향이 있음 •남성들은 여성의 신체적 매력에 가치를 두는 반면, 여성들은 남성의 사회적 지위에 더 가치를 두는 경향이 있음
사회계층과 가정환경	•부모의 직업, 소득, 교육 등 사회적 지위를 선택의 기준으로 활용함 •비슷한 사회계층 사람을 만날 때 보다 더 친밀해지는 경향이 있음 •비슷한 계층의 사람끼리 결혼한 경우 상호작용을 하는 데 있어서 편안함을 느낌 •가정환경은 가문, 부모의 천성, 성장환경, 부양의무, 재산, 종교, 부모의 직업, 부모의 학벌 등을 포함함 •여성들은 부유한 환경에서 자란 남성을 선호함
교육수준	•교육수준이 장래의 사회경제적인 안정과 관련이 있으므로 배우자 선택의 기준이 됨 •학력이 높은 사람일수록 비슷한 학력을 가진 사람과 결혼해야 한다는 생각을 갖는 경향이 있음 •교육수준이 비슷한 사람끼리 결혼할 경우 이혼할 확률이 낮음 •교육수준과 취업이 초혼 시기에 영향을 줌 •고학력 여성의 경우 경제활동에 대한 동기가 강화되어 결혼에 대한 가치가 약화되는 경향을 보임
종교	•종교는 개인의 신념, 가치와 관련이 있음 •부부생활에 있어서 종교는 가치 형성이나 생활태도에 영향을 줌 •같은 종교를 가진 사람끼리 결혼하는 경향이 있음 •종교의 동질성에 대해 남성보다 여성이 더 중요하게 인식하는 경향이 있음 •종교가 다른 경우 결혼 안정성과 행복에 부정적인 영향을 미치며, 이혼율이 높게 나타남 •최근 들어 종교의 동질성을 선호하는 경향이 약화되고 있음

출처 : 전영주 외(2021)의 내용을 재구성함.

3. 배우자 유형별 특성과 선택 시 고려사항

1) 배우자 유형별 특성

배우자는 평생의 동반자이다. 우리가 공기의 소중함을 모르듯이 부부간에도 같이 있을 때는 잘 모르다가 한쪽이 되고 나서야 그 소중하고 귀함을 느낀다. 가까우면서도 멀고, 멀면서도 가까운 사이가 부부이다. 라만나와 레이드만(Lamanna & Reidmann, 2011)은 부부들이 살아가는 유형을 세 가지로 구분하여 그 특성을 제시하였는데, 부부의 살아가는 모습에서 찾아낸 공통점으로 부부 사이의 사랑은 자존감과 연결된다는 것이다. 라만나와 레이드만이 제시한 부부 유형은 다음과 같다(이규은·장상필, 2017: 309).

결혼생활을 하는 부부의 유형은 A형 부부, H형 부부, M형 부부의 세 가지 유형으로 구분된다. A형 부부는 A라는 글자가 나타내듯이 두 사람이 서로 의지하고 사는 부부관계를 말한다. 이들은 강한 부부 정체감을 갖고 있지만, 개인적 자존감이 별로 없는 상태의 부부이다. 그것은 자신의 자존감이 배우자의 의존에서 나오는데 상대에 대한 욕구가 강하기 때문에 자존감이 별로 없다. 이 유형의 부부는 배우자가 여러 문제에 대해 책임을 지고 처리해 준다. 이 유형은 부부관계가 위기를 맞이하더라도 이혼을 원한다고 서로 말로만 할 뿐, 둘 다 아직 서로에게 많은 기대와 미련을 갖고 있는 부부의 유형이다. 서로 의지하고 원망하는 일을 반복하지만, 내 행복은 내가 책임져야 한다는 의식을 강하게 지니고 있는 부부유형이다. 죽고 못 사는 부부로 서로에 대한 사랑 때문에 하나가 죽으면 따라 죽을 기세의 유형이다.

H형 부부는 영어 글자 H처럼 서로가 각자 욕구에 충분히 만족하여 홀로 서 있는 것을 형상화한 부부이다. 이 유형은 상호 간에 대립적인 형태를 보이는 유형으로 부부간에 서로 의견충돌이 심하고 자존감이 높은 사람들의 만남이다. '너만 잘 났냐?, 나도 잘났다.'와 같은 관계적 특성을 이루고 있어 서로 합의점을 찾기가 어려운 경우이다. 이들은 서로에게 거의 영향을 받지 않으며 부부라고 하는 연대감이 그렇게 강하지 않은 유형이다. 한 사람이 관계의 끈을 놓아도 상대방이 거의 느끼지 못할 정도의 사람들이다. 서로 다른 개인이 한 집안에서 하숙하면서 사는 것과 흡사한 유형의 부부이다.

M형 부부는 M자의 가운데 대각선이 의미하듯 상대에게 손을 내밀어 손을 잡고

함께 살아가는 유형이다. 이 유형은 이상적인 부부유형으로 독립적이며 상호 이해 관계를 형성하고 있는 부부유형이다. 서로 가사의 독립된 자아를 형성하면서도 상호 의존해 나가며 자기를 사랑할 줄 아는 이들은 누구누구의 남편으로서 또는 누구누구의 아내로서만이 아니라 독립된 개체로서 자신의 삶을 살면서 남편, 아내로 연결되는 연계된 삶을 사는 사람들이다. 이들은 서로 높은 자존감을 지니고 배우자가 성장할 수 있도록 돕는 일을 선택한다. 능력은 있지만 배우자와 함께하는 관계를 선택하여 충실하게 실행하려는 노력과 정서적 지원을 아끼지 않는 유형이다. 일반적으로 세 유형 중 M유형의 부부 사이에서 자란 아이들이 성장해서 원만한 인간관계를 유지하는 일에 잘 적응한다고 한다. 세계적으로 유명한 사람들이 대부분 이 유형의 가정 안에서 성장한 것으로 알려져 있다.

2) 배우자 선택 시 고려사항

결혼은 냉혹한 현실이다. 연애 시절에는 두 사람의 사랑만 있으면 아무 문제 없이 모든 것이 다 잘 될 것처럼 보이지만 현실은 생각과 다르다. 충분한 교제기간 동안 대화를 통해서 상대방을 잘 이해했다고 하지만, 결혼하고 나면 적응해 나가는 데 시간이 필요하다. 이러한 현실적인 문제를 조금이나마 줄여나가기 위한 현명한 판단이 필요하다.

행복한 결혼을 위해서는 무엇보다도 배우자는 본인이 원하는 사람이어야 한다. 결혼생활은 감정교환의 연속이므로 상호 간에 감정교환이 가능하고 본인이 필요로 하는 사람이어야 한다. 올바른 배우자를 선택하기 위해서는 다음과 같은 점이 고려되어야 한다(옥선화, 2000).

첫째, 배우자는 현실적으로 선택이 가능한 위치에 있어야 한다. 비교할 수 없는 차이의 교육수준이나 환경수준, 사회적 수준에 있어서 지나치게 먼 사람과는 가능성이 없을 뿐만 아니라 배우자로 적합하지 않다.

둘째, 충분한 이성교제의 기회와 교제기간을 갖도록 하여 상대방의 내적·외적 상황을 이해하고 상호 협력하는 관계로 발전할 수 있도록 해야 한다.

셋째, 결혼은 현실이라는 점을 이해해야 한다. 감정에만 치중하는 선택이 되지 않도록 해야 한다.

넷째, 상대방의 외적 조건을 비교하기보다 그의 인생관, 결혼 및 가족관, 인품 등의 내면적 요인들이 본인과 상호 조화를 이룰 수 있는지를 보아야 한다.

다섯째, 청년기의 올바른 성과 사랑에 대한 인식, 매력의 힘은 강한 동기가 된다. 지속적으로 유지될 수 있는 느낌을 찾기 위하여 다양한 상황에서 상대방을 점검해 볼 필요가 있다. 즉 성숙한 사랑과 지속적인 매력을 유지시킬 수 있는 가능성을 찾아야 한다.

여섯째, 친구 및 부모의 지지가 결코 무시되어서는 안 되는 요인이다. 만일 주위 사람들이 반대를 한다면 시간을 두고 반대 이유를 면밀히 검토해 볼 필요가 있다. 가끔 부모님의 반대가 비합리적일 수 있는데 그때에는 부모가 납득할 수 있도록 서로 노력하고 설득해야 한다.

일곱째, 한 사람을 배우자로 선택한다는 것은 좋은 점만 보고 결정하는 것이 아니라 상대방의 약점, 부족한 면을 수용한다는 것을 의미한다. 따라서 상대방을 있는 그대로 수용하고 받아들일 수 있어야 한다. 진정한 만남을 위해서는 자신의 장단점을 적절하게 표현함으로써 상호 이해하고 적응할 수 있도록 해야 한다.

배우자 선택에 있어서 개인의 취향, 욕구와 능력, 가치관, 가족이나 친구로부터 받은 영향 등의 개인적 기준은 매우 중요하다. 뿐만 아니라 사회와 주위환경으로부터 받은 동기화된 문화적 기준도 매우 중요하다. 하지만 개인적인 측면에서 무엇보다도 중요한 것은 배우자는 감정적, 경제적으로 안정감을 줄 수 있는 사람이어야 한다. 배우자가 자신과 비슷하여 상호 공감이 쉽고 이해와 적응이 원만할 수 있는지를 고려해 보아야 한다.

쉬어가기 세계 여러 나라의 결혼식

영국

영국의 결혼풍습에서 신부가 하얀 웨딩드레스를 입는 것은 다른 구미 나라들과 동일하나 특징적인 것은 "Something old, something new, something borrowed, something blue"의 원칙을 지켜야 한다는 것이다. 즉, 웨딩드레스의 레이스가 새것이면 베일은 어머니께 물려받은 것으로 하고, 웨딩 슈즈는 친구에게 빌린 것으로 하며, 코사지는 푸른색으로 해야 한다. 이는 전통과 근대가 어우러져 있는 영국의 사회를 상징적으로 반영한 것이다. 결혼의식은 주로 교회나 성당, 귀족은 자신의 코트 야드(court yard)에서 진행한다. 피로연은 신부의 아버지가 하객들에게 짤막한 인사말을 하며 결혼을 축하하는 축배를 들고 하객들은 차려진 음식을 먹으며 새로 탄생한 신혼부부를 축복해준다. 하객들은 여흥을 즐기고 난 뒤 신랑신부는 제일 먼저 연회장을 빠져나와 신혼여행 길에 오른다.

중국

중국사회의 현대화에 맞춰 결혼식도 현대화되어가고 있으나 전통혼례도 많이 이루어진다. 중국에는 여러 민족이 모여 살기 때문에 각기 다른 독특한 결혼식을 행한다. 중국의 결혼식의 특징은 점차 화려해지는 경향이 있다.

법적인 결혼은 해당 구청에 신고하고, 등기함으로써 성립되며, 피로연을 화려하게 하는데 이것이 실제 결혼식이다. 피로연은 호텔 등 대형 연회장에서 이루어지고 신랑, 신부가 피로연장에서 하객을 맞는 것으로 시작하여 모든 하객에게 술을 따라주는 것으로 끝난다. 신부는 옷을 세 번 갈아입는데 하객을 맞이할 때는 웨딩드레스, 하객에게 술을 따를 때는 붉은 색의 중국 드레스, 하객을 배웅할 때는 서양식 드레스를 입는다. 신혼여행은 신랑 친구 회사에서 빌린 리무진에 꽃장식을 하고 신혼여행을 떠난다.

요르단

요르단의 결혼풍습은 두세 명의 친척 여자들과 함께 처녀의 부모님을 방문해서 자신들의 의사를 전달하고 결혼을 제안하면서 시작된다. 약혼 기간 동안 예비 신랑신부가 함께 다니는 것은 허용되지만 그 옆에는 항상 신부측 남자들 몇 명을 동반해야만 가능하다. 결혼식은 3일 전부터 시작되어 3일 이상 계속된다. 결혼식 날에는 먼저 법정에서의 공식적인 결혼 등록절차를 마치고 결혼파티를 연다. 손님들에게 식사를 대접하고 손님들이 신부를 데리러 간다. 집에 도착한 신랑측 무리 중에 연장자나 여자가 나서서 신부의 집을 확인하고 작은 소리로 노래를 부른다. 신부가 삼촌과 오빠에게 이끌려 신랑 측에 인도되고 신부 어머니와 숙모들을 차에 태워 신랑 집으로 출발하게 되는데 이들 행렬이 완전히 사라질 때까지 노래가 계속된다. 신부의 어머니는 그날 밤 신랑의 집에 머무르며 신부가 처녀라는 것을 확인하게 되는데 이것은 요르단의 결혼관습 중 매우 중요하고도 특별한 의미를 갖는다.

말레이시아

말레이시아의 결혼풍습은 대개 약혼한 지 일 년이나 이 년 후에 하는 것이 통례이다. 이는 예비 신랑 신부에게 새로운 삶을 준비할 수 있는 시간을 주기 위한 것으로 이 기간 동안 신랑은 신부가 혼수감을 준비할 수 있는 돈을 매달 보내주게 된다. 약혼식에는 신랑 신부가 반지를 교환하며 신랑은 신부를 데려오는 값으로 신부의 부모에게 결혼선물을 한다. 결혼선물은 신부에 대한 부모의 책임과 의무가 신랑에게 옮겨진다는 의미임과 동시에 신랑이 가장권을 가지며 아이가 아버지의 성을 따르는 것을 보장하는 것이 된다. 또 다른 의미로는 신부의 부모가 신부를 양육하는 데 들인 모든 희생에 대해 신랑이 이를 보답하는 것이기도 하다. 신랑과 신부가 함께 결혼증명서에 서명을 하면 신랑이 지참금을 신부에게 지불한다. 신부의 손을 잡으며 인사하는 의식을 행하고 부모와 친척들이 축복을 내려주는 결혼행사를 치르면서 결혼식은 끝난다.

활동자료 7-1

히포크라테스의 기질 테스트

※ 의학자 히포크라테스는 4대 기질론을 주장하며 사람의 성격을 분류하였다. 4대 기질론은 다혈, 담즙, 우울, 점액을 나누어 테스트할 수 있다. 테스트를 통해 자신이 어떤 기질을 가지고 있는 확인해 보도록 한다. 테스트는 총 40문항으로 되어 있는데 강점 20문항, 약점 20문항으로 구성되어 있다.

검사 방법

- 각각의 번호에 따라 네 개의 단어가 나타난다.
- 자신을 가장 잘 나타낸다고 생각하는 단어 왼쪽에 표시를 하여 40문항을 모두 마친다.
- 하나도 빠트리지 말고 답해야 한다. 어느 단어가 가장 잘 나타내는지 잘 모르겠다면 당신의 배우자나 친구에게 물어보거나, 당신의 어렸을 때 모습을 떠올리며 생각을 더듬어 표시해도 된다.

1. 강점

1	생동감 있다.	모험적이다.	분석적이다.	융통성 있다.
2	쾌활하다.	설득력 있다.	끈기 있다.	평온하다.
3	사교적이다.	의지가 강하다.	희생적이다.	순응한다.
4	매력 있다.	경쟁심이 있다.	이해심이 많다.	감정을 억제한다.
5	참신하다.	능력이 비상하다.	존중하다.	삼가다.
6	신나 하는 편	독자적인 편	민감한 편	수용적인 편
7	장려하다.	긍정적이다.	계획하다.	참을성이 있다.
8	충동적인 편	확신하는 형	계획을 따르는 편	과묵하다.
9	낙천적이다.	솔직하다.	질서 있다.	포용력 있다.
10	재담이 있다.	주관이 뚜렷하다.	신실하다.	응답적이다.
11	즐겁다.	겁이 없다.	섬세하다.	외교적이다.
12	명랑하다.	자신감 있다.	문화적이다.	안정되다.
13	고무하는 편	독립적이다.	이상적이다.	거슬리지 않는다.
14	표현하는 편	단호하다.	몰두하는 편	정색하고 농담한다.
15	쉽게 어울린다.	행동가형	음악을 좋아한다.	중재하는 형
16	말하기 좋아한다.	성취지향적	사려 깊은 편	관대하다.
17	열정적이다.	책임감 있다.	충성스러운 편	잘 듣는다.
18	무대형이다.	지도력이 있다.	조직적이다.	만족하는 편
19	인기 있다.	생산적이다.	완벽을 추구한다.	편안하다.
20	활기 있다.	담대하다.	예의 바르다.	중도적이다.
소계				

2. 약점

1	허세를 부린다.	권세를 부린다.	숫기가 없다.	무표정하다.
2	규율이 없다.	동정심이 없다.	용서하지 않다.	열정이 없다.
3	중언부언하다.	거스른다.	분을 품다.	상관이 없다.
4	건망증이 있다.	노골적이다.	까다롭다.	두려워하다.
5	중간에 끼어든다.	성급하다.	자신감이 없다.	결단력이 없다.
6	예측할 수 없다.	애정표현이 없다.	인기 없다.	관계하지 않다.
7	되는대로 하다.	완고하다.	불만이 많은 편	망설이는 편
8	방임하다.	교만하다.	염세적이다.	단조롭다.
9	쉽게 분노하다.	논쟁을 좋아한다.	자신을 격리하다.	목표가 없다.
10	피상적이다.	자만하다.	부정적이다.	안일하다.
11	칭찬을 바라다.	일벌레 형	뒤로 물러서는 편	염려하다.
12	말이 많다.	무례하다.	과민하다.	소심하다.
13	무질서하다.	지배하다.	낙담하다.	확신이 없다.
14	일관성이 없다.	관대하지 못하다.	내성적이다.	무관심하다.
15	어지르는 편	조종하다.	우울한 편	중얼거린다.
16	과시하다.	고집이 세다.	회의적이다.	느리다.
17	시끄러운 편	주장하다.	외로운 편	게으른 편
18	산만한 편	성미가 급하다.	의심 많은 편	나태하다.
19	침착하지 못한 편	경솔하다.	양심이 많은 편	마지못해 하다.
20	변덕스럽다.	약삭빠르다.	비판적이다.	타협하는 형
소계				

결과 해석

- 강점과 약점의 체크된 수를 파악하여 합계란에 표시한다.
- 가장 많은 수가 있는 곳이 당신의 주기질이고, 다음으로 많은 부분이 당신의 부기질이다.
- 대부분 두 가지 부분이 다른 두 가지 부분보다 많이 나온다.
- 처음부터 순서대로 다혈질, 담즙질, 우울질, 점액질 순으로 되어 있다.

결과 해석

기질	핵심특성	특성
대중적 다혈질	웅변적, 외향적, 낙천적	다른 사람에게 호감을 준다. 무슨 일이든 쉽게 자원한다. 이야기를 좋아한다. 새로운 일을 만들어 낸다. 파티를 좋아한다. 겉으로 잘하는 것처럼 보인다. 유머 감각이 있다. 창조적이고 기발하다. 기억력이 좋다. 힘과 정력이 넘친다. 피부 접촉을 좋아한다. 감정이 풍부하다. 다른 사람들을 끌어들인다. 적극적으로 자신을 표현한다. 다른 사람들이 일하게 만든다. 명랑하다. 호기심이 많다. 무대 체질이다. 순진하고 순박하다.
역동적 담즙질	행동가, 외향적, 낙천적	천성적 지도자이다. 목표지향적이다. 역동적이고 활동적이다. 전체를 바라본다. 변화를 필요로 한다. 조직적이다. 반대에도 굴하지 않는다. 잘못된 것은 고쳐야 한다. 실제적인 해결책을 찾는다. 의지가 강하고 단호하다. 즉시 행동에 옮긴다. 감정에 치우치지 않는다. 다른 사람에게 위임한다. 쉽게 낙담하지 않는다. 생산성에 역점을 둔다. 독립적이다. 목표를 설정한다. 자신감이 있다. 다른 사람들을 참여시킨다. 무엇이든지 감당할 수 있다.
완벽주의 우울질	사색가, 내성적, 비관적	사려 깊다. 짜인 계획에 따라 일한다. 분석적이다. 완벽주의자로서 높은 표준을 갖는다. 진지하고 목적의식이 있다. 세세한 것까지 신경을 쓴다. 천재적인 면이 있다. 꾸준하고 철저하다. 재능이 있고 창조적이다. 질서 있고 조직력이 있다. 예술적이다. 깔끔하다. 철학적이고 시적이다. 경제적이다. 심미안이 있다. 문제를 파악한다. 창조적인 해결책을 갖는다. 다른 사람들에게 민감하다. 시작한 것은 끝을 내야 한다. 자기희생적이다 도표와 그래프와 목록을 좋아한다. 신중하다. 이상을 추구한다.
평온한 점액질	관찰자, 내성적, 비관적	겸손하고 온유하다. 유능하고 꾸준하다. 태평스럽고 느긋하다. 평화롭고 상냥하다. 고요하고 냉정하고 침착하다. 행정능력이 있다. 인내심이 있다. 문제를 중재한다. 균형 잡힌 생활을 한다. 다투지 않는다. 일관성이 있다. 압력을 받아도 잘 견딘다. 조용하지만 위트가 있다. 쉬운 길을 찾는다. 동정심이 있고 친절하다. 감정을 드러내지 않는다. 현실을 즐겁게 받아들인다. 어떤 일에도 잘 적응한다.

활동자료 7-2

나와 파트너의 생각은 얼마나 비슷한가?

※ 배우자 선택과 관련된 다음의 글을 읽고 파트너와 함께 각자의 생각을 주어진 칸에 체크한 후 서로의 생각을 비교해보자.

항목	전혀 그렇지 않다	별로 그렇지 않다	보통이다	대체로 그렇다	매우 그렇다
1. 삶의 방식과 가족 가치관					
한부모(편부/편모) 가족도 양부모(부모 모두 있음) 가족과 동일하게 자녀를 잘 키울 수 있다.					
결혼을 하지 않고 독신으로 살아도 괜찮다.					
결혼을 하지 않고 함께 사는 것도 괜찮다.					
이혼 후 혼자 사는 것보다는 재혼하는 것이 낫다.					
부부 사이의 문제를 해결할 수 없다면 이혼하는 것이 좋다.					
결혼을 하더라도 반드시 아이를 가질 필요는 없다.					
결혼을 하지 않고 아이를 낳는 것도 괜찮다.					
부부가 멀리 떨어져 사는 것도 괜찮다.					
외국인과 결혼해도 괜찮다.					
입양한 자녀도 직접 낳은 자녀만큼 잘 키울 수 있다.					
2. 결혼식 및 비용					
하객 수가 적으면 결혼식이 초라해 보인다.					
신랑과 신부가 결혼의 총비용을 동등하게 분담해야 한다.					
신랑은 신혼집을 마련하고, 신부는 혼수를 준비해야 한다.					
3. 성역할 태도					
아버지도 어머니와 똑같이 자녀를 돌볼 책임이 있다.					
여성도 남성과 똑같이 가족부양의 책임이 있다.					
맞벌이 부부는 집안일도 똑같이 나누어서 해야 한다.					

항목	전혀 그렇지 않다	별로 그렇지 않다	보통 이다	대체로 그렇다	매우 그렇다
남성이 할 일은 돈을 버는 것이고, 여성이 할 일은 가정을 돌보는 것이다.					
친정과 시집 모두 도움이 필요할 때 결혼한 여성은 친정보다 시집을 먼저 도와야 한다.					
4. 자녀가치와 자녀양육					
자녀의 성장을 지켜보는 것이 인생에서 가장 큰 즐거움이다.					
노후를 위해서는 자녀가 필요하다.					
자식의 성공은 나의 성공과 같다.					
자녀를 돌보는 일은 힘든 일이다.					
자녀 때문에 하고 싶은 일을 못 할 수 있다.					
자녀를 키우는 것은 경제적으로 부담이 된다.					
5. 부모 봉양 및 부모 책임					
자식은 나이든 부모를 모시고 살아야 한다.					
자식은 나이든 부모를 경제적으로 부양해야 한다.					
아들, 딸 구분 없이 나이든 부모를 돌보아야 한다.					
부모는 자녀의 대학교육비를 책임져야 한다.					
부모는 자녀가 취업할 때까지 책임져야 한다.					
부모는 자녀의 결혼준비(혼수, 신혼집 마련) 비용을 책임져야 한다.					
부모는 자녀가 결혼한 이후에도 돌보아줄 책임이 있다. (경제적 도움, 손자녀 돌보기 등)					

출처 : 전귀연 외(2021). 결혼준비교육. 서울: 신정.

Chapter 08

성행동과 성 건강*

* 본 장은 이규은 · 장상필(2021). 성과 결혼. 도서출판 어우리. pp. 257-280의 내용을 재구성하였음.

Chapter 08

성행동과 성 건강

1. 성행동과 수행불안

1) 성행동의 세 측면

인간의 성행동은 인간의 성적 욕망을 충족시키기 위한 목적으로 행하는 모든 행동을 말한다. 따라서 인간의 성행동에는 성적 흥분을 위해 시도하는 행위로부터 시작하여 성적으로 흥분한 후에 일어나는 성교에 이르기까지에 관련된 모든 성적 행동을 포함된다. 이러한 성적 행위는 개인의 욕망 차원을 넘어 인간의 성 행동뿐만 아니라 인간이 성에 대해 가지고 있는 태도, 사고, 감정, 가치관, 이해심, 환상, 성의 존재 의미 등 그 사회가 지니고 있는 사회제도나 규범과 관련되어 표출된다. 이러한 인간의 성행동은 일반적으로 사랑, 쾌락, 생명(책무성)이라고 하는 세 가지 측면의 요인과 관련되어 있다.

(1) 사랑

인간은 외롭고 고독하기 때문에 사랑에 빠진다고 한다. 사랑에 빠지면 우리는 흔히 '눈에 콩깍지가 씌었다.'라는 말을 하는데 이러한 표현처럼 사랑은 서로 간에 죽고 못 산다는 것을 포함한다. 이와 같이 두 사람 간에 서로 사랑에 빠지게 되면 어떠한 방법으로라도 자신들의 사랑하는 마음을 표현하고 싶어 하는데 그 표현의 일환으로 성행위가 발생한다. 따라서 사랑은 성교를 비롯한 인간의 성행동에 대해서 '오로지 당신만을 사랑하기 때문이다.'라는 관점으로 성행위를 바라보는 시각이 있는데 이러한 관점을 사랑을 전제로 한 측면으로 본다. 성적 표현이나 성행위가 당신을 사랑한다는 뜻이고, 또 그런 관계는 당신하고만 갖기를 원한다는 의미로 인식하는 측면이 사랑의 측면이다.

(2) 쾌락

쾌락은 인간의 기본적인 욕구 중의 하나이다. 즉, 인간의 본성은 '불쾌함'보다는 '유쾌함'을 추구한다. 인간의 성행위도 이러한 '유쾌함'을 바탕으로 한 쾌락적인 측면의 요소가 강하다. 그래서 성행위를 즐기기 위한 시각으로 바라보는 이러한 관점을 쾌락적인 측면의 요소로 본다. 즉, 인간이 성행위를 하는 목적 중에서 중요한 하나의 요소가 쾌락이고 즐거움이라고 보는 관점이다. 우리는 흔히 성행동을 쾌락적인 측면으로 바라보는 것을 부정적으로 인식하는 경향이 있다. 이러한 인식은 성을 숨겨야만 하는 사실로 인식하게 되는데, 이는 바람직하지 않은 현상이다. 누구나 쾌락을 위해서 성을 즐기고 사랑을 나누는 데 거리낌이 없도록 해야 한다.

(3) 생명(책무성)

인간의 성행위에는 생명의 탄생이라고 하는 출산의 신성함을 포함하고 있다. 성행위를 하는 많은 사람들은 출산이 성행위의 목적이라는 사실에 동의한다. 성행위의 결과로 새로운 생명이 탄생하는 출산을 신성한 일로 바라보지 않는 사람은 없을 것이다. 그런데 성행위에 대한 인식에 있어서 쾌락과 생명(책무성)의 가치는 종종 충돌의 대상이 되기도 한다. 가장 대표적인 사례가 혼전성관계이다. 상호 간에 사랑을 바탕으로 성행위를 하면서 쾌락을 느끼지만 문제는 그 결과로 나타나는 임신을 신성한 일로 바라보지 않는다는 점이다. 두 사람 모두 준비되지 않은 상태에서 맞이하는 임신에 대해 이를 신성한 가치로 바라보지 않기 때문이다. 사랑하는 사람과의 성행위를 성의 쾌락으로만 한정 지을 때 나타날 수 있는 현상이다. 따라서 성행위에는 반드시 책무성이라는 가치가 동반된다는 점을 간과해서는 안 된다. 쾌락적인 성행위의 결과에 동반하는 책무성에 대해서도 항상 유념해야 한다.

최근 들어 성은 쾌락만이 목적이 되고 생명은 아이를 낳을 사람들만이 중요시 여기는 것으로 분리하려는 경향이 있는데, 이는 가치 충돌로 인하여 보다 혼란스럽고 복잡한 또 다른 상황을 야기하는 원인이 될 수 있다. 성을 쾌락과 책무성을 분리하기보다는 성행위에 대한 책무성을 다할 수 있도록 하는 성행동이 우선되어야 한다.

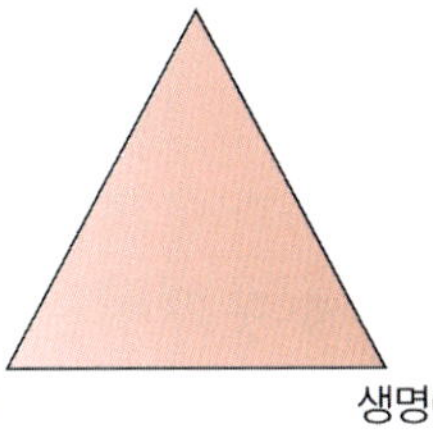

그림 8-1 성행동의 세 측면

2) 수행불안

수행불안의 이해를 돕기 위해 성행동과 관련하여 남성의 발기를 사례로 설명하고자 한다. 수행불안의 개념과 수행불안의 내용은 다음과 같다(김요완, 2013: 79-80).

(1) 발기의 메커니즘(mechanism)

음경의 발기는 음경의 해면체에 피가 가득 차면서 일어나는 현상이다. 음경은 두 개의 원기둥처럼 자리 잡고 있는 음경 해면체에 음경 혈관이 있는데 척추에 있는 부교감 신경이 음경혈관을 자극하면 혈액이 유입되고 반사적으로 음경 판막이 닫혀 혈액이 갇히면서 음경이 발기된다. 이러한 음경의 발기는 물리적, 시각적인 외적 자극에 의해서 흥분단계로 진입하게 되고 발기가 시작된다.

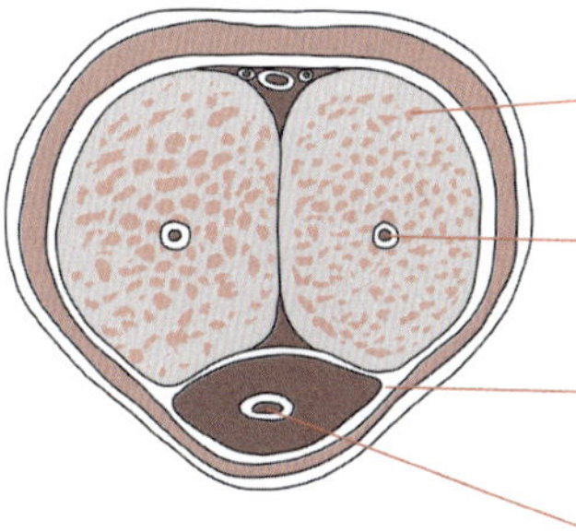

그림 8-2 음경의 단면도

(2) 수행불안

수행불안은 어떤 행위를 하는 데 있어서 제대로 하지 못할지도 모른다는 느끼는 것을 말한다. 예를 들면, '잘 할 수 있을까?', 또는 '실패하면 어떻게 하지?'라는 생각으로 인해 어떤 행위에 집중을 하지 못하거나 특정 현상에 과도하게 몰입하고, 그러면서 불안을 느끼는 현상을 말한다. 성교에 있어서 수행불안을 일으키는 원인을 '오이디푸스 콤플렉스(oedipus complex)적 갈등, 부부간의 권력 투쟁 등 섬세하고 뿌리 깊은 원인'에서 찾을 수 있다. 하지만 신경증이나 정신분석학적인 불안 원인을 고려하지 않는다면 많은 경우 불안정한 남성이나 남보다 뛰어나고 싶다는 요구가 지나치게 많은 남성, 성교의 실패에 지나친 죄책감과 불안을 갖고 있는 남성, 배우자와의 관계에서 정서적인 친밀감이 부족한 남성인 경우 수행불안을 경험할 가능성이 높다. 이러한 수행불안을 경험하는 남성은 '반드시 상대에게 만족감을 주어야 한다.', '성교를 하면서 잘 해내지 못하면 어떻게 하지?', '지난번에 실수한 것처럼 이번에도 실수하면 어떻게 하지?'라는 생각에 쉽게 휩싸인다. 수행불안을 느끼게 되면 부교감 신경이 제대로 작동하지 않아 음경 판막이 긴장하게 되고, 그러면서 음경 내에 유입된 혈액이 잘 가두어지지 않아 발기가 잘 이루어지지 않는다.

발기불능에 대한 불안을 경험하면 결과적으로 발기불능을 경험하고, 이로 인해 다시 발기불능의 불안을 경험하는 악순환을 겪게 된다. 이러한 악순환에 의하여 한 번의 일시적인 발기 실패에도 심각한 발기불능을 경험하게 된다.

3) 약물과 성적 흥분

우리나라 남성들은 성욕에 관심이 많다. 정력제라고 하면 깊은 관심과 흥미로 접근한다. 심지어 어떤 이들은 잘못된 정보를 가지고 정력향상을 남용하기도 한다. 대표적인 사례가 술이다. 술을 마시면 성욕이 증가하고 성기능이 좋아질 것이라고 생각해서 성관계를 원하는 경우 음주를 하고 시작하는 경우가 있는데 이는 잘못된 정보이다. 술은 억제된 감정을 이완시켜 주어 여성에게 적극적으로 접근하고 표현하는 데는 도움이 되지만 실제로 성적 기능을 높이는 데는 전혀 도움이 되지 않는다. 오히려 술이 여성의 오르가슴을 방해하여 효과를 반감시키게 된다. 우리에게 알려진 약물 중에 잘못된 기대와 실제 약물효과와의 관련성을 요약하여 표로 나타내면 다음과 같다.

<표 8-1> 약물과 성적인 흥분과의 관계

약물 이름	일반적인 잘못된 기대	실제효과
알코올	성적인 흥분 증가, 성적인 행동 자극	•성행동에 대한 긴장 완화, 발기, 흥분, 오르가슴의 기능 약화
암페타민(스피드)	기분 고양, 성기능 향상	•중추신경 자극제, 성적 억제력 감소, 많은 양과 장기간 사용 시 발기 장애, 자연 사정 •남녀 모두에게서 오르가슴 장애를 일으키고, 여성에게는 질 건조증 유발
질산아밀	오르가슴과 흥분을 극대화	•두뇌와 성기관 주위의 혈관을 확장, 시간에 대한 감각 상실, 골반 주위의 체온 증가 •성적인 흥분과 오르가슴 감소, 발기 억제와 장애 유발
바비투레이트산	성적인 흥분 증가, 성행동 향상	•술과 비슷한 역할 •성적인 흥분과 발기 및 사정을 감소시킴
코카인	오르가슴의 횟수와 강도를 증가시킴	•중추신경 자극제, 긴장을 완화시키고 기분이 좋은 상태를 유지 •성을 즐길 수 있는 관심 감소, 발기 억제 •사정지연이나 조정 실패
LSD	성적인 반응 증가	•성적인 반응 증가에 효과 없음 •성행동에 대한 착각을 일으킴 •성행동에 불만을 일으킴
마리화나	기분 고양, 성적인 흥분 증가, 성행동을 자극함	•술과 같이 긴장을 완화시켜 주는 역할 •성행동을 억제하고 성에 관한 지각을 왜곡하게 해서 성행위를 마치 오래 한 듯한 착각을 갖게 함
L-dopa	남성을 회춘하게 만듦	•성기능에 대한 실제적인 효과는 알려지지 않음 •사용 후에 통증을 느낌, 원치 않는 발기
요힘빈	성적인 흥분과 기능 향상	•쥐에게는 효과 있음 •사람에 따라서 성기능 향상에 도움이 된다는 연구가 있음

출처: 이규은 · 장상필(2021). 재인용.

쉬어가기 발기부전은 수행불안이 가장 중요한 심리요인

발기부전의 원인 중 심리적 요인이 10% 정도를 차지하고 있는데, 이러한 발기부전의 심리적 요인 중 가장 중요한 장애가 바로 수행불안이다. 수행불안은 어떠한 원인에서든지 간에 발기부전이 발생했을 때, 이러한 일시적인 발기부전은 전혀 병적인 이상이 아닌 일시적인 컨디션 저하나 스트레스에 의해서 발생하는 현상인데도 "또 발기부전이 발생하면 안 되는데"라는 불안이 발생하는 경우를 말한다.

수행불안은 발기부전을 계속 유발시키게 되고, 다시 발생한 발기부전은 수행불안을 더욱 악화시켜서 발기부전을 고착화시키게 되므로 반드시 수행불안에 대한 극복을 위한 노력이 병행되어야 한다.

우울증은 우울증 자체로도 발기부전을 일으키게 되고, 우울증을 치료하기 위해서 복용하는 항우울제가 발기부전을 유발시키는 이중적인 원인으로서 발기부전을 악화시킬 수도 있다. 우울증 치료 중에 발생한 발기부전은 우울증의 소견을 더욱 악화시킬 수 있으므로, 항우울제의 복용과 함께 발기부전제를 병행 치료함으로써 우울증에서도 벗어나게 되고, 발기부전 또한 치료가 가능하게 된다.

부부간의 문제나 새로운 사랑에 대한 부담감이 심리적 위축을 유발시켜서 발기부전을 발생시키는 경우도 있다. 부부간에 불화가 발생한 경우에는 제대로 된 성생활이 될 수가 없다. 편하지 않는 상태에서 억지로 관계한 경우에는 혈류순환장애를 발생시켜서 발기부전이 될 수밖에 없다. 또한, 최근 급증하는 이혼 후에도 새로운 연인에 대해서 성적으로 잘해야 하는 부담감이 있는 상태에서 성관계를 하게 되면 신경계가 교란 작용을 일으켜 발기력에 악영향을 미친다.

종교적인 신념이나 성에 대한 억압이나 성에 대한 안 좋았던 기억도 심리적으로 발기부전을 일으키는 원인으로 작용한다. 성에 대해서 터부시하는 종교를 가지고 있는 경우에는 성 자체를 터부시하게 되고, 성 자체를 억압하게 됨으로써 발기부전이 발생한다. 어린 시절 음경에 대한 추행을 받거나, 첫 성경험이 사랑하는 여인과의 결실에 의한 것이 아니라 직업여성과의 성관계 후 성병에 대한 걱정으로 찜찜함이 있는 경우 등도 심리적 트라우마로 인한 발기부전의 원인이 될 수 있다. 심리적 스트레스, 불안증은 누적효과에 의해서 발기부전을 일으키게 된다. 사회생활을 하면서 누구나 스트레스를 받게 되며, 이러한 스트레스나 불안증을 효율적으로 관리하지 않으면, 신체에 스트레스에 의한 장애가 누적되게 되고, 누적된 스트레스는 마치 폭발하듯이 혈관장애인 발기부전을 유발시키게 되는 것이다. 이러한 다양한 심리적 원인들에 의해서 발생하는 발기부전은 발기부전 치료를 병행하면 상태가 호전되면서 심리적 원인 자체가 제거되는 효과도 발생한다. 즉, 심리적 원인에 의해서 발생한 발기부전이라고 오로지 심리치료에만 의존하는 것이 아니라, 비뇨기과 전문의에 의한 발기부전치료와 상담을 병행함으로써 발기부전과 심리적 요인까지 같이 치료하는 개념으로 접근하는 것이 가장 합리적이고 효과가 높은 치료수준에 도달하는 방법이 되는 것이다.

출처 : 이영진(2015). 발기부전은 수행불안이 가장 중요한 심리요인. 하이닥 뉴스(2015.10.19.)

2. 성충동과 자위행위

1) 성충동과 금욕

흔히 남자와 여자의 성욕을 이야기할 때 남자가 여자보다 성욕이 강하고 성충동이 쉽게 일어난다고 말한다. 이러한 성충동은 성욕을 일으키는 테스토스테론이라고 하는 남성호르몬과 관련이 있다. 테스토스테론은 남자에게만 있는 것이 아니고 여자에게도 있다. 남자든 여자든 모두 남성호르몬과 여성호르몬이 분비되지만 성별에 따라 분비되는 호르몬의 양에 차이가 있다. 이러한 호르몬 분비의 차이가 생물학적 차이의 원인이 된다.

분비되는 테스토스테론 호르몬의 양은 성욕과도 관련이 있다. 성욕이 줄어들어서 생기는 문제를 해결하기 위한 일환으로 호르몬 수치를 검사하여 호르몬 주사 처방을 하는 것도 이러한 원리에 바탕을 둔 것이다.

성욕을 일으키는 호르몬인 테스토스테론은 여자보다는 남자에게서 훨씬 많이 분비된다. 하지만 호르몬 양과는 무관하게 신체에 작용하는 성욕의 정도는 같다고 본다. 이를 '성욕등가의 원칙'이라고 한다. 남자나 여자나 성욕의 양은 똑같다는 이론이다. 물론 사람마다 개인차가 있고 상황과 조건에 따라 차이가 있기 때문에 반드시 그렇다고 단정 지을 수는 없으나, 일반적으로는 성욕등가의 원칙에 따른다.

성충동은 여자보다 남자가 훨씬 쉽게 일어난다. 시각적인 자극에 영향을 받는 남자의 성충동은 일상적으로 자극을 받고 있다고 해도 과언이 아니다. 직접 몸에 닿는 자극이 아닌, 생각만으로도 성충동이 생기고 발기를 경험하기도 한다. 하지만 성충동이 강하다는 것이 곧 성욕을 조절할 수 없다는 것을 의미하는 것은 아니다. 성충동은 자신의 의지대로 충분히 조절할 수 있다. 성충동은 감각적으로 받아들이는 것 외에도 마음과 정신을 통해서, 그리고 우리의 이성을 통해서 자신의 의지대로 조절할 수 있는 것이다.

성충동에 대한 조절능력을 중시하여 전통적인 성교육에서는 금욕을 중시해 왔다. 하지만, 성교육에서 아무리 금욕을 강조한다고 하더라도 2차 성징이 정상적으로 성장 발달한 청소년의 경우에는 기본적으로 성적인 충동을 경험할 수밖에 없다. 이럴 때 금욕을 통해 성적 욕망으로부터 벗어나는 것도 하나의 방법이지만, 사전에 성충동이 발생하지 않도록 하거나 발생하는 정도를 미연에 예방함으로써 조절해 나가는 것도 하나의 방법이 될 수 있다.

남녀 간에 성욕의 차이는 동등하다고 하지만 성충동은 여성에 비해 남성이 7 : 4의 비율로 더 강한 것으로 알려져 있다. 남성은 화장품 냄새, 여성의 체취 등 후각을 통해서나 성적 그림, 여성의 속옷 등의 시각적 자극을 통해서 성충동을 강하게 느끼며 이때 몸 안에 축적된 정액을 방출하고 싶은 사정의 욕구와 함께 이성에 대한 존재를 명확히 의식하고 육체적으로나 정신적으로 가까이하고 싶어 하는 접촉욕구가 생긴다. 이에 반해 여성은 분위기에 약하며 단지 이성과 같이 있고 싶고 친밀감을 느끼고 싶어 한다. 이러한 차이 때문에 성행동에 있어서 남성이 여성보다 적극적인 역할을 하게 된다. 인간의 성욕을 특정한 이성을 향하여 발하는 심리·애정적 성욕구와 특정한 이성에 국한하지 않는 심리·생리적 성욕구로 나누어 설명한 미국의 청년발달심리학자 오수벨(Ausubel)도 청년기의 여성은 이성과의 관계에서 로맨틱한 감정을 갖기를 원하며 남성은 육체적인 관계를 원하는 경우가 많다고 하였다. 성충동은 무조건 억눌러야 하는 것은 아닐지라도 그 본능을 무조건 채우기보다는 어떻게 충족하고 해소할 것인지도 중요하다. 충동을 느끼는 것과 그 느낌을 행동에 옮기는 것은 별개의 문제이다. 성적인 충동이 아무리 강하다고 해도 청소년들이 성교를 통해 성욕을 해소하는 것은 바람직하지 않다. 스웨덴이나 네덜란드는 다른 서구 유럽에 비해 성에 대해 비교적 개방적이다. 그래서인지 학교에서의 성교육도 다른 나라에 비해 가장 먼저 시행되었다. 하지만 이런 개방적인 분위기 속에서도 10대 임신율이 영국이나 미국에 비해 매우 낮다. 그 이유는 그 나라들이 성교육을 통해서 책임감이나 상대에 대해 헌신하고자 하는 마음이 들 때 성행동을 하기 때문이다. 남성과 여성은 서로의 관심과 생각을 공유하고 서로에 대한 책임을 느끼며 소중하게 사랑하고 있을 때 성관계가 이루어질 수 있으며, 미래의 가정을 꾸미고 개인적으로도 자아를 실현하고 발전하기 위해 청소년의 성충동은 제대로 조절되어야 한다(손애리·이호진, 2009: 89). 청소년기는 성적 욕망의 조절을 통해 이성에 대한 이해의 폭을 넓히고 타인에 대한 배려와 존중 의식을 길러 전인적인 인성함양을 위해 노력해야 한다.

2) 성충동 약물치료

많은 성범죄는 성충동이나 성욕을 조절하고 통제해 나가는 일에 실패한 경우이다. 특히 성범죄는 다른 어떤 범죄보다도 재범률이 높은 것으로 알려져 있으며, 이는 사람마다 다르게 작용하는 성욕과도 무관하지 않다. 우리나라에서는 이러한 성욕과 성충동을 조절하지 못하여 반복되는 성범죄를 저지르는 사람을 대상으로 법원에서 '성충동 약물치료'를 명령한 바가 있어 사회적 관심을 증대시키고 있다.

'성충동 약물치료'란 성호르몬의 조절을 통해 성기능을 일시적으로 약화시키는 약물 투여와 인지행동치료 등 심리치료 프로그램을 병행하여 실시함으로써 성적 욕망과 성충동을 떨어뜨리는 치료방법이다. 우리나라는 2011년 '성폭력범죄자의 성충동 약물치료에 관한 법률'이 도입되면서 '성충동 약물치료'가 법제화되었다.

3) 자위행위

청소년의 성에 대한 관심은 정상적인 발달 과정이다. 특히 성적 호기심이 강하고 성적 자극에 민감한 청소년들은 자위행위를 통해 성적 욕구를 해결하기도 하는데 이러한 자위행위 또한 성적 발달 측면에서 자연스러운 행동이다.

이러한 자위행위는 자신의 신체를 이해하고, 성적으로 어떤 반응들이 나타나는지를 이해하게 되어 성적 정체감을 발달시키는 데 도움이 된다. 하지만 지나친 자위행위는 새로운 성적 문제의 요인이 될 수 있으므로 적절한 지도가 필요하다. 자위행위가 지나치다는 것은 주변에 흥미로운 자극이 부재하거나 심리적인 불안 요인이 원인인 경우가 대부분이다. 따라서 이러한 측면에 대해 관심을 보일 필요가 있다. 또한 지나친 자위행위는 심리적인 측면에서 죄책감이나 불안감 등과 같이 정서적으로 부정적인 측면의 요인이 될 수도 있다. 대부분 청소년들의 성적욕구는 정서적 욕망에 의해 발생한다. 누군가로부터 애정을 받고 싶고, 혼자 있는 외로움에서 벗어나고 싶고, 성적 정체감을 확인해 보고 싶고, 자존감을 높이고 싶고, 지루함에서 벗어나고 싶은 경우에 자위행위를 찾게 된다. 이런 경우의 자위행위는 특별한 문제의 소지를 갖고 있다고 볼 수 없다. 오히려 청소년의 독립적인 성을 위해 인정하고 수용해 줄 필요가 있다. 이런 경우에는 어떠한 간섭도 바람직하지 않다.

2020년 리서치 팩토리[1]의 조사에 따르면 한국인 10명 중 8명이 자위 경험이 있는 것으로 나타났다. 특히 자위행위 경험자는 비경험자보다 일상생활에서의 만족도도 높은 것으로 나타났다. 이 조사에 따르면 우리나라 성인의 77.3%가 자위행위

1) 리서치 팩토리(2020). 2020 대한민국 성인 남녀 자위행위 실태 조사. 헬스케어 브랜드 텐가(TENGA).

경험이 있는 것으로 나타났으며, 성별로는 남성이 95.7%, 여성이 56.6%인 것으로 나타났다. 또 일주일에 한 번 이상 자위를 한다고 응답한 비율이 절반가량(49.8%) 되었으며 남성은 이보다 높은 63.3%, 여성은 24.1%를 기록했다. 자위행위를 하는 성적 욕구를 해소하기 위해(66.4%)가 가장 높았고 성적 즐거움을 위해(33.6%), 휴식을 취하거나 스트레스를 해소하기 위해(23.3%) 순으로 나타났다. 이러한 결과는 자위행위를 성관계의 대체가 아닌 행위 자체를 즐길 수 있는 것으로 인식하는 성인이 많은 것으로 분석되었다(머니투데이, 2020).[2] 이러한 결과를 보면 자위행위는 오히려 자연스러운 일에 더 가깝다고 볼 수 있다.

쉬어가기 성폭력 범죄자의 성충동 약물치료

성범죄는 피해자들의 몸과 마음에 큰 상처를 남기는 결코 일어나서는 안 될 비인도적인 범죄이다. 특히 성범죄와 관련하여 '성충동 약물치료' 판결이 나오면서 우리 사회에서 사회적 이슈가 되고 있다. '화학적 거세'라고도 알려진 '성충동 약물치료'는 2011년에 '성폭력범죄자의 성충동 약물치료에 관한 법률'이 제정되면서 법제화되었다. 하지만 '성충동 약물치료'는 '형벌'이 아닌 일종의 '보안처분'에 해당된다. '보안처분'은 범인의 재범을 막기 위해 행하는 교육이나 처분을 의미하며, 보호관찰이나 치료감호 등도 여기에 해당된다.

성폭력범죄자의 성충동 약물치료에 관한 법률

제1조(목적) 이 법은 사람에 대하여 성폭력범죄를 저지른 성도착증 환자로서 성폭력범죄를 다시 범할 위험성이 있다고 인정되는 사람에 대하여 성충동 약물치료를 실시하여 성폭력범죄의 재범을 방지하고 사회복귀를 촉진하는 것을 목적으로 한다.

제2조(정의) 3. "성충동 약물치료"(이하 "약물치료")란 비정상적인 성적 충동이나 욕구를 억제하기 위한 조치로서 성도착증 환자에게 약물 투여 및 심리치료 등의 방법으로 도착적인 성기능을 일정 기간 동안 약화 또는 정상화하는 치료를 말한다.

성폭력범죄자의 성충동 약물치료에 관한 법률 시행령

제2조(정신건강의학과 전문의의 진단 및 감정) ① 「성폭력범죄자의 성충동 약물치료에 관한 법률」(이하 "법") 제4조 제2항 및 제6항에 따라 검사는 같은 조 제1항에 따른 성충동 약물치료명령(이하 "치료명령")을 청구하기 전에 다음 각 호의 어느 하나에 해당하는 시설 또는 기관의 정신건강의학과 전문의에게 치료명령 청구대상자(이하 "치료명령피청구자")에 대한 진단이나 감정을 의뢰하여야 한다. 〈개정 2011.11.23.〉

2) 머니투데이(2020.9.22.).

성폭력범죄자의 성충동 약물치료에 관한 법률 시행령

제10조(수용시설 수용자의 이송 등) ① 치료명령을 받은 사람을 수용하고 있는 수용시설의 장은 치료명령을 받은 사람이 형의 집행이 종료되거나 면제 · 가석방 등의 사유로 석방되기 3개월 전부터 2개월 전까지 사이에 「형의 집행 및 수용자의 처우에 관한 법률」 제37조 제2항에 따라 치료명령을 받은 사람을 치료감호시설로 이송하여야 한다.

성폭력범죄자의 성충동 약물치료에 관한 법률 시행령

제5조(인지행동 치료 등 심리치료 프로그램) ② 심리치료 프로그램은 성충동 약물치료(이하 "약물치료") 기간 동안 월 1회 이상 실시되어야 한다.

성폭력범죄자의 성충동 약물치료에 관한 법률 시행령

제11조(부작용에 대한 검사 및 치료) ① 보호관찰은 약물 투여의 방법으로 치료명령을 집행하는 경우에는 치료기관의 의사로 하여금 부작용에 대한 검사 및 치료도 함께 실시하게 하여야 한다.

3. 성 건강

1) 임신과 출산

임신은 남성의 고환에서 생산되어 배출되는 정자와 여성의 난소에서 나오는 난자가 만나 수정된 수정란이 자궁에 내려와 착상된 것을 말한다. 임신은 통계상으로 280일, 10개월이 임신 기간이 되는데 이를 3단계로 나누어 초기(1~3개월), 중기(4~6개월), 후기(7개월 이후)로 구분한다.

(1) 임신의 성립

임신은 정자가 여성의 질 내로 들어가 난자의 외피를 뚫고 결합하여 수정된 후 세포분열을 하면서 나팔관을 통해 자궁 쪽으로 이동한다. 수정 후 약 일주일 정도 지나면 자궁내막에 들어가 달라붙게 되는데, 이렇게 착상이 되면 임신이 된다. 착상은 수많은 세포로 이루어진 배반포(blastocyst)가 자궁벽 내에 파묻히게 되는 현상을 말한다. 배반포 상태에 있는 수정란은 나팔관을 통과하여 자궁에 이르러 자궁내막에 뿌리를 내리고 점차 건강한 아이로 자란다.

(2) 임신의 증상

임신이 되면 신체에 변화가 나타나기 시작하며 신체변화에 따라 증상이 표출되고 심리적인 변화도 동반한다. 임신으로 인하여 나타나는 증상에는 다음과 같은 것들이 있다.

첫째, 월경이 정지된다. 임신을 하게 되면 월경이 정지된다. 임신으로 인한 중지를 청소년들의 불규칙한 월경과 혼돈해서는 안 된다. 배란일에서 약 2주일 후에는 임신진단시약으로 임신여부의 진단이 가능하다. 보다 더 확실한 진단은 도플러 검사와 초음파 검사를 통해 진단할 수 있다.

둘째, 입덧이 나타난다. 임신을 하고 나면 위장활동이 둔해져서 소화가 잘 안 되고 변비가 생기기 쉬우며 구토 등과 같은 입덧 증상이 나타난다. 종종 머리가 무겁고 오한이 나는 것을 감기로 착각하는 경우도 있다. 보통 임신 3개월에서 4개월 정도가 지나야 입덧이 사라진다.

셋째, 빈뇨 현상이 나타난다. 임신으로 인하여 방광을 압박하게 되어 소변을 자주 보아야 하는 빈뇨 현상이 나타날 수 있다.

넷째, 체중 증가와 신체 변화가 나타난다. 임신 5개월이 되면 체중이 눈에 띄게 증가하고, 배 속의 태동을 느낄 수 있게 된다. 이 시기가 되면 임산부도 체중이 늘어남을 직감할 수 있다.

임신이 진행되어 감에 따라 나타나는 모체의 변화과정을 그림으로 나타내면 다음과 같다.

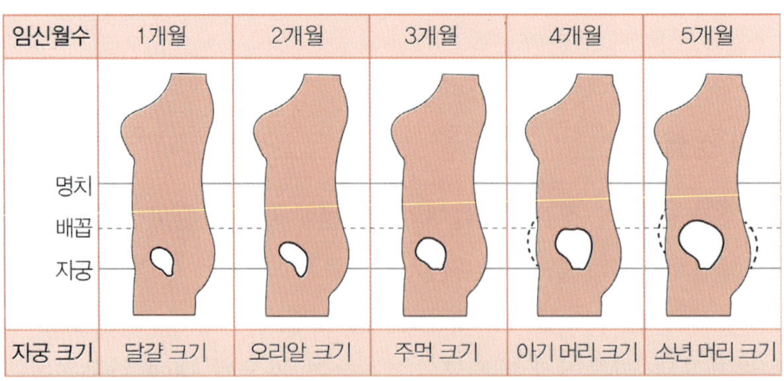

그림 8-3 모체의 변화과정

(3) 출산의 신호

출산하기에 앞서 나타나는 전조증상으로는 태아가 아래로 내려오는 듯한 느낌(하강감), 이슬[3], 파수[4], 잦은 소변, 태동 감소, 가진통[5] 등이 있다. 출산하기에 앞서 분만 예정일은 네겔레의 법칙(Negele's rule)으로 산출할 수 있다.

> **네겔레의 법칙(Negele's rule)**
> - 분만 예정일(EDC : Expected Date of Confinement) 계산 법
> - EDC = LMP + 7일 - (3개월 + 1년) (혹은 + 9개월)
>   마지막 월경(LMP)의 첫날에 7을 더하고, 달에서 3개월을 빼고 1년을 더한다.
>   (9개월을 더해도 된다.)

(4) 출산의 과정

출산의 과정은 진행과정에 따라 출산 1기(개구기), 출산 2기(만출기), 출산 3기(후산기)로 구분한다. 출산 1기에는 자궁 수축으로 규칙적인 진통이 오고 자궁 입구는 태아가 나올 정도로 열리고 태아는 밖으로 나갈 수 있도록 머리를 회전한다. 초산의 경우에는 10~12시간이 소요되고, 경산일 경우에는 4~6시간 정도 걸린다. 출산 2기는 태아가 완전히 열린 자궁 입구를 통해 모체 밖으로 나오는 시기이다. 이때 태아는 많은 양의 양수가 함께 자궁 밖으로 나오게 된다. 초산일 경우에는 2~3시간, 경산일 경우에는 30분 정도가 걸린다. 출산 3기는 태아가 나온 후 자궁이 수반되면서 남아 있는 태반과 탯줄, 양막이 나오는 시기이다. 보통 이 시기는 10~20분 정도 걸리며, 가벼운 진통이 있다. 출산과정을 그림으로 도식화하면 다음과 같다.

3) 출산의 첫 징후로 태아가 쳐지면서 난막의 일부가 자궁벽에서 떨어져 나와 생김
4) 양수가 흐르는 현상
5) 분만이 가까워질수록 진통 간 간격이 10분에서 5분으로 좁아짐

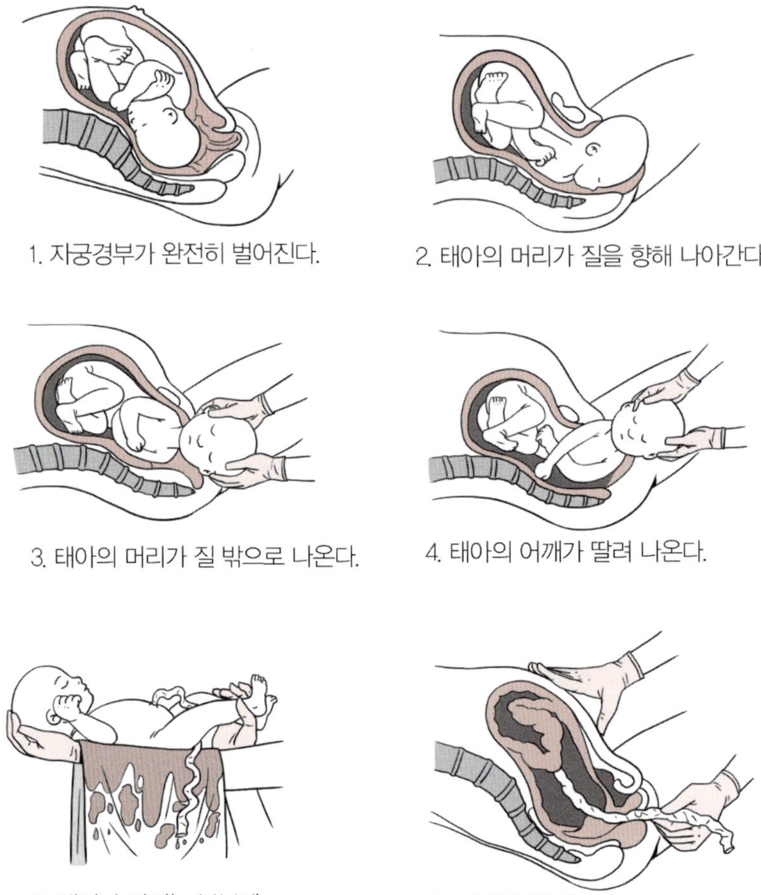

1. 자궁경부가 완전히 벌어진다.
2. 태아의 머리가 질을 향해 나아간다.
3. 태아의 머리가 질 밖으로 나온다.
4. 태아의 어깨가 딸려 나온다.
5. 태어난 아기는 복부에 탯줄을 달고 있다.
6. 아기가 태어나고 조금 지나 태반을 꺼낸다.

그림 8-4 출산 과정

(5) 산욕기와 출산 후의 몸조리

산욕기란 출산 후 산모의 몸이 임신 전의 상태로 회복할 때까지의 기간을 말한다. 일반적으로 산욕기는 6~8주 정도가 걸리는데 이 시기에는 산후조리를 잘해야 출산 전의 건강한 몸으로 돌아갈 수 있으며 후유증을 방지할 수 있다. 출산 후에는 훗배앓이와 같은 증상이 나타날 수 있다. 이는 자궁이 수축되는 과정에서 약한 진통이 오기 때문에 나타나는 증상이다.

출산 후에는 몸조리를 위해서 충분한 휴식을 갖는 것이 중요하다. 가벼운 운동으로 신진대사를 원활하게 하고 영양섭취를 충분히 해서 약해진 뼈와 이를 재건하고 혈액 손실을 보충하여야 한다. 항상 청결 유지에도 신경을 써서 산도[1]로 인해 생긴 상처가 감염되지 않도록 주의해야 한다.

2) 피임과 낙태

피임은 성행위의 결과로 야기되는 생명에 대해 존중하고 책임을 지기 위한 행동으로 난자와 정자가 수정되지 않도록 인위적인 수단이나 방법을 사용하여 임신을 막는 방법이다. 피임의 목적은 원치 않는 임신을 막아주는 것이 주된 목적이지만 인간의 온전한 성을 실현하는 데 있다. 진정한 성적 즐거움은 생명을 책임지면서 얻어지는 것으로 생명과 사랑과 쾌락은 성에 있어서 뗄 수 없는 관계성을 갖고 있다.

(1) 피임의 종류와 원리

피임의 방법은 성별에 따라 다르다. 남성이 할 수 있는 피임법으로는 난자와 정자의 접촉 기회를 차단하고 방해하는 원리를 적용한 피임법으로 콘돔, 난관수술, 정관수술 등이 있다. 여성이 할 수 있는 피임법으로는 페미돔, 살정제, 월경 주기법 등이 있다. 이 밖에도 남녀가 함께할 수 있는 피임법으로는 자연주기법, 점액관찰법, 기초체온법 등이 있다. 또한 난자의 생산을 방해하는 원리를 활용한 피임법으로 먹는 피임약, 붙이는 피임약 등이 있다. 이 밖에도 자궁 내 수정란이 착상하는 것을 방해하는 원리를 적용한 피임법으로는 자궁 내 장치(루프)가 있다.

(2) 피임법의 종류와 유의점

현재 통용되고 있는 피임법에는 여러 가지가 있다. 이렇게 피임법의 종류가 많은 까닭은 완벽한 피임법이 없기 때문이다. 즉, 피임법마다 실패할 가능성이 항상 상존해 있고, 피임법의 이용에 따른 부작용이 있을 수 있다는 것이다. 피임의 종류에 따른 원리와 이용방법, 이용 시 유의할 점 등을 요약하여 표로 제시하면 다음과 같다.

1) 산도(産道): 아이를 낳을 때 태아가 지나가는 통로로 자궁목과 질이 있다.

<표 8-2> 피임의 종류와 유의점

종류	원리	이용법	유의할 점	구입방법
먹는 피임약	•에스트로겐과 프로게스테론이 함유된 것으로 난자의 성장을 막고 배란이 되지 않도록 한다. •자궁 경부의 점액을 끈끈하게 하여 정자가 자궁 내로 이동하는 것을 방해한다.	•월경이 시작되는 첫날부터 먹기 시작한다. •하루에 1알, 매일 비슷한 시간에 먹는다. •21정 먹고 7일간 쉰다.	•약 먹는 것을 한 번이라도 잊었다면 다음 날 2정을 한 번에 먹는다. 2번 이상 안 먹었다면 피임 효과가 없으므로 다시 계획한다. •무월경, 월경 과다 등 월경에 변화가 생길 수 있다. •오심, 두통, 유방 울혈 등을 느낄 수 있다. •식욕 변화로 체중 과다 혹은 감소, 여드름이 생길 수 있다.	•약국에서 구입 가능
붙이는 피임약	•먹는 피임약과 비슷하다.	•월경 시작일 정해진 부위(등, 허벅지 등)에 붙인다. •매주 새로운 패치를 같은 요일에 교체한다. •3주간 붙이고 4주째는 쉰다.	•붙인 패치가 느슨해지거나 떨어졌다면 24시간 내에 새로 붙인다. •24시간 이상 지나면 피임효과가 없으므로 다시 시작한다. •먹는 피임약과 비슷한 부작용이 있을 수 있다. 그러나 체중의 변화나 여드름 등의 부작용은 거의 나타나지 않는다. •최근 혈액 응고 등의 부작용이 있는 것으로 밝혀졌다.	•산부인과 진료를 받고 처방전을 받는다.
살정제	•정자가 자궁과 난관으로 이동하기 전에 질 내에서 정자의 활동성을 약화시키거나 죽인다.	•성관계가 있기 15분 전에 질 내에 삽입한다. •1시간 정도의 효과가 있다.	•시간을 잘 지켜서 사용해야 하기 때문에 실패율이 높다. •알레르기 반응이 있을 수 있다. •1회용이다.	•약국에서 구입 가능
자궁 내 장치(루프)	•자궁 내 정자의 활동을 방해하거나 수정란의 착상을 막아준다.	•산부인과에서 진료를 받는다. •자궁 내 삽입 시술을 받는다. •6개월에 한 번씩 진료를 받는다.	•6개월에 한 번씩 진료를 받아야 한다. •무월경, 월경 과다 등 월경에 변화가 생길 수 있다. •월경통이나 요통 등을 느낄 수 있다. •자궁 외 임신의 가능성이 있다. •불임의 가능성이 있다.	•산부인과 진료를 받아야 한다.
정관 수술	•정자가 나오는 통로를 차단하여 정자가 밖으로 나오지 못하게 한다.	•비뇨기과 진료를 받는다. •수술 요법으로 정관을 찾아 자르거나 묶는다. •수술 소요 시간은 약 15분이다.	•수술 상처가 나을 때까지 상처 치료를 한다. •회복은 약 1주일 정도 걸린다. •영구 피임법이다.	•비뇨기과 진료를 받아야 한다.
난관 수술	•나팔관에서 난자가 정자를 만나지 못하도록 한다. •난자가 난소에서 자궁으로 나오지 못하도록 막는다.	•산부인과 진료를 받는다. •복강경 수술요법으로 나팔관을 찾아 자르거나 묶는다. •복부에 복강경 기구 구멍 3군데를 봉합한다. •수술시간은 약 20~ 30분이다.	•봉합 상처가 나을 때까지 상처치료를 한다. •출혈이 생기는지 주의 깊게 관찰하고 출혈증상이 있으면 즉각 병원진료를 받는다. •영구 피임법이다.	•산부인과에서 진료를 받는다.

종류	원리	이용법	유의할 점	구입방법
콘돔	•음경을 고무막으로 덮어씌워 정자가 여성의 질 내로 들어가는 것을 막는다. •성병 및 에이즈를 예방해 주는 유일한 피임법이다	•음경이 발기되었는지 확인한다. •콘돔의 유효기간과 찢어진 부분이 있는지 확인한다. •음경이 질 입구에 닿기 전에 씌운다. •콘돔의 끝부분, 정액받이 부분을 비틀어 공기를 빼고 음경 끝까지 씌운다. •사정 후 음경이 작아지기 전에 콘돔을 잡고 뺀다.	•유효기간 및 찢어진 곳을 확인한다. •성관계 중 콘돔이 찢어졌을 경우 임신의 가능성이 있다. •사정 후 콘돔을 잡고 빼지 않을 경우 콘돔에 틈이 생겨서 정액이 여성의 질 안으로 들어갈 수 있다. •1회용이다.	•지하철, 약국, 편의점, 할인마트 등 다양한 곳에서 판매한다.
월경 주기법	•난자는 배란 후 24시간, 정자는 성관계 후 72시간이 넘으면 죽기 때문에 여성의 월경주기에 따른 배란일을 계산하여 난자와 정자가 만나지 않도록 성관계를 하지 않는다.	•최근 6개월간의 월경주기를 계산하여 다음 월경일을 계산한다. •월경예정일에서 -14일을 하고 ±5일을 임신이 가능한 기간으로 보고 그 기간 동안 성관계를 하지 않는다. •월경 전 12~19일 사이의 8일간이 임신 가능 기간이다.	•월경주기가 일정하지 않은 경우 효과가 없다. •청소년의 경우 아직 월경주기가 명확하지 않기 때문에 위험하다.	

출처 : 교육부(2015). 중학교 성교육 교수학습 과정안. 경기: 도서출판 들샘. pp. 193-194.

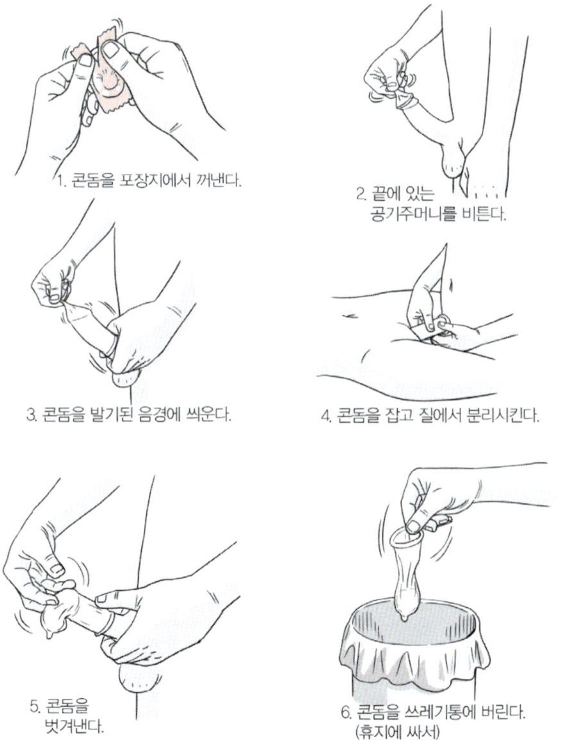

그림 8-5 **콘돔 사용법**

(3) 피임을 하지 않거나 실패하는 원인

남성들은 성교에 있어서 피임을 꺼리거나 적극적으로 피임에 임하는 여성들을 부정적인 시각으로 바라보는 경향이 있다. 그러한 잘못된 인식이 피임을 기피하거나 피임에 수동적으로 참여하도록 하여 피임을 실패하게 하는 요인이 되고 있다. 청소년들이 피임을 하지 않거나 실패하는 원인에는 다음과 같은 요인이 있다(이해경・방기연, 2016: 211).

첫째, 피임에 대한 남성의 이중성 때문이다. 남성들은 여성이 피임에 적극적이면 '경험이 많은 여자'로 의심하면서, 막상 임신을 하게 되면 임신이 여성의 몸에서 일어난 일이라고 그 책임을 여성이 져야 한다고 생각하는 남성들의 이중성이 원인이다. 남성의 이러한 이중성이 결국은 피임에 적극적으로 참여하지 않게 하는 요인이 되고 있다.

둘째, 잘못된 피임 지식이 원인이다. 질외 사정법과 질 세척법을 효과적인 피임 방법으로 잘못 알고 있는 경우에는 이러한 잘못된 지식이 피임에서 실패하는 원인이 된다. 또한 성교 후 임신이 되더라도 인공임신중절을 통해 피임할 수 있다고 생각하는 것은 태아의 생명을 죽이려는 비도덕적이고 비윤리적인 행위이며 여성의 육체적, 정신적 고통을 전혀 고려하지 않은 무책임한 처사이다.

셋째, 남성의 이기심이 그 원인이다. 남성은 콘돔을 사용함으로써 성감이 떨어진다는 이유로 피임을 기피한다. 임신으로 겪을 여성의 육체적, 정신적 고통을 외면한 채 남성의 이기심만을 고집하며 피임을 하지 않고 있다.

넷째, 책임의식의 부재 혹은 잘못된 책임의식이 그 원인이다. 임신은 여성의 몸에서 이루어지므로 당연히 여성이 져야 한다는 남성의 책임의식 부재, 남자의 책임은 인공임신중절수술 비용만 대면된다는 남녀의 잘못된 책임의식, 피임을 하지 않는 남자에 대해서 적극적인 주장을 펴지 못하는 여성의 수동성 등이 피임을 실패하게 하는 원인이 되고 있다.

(4) 낙태의 합법화

낙태란 태아가 모체 밖으로 나와 독립적인 개체로 살아가기 전에 인위적으로 임신을 중절시키는 인공임신중절을 말한다. 흔히 인공유산이라고 말한다. 현재 우리나라는 헌법재판소에서 2019년 4월 11일에 형법의 낙태죄 조항에 대하여 헌법불

합치 결정을 내려, 그동안 불법화되었던 낙태가 불법에서 벗어났다. 다만, 헌법재판소의 이와 같은 결정에 따라 입법부인 국회에서 2020년 12월 31일까지 낙태죄에 대한 처벌 조항을 없애거나 개정하여 임신중절을 일부 또는 전면적으로 합법화할 의무를 지게 되었으나, 2023년 현재까지 국회에서 이를 이행하지 않았다. 국회의 입법기한이 지남에 따라 2021년 1월 1일부터는 임신중절이 기간이나 이유 등에 제한이 없이 전면적으로 합법화되었다. 국회에서 입법을 수행하지 않았기 때문에, 설령 누군가가 여성을 낙태죄로 소를 제기하더라도 검찰은 기소하지 않으며, 기소한다고 하더라도 재판이 성립되지 않는다.

일반적으로 병원에서 낙태수술을 하는 경우 낙태의 방법으로는 수술요법을 사용한다. 수술요법으로는 소파술, 태아 축소술, 개복수술 등이 있고, 약물요법으로는 자궁수축제, 고농도 액체 주입법, PG제제, 항프로게스트론 제제를 사용하는 방법이 있다. 흔히 사용하는 소파술은 기구를 사용하여 자궁 입구를 넓히고 이를 통해 태아와 태반조직을 긁어내는 방법이다. 임신 13주 이상이 되면 태아가 어느 정도 커져 있기 때문에 소파술과 같은 방법으로 유산시키기에는 너무 어려움이 많다. 이럴 경우에는 화학물질이나 약제를 사용하기도 하고 자궁절개수술을 하기도 한다.

(5) 낙태의 후유증

어떤 방법을 사용하든지 간에 낙태를 하고 나면 크고 작은 부작용과 합병증이 따르기 마련이다. 태아가 크면 클수록 부작용은 더 크게 나타난다. 이와 같은 부작용 이외에도 정신적 불안과 죄의식도 심리적 고통의 일환이다. 낙태로 인한 후유증에는 다음과 같은 점이 있다(조아미 외, 2013: 98).

첫째, 육안으로 보지 않고 하는 수술이기 때문에 합병증을 유발하는 경우가 많다.

둘째, 시술 전 자궁경부염, 질염 등이 발견되면 치료와 함께 세균배양검사를 받아야 한다.

셋째, 마취할 때 기도폐쇄 등 위험이 따른다.

넷째, 인공유산 이후에 다시 임신을 할 경우 유산, 미숙아, 저체중아 출산, 신생아 사망과 관련이 있다.

다섯째, 유산 경험이 있는 여성은 유산 경험이 없는 여성에 비해 임신 실패율이 높다.

여섯째, 인공유산을 경험한 여성으로부터 태어난 아기의 사망률은 2배로 높고, 선천성 기형아의 빈도도 높다.

3) 성매개 감염병

성매개 감염병은 성적인 접촉을 통해서 전파된다. 이러한 감염병에는 임질, 매독, 클라미디아가 있고, 바이러스에 의해 발생하는 음부포진, 콘딜로마, 에이즈(AIDS) 등이 있다. 그러나 다른 성매개 감염병은 칸디다증, 세균성 질염, 트리코모나스 질염과 같이 진균류에 의해 또는 사면발이(public lice)와 같이 옴 같은 기생충에 의해 감염된다.

성매개 감염병에 감염되었을 때에는 즉시 병원을 방문하여 의사에게 문의하여 적극적인 치료를 받아야 한다. 또한 감염 사실을 배우자(파트너)에게 숨기지 말고 알려야 하며, 의사가 안전하다고 할 때까지 성관계를 가져서는 안 된다. 생식기 위생에 유의하고 속옷도 자주 갈아입도록 한다. 성매개 감염병의 원인과 증상 및 치료에 대한 내용을 표로 나타내면 다음과 같다.

<표 8-3> 성매개 감염병의 원인 및 치료

감염 경로	질병	원인	증상	치료
세균에 의해 전파되는 병	임질	박테리아 (임질균)	• 성기에서 고약한 냄새가 나는 분비물이 나옴 • 소변볼 때에는 타는 듯한 따가운 통증 • 성기에서 고름이 나옴 • 지속되면 균이 전립선과 방광, 콩팥, 고환까지 퍼짐 • 여성의 경우 50~80%는 임질에 감염되어도 초기에 알아차리지 못함 • 치료를 받지 않을 경우 골반 염증을 일으켜서 불임과 관절염, 심장병을 유발할 수 있음	항생제 치료 (세프트라이악손 또는 스펙티노마이신)
	매독	박테리아 (트레포네)	• 초기에는 구진이 생겨 곧 붉은색의 궤양으로 변함 • 궤양은 3~6주 정도 사이에 상처를 남기고 자연적으로 치유됨 • 여성의 경우 질과 경부에 염증이 생김 • 남성의 경우 성기에 고통이 없는 염증이 생기는데 이 시기에는 매독균에 감	항생제 치료 (페니실린)

감염 경로	질병	원인	증상	치료
			염된 사실을 몰라 배우자에게 감염시키는 경우가 많음	
	클라미디아	클라미디아 트라코마티스균	• 여성의 요도와 직장, 경부에 감염을 일으키는 증상 • 소변 시 따가움을 느끼고, 성기 근처에 가려움과 질에서 비정상적인 분비물을 방출함 • 자궁의 윗부분까지 확산된 경우 골반 염증을 일으킴	항생제 치료(아지스로마이신 또는 독시사이클린)
바이러스에 의해 전파되는 병	에이즈(AIDS)	HIV(인간면역결핍 바이러스)	• 초기에는 감기에 걸린 것처럼 피곤하고 발열, 근육통, 식욕 상실, 구토증, 목이 부어오르는 등의 증상이 나타남 • 평균 10년 정도의 잠복기를 지나 증상이 나타나고 치료하지 않을 경우 평균 50% 이상이 환자로 발병됨 • 치료는 아직 완벽한 치료약이 개발되지 못했음	바이러스 증식 억제제(3가지 이상) 복용으로 바이러스 수치를 낮춤
	음부포진	헤르페스 바이러스	• 생식기에 수포, 궤양을 형성하고 발열이나 근육통이 나타남 • 완전히 치료하지 않으면 부분 재발함	아시클로버 같은 항바이러스제 사용
	콘딜로마(곤지름)	HPV(Human papillomavirus)	• 성기 사마귀라고도 불리는 사마귀성 질환 • 성적 접촉을 통해 전파됨 • 생식기나 항문 주위 피부 점막 사이에 사마귀 형태로 나타남	약물 요법이나 전기소작법, 탄산가스 레이저 등의 외과적 수술로 가능
외음질 감염	세균성 질염(칸디다증)	박테리아(칸디다 알비킨스)	• 질 내의 정상 산성 세균이 없어지고 염기성 세균이 증식함 • 누런색이나 회색을 띠고 비린내 나는 분비물이 나옴 • 비지 같은 분비물, 가려움증	항생제(메트로니다졸 및 클린다마이신)
	트리코모나스 질염	박테리아(질트리코모나스)	• 황록색의 분비물 • 성교 시 불편감, 배뇨통 등이 음	항생제 치료(메트로니다졸)
기생충에 의한 병	사면발니	기생충(이)	• 피부에 발진을 일으키고 가려움	도포제 치료

성매개 감염병의 예방을 위해서는 평소 생식기 위생관리를 잘하고 속옷을 자주 갈아입어야 한다. 생식기에 이상이 있을 때는 즉시 전문가의 진료를 받고 성교를 할 때에는 반드시 콘돔을 사용해야 한다. 또한 성관계가 문란하거나 잘 알지 못하

는 사람과의 성관계, 불건전하거나 안전하지 않은 성과의 접촉 등은 피하도록 한다. 성매개 감염병과 관련한 정보를 수집하여 질병에 대해 정확하게 알고 질병으로부터 자신을 보호하도록 노력하며, 임신 전이나 결혼 전에는 성매개 감염병에 관한 전문가 진료를 반드시 받도록 한다.

활동자료 8-1

에이즈(AIDS) 인식 퀴즈

※ 다음은 에이즈(AIDS)와 관련된 문항입니다. 그 내용이 맞으면 ○표 칸에, 틀리면 X칸에 ∨표를 해 주십시오.

순	질문 내용	응답	
		○	X
1	에이즈(AIDS)는 HIV와 동의어로 같은 의미이다.		
2	HIV는 바이러스의 일종이다.		
3	에이즈(AIDS)에 걸린 사람을 통해서만 HIV에 감염될 수 있다.		
4	에이즈(AIDS)는 폐렴의 일종이다.		
5	에이즈(AIDS)는 암의 일종이다.		
6	한 번의 성행위로 HIV에 감염되지는 않는다.		
7	건강하고 젊은 사람은 에이즈(AIDS)에 걸리지 않는다.		
8	건강하고 젊은 사람과 성행위를 했을 때는 에이즈(AIDS)에 걸리지 않는다.		
9	동성연애자와의 관계나 약물주사 이외에는 HIV에 감염되지 않는다.		
10	에이즈(AIDS)는 여성보다는 남성에게 더 위협적이다.		
11	비록 HIV에 감염되어도 몇 년 동안 병의 증후가 나타나지 않는다.		
12	현재 프로 농구 MVP로 활약하는 선수라도 HIV 감염자일 수 있다.		
13	에이즈(AIDS)를 치료하는 백신이 있다.		
14	동성연애자나 약물중독자가 많은 대도시에 살지 않는 한 에이즈(AIDS)에 감염될 것을 걱정할 필요가 없다.		
15	HIV에 감염된 사람과 껴안는다고 해서 HIV에 감염되지 않는다.		
16	HIV에 감염된 사람과 키스하거나 애무한다고 해서 HIV에 감염되지 않는다.		
17	남편이 HIV에 감염된 경우에 일상적인 성교를 통해서는 HIV에 감염되지 않는다.		
18	남편이 HIV에 감염되었어도 성교를 할 때 피임을 하면 HIV에 감염되지 않는다.		
19	남편이 HIV에 감염된 경우 성교 시 콘돔을 이용하면 HIV에 감염되지 않는다.		
20	남편이 HIV에 감염된 경우 구강성교를 통해서는 HIV에 감염되지 않는다.		
21	세계보건기구에 의하면, 2000년에는 HIV 보균자가 약 4천 명에 이를 것으로 예측된다.		
22	에이즈(AIDS)에 걸린 대다수의 사람은 남성동성애자이다.		
23	미국의 경우 에이즈(AIDS) 환자는 100만 명 이상이다.		
24	헌혈을 통해서도 HIV에 감염될 수 있다.		
25	성병에 이미 걸린 사람은 HIV에 감염되지 않는다.		
26	부부관계에서만 성관계를 가질 경우 HIV에 감염되지 않는다.		
27	의사나 피검사기관에서는 피에 HIV가 있는지의 검사를 통해서 HIV 감염 여부를 결정한다.		

<table>
<tr><th rowspan="2">순</th><th rowspan="2">질문 내용</th><th colspan="2">응답</th></tr>
<tr><th>○</th><th>X</th></tr>
<tr><td>28</td><td>HIV 감염이나 에이즈(AIDS)를 위한 의학적 처치는 없다.</td><td></td><td></td></tr>
<tr><td>29</td><td>HIV 감염과 에이즈(AIDS)에 대해 많이 알면 사람들은 안전함을 인식하고 성에 대한 절제심을 갖는다.</td><td></td><td></td></tr>
<tr><td>30</td><td>병을 옮기는 벌레에 물리게 되면 HIV에 감염될 수 있다.</td><td></td><td></td></tr>
</table>

출처 : Rathus, R., & Boughn, C.(1994). AIDS-What every student needs to know, pp. 3-4.

정답

번호	1	2	3	4	5	6	7	8	9	10	11	12	13	14	15
정답	X	○	X	X	X	X	X	X	X	X	○	X	X	X	X

번호	16	17	18	19	20	21	22	23	24	25	26	27	28	29	30
정답	X	X	X	○	○	○	X	○	X	X	X	X	X	X	X

Chapter 09

대처기술과 사회·문화*

* 본 장은 이규은·장상필(2021). 성과 결혼. 도서출판 어우리. pp. 285-316의 내용을 재구성하였음.

대처기술과 사회·문화

1. 의사결정과 의사소통

1) 합리적 의사결정

의사결정이란 어떤 문제를 해결하기 위해 여러 대안 중 가장 적합한 대안을 선택하는 과정으로 의사결정에 앞서 문제가 무엇인지를 명확히 인지하는 과정이 선행되어야 한다. 문제가 무엇인지에 대한 인식을 명확하게 한 후에 문제와 관련된 정보를 수집하고 가치 갈등의 원인을 분석한 후 가능한 대안을 찾아 나가는 것이 해결과정이다. 합리적 의사결정 방식은 크게 직관적 의사결정, 합리적 의사결정, 의존적 의사결정의 세 가지 유형으로 구분한다. 합리적 의사결정의 단계와 단계별 활동 내용은 다음과 같다.

<표 9-1> 합리적 의사 결정의 단계

단계	활동 내용	예시
문제파악하기	•실제로 결정을 내리기 전에 상황을 이해하고 의사결정의 필요성을 검토한다.	•이성 교제로 인하여 성적이 떨어졌다.
정보 수집하기	•여러 가지 관련된 정보와 자료를 체계적으로 수집한다.	•일주일에 5회 만남 •주 데이트 장소: 노래방이나 놀이공원 •평균 데이트 시간: 3시간 30분/1일 •성적 하락 폭: 교제 전(평균 80점), 교제 후(평균 65점)
대안 찾기	•확실한 안을 선택하기보다 가능한 모든 안을 나열한다.	•이성교제를 그만두기 •일주일에 한 번만 만나기

단계	활동 내용	예시
		•시험기간 동안에는 만나지 않기 •공부를 잘하는 이성 친구로 바꾸기 •도서관에서 데이트하기
대안평가	•각 안의 장단점을 비교하여 성공적인 결과를 예측해 본다.	•이성교제 그만두기: 공부할 시간은 늘었지만 그만큼 생활에 활력을 잃게 되고 동기부여가 잘 안 되고 집중이 안 된다. •일주일 한 번만 만나기: 만나는 시간을 더 기다리게 되고, 핸드폰에 더 매달리게 될 것 같다. •시험기간 동안에는 만나지 않기: 시험 기간에 공부할 시간은 늘어나서 좋긴 한데 계속 만나오다가 갑자기 안 만나니 더 보고 싶어질 것 같다. •공부 잘하는 이성 친구로 바꾸기: 이성 친구에게 공부를 배울 수 있는 기회가 되어서 좋은데 자존심이 상한다. •도서관에서 데이트하기: 데이트도 하고 공부도 할 수 있어 좋은 데, 분위기도 없고, 수다를 떨 수 없어서 불편할 것 같다.
대안 선택하기	•성공할 확률이 높고 좋은 결과를 얻을 수 있는 시안 중에서 자신의 가치관에 부합되는 것을 선택한다.	•이성교제를 그만두는 것이나 공부 잘하는 이성 친구로 바꾸는 것은 나의 가치관과 맞지 않는다. 도서관 데이트가 공부도 하고 데이트도 할 수 있고, 경제적인 데이트가 되어서 부모님도 좋아하실 것 같다.
대안 실천하기	•선택한 안을 행동으로 옮긴다.	•한 달 동안 도서관 데이트를 실천해 보았다.
평가하기	•실천에 옮기지 못하거나 결과가 예상과 다른 경우에 의사결정의 과정을 다시 순서대로 되짚어 보고 평가결과를 재수립하는 데 자료로 활용한다.	•도서관 데이트를 하면서 숙제도 하고, 가끔은 모르는 것도 서로 가르쳐 주어 학습에 도움이 되는 것으로 느꼈으나, 실제로는 도서관 앞 벤치에서 보낸 시간이 더 많았다. •도서관에 간다고 하니 부모님도 안심하시어 오히려 귀가 시간이 더 늦어져 집에서는 공부를 하지 못했다. •중간고사 성적이 5점밖에 오르지 않았다. 도서관에서 데이트를 하되 시험 기간에는 만나지 않고 각자 공부에 열중하는 것이 좋겠다.

출처 : 교육부(2015). pp. 121-122.

2) 사티어(Satir)의 의사소통 유형

의사소통이란 사람들이 서로 정보를 주고받으며 의미를 부여하고, 내적·외적 반응을 하는 방식이다. 사람들은 보통 말을 하면서 비언어적 방식으로 메시지를 보낸다. 이러한 비언어적 표현은 사람들의 내면 상태를 반영한다. 의사소통에서 언어적 메시지와 비언어적 메시지가 불일치할 때 불일치한 의사소통이라고 하는데 사티어(Satir)는 바로 이러한 일반적 스트레스가 있는 불일치 상황에서 사람들은 대인관계에 거절당할 가능성이 있어서 스스로를 보호하기 위해 역기능적인 의사소통 유형을 사용한다고 보았다. 그러한 의사소통 유형을 다음과 같이 제시하였다(교육부, 2015: 139).

(1) 회유형(placating stance)

회유형은 자신의 가치를 부정하고, 다른 사람들의 기분에 맞추려고 하며, 반대 의견을 제시하지 않으며 비위를 맞추고 남이 제안하는 것에 부분 동의를 하는 경우이다. 이런 경우에는 결국 자신에게 중요하지 않은 사람이라는 메시지를 전달하게 된다. 따라서 삶의 목적이 다른 사람의 문제를 덜어주기 위한 것처럼 행동하고, 다른 사람을 화나게 하지 않으려고 노력하기 때문에 잘못되는 부분에 대한 책임은 자신에게 지운다. 회유형의 사람은 자신이 느끼고 생각하는 것보다 상대방에게 긍정적으로 답하는 것이 중요하다고 생각한다. 그렇기 때문에 분노를 억압하고, 신체적인 혼란을 나타낸다. 그리고 타인과의 관계에서의 상호작용을 이루는 상황은 존중하지만, 자신의 진정한 감정은 존중하지 않는다.

(2) 비난형(blaming stance)

회유형의 반대 유형으로, 자기주장이 강하고 독선적이며 명령적이고 지시적인 면을 지니고 있는 경우이다. 이런 경우에는 자신을 보호하기 위해서 타인이나 환경을 탓한다. 비난하는 사람은 자신을 힘이 있고 강한 사람으로 다른 사람들이 인식하도록 노력하지만, 사실 깊은 내면에는 낮은 자존심과 실패감이 존재한다. 따라서 독재적이며 높은 사람처럼 행동하고 다른 사람의 결점을 발견하여 지적하고 다른 사람의 약점을 쉽게 찾아내는 반면에, 자신의 약점을 수용하기는 매우 어렵다. 그래서 타인의 가치를 낮추고, 자신의 상황에만 가치를 두게 된다.

(3) 초이성형(super-reasonable stance)

초이성형은 의사소통의 상황에서 자신 및 타인에 대해 과소평가가 이루어지는 경우이다. 이런 경우에는 지나치게 합리적인 상황만을 중요시하고 기능적인 것만을 말하며 객관적인 자료나 논리에 근거해서 의사소통을 하려 하고 실수 없는 행동을 하고자 애쓴다. 감정보다는 상황에 초점을 맞추고 매우 정확하고 이성적이며, 조용하고 냉정하며 차분하다. 따라서 인간관계에서는 융통성이 결여되고 원칙 중심적이며 재미없고 강박적이다.

(4) 산만형(irrelevant stance)

초이성형의 반대 유형으로, 의사소통이 혼란스러운 유형이다. 이들의 특징은 계속적인 움직임과 토론의 주제에서 벗어나는 쪽으로 사람들의 관심을 분산시키려고 노력한다. 이 사람들은 생각이 자주 바뀌고, 동시에 혼란스러운 행동이 빈번하며, 어떠한 특별한 주제에 초점을 집중하기가 어렵다. 생각 없이 책임 없는 말을 하거나 주의 집중에서 벗어나는 상황을 만든다. 위협을 무시하고 위협이 존재하지 않는 것처럼 행동하여 주위를 혼란시키곤 한다. 행동과 말이 다른 사람의 말과 행동과는 무관하며, 말의 의미나 의도가 나타나지 않는 것이 특징이다.

(5) 일치형(congruent stance)

일치형의 의사소통 유형은 말과 자세, 표정이 자연스럽고 일치하며 자기보호를 위해 방어적이지 않으며, 자신과 타인을 사랑하고, 신뢰관계를 지키는 경우이다. 의사소통에 있어서 생기가 있고 솔직하며 생산적이고 자신의 생각을 분명히 말하며 변화에 융통성과 개방성을 지니고 있다. 또한 일치형의 사람들은 매우 진솔한 의사소통을 하며, 자신의 감정을 바르고 정확하게 적절히 표현되는 것이 특징이다. 매우 생동적이고 창조적이며, 독특한 행동양식을 보인다. 일치형의 사람들은 높은 자아존중감을 지니고 있으며, 심리적, 신체적으로 건강한 사람일 확률이 높다.

쉬어가기 효율적인 의사소통 '나-전달법'

나-전달법(I-message)이란 인간관계에서 서로 간에 갈등이나 불만이 있을 때, 특히 내가 상대방의 행동을 수용할 수 없을 때 사용하는 방법이다. 나-전달법은 다음과 같은 세 가지 요소를 포함하며 자신의 감정을 표현하는 언어적 방법이다.

첫 번째 요소는 객관적 진술로 상대의 행동을 '항상', '또', '맨날' 등과 같은 빈도부사를 사용하지 않고 진술하는 것이다. 두 번째 요소는 구체적 영향으로 그 행동이 나에게 미치는 영향, 즉 시간적으로, 경제적으로, 정신적으로, 물질적으로 손실을 유발한 것을 언급하는 것이다. 세 번째 요소는 나의 감정으로 그렇게 한 결과 내가 느끼게 되는 감정을 실망, 분노, 슬픔, 걱정, 짜증 등으로 표현하는 것이다. 예를 들면 '당신이 나의 일에 참견을 하니(객관적 진술) 내가 일을 하는 데 방해가 되어(구체적 영향) 기분이 나쁩니다(나의 감정).'와 같은 것이다. '당신이 나의 일에 항상 참견을 하니 내가 일을 하는 데 방해가 되어 기분이 나쁩니다.'라는 표현은 '항상'이라는 빈도부사를 사용하였기 때문에 적절하지 않은 표현이 되며, '당신이 나의 일에 참견을 하니 기분이 나쁩니다.'라는 표현은 '구체적 영향'을 포함하지 않았기 때문에 적절하지 않은 표현이 되며, '당신이 나의 일에 참견을 하니 내가 일을 하는 데 방해가 됩니다.'라는 표현은 '감정'을 포함하지 않았기 때문에 적절하지 않은 표현이 된다.

나-전달법은 긍정적인 감정을 전달하는 데에도 효과적이다. 나-전달법은 상대방을 비난하지 않고 문제가 되는 상대방의 행동과 그 행동의 결과를 구체적이고 객관적으로 기술함으로써 그 행동이 나에게 미친 영향을 구체적으로 상대방에게 전달하는 표현법이다. 이와는 달리 상대방의 행동이 문제가 되어 나 자신의 감정이 불쾌해질 경우, 우리는 대부분 너를 주어로 사용하여 문제해결을 시도하려고 한다. 이때 상대방을 비난하는 입장에서 표현하는 방식을 '너-전달법(You-message)'이라고 한다.

2. 성적 자기결정권

우리나라 헌법 제10조에는 개인의 인격권이나 행복추구권을 포함하는 개인의 자율성과 결정의 자유에 대한 권한으로 자신의 문제를 자유의지에 따라 결정할 수 있는 권리가 보장되어 있다. 성적 자기결정권은 일종의 자유에 대한 권리보장으로 타인에 의해 강요받거나 지배받지 않으면서 자신의 의지와 판단으로 자율적인 성행동을 결정하고 선택하며 책임지는 권리이다. 따라서 자신의 몸과 관련한 결정을 스스로 할 수 있고, 한 개인의 성 정체성과 더불어 성과 관련한 사회적 상호 인정과 존중의 규칙이 적용되는 성적 자기결정권은 누구에게나 보장된 권리이다. 사회공동체 안에서 각자의 성적 가치관을 바탕으로, 사생활 영역에서 스스로 내린 성적 결정에 따라 누구의 간섭 없이 스스로 선택하고 책임지며 상대방과 성행위를 할 수 있는 권리가 바로 성적 자기결정권이다.

1) 성적 자기결정권의 의미와 성 상품화

일반적으로 인간은 다른 사람의 권리를 침해하지 않는 한 자신의 생각대로 결정하고 행동할 권리가 있다고 여겨진다. 이러한 권리를 자기결정권이라고 하는데, 자기결정권은 인간이면 누구나 지니는 것으로 성과 관련된 부분에서도 적용된다. 즉, 모든 인간은 성적 자기결정권을 지닌다. 성적 자기결정권은 다른 사람이나 사회의 간섭 또는 강요 없이 자신의 의지와 판단에 따라 자율적으로 성적 행위를 결정할 수 있는 권리로, 자신이 원하지 않는 성적행위에 대해서는 분명하게 거부하고 저항할 수 있는 권리를 포함한다. 또, 상대방의 말이나 행동 때문에 성적 수치감이나 모욕감을 느낀 경우 이에 대하여 분명하게 반대 의사를 밝히는 것도 성적 자기결정권을 행사하는 것이다. 그런데 성적 자기결정권을 행사할 때 유의할 점이 있다. 우선, 자신의 성적 자기결정권이 양도할 수 없는 소중한 기본적 권리로 존중되어야 하듯이 타인의 성적 자기결정권도 동등하게 존중되어야 한다. 따라서 성적 자기결정권은 타인의 성적 자기결정권을 침해하지 않는 범위에서 행사해야 하고, 상대방이 원하지 않는 성적행위는 사소한 것이라도 강요하거나 강제해서는 안 된다. 또한, 성적 자기결정권을 행사할 때에는 반드시 책임이 따른다는 점이다. 이는 인간이 다른 동물과 달리 성적 자유를 지닌다는 점과도 관련된다. 일반적으로 인간 이외의 동물들의 성적 욕망은 본능에 의하여 지배되어 자연스럽게 발휘되므로 그 결과에 대하여 책임을 묻지 않는다. 그러나 인간은 자신의 판단에 따라 성적 욕망을 발휘할 수 있으므로 자신의 성적 욕망과 성적 활동에 대해서는 책임을 져야 한다. 따라서 성적 자기결정권을 행사할 때에는 자신의 행위와 그것이 가져올 신체적, 정신적 결과에 대하여 신중하게 생각해야 한다. 마치 성적 자기결정권을 성적 방종을 정당화하는 것으로 오해해서는 안 된다. 성적 자기결정권은 자신이 원한다면 어떤 성적 행동도 할 수 있다는 것을 의미하는 것은 아니다. 자발적으로 자신의 성을 매매의 대상으로 삼는 경우나 사람들의 시선을 끌어 돈을 더 많이 벌기 위해 알몸으로 노동하는 경우도 성적 자기결정권을 행사하는 것으로 존중되어야 하는지에 대해서는 논란의 여지가 있다. 이에 대해 당사자가 원해서 자신의 성을 매매하거나 자신의 성을 상품화하는 것은 성적 자기결정권을 행사하는 것으로 문젯거리가 될 것이 없다고 보는 시각도 있다. 그러나 성적 자기결정권은 자신과 타인의 인격을 손상하지 않는 범위 내에서 사용해야 한다. 따라서 자발적으로 자신의 성을 매매의 대상으로 삼는 것은 성적 자기결정권을 행사하는 것이 아니라 자신의 성을 상품화하는 것으로, 자신의 인격을 훼손하는 것은 물론이고 실질적으로는 성적 자기결정권을 포기하는 것이다. 인간다운 성을 실현하기 위해서는 성이 상품화되는 것을 경계하고, 인격을 존중하는 성적 자기결정권을 행사하여 성적 주체성을 확립할 수 있도록 해야 한다. 성의 상품화는 인간의 성을 직접 또는 간접적으로 이용하여 이윤을 추구하는 것으로, 성 그 자체 또는 성과 관련된 것을 판매하는 것은 물론, 특정 제품에 성적 이미지를 부여하여 판매를 촉진하는 것까지 포함한다. 성적 자극을 이용하여 영리를 추구하는 성의 상품화는 인간의 성적 자기결정권을 침해할 뿐만 아니라 사랑을 전제로 한 인격적 가치로서의 성의 본질적 의미를 변질시킨다는 점에서 심각한 문제가 된다. 인간의 성은 손쉽게 구매하여 소비할 수 있는 하나의 상품이 될 수 없다. 성을 상품화하는 것은 여성 또는 남성을 성적 상품으로 만들고 비인격적인 존재로 전락하게 해 인간을 인격을 지닌 존중의 대상이 아닌 돈을 벌기 위한 수단으로 취급하는 것이다(천재학습백과, 2017: koc.chunjae.co.kr).

2) 성적 자기결정권의 제한과 유보

성적 자기결정권은 누구에게나 법 앞에 평등하게 주어진 권리이다. 하지만 성적 자기결정권은 자신의 인격을 손상하지 않아야 할 뿐만 아니라 다른 사람의 인격을 침해해서도 안 된다. 마치 스스로 원하기만 하면 어떠한 성적인 행동이든지 무제한적으로 할 수 있다는 식의 사고방식으로 성적 자기결정권을 이해해서는 안 된다. 성적 자기결정권은 책임과 인격을 바탕으로 하고 있다. 책임 있는 태도가 전제되지 않는 성적 자기결정권은 사려 깊지 않은 성적 행동을 일으킬 수 있으며, 타인의 권리를 침해할 수밖에 없다. 이러한 성적 자기결정권은 성적 방종이나 다름없다. 따라서 이러한 성적 방종은 준비되지 않은 임신과 낙태 등 생명 윤리의 문제를 가져올 수 있다.

헌법에 보장된 권리라고 하더라도 성적 자기결정권은 일부 제한되는 예외가 있다. 앞에서 언급한 바와 같이 다른 사람의 권리를 침해하는 경우에는 당연히 성적 자기결정권이 제한된다. 상호 간의 권리가 보장되는 범위 안에서만 성적 자기결정권은 보장된다. 이 밖에도 미성년자를 비롯하여 아직 미성숙한 존재로 판단되는 일부의 경우에는 법으로는 제한하고 있지 않으나 관습적으로 성숙하고 합리적인 의사결정권을 스스로 행사할 수 있을 때까지 성적 자기결정권을 유보하고 있다. 유·초·중·고등학교 학생들에게 성적 자기결정권 교육을 통해 책임이 뒤따름을 인식시키고 유보해 줄 것을 권고하는 사례는 성적 자기결정권이 없어서가 아니라 합리적 의사결정이 가능할 때까지 유보해줄 것을 요구하는 것이다.

성적 자기결정권은 성적 소수자인 동성애 성적 지향성의 사람들에게도 중요한 권리이다. 동성(同性)에 대한 성적·애정적·정서적 끌림에 대해 스스로가 성적행동을 결정할 수 있는 권리가 바로 성적 자기결정권이기 때문이다. 이러한 성적 자기결정권은 성적 소수자들에게 자신들의 인권을 신장시킬 수 있는 핵심적인 권리이기 때문에 그들에게 중요한 의미를 갖는다.

쉬어가기 **15세는 '성적 자기결정권' 가능해 성적 학대 아니다? 대법 '유죄'**

'15세는 성적 자기결정권을 행사할 수 있는 나이'라는 이유로 성인 남성이 여성 청소년과 성관계한 것이 '성적 학대'가 아니라고 판단한 2심 판결을 대법원이 파기했다. 아동·청소년은 온전하게 성적 자기결정권을 행사하지 못할 수 있으므로 국가가 보호한다는 관점으로 접근해야 한다는 게 대법원 판결의 취지다.

대법원 3부(주심 ○○○ 대법관)는 아동복지법 위반 등 혐의로 기소된 A 씨에게 일부 무죄를 선고한 원심판결을 파기했다고 22일 밝혔다.

A 씨는 2017년 15세 피해자와 성관계를 하던 중 피해자가 그만하자고 했는데도 계속 성관계를 해 성적 학대행위를 한 혐의로 기소됐다. 아동복지법 17조 2호는 '아동에게 음란한 행위를 시키거나 이를 매개하는 행위', '아동에게 성적 수치심을 주는 성희롱 등의 성적 학대행위'를 금지한다고 규정한다.

원심인 고등군사법원은 "만 15세인 피해자의 경우 일반적으로 미숙하나마 자발적인 성적 자기결정권을 행사할 수 있는 연령대로 보이고, 군검사도 성관계 자체에 대해서는 학대행위로 기소하지 않았다"면서 성적 학대행위가 아니라고 판단했다.

대법원은 원심이 단순히 연령과 성관계했다는 점만을 토대로 피해자가 성적 자기결정권을 행사할 수 있다고 판단한 게 잘못됐다고 밝혔다. 아동·청소년은 특별히 보호돼야 하는 존재이기 때문에 성적 학대행위인지 여부를 따질 때 피해자가 성적 자기결정권을 제대로 행사할 수 있을 정도의 성적 가치관과 판단능력을 갖췄는지 등을 세세히 짚어봐야 한다는 것이다.

대법원은 이미 아동에 대한 성적 학대행위를 판단할 때 아동이 명시적인 반대 의사를 표시하지 않았더라도 성적 자기결정권을 행사해 자신을 보호할 능력이 부족한 상황 때문에 그런 것인지를 구체적으로 따져봐야 한다는 판결을 한 적이 있다. 아동 자신이 설령 동의했더라도 아동 강간죄(의제 강간)가 성립할 수 있다거나, 아동·청소년이 자신을 대상으로 한 성 착취물 제작에 동의했더라도 아동·청소년 성 착취물 제작 죄에 해당한다는 판례도 있다.

특히 지난 8월 대법원 전원합의체는 아동·청소년에 대한 위계에 의한 간음죄 사건에서 '위계'의 의미를 확장했다. 대법원은 당시 판결에서 아동·청소년이 외관상 성적 결정 또는 동의로 보이는 언동을 했더라도 타인의 기망이나 왜곡된 신뢰관계의 이용에 의한 것이라면 온전한 성적 자기결정권의 행사라고 보기 어렵다고 했다.

"아동·청소년은 사회적·문화적 제약 등으로 아직 온전한 자기결정권을 행사하기 어려울 뿐만 아니라, 인지적·심리적·관계적 자원의 부족으로 타인의 성적 침해 또는 착취행위로부터 자신을 방어하기 어려운 처지에 있기 때문"이라는 게 대법원 판단이었다.

구체적으로 A 씨 사건과 관련해서는 대법원은 "피해자가 성적 자기결정권을 제대로 행사할 수 있을 정도의 성적 가치관과 판단능력을 갖췄는지 여부 등을 신중하게 판단했어야 한다"며 "원심에는 아동복지법이 정한 성적 학대행위에 관한 법리를 오해한 잘못이 있다"고 했다.

A 씨는 다른 피해자의 신체 부위가 노출된 사진을 이름과 함께 인터넷에 올리겠다고 협박해 매일 피해자로부터 신체 부위 사진을 받아낸 다음, 강간까지 하려 했으나 미수에 그친 혐의(협박에 의한 강간)도 받았다.

원심은 A 씨가 협박해 강간할 고의가 없었다면서 이 부분도 무죄로 판단했다. A 씨가 협박을 한 때로부터 강간을 위해 피해자를 만나기로 한 때까지 시간적 간격이 있고, 강간의 구체적인 계획이나 의도를 드러내지 않았다는 이유였다.

대법원은 이 판단도 잘못됐다고 했다. 대법원은 "피해자가 협박에 못 이겨 A 씨와 접촉한 이상 피해자가 성관계를 결심하기만 하면 다른 특별한 사정이 없는 한 A 씨의 간음행위를 실행할 수 있는 단계에 이른 것"이라며 "시간적 간격이나, 구체적인 계획을 드러내지 않았다는 사정은 중요한 요소가 아니다"라고 했다.

출처 : 경향신문(2020.11.23.).

3. 자기주장과 거절 기술

1) 자기주장의 의미

자기주장이란 어떤 일에 관한 자기의 의견이나 생각을 당당하고 분명하게 내세우는 일을 말한다. 자기주장에 대한 학자들의 정의는 다양하지만 자신의 감정을 적절히 표현한다는 점에서는 차이가 없다.

자기주장에 대해 울페(Wolpe, 1958)는 자기주장이란 “타인에게 불안을 느끼지 않고 자기의 감정을 적절히 표현하는 것이다.”라고 정의하고 있으며, 수 비숍(Sue Bishop)은 ‘자기주장의 기술(Develop Your Assertiveness)’에서 “겸손하지만 당당하게 은밀하지만 강하게 나를 표현하는 방법”이라고 정의하고 있다. 라자루스(Lazarus, 1966)는 자기주장이 개인의 권리, 느낌의 표출 등 모든 표현에 사용되어야 하는데 이를 정서적 자유라고 표현하였으며 자신의 권리를 요구하는 것뿐만 아니라 타인의 권리를 보호하는 것도 포함된다고 주장하고 있다.

이러한 자기주장적 행동은 자기주장적이지 않은 행동보다 유능하고 매력적인 것으로 인식되는 것이 일반적이지만, 그 사회의 문화에 따라 다른 특성을 보인다. 우리나라나 일본과 같은 동양권의 문화에서는 일반적으로 자기주장적 행동에 대해 부적절하거나 예의 없는 행동으로 인식되는 경향이 있다. 따라서 자기주장을 내세우는 데 있어서 가급적이면 ‘공격적’인 방법은 피하는 것이 좋다. 자기주장을 할 경우에는 자신의 의견, 감정, 요구를 객관적인 용어로 표현하고 상대방의 행위가 자신에게 어떤 영향을 미쳤다고 해석, 비난하는 것은 가급적 자제하는 것이 바람직하다.

자기주장에 소극적인 사람은 자신감을 길러주는 훈련이 필요하다. 자신의 욕구와 생각을 표현함에 있어서 감정을 섞어서 화를 내지 않고, 무조건 참지도 않고, 적절하게, 품위 있게, 상대를 배려하면서도 자기주장을 하는 연습을 할 필요가 있다. 자기주장이라는 의미를 상대방의 감정이나 입장을 고려하지 않고 자기의 사상과 입장을 강력하게 고집하는 것으로 이해해서는 안 된다. 상대방의 입장을 고려하지 않고 자기만의 주장을 강조하여 상대방의 마음을 손상시키는 행동은 자기주장이라고 말하기보다는 공격적 행동이라고 본다. 자기주장은 자기의 의견을 내세우되 상대방의 인격과 권리를 동시에 존중해 주는 공감적 주장이어야 한다. 즉, 자기주장은 상대방을 불쾌하게 하지 않으며 상대방의 권리를 침해하지 않는 범위에서 자신의 권리, 욕구, 생각과 느낌 등을 자신이 나타내고자 하는 바를 마음속에 있는 그대로 솔직하게 상대방에게 직접 나타내는 행동이어야 한다.

2) 자기주장의 언어소통 방법

자기주장에는 훈련이 필요하다. 아들러(Adler, 1986)는 자기주장 행동이 필요한 사람에게 자기주장 훈련을 시키면 자기 표현력을 증가시킬 수 있다는 점을 강조하였다. 자기표현 행동은 성격변인과 더불어 대인관계에서 보여지는 사회적 기술변인으로 해석하거나 일종의 학습된 행동으로 본다. 따라서 자기표현 행동은 훈련이나 학습을 통해 얼마든지 바뀔 수 있다는 의견이 지배적이다. 이러한 자기주장의 권리는 누구에게나 동일하게 부여된 권리로 인간관계에서 개개인의 건전한 참여를 위해서는 반드시 필요한 기본적 요소이다.

자기주장 기술이 뛰어난 사람은 그렇지 않은 사람에 비해 자신감과 자존심이 높고 설득력이 있으며 효과가 큰 의사소통 기술을 지니고 있다. 뿐만 아니라 타인을 존중할 줄 알며, 대인관계에 있어서 갈등의 조정능력이 뛰어나다. 자기의견을 주장함에 있어서 상대방은 적이 아니라 문제해결의 협력자로 인식하여야 한다. 즉, 자신과 상대 모두에게 이익이 되는 해결책을 찾을 줄 알아야 한다. 자신의 주장에 대한 권리를 보장받는 동시에 상대방의 기본 권리도 인정해야 한다. 효율적인 자기주장을 위한 언어소통 방법으로 다음과 같은 네 가지 관점이 고려되어야 한다.

첫째, 공감적인 자기주장이 되어야 한다. 자기주장을 인정받기 위해서는 상대방의 말을 잘 듣고 이해했다는 자세를 보이는 데 관심을 가져야 한다. 자신의 생각과 느낌을 바르게 말하고, 알고 있는 바를 분명하게 나타내야 한다. 뿐만 아니라 듣는 일에도 공감할 수 있는 자세를 가져야 한다. 상대방이 자신에게 보내주는 단서에도 귀를 기울여야 한다.

둘째, 효과적인 의사소통을 위해 숙달해야 하는 것은 자기공개이다. 자발적인 자기공개를 적절히 활용하면 사회적 의사소통과 대화 기술력이 향상될 뿐만 아니라 누구에게나 효과적인 의사소통을 할 수 있다. 자기공개는 성격과 행동, 라이프 스타일과 능력에 긍정적 측면과 부정적 측면을 적극적으로 논의함으로써 사교성을 높여준다.

셋째, 부정적인 감정을 주장하는 언어소통 기술을 익혀야 한다. 마음에 안 드는 상대방의 행동이나 일을 명확히 밝히도록 하는 것은 매우 중요한 일이다. 잘못되었거나 부정적인 행동에 대하여 지적하는 일은 잘못된 행동으로 영향을 받게 될 문제를 최소화할 수 있는 기회가 된다. 자신의 느낌을 표현하고 내가 원하는 것이 무엇인지 말하는 일에 게을리해서는 안 된다. 비판하는 사람을 교묘히 조정하려고 시도하기보다는 자신 있게 의견을 피력하도록 유도하여 그 정보가 유익하게 활용되도록 해야 한다.

넷째, 거절하는 감정을 주장하는 언어소통 기술을 익혀야 한다. 자신의 의견에 반하거나 피해가 예상되는 행동에 대해 적극적으로 거절하는 표현 기술을 익혀야 한다. 문제의 상황에 대해 변명하듯이 둘러대지 말고 핵심을 명확하게 밝힐 수 있도록 하고, 표정은 너무 어둡지 않게, 적당히 미소를 보이면서 정중히 거절할 줄 아는 기술 습득이 필요하다.

이와 같은 거절 기술은 말로서 당당하게 자기주장을 펼치는 것과 더불어 끈기가 있어야 한다. 화를 내거나 목소리를 높이지 않고도 자신이 바라는 것을 계속해서 당당하게 말하는 자세가 필요하다. 갈등 상황에서 효과적으로 의사소통을 하려면 무엇보다도 자신의 의견이 옳다고 끈질기게 주장하는 인내력이 필요하다. 자기주장 기술이 부족한 사람은 주어진 상황에 순응하고 수동적인 태도를 보이는 경향이 있다. 자기주장은 본능적인 행동이 아니다. 자연스럽게 발생하는 행동이 아니며, 배우고 익히고 연습을 통해 만들어지는 소통의 기술이다.

3) 자기주장 기법

우리는 흔히 '자기주장(assertiveness)'이라고 하면 다른 사람의 의견을 반박하고 자신의 의견을 강력하게 주장하는 것을 생각한다. 하지만 자기계발서로 유명한 카네기(Andrew Carnegie)는 '자기주장이란 반항하기 위한 것이 아니라 책임지고 상황을 개선하기 위해 "왜?"라고 물을 수 있는 힘'이라고 말하였다. 효율적인 자기주장을 위한 일반적인 원칙으로는 다음과 같은 여덟 가지가 활용된다.

첫째, 요구하기보다는 부탁하는 것이 적절하다.

둘째, 비난하기보다는 질문하는 것이 좋다.

셋째, 상대방을 비판할 때에는 그 사람의 행동을 비판해야지, 그 사람의 성격을 비판해서는 안 된다.

넷째, 의사소통을 하지 않은 채 부정적인 감정을 쌓아두지 마라.

다섯째, 한 번에 한 가지 문제만 다뤄라.

여섯째, 일반화를 피하라. '항상', '절대로' 같은 용어는 올바르게 사용되는 경우가 드물고 꼬리표를 달기 쉽다.

일곱째, 배우자에게 과하게 솔직하지 마라.

여덟째, 언어적 의사소통은 비언어적 의사소통과 일치해야 한다.

이 밖에도 자기주장을 위한 기술로는 살라미 주장법, 고티엠 주장법, 메아리 주장법 등이 있으며, 구체적인 내용은 다음과 같다.

(1) 살라미 주장법

살라미(salami)는 이탈리아의 유명한 소시지이다. 그런데 살라미 소시지는 맛은 있지만 너무 짜서 한 번에 많은 양을 먹을 수가 없다. 그래서 조금씩 잘라서 먹는 것으로 유명하다. 이러한 살라미 소시지의 특성을 자기주장에 적용한 기법이 '살라미 주장법'이다. 맛있지만 너무 짜서 한 번에 많은 양의 소시지를 먹을 수 없듯이, 자신의 주장을 한 번에 많이 수용하기 어려운 상대방을 위해 살라미처럼 잘게 쪼개서 하나씩 관철시키는 것을 말한다. 성질 급한 우리나라 사람들이 살라미 기법을 활용하기란 다소 어려움이 있지만 자기주장의 효율성을 높이기 위해서는 훈련을 통해 익혀야 할 기법 중의 하나이다. 수용하지 못하는 주장을 어떻게 받아들일 것인지에 대해서는 전혀 고려하지 않고 한꺼번에 자기 자신이 원하는 것을 강력하게 주장하였다가 주장이 거부당하는 것은 물론이고, 거부에 따른 후유증으로 인간관계까지 망치는 경우가 발생할 수도 있다. 이러한 점에 유념하여 자신의 주장이 관철될 수 있도록 가급적 조금씩 나누어서 말하는 기법이야말로 살라미 주장법의 핵심 내용이다. 살라미 주장법은 상대방이 선뜻 받아들이기 어려운 주장을 펼 때 사용하면 더욱 효과적이다.

(2) 고티엠(GO TM) 주장법

주장은 반드시 받아주어야 할 상대가 존재한다는 가정하에 이루어지는 활동이다. 즉, 주장해야 할 내용을 듣는 상대가 받아들인다는 보장은 없지만 꼭 받아들이도록 해야 할 목적을 가지고 이루어지는 의사소통의 한 방식이다. 따라서 어떤 주장이라고 하더라도 일단 펼치면 상대로부터 거부당하지 않고 관철될 수 있도록 하는 일이 중요하다. '고티엠(GO TM) 주장법'은 바로 이러한 자기주장을 전달함에 있어서 하나를 먼저 주고 나중에 몇 배로 받아내는 주장법의 하나이다. 따라서 고티엠 주장법은 주장에 앞서 선행적으로 이루어지는 활동이 있는데 그것이 바로 선심을 베푸는 활동이다. 상대방에게 미리 선심을 베풀어 반론의 수위를 낮추어 놓고 나서 자기주장을 펴는 방식을 택한다. 사람은 누구나 다른 사람으로부터 무언가를 받으면 부담을 갖는 것이 일반적이기 때문에 이러한 고티엠 주장법의 활동 방식이 통할 수 있는 것이다. '고티엠 주장법'은 상대방의 이해 부족 또는 이권 대립 등으로 받아들여지기 어려운 주장을 관철하고자 할 때에 더욱 유용하다. 뿐만 아니라, 자립심이 강해 남에게 신세 지기 싫어하는 사람, 다른 사람에게 영향력 행사하기를 좋아하는 사람, 자기 지위에 대한 자부심이 강한 사람, 성격이 까다로운 대상에게 활용할 때 유용하다.

직장 동료에게 미리 밥을 사주고 야근을 대신해 달라고 부탁한다거나 프로젝트에 필요한 자료를 빌려 달라고 부탁하는 것 등은 고티엠 주장법의 한 예이다.

(3) 메아리 주장법

자기주장을 함에 있어서 상대방이 한 말을 그대로 따라 한 다음에 끝에 가서 자기 의견을 덧붙이는 기법이 '메아리 기법'이다. 이러한 메아리 기법은 상대방이 한 말을 반복적으로 따라 하게 되어 전달하고자 하는 내용을 반복해서 듣게 됨으로써 문장에 대한 이해력이 높아지고, 거기에 자신의 주장을 덧붙여 말하게 되므로 의사전달이 명확해진다는 장점을 지니고 있다.

예를 들어 A와 B라고 하는 친구 사이의 두 사람이 대화를 할 때, A라고 하는 사람이 B에게 "어렸을 때부터 욕심이 많았어요."라고 말을 하였다고 한다면, 이 말을 들은 B는 "어렸을 때 욕심이 많았군요."라고 따라서 말을 한 후에 "그리고 지금도 욕심이 많고요."라고 덧붙여 말하는 방식이다.

이와 같은 메아리 주장법은 흉내 내기 기법을 사용하게 됨으로써 주기주장과 함께 듣는 이들에게 웃음까지도 자아낼 수도 있다는 점이 특징적이다.

이러한 자기주장 중에서 성과 관련된 주장의 내용을 성적자기주장이라고 한다.

그런데 성적자기주장은 타인의 성 욕구나 의도에 의해 강요되지 않고, 자신의 몸과 성 욕구에 대한 권리를 행사하는 의사소통 방법의 하나라는 점에서 특히 유념해야 한다.

4) 거절 기술

(1) 거절 기술 습득의 중요성[1)]

거절 기술을 배운 청소년들은 보다 긍정적인 선택을 할 경향이 높으며 위험 행동에 참여하는 정도가 제한적이다. 청소년들이 자기 스스로를 위해서 제한 범위를 결정하고, 또래 또는 외부의 압력에 대해 분명하게 '안 돼(No)!'라고 말함으로써 자신에 대한 확신을 향상시키기 때문이다. 청소년들이 외부의 압력에 대응하기 전 결과에 대해 생각하거나 다양한 방식으로 거절을 표현하게 된다면 청소년들이 자기 스스로는 물론 다른 사람들에게 위험을 줄 수 있는 어떤 일에 참여하는 것을 거절할 수 있게 될 것이다.

(2) 거절 기술 학습과정

청소년들의 거절 기술은 훈련을 통해 학습이 가능하다. 일정한 과정과 절차에 따른 반복적 훈련이 상대방의 감정을 상하지 않도록 하면서도 자신의 의사를 관철시키는 거절이 가능하도록 한다. 일반적으로 청소년들이 거절 기술을 학습하는 과정은 다음과 같다.

첫째, 청소년들이 일상생활에서 일어나는 일들을 선택하도록 물어보고 리스트를 작성하도록 한다. 음식이나 간식, 친한 친구 혹은 무시하는 친구, 규칙을 따르거나 위반하는 사항, 진실하거나 거짓말을 하는 것 등이 해당된다.

둘째, 청소년들이 또래 친구 혹은 주위 사람들로부터 자신들이 하고 싶지 않은 것을 강요당하거나 스스로에게 혹은 다른 사람에게 문제를 일으킬 수 있는 것을 강요당한 것을 떠올리도록 한다. 친구들에게 놀림을 당하거나 놀리는 행위, 담배를 피우도록 강요당하는 행위, 훔치도록 강요당하는 행위, 부정행위에 대한 강요, 음주행위에 대한 강요, 가정이나 학교의 규칙을 위반하도록 하는 강요 등이 해당된다.

---

1) 교육부(2015). 고등학교 성교육 교수학습과정안. 113-114.

셋째, 청소년들이 자신들을 스스로 안전하게 지키거나 위험으로부터 벗어나는 방식은 거절 기술을 학습하는 것이다. 청소년들이 스스로 불편하거나 어떠한 것을 멈추어야 할 느낌이 드는 상황에서 다른 사람들에게 강요당한 행위를 하게 될 때 일어나게 될 결과를 고려하도록 한다.

넷째, 청소년들이 자신들에게 특정한 행동의 결과 혹은 문제를 일으키는 것을 강요하는 사람들에게 확신적으로 의견을 표명하도록 한다. 다른 사람이 청소년 자신에게 싸움을 걸어오거나 흡연을 함께 하도록 강요한다면 똑바로 서서 분명한 목소리로 거절하도록 한다. 청소년의 자세와 거절 연습은 반복적으로 하도록 한다. 이러한 행위의 연습은 여러 특정한 상황들에서 청소년들이 자신 있게 행동하도록 만든다.

(3) 거절 기술의 유형

거절 기술은 '안 돼'라고 말하려고 할 때 '안 돼'라고 말하고, '아니야'라고 말하려고 할 때 '아니야'라고 말할 수 있는 용기 있는 태도로 이것을 효율적으로 행하는 기술을 말한다. 일반적으로 거절 기술과 관련된 거절 형태에는 수동적 거절, 공격적 거절, 주장적 거절의 세 가지 유형이 있다.

① 수동적 거절

'안 돼'라고 말하기보다는 '아마도'라는 말을 사용하는 방식이다. 이를 사용하는 사람은 타인을 따라서 어쩔 수 없이 감정을 나타내거나 따라가는 것처럼 보인다. 전형적인 예는 불평에 뒤따르는 작은 저항 같은 것을 말한다. 이들은 일반적으로 군중을 따르지 않으나 홀로 서는 기술과 확신이 부족해 보이는 경우이다.

② 공격적 거절

전형적으로 반대를 과장하여 말하거나 자신에게 제안된 것에 대해 분개하거나 도덕적으로 부도덕한 것처럼 행동한다. 이런 유형을 사용하는 사람은 욕과 위협을 하고 이들의 매너는 타인을 존중하지 않음을 보여준다. 이들의 분개는 신념과 가치에 대한 확신을 대표하는 것처럼 보일지 모르나 그것은 일반적으로 불안정과 자기 의심에 대한 보상적 개념이 더 강하다.

③ 주장적 거절

청소년들이 배우도록 도와야 하는 유형이다. 수동적, 공격적 유형의 극단적이고 비생산적인 행동을 삼가고 '안 돼'라고 말하는 것에 대한 문제를 다루는 바람직한 방법이다. 주장적 거절 유형을 가진 사람은 위험한 유혹을 받았을 때 확고한 자세를 나타낸다. 그들은 그것에 대해 확고한 태도를 갖고 있지만 대답은 말하는 사람에 대한 존중 태도를 보여주면서 상냥하게 '안 돼'라고 한다. 그들은 분개, 화냄, 위협과 같은 것에 의존하지 않는다. 즉, 결과는 자신의 위치를 유지하면서 타인과 자신을 고립시키지 않는 거절 방식이다.

④ 일상 속 성문제와 대처 방법

우리는 일상생활 속에서 성과 관련된 여러 가지 문제에 접하게 된다. 여기에는 정상적이고 자연스러운 현상의 일부로서 발생하는 것과 개인의 왜곡된 성 의식과 성 행동으로 인해 나타나는 범죄와 같은 심각한 문제까지 매우 다양하다. 성과 관련된 문제에 직면했을 때 두려워하거나 숨기는 것보다는 문제를 받아들여 적극적으로 해결하고자 하는 노력이 필요하다. 올바른 문제해결을 위해서는 혼자서 고민하거나 친구들의 의견만을 듣기보다는 부모님 또는 선생님과 대화하거나 전문가의 도움을 받는 것도 좋은 방법이다.

4. 성폭력

1) 성폭력의 의미

성폭력이란 성을 매개로 상대방의 의사에 반하여 강제적으로 이루어지는 행위를 말한다. 성폭력은 신체적, 언어적, 정신적 폭력을 모두 포괄하는 광범위한 개념으로 강간, 성추행, 성적 희롱, 성기노출, 음란통신, 성 착취물 보이기, 윤간, 윤락행위 강요 등이 모두 해당된다.

법률적인 측면에서 성폭력은 '성적 자기결정권'의 침해를 말한다. 즉, 성행위의 대상과 그 내용을 자유롭게 선택하고 정상적인 성적 감정을 보호받을 권리를 침해당하는 것이 성폭력이다. 특히 최근에는 정보통신망을 기반으로 하는 사이버 성폭력(cyber sexual violence)이 확산되고 있어 사회문제가 되고 있다. 사이버 성폭력이란 정보통신망을 기반으로 하여 상대방에게 일방적으로 성적 메시지를 전달하여 불쾌감이나 위압감 등의 피해를 입히는 것을 말한다.

2) 데이트 성폭력

(1) 데이트 성폭력의 의미

데이트 성폭력이란 성폭력의 유형 중 피해자와 가해자의 관계 유형을 기준으로 분류한 것으로 데이트 관계에서 발생하는 성폭력을 말한다. 일반적으로 데이트 성폭력이라 함은 14세 이상의 남녀 쌍방이 이성애의 감정이 있거나 그 가능성을 인정하고 만나는 관계에서 발생하는 성적인 폭력을 말한다. 데이트 성폭력의 경우에는 가해자뿐만 아니라 피해 당사자도 성폭력 범죄로 인식하지 못하는 경우가 많다는 것이 더 큰 문제이다. 데이트 성폭력이 발생해도 법정에서 동의된 성관계를 주장하면서 무고죄나 명예훼손죄로 맞고소하여 오히려 피해자가 패소하는 경우도 발생한다.

(2) 데이트 성폭력의 원인

남녀 간의 이성교제 과정에서 발생하는 데이트 성폭력의 원인으로는 다음과 같은 점들을 들 수 있다.

첫째, 구애 과정에서 발생하는 성역할 고정관념이 원인이다. 구애 과정에서 남성의 과감성과 공격성, 여성의 얌전한 태도를 당연시하는 사회적 통념은 청년층 남성과 여성을 성폭력 위험에 노출시키고 있다.

둘째, 남녀의 차별적 성 의식에 입각한 인식의 차가 원인이다. 남녀 간에는 보이지 않는 차별적인 성 의식을 가지고 있다. 사회문화의 영향에 의한 것이기는 하지만 이성 간의 관계에서 남성의 적극성과 여성의 수동성이 남성우월주의라는 의식을 갖게 하였다. 그러한 결과가 폭력적인 양태로 언제든지 표출될 가능성이 있다.

셋째, 남녀 간의 의사소통 방식의 차이가 원인이다. 애정에 대한 남녀 간의 의사소통에 있어서 해석의 차이가 있다. 자신의 욕구를 투사하여 상대방의 특정 언동을 성관계 수락으로 해석하거나, 상대방의 '아니오'를 자의적으로 해석하여 '예'로 인식하는 등 의사소통에 대한 해석의 차이가 오해를 불러일으키는 요인이 되고 있다. 예를 들면 여성은 부분적인 스킨십만 허용한 것을 남성은 성관계를 허용한 것으로 확대 해석하는 등의 오해가 폭력의 원인이 되는 경우이다.

청소년의 데이트 문화도 역시 성인의 데이트 문화와 다르지 않다. 성역할 고정관념을 가지고 있는 어른들이 만들어 놓은 미디어를 통해 데이트, 연애 방법을 학습하는 청소년들은 데이트 성폭력까지 자연스럽게 받아들이게 된다는 데 심각한 문제가 있다.

3) 직장 내 성희롱

성희롱은 'Sexual Harassment'에서 유래된 용어로 그 본래적인 의미는 성적인 괴롭힘을 의미하는 말이다. 성희롱이란 '업무, 고용 기타 관계에서 공공기관의 종사자, 사용자 또는 근로자가 그 지위를 이용하거나 업무 등과 관련하여 성적 언동 등으로 성적 굴욕감 또는 혐오감을 느끼게 하거나 성적 언동 기타 요구 등에 대한 불응을 이유로 고용상의 불이익을 주는 것'이라고 정의된다. 특히 직장 내 성희롱은 「남·녀고용평등과 일·가정 양립 지원에 관한 법률」에 따른 시행규칙에 의거하여 육체적 행위, 언어적 행위, 시각적 행위, 그 밖의 행위로 예시를 하고 있으며, 그 구체적인 내용은 다음과 같다.

<표 9-2> 직장 내 성희롱 유형

구분	구체적인 행위 (예시)
육체적 행위	•입맞춤, 포옹 또는 뒤에서 껴안는 등의 신체적 접촉행위 •가슴, 엉덩이 등 특정 신체 부위를 만지는 행위 •안마나 애무를 강요하는 행위
언어적 행위	•음란한 농담을 하거나 음탕하고 상스러운 이야기를 하는 행위 •외모에 대한 성적인 비유나 평가를 하는 행위 •성적인 사실관계를 묻거나, 성적인 내용의 정보를 의도적으로 유포하는 행위 •성적인 관계를 강요하거나 회유하는 행위 •회식 자리에서 술을 따르도록 강요하는 행위
시각적 행위	•음란한 사진, 그림, 낙서, 출판물 등을 게시하거나 보여주는 행위 •직접 또는 팩스나 컴퓨터 등을 통하여 음란한 편지, 사진, 그림 등을 보내는 행위 •성과 관련된 자신의 특정 신체 부위를 고의적으로 노출하거나 만지는 행위
기타	•사회통념상 성적 굴욕감 또는 혐오감을 유발하는 것으로 인정되는 언어나 행동

4) 성폭력에 대한 오해와 이해

우리 사회의 성폭력 실태는 매우 심각하다. 성폭력과 관련된 법률이 제정되고 성폭력에 대한 인식도 많이 변화되었지만 아직도 여전히 성폭력은 줄어들지 않고 있다. 이러한 요인 중에 하나는 우리사회 구성원들의 성에 대한 잘못된 인식과 무관하지 않다. 성폭력에 대해 잘못 인식되고 있는 몇 가지 사례를 제시하면 다음과 같다(이해경 · 방기연, 2016: 281).

첫째, 청소년의 성폭력 피해율은 전체 성폭력 중 극히 일부에 해당되는 일이고 대부분의 성폭력은 잘 모르는 낯선 사람에 의해 우발적으로 발생한다고 알려져 있다. 하지만 사실은 그렇지 않다. 한국성폭력상담소의 청소년 성폭력 피해 사례를 보면 전체 상담 건수 중 청소년 성폭력 피해는 약 14.4%를 차지하고 있다. 또한 성폭력의 81%(한국성폭력상담소, 2014)가 데이트 상대나 애인, 선후배, 직장동료나 상사, 이웃집 아저씨나 아는 오빠, 아버지 또는 친인척 등 아는 사람에 의해 일어나며 단지 극소수만이 모르는 사람에 의해 일어난다. 성폭력은 우발적이라기보다는 계획된 범죄가 많으며 가해자는 성폭력의 시간과 장소를 치밀하게 계획하고 실행에 옮기는 것으로 나타났다.

둘째, 성폭력 가해자는 대부분 정신이상자라고 알고 있다. 하지만 사실은 그렇지 않다. 강간범은 남달리 포악하거나 정신적으로 비정상적인 사람도 있지만 대부분 사회생활을 멀쩡히 잘하는 정상적인 사람들이다. 이들은 자신이 겪는 소외감, 열등의식, 박탈감, 분노 등을 힘이 약한 여성과 어린이들에게 표출하고 있는 잘못된 성의식을 갖고 있는 사람들이다.

셋째, 피해자는 대부분 노출이 심한 옷을 입은 젊은 여성들로 알려져 있다. 사실은 그렇지 않다. 노출이 직접적인 원인이라면 노출이 심한 여름철에 성폭력이 많이 발생해야 하는데 각종 통계자료를 보면 여름철에 성폭력이 증가하는 것은 아니다. 특히 노인에게도 성폭력이 일어나는 점에서 성폭력이 반드시 노출 때문이라고 보기는 어렵다.

넷째, 여자가 끝까지 저항하면 강간은 불가능하다고 말한다. 하지만 사실은 그렇지 않다. 강간범은 많은 경우 말로 위협하는 정도에 그치지 않고 때리거나 흉기로 위협하기도 한다. 또한 피해자인 여성은 극도의 공포와 수치심을 느껴 저항하기보다는 무기력해지기 쉽다. 이런 상황에서 아무리 저항해도 강간을 피할 수 없다. 극심한 위기 상황에서 끝까지 저항하라는 것은 여성에게 목숨을 걸고서라도 순결을 지켜야 한다는 것을 강요하는 것이다.

다섯째, 이성교제 관계에서는 성폭력이 성립되지 않는다고 생각하는데, 이것은 잘못된 인식이다. 이성교제 시에 손잡기, 어깨에 손 올리기, 키스, 포옹 등 다양한 성적인 행동이 일어날 수 있다. 그런 성적인 행동이 일어날 때 상대방의 동의가 없는 상태에서 성행위가 일어나는 경우도 많은데 이는 분명히 성폭력이다. 최근에는 부부간에서도 상대의 동의 없이 하는 성행위는 성폭력으로 인정된다는 사실에 유념해야 한다.

여섯째, 성폭력은 폭력이 아니라 조금 난폭한 성관계라고 생각하는데, 이는 사실과 다르다. 성폭력은 성관계가 아니다. 남성의 성이 공격의 무기가 되어 여성의 의지와 관계없이 성을 침해당하는 성적 폭력행위이다. 강간의 경우 남성 성기의 삽입이라는 행위가 일어나지만 강간당한 여성은 폭력을 당한 것이다.

일곱째, 성폭력을 당한 여성은 순결을 잃은 것이라고 하는데, 이것은 사실과 다르다. 우리사회는 남성의 성행동에 대해서는 허용적이고 남성의 육체적인 순결은 중요하게 생각하지 않는다. 반면 여성에게는 순결을 지킬 것을 엄격하게 요구한다. 이렇듯 여성에게만 엄격한 순결규범 때문에 여성들은 육체적 순결을 아주 중시하고 이를 잃었을 때에는 깊은 상실감과 죄책감까지 갖게 된다. 그래서 심지어 성폭력을 당했을 때도 그것을 폭력으로 보지 않고 순결의 상실로 받아들여 스스로를 자책한다. 그러나 이는 잘못된 생각이다. 성폭력은 분명히 성관계가 아니라 본인의 의지와는 무관하게 이루어진 성적인 폭력이다. 성폭력을 당한 여성은 순결을 잃은 것이 아니라 폭력을 당한 것이다. 성폭력 피해를 당한 사람은 신체적으로나 정신적으로 보호를 받아야 할 피해자이다.

여덟째, 남자는 성폭력을 당하지 않는다고 하는데, 사실은 그렇지 않다. 남자 청소년들 역시 성폭력 피해의 대상이 되고 있다. 비율상 여성 피해자에 비해 적기는 하지만, 그 실태는 더욱 복잡하다. 남성 피해자들도 정서적 혼란과 죄책감 등 심각한 정신적 고통을 경험하게 된다.

아홉째, 남성의 성적 접근에 대해 여성의 '침묵' 또는 'NO'라는 표현은 'YES'라고 해석해도 된다고 생각하는데, 사실은 그렇지 않다. 정확하게 'YES'라고 표현하지 않은 경우에 짐작으로 이를 넘겨짚는 것은 대단히 위험하다. 우리나라의 경우 여성들이 정확한 의사표현에 대해 교육받지 못한 반면 남성들은 이를 여성들의 내

숭으로 알고 있는 경향이 있다. 여기에서는 뜻하지 않은 성폭력 피해자와 가해자가 생겨나는 경우도 많다. 여성들은 정확히 자신의 의사를 표현하는 능력을 키우는 것이 중요하고 남성들은 어떤 행동을 하기 전에 상대의 의사를 분명하게 확인하는 것이 필요하다.

쉬어가기 **데이트폭력 개인 문제로 방치해선 안 된다**

최근 데이트폭력 현장이 담긴 CCTV 영상이 공분과 충격을 줬다. 이 사례가 이례적이지 않다는 데 데이트폭력의 심각성이 있다. 지난해 전북에서도 한 대학생이 헤어진 여자 친구를 스토킹해 여성 가족들에게까지 극심한 공포감을 준 사례가 있었다. 또 이별을 요구하는 여자 친구에게 몰래 찍은 성관계 영상을 유포하겠다고 협박하고 여자 친구의 반려견을 벽돌로 수 차례 내려친 혐의로 징역 2년 6개월을 선고받은 사례도 있었다.

데이트폭력은 가장 친밀한 남녀 사이의 관계에서 발생하기 때문에 겉으로 잘 드러나지 않는 특성을 갖는다. 그럼에도 데이트폭력 신고 건수가 매년 늘어나는 추세라는 점에서 허투루 지나칠 상황이 아니다. 경찰청이 밝힌 '데이트폭력 현황'에 따르면 2016년부터 지난해까지 전북에서 데이트폭력으로 검거된 사람은 총 998명에 이른다. 2016년 164명, 2017년 283명, 2018년 253명, 2019년 298명으로 증가했다.

경찰에 데이트폭력을 신고할 때는 생명에 위협을 느끼거나 최소한 참기 어려운 수준 이상의 피해가 우려됐을 때일 것이다. 사건화가 되지 않는 데이트폭력도 그만큼 많을 수 있다는 이야기다. 실제 데이트폭력으로 신고된 사건 중 77% 이상이 폭행 · 상해(879명)로 검거됐다. 또 체포 · 감금 · 협박도 110명에 달했으며 성폭력, 살인, 살인미수 사건도 있었다.

데이트폭력을 그저 연인 간 사랑싸움으로 치부할 문제가 아니다. 그럼에도 신종 성범죄인 데이트폭력에 대한 일반의 인식은 여전히 낮다. 남성의 지배적 역할과 여성의 수동적 태도를 당연시 하는 사회적 분위기 탓도 있다. 이런 상황에서 국가와 지역사회의 더 많은 역할과 책임이 요구될 수밖에 없다.

정부도 데이트폭력의 심각성을 알고 「여성폭력방지기본법」을 제정했다. 여성폭력방지와 피해자 보호 · 지원에 관한 국가 및 지방자치단체의 책임을 명백히 하고, 여성폭력방지정책의 종합적 · 체계적 추진을 위한 기본적인 사항을 규정했다. 그러나 폭력 피해자에게 여전히 법은 멀게만 느껴지는 게 현실이다. 데이트폭력에 대한 사회적 인식을 개선할 수 있도록 지자체와 학교 등에서 교육과 홍보에 적극 나서야 할 것이다.

출처 : 전북일보(2020.11.17.).

5. 성 착취물과 성매매

1) 성 착취물

성 착취물이란 그 내용이 성욕을 자극하거나 흥분시키고 일반적인 사람들의 정상적인 성적 수치심을 유발하고 선량한 성적 관념에 반하는 것을 말한다. 이러한 성 착취물로는 노출이 심하고 노골적인 성행위 장면이 담긴 사진, 잡지, 비디오, 만화, 그림, 소설 등을 컴퓨터를 이용해 볼 수 있도록 한 것이나 프로그램을 파일로 전환하여 제작한 것 등이 이에 해당된다. 구체적인 성 착취물의 형태에 따른 종류로는 다음과 같은 것들이 있다(교육부, 2015: 249).

(1) 성 착취물의 형태

음란 사진

사진 형태는 성 착취물의 양도 많을 뿐만 아니라 청소년이 가장 쉽게 접촉할 수 있다. 주로 성행위 장면이나 나체 등의 음란 사진을 스캔을 통해 이미지 파일로 변환하여 제작하는 것이 가장 일반적이다. 최근에 새로운 문제로 부각되는 것은 이미지 편집을 통하여 합성 제작하는 인기 연예인의 누드사진이다. 때로는 매우 정교한 편집기술을 활용하여 실제 사진을 변환한 것으로 착각을 일으킬 정도의 파일이 있다. 이런 경우에는 명예훼손죄도 성립될 수 있다.

음란 만화

음란 만화는 아동 또는 청소년을 성적 유희의 대상으로 하여 구체적 묘사를 하거나 집단 성행위, 수간 등 변태적인 성행위, 근친상간을 주제로 시각화시켜 그려진 것이다. 음란 만화 정보는 모바일 메신저, 블로그, 카페, 트위터, 페이스북 등에 쉽게 유통되고 있거나 빠른 속도로 폭넓게 공유할 수 있어 청소년들의 건전한 정서 함양에 심각한 악영향을 끼칠 우려가 있다.

음란 소설

음란 소설은 일반 소설에서 다루지 못하는 음란한 내용을 거침없이 다루고 있으며, 문학성이나 예술성보다는 성적 호기심으로 일관된 글이 대부분이다. 하나의 장르 중 야오이물은 변종으로서 팬픽은 여성들에게 의해 쓰이고 여성들에 의해 읽힌다는 점에 주목하여 여성들이 남성들의 사랑 이야기인 팬픽의 판타지에 열광하는 이유를 설명한다. 팬픽 작가들의 대부분은 중·고등학교 여학생들로 구성되어 있으며 야오이[2]는 성행위를 주로 다룬 것이므로 팬픽도 그 내용에서 빠질 수 없는 것으로 보인다. 팬픽 속의 동성애는 그저 성행위를 하는 것으로밖에 느껴지지 않으며 중·고등학교 여학생이 썼다고는 믿을 수 없을 정도로 적나라한 동성 간의 성관계를 묘사하거나 노골적인 표현이 많아 야설이라고 불리기도 한다.

음란 동영상

음란 동영상이란 야한 동영상을 말하는데, 흔히 이를 줄여서 '야동'이라고 부르기도 하고, '몰래카메라'를 줄여서 '몰카'라고 부르기도 하는 등 여러 가지 은어를 사용하여 표현하기도 한다. 음란 동영상은 성 착취물로 청소년들의 성가치관 정립에 부정적인 영향을 미친다. 최근 들어 비디오테이프나 CD 등의 유형물로 비교적 파급 효과가 제한적이던 음란 동영상물의 파급범위가 정보기술의 발달과 함께 무제한적으로 늘어나고 있다. 특히 일부 미니홈페이지에서는 방문자나 댓글이 많을 경우 포인트 획득을 통해 홈페이지를 꾸미는 데 필요한 아이템을 제공하는 등 다양한 혜택을 주기도 한다. 이를 위해 운영자 스스로 방문자 수를 늘리기 위해 선정적인 정보를 게시하는 등의 부작용도 발생하고 있다. 또한 타인이 운영하는 홈페이지나 블로그, 카페, 트위터, 페이스북 등의 정보를 쉽게 옮겨 올 수 있는 '퍼오기' 기능을 통해 성 착취물이 빠른 속도로 폭넓게 확산되고 있다.

음란 채팅

채팅의 기능은 상대방의 목소리를 듣지 않고 조용히 의사교환을 하거나 대화 중

2) 야오이는 '주로 여성들이 창작하고 여성들이 즐기는 남성 동성애물(BL)'이다. 전문 작가군들이 만드는 경우와 동인들이 만들어내는 경우가 있는데, 전자의 경우는 완전창작이고 후자의 경우는 대개 팬 픽션의 형태로 제작된다.

에 필요한 자료를 동시에 주고받을 뿐만 아니라, 기술의 발전과 함께 채팅 방식이 글에서 화상과 메신저로 다양화되었다. 최근에는 이러한 채팅이 점차 일반화되면서 여러 가지 역기능이 나타나고 있다. 익명성으로 인한 모욕이나 명예 훼손의 발생은 동일하지만 그 피해가 직접적이고 동시적이다. 예컨대 음란 채팅은 불건전 게시물 및 불건전한 제목으로 도배, 음란한 방 개설 및 유인, 욕설 및 저속한 언어 사용, 성 착취물 게시 및 음란 행위 등으로 나타나고 있고, 화상 채팅의 경우 이용자가 음란한 방 제목을 만들어 음란 동영상 정보 등을 유통시키거나 화상 카메라를 이용하여 자신의 특정 신체 부위를 직접 보여주기도 한다. 단순히 음란 사이트에 게시된 자료를 보는 데서 그치지 않고 자신의 몸을 보여주는 형식의 음란 채팅도 있다. 특히 문제로 지적되고 있는 것은 채팅을 이용하여 원조교제를 제의하거나 알선하는 등 대화 내용이 음란하고 폭력으로 흐르는 경우에서 끝나지 않고 오프라인의 만남으로 이어진다는 것이다. 이로 인해 청소년 성매매나 성폭력, 성추행, 사기 등 심각한 범죄로까지 이어지는 사례가 점차 많아지고 있다.

(2) 성 착취물의 영향

성 착취물이 보여주는 성행동과 성지식은 젊은이들에게 결코 긍정적이지 않다. 왜곡된 시각으로 성을 바라보게 하는 원인이 되고, 성 착취물에 등장하는 여성들에 대한 시각이 부정적으로 변하여 여성을 폄하하는 경향성을 나타내기도 한다. 성 착취물이 청소년들에게 미치는 영향을 구체적으로 제시하면 다음과 같다.

첫째, 성폭력과 성범죄를 증가시키는 원인이 되고 있다. 성 착취물에는 가시적 폭력에서부터 은유적 폭력, 언어폭력, 정신적 폭력 등 다양한 폭력이 포함되어 있어서 청소년들이 이를 보고 학습하게 되어 각종 성범죄가 증가하는 요인이 되고 있다.

둘째, 여성에 대한 가치 저하와 차별의 양상을 보인다. 성 착취물에 등장하는 사람들이 대부분 남자에 비해 여성을 훨씬 어리고, 창녀나 비서 같은 멸시적인 존재로 등장시키는 반면, 남자는 포주, 보스 등과 같은 여성을 지배하는 존재로 등장시켜 청소년들이 여성을 비하하는 가치를 갖도록 하고 있다.

셋째, 성적 표현에 대한 둔감화 현상을 형성시킨다. 성 착취물의 시청이나 중독을 통해 타인의 부적절한 성적 표현에 대해 반복적이고 습관적인 시청을 통해 둔감해지도록 유도해 내는 경향이 있다.

넷째, 도덕적 타락을 유도한다. 성 착취물에 등장하는 폭력적인 성에 대해 관용적으로 수용하도록 함으로써 도덕적 타락을 유도해 내고 있다.

다섯째, 청소년들로부터 성 착취물 중독과 모방 범죄로 이어질 가능성이 높다. 청소년들이 성 착취물에 자주 접촉하게 되어 성에 대한 왜곡된 인식을 갖게 되고 성 착취물에 대한 중독 성향을 보일 가능성이 높아지며, 특히 성충동이 증가하여 모방 범죄로 이어질 가능성이 높아지고 있다.

2) 성매매

성매매란 일정한 대가를 주고받기로 하고 성교나 이에 준하는 행위를 하는 일로 불특정인을 상대로 금품이나 그 밖의 재산상의 이익을 얻기 위해 성행위, 유사 성교행위 등의 성적 서비스를 제공하는 것을 말한다. 성매매는 성 매수자와 성 매도자 간에 이루어지는 거래인데, 성 매수자는 대가를 주는 쪽을 일컫고, 성 매도자는 대가를 받는 쪽을 일컫는다. 성 매도자는 성 매수자의 성적 쾌감을 극대화시키기 위해 성 매수자에게 수동적으로 자신의 몸을 맡기기도 하고 자신의 몸을 활용하여 적극적으로 성 매수자의 성감대를 자극하는 행위를 하기도 한다.

성매매는 몸과 성적행위를 얻기 위해 돈뿐 아니라 음식, 잠자리, 재화 등을 제공하는 행위도 성매매에 해당한다. 성매매 과정에서 거래되는 것은 성교행위뿐만 아니라 성적인 대화, 스킨십 등의 성행동과 폭력적인 요구도 포함된다. 이러한 성매매는 단순히 돈을 매개로 한 교환이 아니라 당사자의 인격과 몸을 사고파는 행위로 인권침해라는 사실을 인식해야 한다.

(1) 청소년 성매매

최근 들어 청소년 성매매가 증가하는 추세에 있다. 이러한 추세는 각종 정보매체의 발달과 함께 가족붕괴 현상에 따른 청소년들의 가출이 증가한 것이 하나의 요인이 되고 있다. 가출청소년이 모두 성매매에 유입되는 것은 아니지만 성매매 유입 청소년은 대부분 가출한 상태의 청소년들이다. 청소년들은 성매매가 돈을 쉽게 벌 수 있다고 생각하고 달콤한 문구로 유혹하는 각종 전단지와 성인들의 유인책에 말려 의심을 갖지 않고 성매매에 동참하는 경우가 많다. 이렇게 해서 성매매에 유입된 청소년들의 경우에는 자신의 성을 거래 가능한 자원으로 인식한다. 따라서 이들은 스마트기기의 발달에 맞추어 성매수 상대자를 선택할 수 있고, 대부분 일대일로 이루어져 비밀을 유지할 수 있다고 생각하여 성매매에 참여하게 되며 이와 같은 청소년들의 성매매가 증가하고 있어 사회문제가 되고 있다.

(2) 성매매와 성 상품화

성 상품화란 성적으로 구별되는 특징을 이용하여 판매의 대상으로 삼아 이익을 추구하는 것을 말한다. 성 상품화는 크게 직접적 성 상품화와 간접적 성 상품화로 구별할 수 있다. 직접적 성 상품화에는 성매매, 성 착취물 판매 등이 있고, 간접적 성 상품화로는 여성 그룹 가수의 선정적인 안무, 성적 매력을 어필하는 여성 모델 등이다. 성매매란 다수의 불특정한 사람들을 대상으로 금품이나 그 밖에 재산상의 이익을 받거나 받기로 약속하고 성교행위, 유사성교행위를 하거나 그 상대방이 되는 것을 말한다. 성매매는 인류가 존재해 온 이래로 어떤 형태로든지 간에 존재해 왔다. 그리스에서도 성매매가 사회적으로 묵인되었고, 화산폭발로 멸망한 폼페이에서는 성매매를 공개적으로 했던 장소가 지금도 남아 있다. 성매매가 종교적인 의식에 사용되면서 성매매 여성과 남성이 성전에서 공공적으로 성행위를 한 역사도 있다. 요즘은 인터넷의 발달로 성매매가 성인 남성과 성인 여성 사이에 음성적으로 활발하게 이루어지고 있는 실정이며 이는 청소년들에게도 영향을 미치고 있다(성교육교재편찬위원회, 2016: 320). 성매매와 관련하여 남성들이 성을 매수하는 동기를 조사한 결과를 요약하여 제시하면 다음과 같다.

<표 9-3> 남성들의 성 매수 동기

동기	구체적인 내용
성 접대를 위해	•성 접대문화의 산물이다. •음성적인 퇴폐문화이다.
스트레스 해소	•독신 남성들의 일상의 일환이다. •성적인 스트레스를 풀기 위함이다.
기념 의식	•군입대 전의 의식 •관습적으로 전해오는 의식의 일환이다.
유희와 오락	•책임감 없는 성관계를 즐긴다. •욕구와 호기심의 충족을 위함이다.

동기	구체적인 내용
성 기술 테스트	•다양한 성 기술을 시험한다. •변태적인 성적 기교의 일환이다.
아내에 대한 적개심	•부부싸움 후 아내에 대한 적개심 •서로 별거하는 경우의 보상 차원
권태기 돌파	•부부 권태기 돌파의 일환이다. •자신의 성기능 확인

(3) 성매매와 성 상품화에 따른 대처법

청소년들이 성매매에 빠지게 되는 이유에 대해서는 두 가지 모델이 있다. 첫 번째는 또래 집단의 네트워크 결과로 성매매에 휘말려 든다는 것이다. 대부분 청소년들이 성매매에 연루되는 것은 빈곤과 같은 개인적 경험, 즉 정서적인 취약성, 열악한 생활환경 등이 성매매에 빠지게 되는 요인이 된다는 것이다. 두 번째 요인은 청소년을 학대하는 성인들에 의해서 청소년들은 성매매에 길들여져 성매매에 참여하게 된다는 것이다. 이것은 청소년들은 자신을 학대하는 성인에 대해 자신이 그 사람을 사랑하고 있다고 인식하고 그 사람과 사랑에 빠져 있다고 인식을 한다. 그래서 그들은 자신들도 모르게 자신을 학대하는 성인에 의해 성매매자로 길들여진다는 것이다.

어떠한 상황에서 시작되고 어떠한 상황에 놓여 있든 간에 성매매에 빠진다는 것은 청소년들의 미래와 꿈을 잃는 것이다. 이러한 피해를 줄여나가기 위해서는 청소년들에게 적절한 대처방안을 마련해 주어야 한다. 성매매, 성 상품화에 따른 대처방법으로 다음과 같은 대안이 마련되어야 할 것이다.

첫째, 저연령화, 만성화되어 가고 있는 장기 가출청소년에 대한 예방과 교육이 필요하다.

둘째, 청소년을 상품화하는 범죄를 강력하게 단속하고 규제하도록 한다.

셋째, 성적 거래를 당연하게 여기는 왜곡된 성문화에 대한 인식을 전환해 나갈 필요가 있다.

넷째, 청소년의 노동시장 진입의 장벽과 취약한 경제 개념 해결을 위한 사회적 보호 장치가 필요하다.

다섯째, 청소년의 비행에 대한 사회적 인식의 전환과 비행청소년들에 대한 사회

구성원들의 적극적인 지원이 필요하다.

성매매와 성 상품화 문제는 단순히 법적제도 장치만으로 해결될 수 있는 것이 아니다. 우리 사회의 성에 대한 바른 인식과 올바른 성문화 없이는 해결하기 어려운 문제이다. 즉, 그릇된 성의식, 잘못된 성에 대한 질서와 가치관을 바로잡지 않고서는 근원적인 문제 해결이 될 수가 없다.

우리 사회의 성에 대한 올바른 질서를 확립하기 위해서는 성을 단순히 쾌락적인 것으로만 볼 것이 아니라 하나의 인격체로 인식하고 전인적인 인간 완성을 위한 인격적인 성으로서의 의미를 살릴 때 우리사회의 건전한 성 문화가 정립될 것이다.

쉬어가기 세계 여러 나라의 성매매

세계의 성매매

영어판 시사토론 사이트인 procon.org가 발표한 세계 72개국의 성매매 정책에 따르면 성매매는 세계의 72개국 중에서 39개국(52.4%)에서 합법이고, 9개국(12.5%)에서는 제한적으로 합법이며, 24개국(33.3%)에서는 불법이다.

성매매를 합법화한 국가들

1984년 오스트레일리아의 빅토리아 정부는 세계 최초로 성매매를 합법화했다. 이어 독일, 스위스, 네덜란드 등 다수의 유럽국가들도 성매매를 합법화하였다. 성매매 합법화에 대해 미국, 영국, 오스트레일리아 등의 페미니스트들은 "합법화했더니 오히려 불법 성매매 영업이 급증했다."라고 주장했다. 성매도자들에게는 술 취한 고객으로부터 도망치는 법, 고객들에게 폭력을 당하지 않는 법, 고객들에게 집단 성폭행을 당하지 않도록 살펴야 할 것 등 직업 안전 관련 정보가 제공되었다.

기타

일본에서는 삽입성교를 제외한 모든 성적인 행위를 매매할 수 있다.

출처 : 조아미 외(2013). p. 216.

활동자료 9-1

성적 자기결정권 체크리스트

※ 다음의 질문문항을 읽고 자신에게 가장 적절하다고 생각되는 번호에 V표를 하시오.

1. 매우 그렇지 않다. 2. 다소 그렇지 않다. 3. 중간
4. 다소 그렇다. 5. 매우 그렇다.

순	질문문항	평가				
		1	2	3	4	5
1	좋아하다가도 싫어지는 감정이 생길 수 있다는 것을 인정하고 받아들일 수 있다.					
2	나는 나의 성적 욕망이나 지식에 대해 상대에게 이야기할 수 있다.					
3	상대에게 화났을 때, 고마울 때, 나의 감정을 상대에게 표현할 수 있다.					
4	상대가 어떻게 반응할지 걱정되더라도 감정을 감추거나 왜곡하지 않는다.					
5	상대의 일방적인 요구에 대해 부당함을 이야기할 수 있다.					
6	나는 원하지만 상대가 싫다고 하면 강요하지 않고 상대의 의사를 존중한다.					
7	나는 여전히 좋아하는데, 상대는 헤어지려 할 때 억지로 붙잡지 않는다.					
8	나는 나의 성적인 욕망에 대해 그대로 인정한다.					
9	나는 나에게 맞는 안전한 피임법에 대해 알고 있다.					
10	성적 욕망이 생기면 나름대로 해소할 수 있는 방법을 알고 있다.					
11	성관계 의사 없이도 상대와 여행을 함께할 수 있다.					
12	내 감정과 느낌이 소중한 만큼 상대의 상태를 충분히 고려할 수 있다.					
13	상대의 감정을 통제하기 위해 내 감정을 과장, 왜곡 표현하지 않는다.					
14	합의된 신체적 접촉(예: 키스)을 하는 중에 내 맘대로 다른 행동을 하지 않는다.					
15	상대의 신체적 접촉에 대한 제안을 내가 원하지 않을 경우엔 거절할 수 있다.					
16	연애하고 싶은 사람이 생길 때, 상대에게 제안해 볼 수 있다.					
17	나는 사람을 사귈 때 '이 사람은 내 거다.'라는 생각을 우선하지 않는다.					
18	내가 고백했을 때 상대가 관심 없다고 말해도 자존심이 상하지만 받아들일 수 있다.					
19	상대가 취해서 정신없을 때를 기회로 평소에 원했던 접촉을 시도하지는 않는다.					
20	성적으로 끌리는 대상이 있으면, 상대방의 동의를 구하면서 성관계를 제안할 수 있다.					

결과 해석

점수	특성
93점 이상	성적 자기결정에 대해 비교적 안전한 편이다. 실전에서도 심사숙고하여 잘 할 수 있도록 해야 한다.
80~92점	성적 자기결정과 관련하여 비교적 잘하고 있지만 좀 더 노력이 필요하다.
80점 미만	성적 자기결정이 위험한 상황이어서 훈련이 필요하다. 원치 않는 임신, 낙태의 가해자나 피해자가 될 수도 있으므로 조심해야 한다.

출처 : 이규은 · 장상필(2021). 재인용

Chapter 10

결혼의 이해*

* 본 장은 이규은 · 장상필(2021). 성과 결혼. 도서출판 어우리. pp. 321-350의 내용을 재구성하였음.

Chapter 10

결혼의 이해

1. 결혼의 의미와 특성

1) 결혼의 의미

결혼은 성(性)의 결합을 통해 두 사람의 마음을 연결하고 새롭게 만들어지는 인간관계이다. 이들은 결혼이라는 관계를 통해 이성에 대한 상대방의 마음을 잘 이해하고 배려하면서 생활을 영위해 나간다. 하지만 많은 이들은 결혼을 통해 많은 것을 동시에 실현시키는 행복이 다가올 것이라는 꿈을 꾼다. 사람의 마음은 자기 행복을 추구하는 경향이 강하기 때문에 누구나 결혼을 통해서 자기 행복을 추구하게 된다. 결혼은 두 사람의 마음을 결합하고, 성을 통하여 새로운 마음의 관계를 만들어가는 것이기 때문에 자기 행복만을 추구하는 것은 바람직하지 않을 뿐만 아니라, 또 그렇게 되지도 않는다. 서로가 존중과 배려를 통해 성숙한 관계를 만들어 나갈 때 두 사람 모두의 행복이 가능해질 수 있다.

결혼은 누구나 해야 하는 필수적인 것이 아니라 여러 다양한 생활방식 가운데 하나인 선택이다. 다만, 대부분의 성인 남녀들이 결혼을 선택하여 생활을 영위해 나간다는 점에서 그 의미와 중요성을 높이 평가하고 있는 것이다. 결혼은 적절한 연령에 도달한 남녀가 자유로운 이성교제를 통해 애정과 신뢰를 확인하고 자유의사에 의해 정신적 · 육체적으로 결합하는 것이다. 따라서 결혼은 정서적 · 육체적으로 친밀감과 함께 다양한 과업과 경제적 자원을 공유하는 두 사람의 정서적 · 법적 책임관계에 놓이는 상태를 말한다.

결혼을 의미하는 법률적 용어는 '혼인'이다. 따라서 이성교제와 배우자 선택 등의 과정은 결혼식이라는 의식과 함께 '혼인신고'라고 하는 법적인 절차를 통해서 완성된다. 결혼은 남녀가 정식으로 부부관계를 맺는 것으로 정의되지만 문화에 따라 차이가 있다. 일반적으로 결혼은 성적 결합을 기반으로 한다. 결혼이란 관습이나 법률에 따라 부부관계를 맺는 제도로 대부분의 사람들은 결혼을 통해 법적, 사회적, 종교적으로 부부라는 관계를 인정받게 된다. '결혼'이라는 단어는 누구에게나 '행복한 상상의 꿈'을 담고 있다. 결혼을 통해 두 사람이 평생을 함께하면서 서로에 대한 믿음을 가지고 행복한 결혼생활을 만들어가는 상상의 꿈을 담아내고 있는 것이다. 하지만 결혼생활은 현실적인 삶이지, 상상의 삶이 아니라는 점을 깨달아야 한다.

결혼에 대한 학자들의 정의를 살펴보면 다음과 같다. 레이스(Reiss, 1980)는 "결혼이란 합법성과 부모가 됨을 주요 기능으로 하는 남편과 아내 역할을 맡은 개인들 간의 사회적으로 승인된 결합이다."라고 정의하고 있다. 이러한 레이스의 정의에 의하면 결혼은 자녀의 적절한 사회화와 보호에 대한 책무성을 부여하며 안정된 환경을 제공해야 함을 포괄하고 있다. 또한 코녹스(Konox, 1979)는 결혼에 대해 "결혼은 서로 다른 성을 가진 두 사람의 성인이 정서적, 법적으로 연합하여 동거하는 관계이다."라고 정의하고 있다. 이러한 코녹스의 정의는 결혼은 부모의 합법성뿐만이 아니라 정서적으로나 법적으로 영속성을 지닌 결합으로 인식하고 있다고 볼 수 있다. 엥겔스(Engels, Friedrich)는 "결혼은 남녀가 공통의 이득을 얻기 위해 서로의 성적 만족과 경제적 도움, 그리고 아이를 낳아 기르는 계약"이라고 정의하고, "결혼을 유효하게 하기 위해서는 반드시 쌍방이 자발적으로 체결한 계약이어야 하고, 결혼 동거 기간 동안 부부관계는 평등한 권리와 의무를 가져야 한다."라고 지적하고 있다(이열, 2020). 이러한 학자들의 결혼에 대한 정의를 보면 결혼은 남편으로서 또는 아내로서 배우자와 자녀에 대한 권리를 지님과 동시에 의무도 가지게 되는 것이라는 점을 강조하고 있다.

결혼의 의미는 동서양에 따라서도 서로 차이를 보인다. 중국에서는 결혼의 어원에는 세 가지의 의미가 있다고 보는데, 그 첫째는 '결혼 예절'이고, 둘째는 '부부의 호칭'이며, 셋째는 '인척의 관계'라고 말하고 있다. 이와는 달리 서양에서는 결혼이 지니는 의미를 두 가지로 설명하고 있는데, 첫째는 '남녀가 합법적으로 맺는 부부관계'로 결혼은 법적인 의미를 지닌 윤리적인 사랑이라고 보고 있고, 둘째는 '남녀가 부부관계를 맺는 행위'라고 보고 있다. 이 밖에도 결혼에 대한 의미를 요약해 보면 다음과 같이 정의할 수 있다(이열, 2020).

첫째, 결혼은 애정과 신뢰에 바탕을 둔 남녀 간의 합법적인 사회관계이다.

둘째, 결혼은 사회적으로 공인된 성적 관계이다.

셋째, 결혼은 사회적으로 인정받는 법률제도이다. 결혼의 법률에 따라 정당한 결혼관계를 유지하기 위한 법률적인 보증을 필요로 한다.

넷째, 결혼은 사회적인 경제제도의 하나이다. 결혼생활의 안정을 위해 재산 소유와 보호 등 경제적인 활동을 필요로 한다.

2) 결혼의 특성

결혼 문화는 세계의 모든 나라에서 볼 수 있는 보편적인 문화 현상에 해당한다. 나라마다 다소 차이는 있지만 대부분의 나라가 결혼제도를 통해서 배우자가 갖는 권리와 의무를 각 사회의 법률, 규약, 관습, 신념, 태도 등에 따라 규제하도록 하고 있다. 뿐만 아니라 결혼은 다양한 사회적, 개인적 기능을 가지고 있다. 결혼의 기본적 기능으로는 생식, 성적인 충족과 조절, 자녀 양육과 교육 및 사회화, 혈통 정하기, 성별 분업, 경제적 생산과 소비, 그리고 애정과 같은 개인적 욕구충족 등이 있다. 하지만 결혼의 기능과 역할은 시대와 지역, 그리고 그 나라의 문화에 따라 다양하게 표출된다. 중요한 것은 개인적인 측면에서 삶을 살아감에 있어서 결혼을 통해서 찾고자 하는 것이 무엇인지에 대한 자신의 주관과 생각이 무엇보다 중요하다. 막연하게 '결혼을 하면 지금보다는 뭔가 나아지고, 행복해지고, 위로가 되고, 걱정이 적어지겠지?'라는 생각은 잘못된 인식이다.

결혼한 후에 싸움이 잦은 부부들의 공통점은 서로가 다르다는 점을 인정하지 않는다는 점이다. 수십 년의 성장과정을 서로 다른 문화와 환경 속에서 성장해 왔는데 어느 날 갑자기 하루아침에 모든 방식을 나에게 맞춰 바꾸라고 하는 것은 폭력보다 더 무서운 압박이다. 부부가 서로 결혼한 후에 행복하게 잘 살아가기 위해서는 서로 간의 다름을 인정하고 존중해주는 일이 무엇보다 중요하다. 서로 다름을 인정하는 가운데 서로의 대화를 통해서 서로에게 원하는 것이 무엇인지, 하지 않았으면 좋겠다고 생각되는 것은 무엇인지 등에 대해 솔직하게 이야기하고, 이야기한 것에 대해서 실천하고 지켜나가려는 의지가 중요하다. 결혼은 서로가 더 행복해지기 위해서 하는 것이지, 싸움을 통해 불행해지기를 원하는 것이 아니라는 점을 명확하게 인식해야 한다. 일방적이 아닌 서로가 함께 하나되어 나아가려는 노력과 모습이야말로 행복한 결혼생활의 필수조건이다.

결혼은 일정한 시대의 산물이며 역사의 현상인 동시에 남녀 간의 사회적 관계이며 제도이다. 인간은 결혼을 통해서 욕구를 충족시킬 수 있는 생리적, 심리적, 경제적, 사회적 지위와 기능을 포함하고 있다. 사회적으로 결혼이 갖는 여러 가지 특징을 요약하면 다음과 같다(이열, 2020).

첫째, 결혼의 기초는 남녀가 사랑을 결합한다는 사실이며, 법률적 계약이다. 결혼은 남녀가 사랑을 기초로 이루어지는 것이며 일정한 법률적 조건을 충족해야 한다. 또한 결혼은 결혼 이후에도 법률이 정한 권리와 동시에 의무를 가지게 된다.

둘째, 결혼의 목적은 부부관계의 영속을 이루는 것이다. 결혼은 부부관계를 맺음과 동시에 영속적으로 영원히 관계가 유지됨을 전제로 한다.

셋째, 결혼은 경제적인 측면을 공유하는 것으로 경제적 책임은 결혼의 법적 계약요소에서 가장 중요시되는 요인 중의 하나이다.

넷째, 결혼이 가지는 권리 및 의무는 사회와 법률이 인정하는 것이다. 관습적으로 결혼을 통해 주어지는 권리와 의무가 우리 사회 안에 존재할 뿐만 아니라 법률적으로도 부부의 권리와 의무가 규정되어 있다.

다섯째, 결혼은 부부 상호 간에 성적 소유를 선언하는 것이다. 결혼을 통해 두 사람은 합법적으로 성적 욕구를 충족시킬 수 있고, 자녀출산을 통해 새로운 사회적 단위를 형성하며, 이를 통해 사회는 존속된다.

여섯째, 결혼의 전제조건은 부부 쌍방이 공동으로 의무를 부담하여 평등한 권리를 누려야 한다는 것이다. 결혼은 상호 간에 친밀한 관계를 발전시켜 나가는 기회가 되는 동시에 서로에 대한 신뢰, 사랑, 정직, 존중에 대한 약속이기도 하다.

이 밖에도 박재순 · 염순교(2015)는 결혼의 특징과 관련하여 결혼관의 중요성을 강조하였는데, 결혼관은 결혼의 여부, 결혼과정에서의 배우자 선택, 결혼 후의 가정설계 등과 관련된 가족 가치관의 일부로서 시대와 문화에 따라 다양한 형태로 변화해 왔음을 지적하고, 결혼의 사회적 역할과 의미는 다양하지만 결혼은 합법적으로 사회적 안정과 함께 남녀의 성적 안정성, 경제적 삶, 소공동체로서의 사회 심리적 지지, 자녀 출산의 기능을 갖고 있다는 점이 특징적이라고 주장하였다.

쉬어가기 **여성 10명 중 6명 "결혼, 꼭 해야 하나요?"**

우리나라 국민 중 절반만 "결혼을 해야 한다"고 생각하는 것으로 조사됐다.

통계청이 23일 발표한 '2022 한국의 사회지표'에 따르면 지난해 기준 결혼을 해야 한다고 생각하는 국민 비중은 50%로 10년 전인 2012년(62.7%)과 비교해 13%p 가까이 낮아졌다. 결혼을 해야 한다고 생각하는 사람의 비중은 남자(55.8%)가 여자(44.3%)보다 11.5%p 높았다.

이혼에 대해선 "이유가 있으면 하는 것이 좋다"고 생각하는 사람의 비중이 18.7%로 2012년(10.9%) 대비 두 배 가까이 늘었다.

"결혼을 하면 자녀를 가져야 한다"고 생각하는 국민의 비중은 65.3%에 달했다. 해당 조사를 시작한 2018년(69.6)과 비교해 4.3%p 감소했다. 자녀 필요성에 대한 인식 비중을 연령별로 구분해 살펴보면 10대(만 13~19세)는 41.1%로 60세 이상(85%)의 절반에 못 미쳤다.

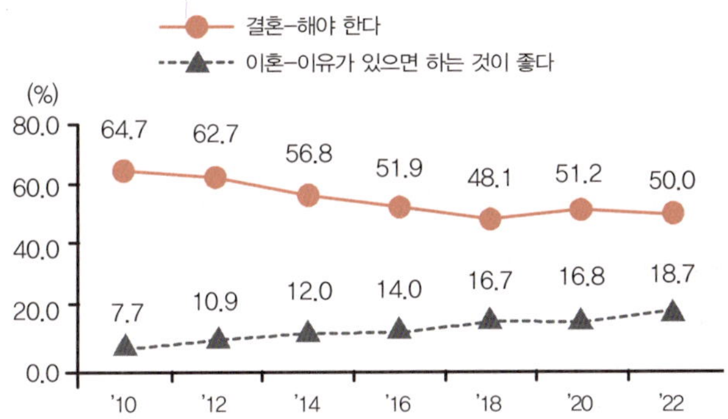

출처 : 머니투데이(2023.3.23.).

2. 결혼관의 변화

1) 결혼관의 의미와 요인

결혼관은 결혼 및 배우자 선택에 대하여 개인이 지향하는 규범이나 가치관을 의미한다. 따라서 결혼관은 그 사람의 삶에 있어서의 결혼에 대한 선택, 결혼과정에서의 배우자 선택, 결혼 후의 가정 설계 등과 관련된 가족 가치관의 중요한 한 부분이며 삶의 방향성을 유지하는 결정적인 가치관의 일부분이다.

결혼관에 대한 정의는 이처럼 광범위하며 결혼동기, 결혼에 대한 인식, 결혼에 대한 태도, 성 관념, 배우자의 선택 등 다양한 영역을 포함하고 있다. 또한 결혼관이란 결혼의 인식과 동기 및 태도, 배우자 선택과 관련된 가치관과 규범으로 시대적 또는 사회적으로 여러 가지 상황을 반영하며, 실제 행동과 반드시 일치하지 않더라도 그러한 행동을 유발하는 역할을 한다는 점에서 매우 중요하다. 결혼관은 결혼의 동기, 결혼의 시기, 배우자 선택, 결혼의 과정, 결혼생활에 대한 적응, 결혼 후의 생활 등에 지대한 영향을 미친다.

결혼의 동기는 결혼의 목적이라고도 할 수 있다. 과거에는 결혼이 제도적인 의미였지만, 오늘날에 와서는 사랑과 애정, 또는 행복을 위함이라는 측면으로 보고 있으며, 애정적인 의미로 변화하였다. 이러한 결혼의 동기에는 성적 욕구의 충족, 종족계승의 욕망인 개인적 욕구와 성적 통제의 기능, 증식의 기능, 사회결합 확장기능인 사회적 의의, 감정 및 정서적 안정 등이 있다. 결혼 동기에 대한 연구를 보면 미혼 남녀의 결혼 동기로는 '사랑' 또는 '인생의 동반자를 찾기 위해서'라고 보고 있는 경우가 가장 많다.

결혼하지 않으려는 사람들의 동기는 '혼자서도 잘 살아갈 수 있는 생활능력이 있고 특별히 불편한 점이 없기 때문'이라고 생각하는 경우가 대부분이다. 독신의 동기로 오히려 '자율적인 생활을 추구하기 위해서', '구속받는 것이 싫어서'라고 응답하고 있는 것도 특징적이다. 또한 독신의 이유로는 '자아실현과 자기계발을 위해서'가 대부분이고, '결혼의 의무와 역할에 대한 부담 때문'이라고 보고 있는 경우도 적지 않다.

결혼 시기의 결정은 매우 개인적인 문제이지만 실제로는 개인이 위치한 사회적 상황에 의해 직접적인 영향을 받는다. 배우자 선택 조건은 성격, 외모, 건강, 경제력, 교육 정도 등으로 행복한 결혼생활의 전제조건이 된다고 볼 수 있다. 또한 배우자 결정 방법은 부모가 결정하는 경우와 부모가 승낙 후 당사자가 합의하는 경우는 줄어들고 당사자 합의 후 부모에게 승낙을 받는 방법이 크게 늘어났다.

결혼관에 영향을 미치는 인구 사회학적 변인을 보면 성별, 연령, 종교, 출생순위, 가족유형, 가계소득 등이 영향을 미친다. 성별과의 관계는 남자가 결혼을 더 선호하고 중요시하며, 여성이 남성보다 결혼 의사에 더 소극적인 것으로 알려져 있다.

이 밖에도 결혼관에 영향을 미치는 요인으로는 성별, 연령, 가정생활 수준, 거주상태, 출생순위, 가족형태 또는 학력, 종교, 소득, 전공, 지역, 부모의 연령, 부모의 교육 정도, 부모의 직업 등이 있다.

대학생들의 결혼관에서는 결혼을 하지 않는다는 것보다는 결혼은 반드시 하여야 한다는 경향이 조금 더 강한 것으로 나타났고, 사랑관의 경우에는 행복하기 위해서는 배우자를 사랑하여야 한다는 인식이 가장 높은 것으로 나타났다. 가족관의 경우에는 의사소통기술에 대한 필요인식이 강하게 나타났고 배우자는 서로의 단점을 보완해주기를 바라면서 또한 인생 목표와 가치관이 확실하길 바라고 있었다. 결혼관과 출산의지에 관한 이세영(2013)의 연구에 의하면 결혼관의 하위요인인 결혼의 의식에서는 '결혼은 상호보완적인 관계이다.'와 '결혼은 외로움을 덜어준다.'가 높게 나타났으며, 결혼은 성격이 맞고 사랑하는 사람과 함께 외롭지 않기 위한 것으로서의 의미를 갖는 것으로 인식하여 긍정적인 태도를 보였다. 결혼 후 경제력 부담은 부부가 공동으로 해야 한다고 생각하고 있었고, 여성이 직장생활과 가사를 동시에 하는 것은 어려운 일로 이해하고 있었다.

2) 변화하는 결혼관

오늘날 우리가 살아가고 있는 사회는 그 어느 때보다도 빠르게 변화하고 있다. 이러한 사회변화는 사회구성원인 우리들의 삶에 직접적인 영향을 미치고 있다. 그동안 우리 사회 빠른 변화와 함께 여성들의 사회진출이 확대되면서 결혼관에도 변화를 보이고 있다. 자신이 원하는 현실적인 조건을 만족하는 배우자를 찾아 결혼하고자 하는 욕구와 함께 결혼에 대한 당위성이 약화되고, 이혼에 대한 수용능력이 확대되는 등 결혼과 관련된 다양한 측면의 가치관에서 변화를 보이고 있다. 남녀평등주의의 확산, 여성의 교육 수준 향상, 여성의 사회 진출 확대 등이 오늘날 젊은 이들의 결혼관에 영향을 미친 것으로 여겨진다. 남녀가 성장하면 반드시 결혼하고 자녀를 가져야 한다는 전통적인 결혼관이 퇴색하고 자신의 편안한 삶이라고 한다면 독신으로 살아도 괜찮다는 인식이 확산되고 있다. 결혼은 당연히 해야 된다고 보는 결혼의 당위성에 대한 인식에도 변화를 보이고 있어, 남성보다는 여성의 경우가 결혼하지 않아도 좋다는 의견에 더 적극적인 경향이다. 지금까지 기성세대들은 결혼은 살아가는 데에 있어서 필수적인 것으로 여기고 결혼을 통해서 아이를 낳는 것을 당연시 여겨왔다. 하지만 오늘날을 살아가는 젊은 세대는 결혼을 하는 것은 물론이거니와 자녀를 낳는 것 또한 개인의 자유이며 선택적 고려 사항이라고 생각하고 있다. 결혼을 선택사항으로 인식하고 있을 뿐만 아니라 결혼 후 반드시 자녀를 가져야 한다는 의식 또한 점점 약화되고 있는 실정이다. 이러한 변화는 남성보다 여성에게서 더욱 뚜렷이 나타나고 있다.

이혼에 대한 인식에도 변화를 보이고 있다. 결혼 후 상대방에 대해 만족하지 못할 경우 이혼하는 것에 대한 거부감이 1990년대 이후 급격히 줄고 있다. 특히 젊은 세대일수록 이러한 현상은 현저하게 나타나고 있다. 우리사회는 이혼에 대한 사회적 불이익이 아직도 남성보다는 여성에게 더 가혹함에도 불구하고 이혼은 증가추세를 멈추지 않고 있다.

하지만 결혼에 대한 인식과 결혼관이 다양하게 변모해 오면서도 결혼에 대해서 변하지 않는 가치가 있다. 그것은 바로 "배우자와 함께 평생을 갈 자신이 있다면 결혼한다."는 것이다. 이러한 인식은 결혼과 관련하여 자신과 성격이 잘 맞는 배우자를 찾는 것을 결혼의 최우선이라고 보고 있기 때문에 나타난 결과이다. 대부분의 남녀가 꼭 결혼을 하여야 한다기보다는 자신이 원하는 배우자를 찾고, 그 사람과 결혼해서 노후를 함께할 수 있다는 감정을 공유할 수 있을 때 선택적으로 결혼을 하겠다는 경향이 강하다. 어느 누구도 얼굴을 보고 싶지 않은 사람과 결혼하여 평생을 함께 살고 싶지는 않을 것이다. 평생을 함께하고 싶은 사람, '이 사람이면 결혼할 수 있겠다.'는 느낌이 올 때, 그때 결혼을 선택하게 된다는 의미이다. 결혼이라는 행위는 연애와는 다르게 큰 결단력을 필요로 하며, 사람의 인생을 송두리째 바꾸어 놓을 수 있는 중대한 선택이다. 결혼은 신중하게 고려해서 결정해야 하는 일임에는 틀림이 없다.

3) 결혼에 대한 인식변화의 특징

전통사회에서 결혼은 일정한 나이가 되면 집안 웃어른들이나 부모님의 의사에 떠밀려 무조건 해야만 했던 의식의 하나였다. 하지만 오늘날 우리 사회에서 결혼은 성인인 자신이 자율적으로 선택하고 결정할 수 있는 결정권을 갖고 있다. 이러한 변화에 맞춰 결혼을 하지 않고도 함께 사는 커플이 등장하기도 하고, 독신으로 혼자 살아가는 사람도 나타나고 있다. 이와 같이 미혼남녀들이 결혼을 하지 않겠다고 생각을 하게 되는 가장 큰 이유로는 경제적인 이유를 들고 있다. 그만큼 우리 사회가 경제적으로 안정을 보장받지 못하고 있다는 방증인 동시에 결혼에 대한 청년들의 문화적 인식의 변화를 보여주고 있는 것이라고 여겨진다. 결혼과 출산은 선택의 문제는 될 수 있지만 포기의 대상이 되어서는 안 된다는 점을 명확히 해야 할 것이다. 우리 사회를 살아가는 모든 이에게는 결혼이 주는 충만함과 안정감, 나아가 아이를 키우며 느끼는 소박한 즐거움과 행복감을 누릴 수 있는 권리를 갖고 있다는 사실을 잊어서는 안 될 것이다. 이것은 우리사회가 지켜내야 할 마땅한 소망이며 책무이다.

한희선은 우리 사회에 나타난 결혼에 대한 인식변화의 특징으로 다음과 같은 점을 제시하고 있다(한희선 외, 2016).

첫째, 결혼의 필요성에 대한 인식이 변화하고 있다. 결혼을 필수적인 것으로 인식하기보다는 필요에 따라 결혼을 선택적으로 결정할 수 있다는 인식으로 변하고 있다. 많은 미혼남녀들이 결혼제도라는 틀에 얽매이는 것을 바라지 않고 있으며, 직업과 능력이 있다면 독신으로 사는 것도 고려해 볼 만한 것으로 보고 있다. 앤드루 해커(Andrew Hacker, 뉴욕대 정치사회학과 교수) 박사는 그의 저서 『어울리지 않는 짝 : 남녀 간의 격차(Mismatch : The Growing Gulf between Women and Men)』에서 "여성들이 점점 자립적이 되고, 남성에 대해 비판적인 자세를 갖게 됨에 따라 그들은 데이트 상대자나 배우자가 되기에는 자격 미달인 남성들이 많음을 느낀다."는 점을 강조하였는데,[1] 이는 결혼의 필요성에 대한 인식의 변화와 무관치 않은 것으로 보인다.

둘째, 결혼연령의 상승으로 미혼자들이 증가하고 있다. 혼인연령의 증가와 함께 미혼자들의 비율도 빠르게 증가하고 있다. 결혼은 특정 연령까지는 반드시 해야 한다는 그동안 우리 사회가 가지고 있는 규범이 약화되고 있음을 보여주는 것이라 할 수 있다. 뿐만 아니라, 늦어지는 결혼은 미혼으로 연결되어 최근 미혼자들이 증가하는 것과 무관치 않다. 미혼자의 증가는 남성에게서 먼저 나타나고 여성에게도 확산되고 있는 경향을 보여주고 있다. 이는 혼인시장 내 성비 불균형을 초래하여 남성 초혼 연령과 미혼율의 동반 상승뿐만 아니라 국제결혼에 대한 수요를 유지시키는 요인으로 나타나고 있다. 또한 미혼이 증가하는 이유는 결혼연령의 상승 외에도 경제적 불황, 결혼은 선택이라는 사회적 분위기와 미래에 대한 불확신 등의 이유로 설명될 수 있다.

셋째, 결혼 연령의 다양화를 들 수 있다. 최근 들어 초혼 연령이 높아지면서 초혼 연령의 결합형태가 남녀 동갑이거나 여성이 연상인 경우가 점차 증가하고 있는 추

1) 김형경(2013). 신여성시대. 동아일보(2013.12.23).

세이다. 이는 남녀가 비슷한 연령대에서 결혼하고자 하는 동질혼 경향이 높아지고 있음을 의미한다. 특히 여성의 초혼 연령이 높을수록 연하의 남성과 결혼하는 비율이 점차 높아지고 있다. 이는 결혼 적령기에 있는 남성의 숫자가 더 많고 여성의 사회적 지위가 상승하면서 결혼에 대한 가치관도 변화하기 때문에 나타난 현상이다.

넷째, 결혼 파트너의 선정에 있어서 재혼과 같은 다양성이 수용되고 있다. 최근 우리나라의 초혼과 재혼의 현황을 살펴보면 초혼 남성과 재혼 여성의 혼인 건수가 초혼 여성과 재혼 남성의 혼인 건수를 초월하고 있다. 이는 결혼 파트너의 선정에 있어서 초혼이나 재혼과 같은 결혼 경험의 유무는 문제가 되지 않는다는 점이다. 결혼 상대자에 대한 사랑과 진실성이 문제가 될 뿐이지 파트너의 다양성은 큰 문제가 되지 않는다는 점이다. 뿐만 아니라 최근에는 한국 남성이 외국 여성과 결혼하는 혼인 건수도 증가하고 있다.

다섯째, 결혼 대신 동거를 하는 것에 대한 미혼자들의 인식이 변화하고 있다. 2019년 트렌드모니터(trendmonitor.co.kr)가 전국 만 19세부터 49세까지의 미혼남녀 1,050명을 대상으로 조사한 결과에 의하면 미혼자의 절반 이상(54.3%)이 '동거'도 하나의 결혼형태로 인정해줄 필요가 있다고 보고 있으며, 이에 동의하지 않는다는 의견은 22.1%에 불과한 것으로 나타났다. 이러한 주장은 동거를 하나의 결혼형태로 인정해줘야 한다는 것으로 남성(49.5%)보다는 여성(59%)이, 낮은 연령보다는 높은 연령층에서(20대 47.1%, 30대 57.4%, 40대 58.3%) 긍정적인 것으로 나타났다. 물론 결혼보다 동거가 더 매력적이라고 생각하는 것은 아니지만, 적어도 동거에 대한 거부감은 크지 않은 쪽으로 변화하고 있다.

여섯째, 결혼 의례의 변화이다. 우리 사회에서는 권위적인 특성으로 인해 부모들이 본인의 체면 때문에 종종 무리한 비용을 들여 예물과 예단, 피로연을 치르곤 하였다. 그 결과 혼수문제는 물질 만능주의, 사회적 지위에 대한 허황된 욕구, 과잉기대, 가부장적 가족가치관 등이 맞물린 사회적 문제가 되었고, 과도한 혼수 요구가 이혼의 원인이 되기도 하였다. 그러나 결혼식에서 양성 불평등한 문제가 제시되면서 남성 주례자의 탈피, 신랑신부 동시 입장, 폐백의 양가부모 참여, 결혼비용 공동부담 등 다양한 변화가 나타나고 있다. 또한 최근에는 사회적 기업과 마을 기업이 주도하는 작지만 색다른 결혼식이 개선의 대안이라며 결혼식뿐만 아니라 신혼여행까지의 전 과정에서 비용을 줄이도록 지역사회가 함께 노력하는 부분도 제시되고 있다.

쉬어가기 결혼, 한다면 배우자 조건 1순위는 '성격'

95.9% 남 녀 98.3%

배우자 조건 1위 성격

(자료=통계청)

결혼에 대한 견해 변화가 뚜렷하게 나타나고는 있지만 만약 결혼을 해야 한다면 배우자의 조건으로 남녀 모두 '성격'을 1위로 꼽았다.

전국의 20~44세의 미혼 남녀를 대상으로 배우자의 조건에 대해 실태조사 데이터를 분석한 결과 남성은 1위로 성격(95.9%), 2위는 건강(95.1%), 3위는 가사 · 육아 태도(91.1%)로 나타났고 4위와 5위는 각각 일에 대한 이해(90.8%)와 공통의 취미 유무(76.9%)가 뒤를 이었다. 상대적으로 남성은 배우자의 조건에 경제력(53.0%)과 직업(49.9%), 학력(31.0%)의 비중은 크지 않았다.

여성의 경우에는 1위는 성격(98.3%), 2위는 가사 · 육아 태도(97.9%), 3위는 건강(97.7%)이 중요하다고 꼽았고 4위와 5위는 일에 대한 이해(95.6%)와 경제력(92.7%)이 뒤를 이었다.

경제력을 조건으로 꼽은 비율은 남성이 53.0%에 비해 여성은 92.7%로 약 40% 이상 높았고 특히 가사 · 육아 태도에 대한 조건의 비율이 여성이 높은 것으로 보아 여성들의 결혼에 대한 견해 변화가 경제력과 가사 · 육아 태도에 대한 부담감이 작용한 것으로 본보 빅데이터팀은 분석했다.

정부는 아동 · 양육수당과 더불어 결혼 · 출산 장려책을 마련하여 내놓고 있지만 실효성을 거두지 못하고 있는 가운데 전문가들도 결혼 · 출산율을 반전시킬 요인을 찾기 힘들다고 지적하고 있다.

결혼의 필요성에 대한 견해가 긍정적으로 바뀌어 가지 않는다면 '밀레니엄 세대'의 결혼 · 출산율이 더 낮아질 것이라는 전망이 조심스럽게 제기되고 있는 시점이다.

출처 : 한국경제뉴스(2019.10.08.).

3. 양성평등한 결혼

1) 가족제도에서의 양성평등

남녀가 동등한 사회적 조건과 지위, 권리, 의무를 갖는 것을 양성평등이라고 한다. 즉, 성에 따른 차별을 받지 아니하고 자신의 능력에 따라 동등한 기회와 권리를 누리는 것을 말한다. 사회문화적으로 한 성이 다른 성을 차별 또는 억압하고 있는 상황에서 여성과 남성의 성에 대한 차이를 인정하고 성에 따른 불평등으로부터 야기된 차별과 억압을 극복해 낼 때 양성평등의 실현은 가능해진다. 양성평등한 사회를 만들기 위해서는 남녀를 차별하는 법과 제도를 고치고 남녀가 서로를 이해하고 존중해 주는 일이 중요하다. 양성평등에 대한 인식의 전환과 함께 집안일을 분담하고 우리 모두가 사회에 필요한 소중한 사람이라고 평등한 인격체로서 인식하는 일이 우선되어야 한다. 하지만, 가족제도 안에서의 양성평등은 어떻게 인식되어야 할까? 가족 구성원들의 객체로서의 독립적인 평등과 가족구성원 안에서의 공존에 초점을 둔 평등의 가치 중 무엇이 우선되어야 할까?

우리나라 헌법 제36조 제1항에 의하면 "혼인과 가족생활은 개인의 존엄과 양성의 평등을 기초로 하여 성립되고 유지되어야 하며 국가는 이를 보장해야 한다."라고 규정하고 있다. 그렇다면 여기서 말하는 양성평등이란 의미는 무엇일까? 법 앞에 평등하다는 것은 모든 국민을 절대적으로 대등하게 처우해야 한다는 것은 아니며, 인간의 존엄과 인격의 가치에 평등하고 사회적 신분과 성별, 남녀노소에 따라 불이익이나 어떤 차별도 받아서는 안 된다는 의미이지, 모든 면에서 절대적으로 평면적인 평등을 의미하는 것은 아니다. 특히 우리나라의 혼인과 가족제도에 있어서는 역사와 더불어 다양한 형태의 변화를 거쳐 오늘의 모습으로 발전해 온 것이기 때문에 전통적이고 관습적인 것이다. 따라서 가족제도 안에서의 평등은 개개인의 인격을 객체로 본 독립적인 평등이라기보다는 가족이라는 남녀가 공존하는 상생의 조화 관계로서의 평등이다. 즉, 남녀의 관계는 상호 보완과 상생의 조화 관계이지 분배적 평등의 관계가 아니다. 어디까지나 공동체 보호가 우선되어야 하는 목적을 지니고 있는 집단이 가족이기 때문이다. 따라서 가족제도에 있어서 양성평등은 가족의 결속과 보호가 전제될 때 빛을 발휘하게 되는 것이다. 가족의 결속과 보호가 파괴될 때는 가족제도에 있어서 양성평등의 존재는 이미 무의미한 것이 된다.

2) 성 차별적 결혼의 문제점

양성평등은 '모든 개인은 인격, 존엄성, 가치와 기본권에서 동등하다'는 만인평등사상에서 시작되었다. 만인평등사상이 대두하기 이전에는 성 차이에 따른 차별과 불평등이 당연시 여겨졌으며, 유교적이고 가부장적이었던 조선시대에는 남녀유별에 따른 차별과 억압이 일상생활에 상존해 있었다. 하지만, 근대사회의 도래와 함께 도입된 만인평등사상으로 인하여 불평등한 사회문화적 조건이 개선되고 성 차별적인 법과 제도를 개선해 나가면서 양성이 동등한 기본권을 보장받는 양성평등한 사회가 실현되고 있다. 하지만 우리 사회에는 아직도 전통적이고 관습적으로 전해 내려오는 다양한 가족제도 안에서 볼 수 있는 성 불평등이 잔존해 있는 것이 사실이다. 특히, 최근 들어 결혼에 따른 비용이 급증하면서 양성평등적인 결혼을 꿈꾸는 신혼부부들이 늘어나고 있는 추세이다. 성 차별적 결혼의 문제를 해결하고 양성평등 한 결혼식과 결혼생활을 위해서는 다음과 같은 문제가 개선되어야 한다.[2)]

첫째, 결혼준비는 독립적으로 실현하여야 한다. 대체로 양성평등한 결혼식을 올린 사람들의 공통점은 자력으로 결혼비용을 충당했다는 점이다. 일단 부모의 돈을 받아 결혼식을 치르게 되면, 부모가 원하는 결혼식을 올리기 쉽다. 최대한 자력으로 돈을 마련하거나, 아니면 부모에게 빌리는 형식으로 경비를 마련해 부부가 함께 갚아나가도록 한다. 자신의 돈으로 결혼식을 하게 되면, 본인뿐 아니라, 부모도 간소하게 치르는 데 이의를 달지 않는다. 따라서, '결혼식은 자력으로 간소하게 치르겠다.'는 결심으로 독립적으로 실현하도록 해야 한다.

둘째, 결혼비용은 분담하여 공동으로 부담한다. 예식장 대여료에서부터 집 마련과 혼수까지 결혼에 드는 총 비용을 계산하여 신랑, 신부가 절반씩 공동으로 부담하도록 한다. 물론 서로의 경제력을 반영해 조정하는 것도 좋은 방법이다. 하지만, 돈을 함께 부담하여 공동으로 비용을 치르게 되면, 자연스럽게 허례허식이 없어지고 집안 대 집안의 싸움으로 번지는 일이 발생하지 않는다.

셋째, 재산 관련 명의는 모두 공동으로 한다. 결혼 후 생활할 집은 공동명의로 한다. 부부 모두가 양성평등한 사람이라고 할지라도 한 사람의 이름으로 하는 것보다 두 사람의 이름으로 등록해 놓으면 무의식적으로 공동책임감을 느낀다. 더불어 재

---

2) 한겨레신문(2003.03.14.). 양성평등한 결혼 하려면?

산 운용 및 생활비 부담에 대한 약정을 담은 '부부재산 약정서'를 쓰는 것도 경제적 평등권을 확보할 수 있는 방법 중의 하나다.

넷째, 양성평등한 결혼식을 거행한다. 막상 결혼식을 준비하다 보면 예식장을 잡는 것부터 시작하여 집안 간에 기 싸움이 시작되기도 한다. 예식장 선택부터 신혼여행지까지 하나하나 신랑, 신부가 함께 의논해 결정하고 세심하게 부모를 설득해야 한다. 예식장에서는 신혼부부가 함께 입장하거나, 각자 부모를 모시고 입장하는 방식으로 양성평등을 실천하는 결혼식이 되도록 한다. 천편일률적인 식순보다는 부부가 서로 '양성평등한 결혼 서약서'를 낭독하는 것도 고려해 볼 수 있다. 사회와 주례 하면 반드시 떠올리는 '남자'보다는 평소 친하게 지내거나 존경하는 여성들도 고려해 볼 만하다. 폐백은 본가 가족에게만 드리는 것이 아니라 양가 부모나 가족에게도 똑같이 드리도록 한다.

다섯째, 결혼에 대한 비현실적인 기대나 환상에서 벗어나야 한다. 동서고금을 막론하고 젊은 남녀는 사랑하기를 원하고 수시로 사랑에 빠져 결혼을 한다. 결혼은 분명히 좋은 것이지만, 결혼생활은 많은 수고와 노력을 요구한다. 행복한 결혼생활은 많은 노력의 결정체이다. 꿈꾸는 환상 속에서 만들어지는 것이 아니다. 사랑은 누구나 쉽게 시작하지만, 행복한 결혼생활은 시간, 노력, 정성으로 돌봄이 필요하다. 결혼은 당연히 고난을 가져온다. 결혼생활을 해나가다 보면 두 사람 사이에 갈등도 생기고, 어려운 문제도 생기고, 전혀 해결할 수 없는 문제도 짊어지게 된다. 그러한 모든 문제를 해결해 나가야 하는 것이 곧 남녀의 결혼생활이다. 자신이 상상하고 꿈꾸는 것처럼 모두 이루어지는 것, 들풀과 같이 저절로 생기는 사랑, 행복의 양탄자 위를 걷는 생활, 그런 꿈을 꾸는 결혼이라면 현실로 돌아오는 일부터 시작해야 한다. 결혼은 현실이다. 결혼생활도 '일'이라는 새로운 시각을 갖고 삶의 현장에서 사랑을 직시하려면, 자신이 지니고 있는 환상에서 벗어나야 한다.

여섯째, 전통적인 성역할에서 벗어나야 한다. 우리 사회의 전통적인 성역할에는 남녀 불평등의 의식이 남아 있다. 전통적인 성역할이 남성 위주로 이루어졌다고 하더라도 오늘날 우리 사회에서는 남녀 간에 모두에게 불리하게 작동한다. '돈을 벌어다 주는 아버지'로 고정된 가정에서의 아버지의 성역할은 오늘날에 와서는 아버지에게 막중한 부담과 책임감을 전가하고 있어 이에 대한 조정이 필요하다. '남편은 돈을 벌고 부인은 집안일을 하는 성역할'에 익숙해져 있는 기성세대들은 이미 퇴직 후 발생하는 가정 내 갈등의 문제에 직면하고 있다. 뿐만 아니라, 자녀와의 관계에 있어서도 권위적인 태도에서 벗어나지 못하고 있는 것도 우리 사회의 문제점이다. 남성과 여성 모두 성역할 인식에 대한 고정관념과 일 · 가정 영역 간 불균형이 존재한다는 사실을 바르게 인식하고 일 · 가정 균형을 이루기 위해서는 책임과 부담을 동일하게 나누려는 양성평등 인식과 태도에 대한 변화가 필요하다. 우리 사회에 잔존하고 있는 고정적인 성역할 의식에서 벗어날 필요가 있다. 아직도 가정 내에서 양성 간의 불평등은 계속되고 있다는 점에 유념하여 양성 평등한 결혼생활을 위한 노력이 필요하다.

쉬어가기 여성 고용률 60% 시대, 여전한 양성 불평등의 민낯

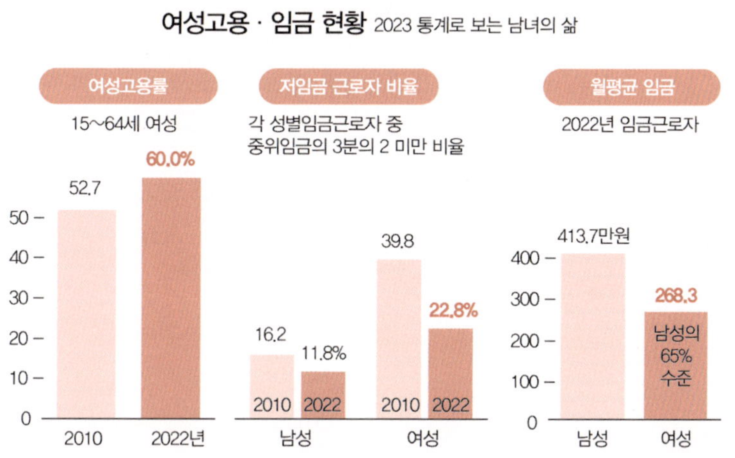

자료: 여성가족부

2022년 여성 고용률이 처음으로 60%대에 진입했지만 여성 저임금근로자 비율은 남성의 2배에 가까울 정도로 높았다. 여성가족부는 제28회 양성평등주간(9월 1~7일)을 기념해 여성과 남성의 모습을 부문별 통계로 살펴보는 '2023 통계로 보는 남녀의 삶'을 발표했다. 양성평등주간은 1898년 9월 1일 당시 가부장적 사회 상황 속에서 여성의 평등한 교육권, 직업권, 참정권을 주장하는 '여권통문(女權通文)'이 발표된 날을 기념하기 위해 제정됐다.

2022년 15~64세 여성 고용률은 60.0%로 2010년(52.7%)보다 7.3%p 상승해 처음으로 60%대에 진입했다. 그러나 여성 임금근로자 중 저임금근로자는 22.8%로 남성 저임금근로자의 비율(11.8%)의 2배가량이다. 저임금근로자 비율은 2010년 남성 16.2%, 여성 39.8%였는데 12년 새 각각 4.4%p, 17.0%p 낮아졌다.

성별 임금격차는 2010년 대비 개선됐지만, 여성 임금근로자의 시간당 임금은 여전히 남성의 70.0%에 머물렀다. 여성 임금근로자의 월평균 임금도 남성의 65.0%였다. 이 통계는

1997년부터 '통계로 보는 여성의 삶'이라는 이름으로 발표돼 왔는데 2022년부터 '통계로 보는 남녀의 삶'으로 변경됐다.

공공부문이 양성평등의 흐름을 이끄는 게 마땅하다. 정부는 공무원, 공공기관, 국립대 교수, 군인, 경찰 등 총 12개 분야에서 향후 5년간 목표를 설정하고 이행방안을 마련 중이다. 여성 고위 공무원 비율을 현재 25%에서 30%로 경제협력개발기구(OECD) 수준으로 끌어올리고, 전투부대 소속 군인 간부 중 여성 비율을 현재 9%에서 오는 2027년 15%가량으로 올리기로 했다. 또 국립대학 교수와 정부위원회, 경찰은 물론 여성 진출이 적은 과학·기술분야에서 성별 균형을 맞추기 위해 4대 과학기술원의 여성 교원 비율을 새로 제시했다. 2022년 기준 12%에서 2027년 14.1%까지 올릴 방침이다.

우리의 저조한 양성평등 현실은 저출산 기조와 맞닿아 있다. 올해 2·4분기 합계출산율이 0.7명으로 떨어진 것이 말해준다. 연간 출산율이 0.6명대로 하락할 수도 있다는 전문가들의 예상이 나올 정도로 심각하다. 2021년 한국의 합계출산율(0.81명)은 세계 평균(2.32명)의 3분의 1, 유럽(1.48명)과 북미(1.64명)의 절반 수준이다.

정부가 내놓는 대책은 백약이 무효인 상태이다. 청년세대가 결혼·출산을 기피하는 데는 집이 없고, 육아·사교육 부담과 함께 경력단절과 같은 양성불평등 현실이 작용하는 게 사실이다.

여성의 사회참여가 늘면 해결될 가능성이 높다. 노동시장에서 성별 격차가 사라지면 경제활력이 살아나고 출산율을 높이는 데 도움을 줄 것이다. 여성 고용을 늘리고, 임금을 높이는 일은 다가올 인구절벽과 국가소멸을 막는 최선의 방안이기도 하다.

출처 : 파이낸셜뉴스(2023.9.6.).

4. 결혼의 선택

1) 결혼의 동기와 성립

결혼은 두 사람이 법에 따라 부부관계를 맺는 일로 인생에서 중요한 사건이다. 인류의 역사 속에서 결혼은 어떠한 형태로든 존재해 왔으며 거의 모든 문화권에서 결혼이라는 의식에 의해서 혼인이 이루어졌다. 최근에는 우리 사회에 만혼(晩婚) 현상이 증가하면서 결혼에 대한 의식이 약화되는 경향이 있으나, 대부분의 사람들은 사회적 여건이 마련된다면 결혼할 것을 희망하고 있으며, 결혼의 가치와 중요성에 대해서도 인정하고 있다.

결혼을 하게 되는 동기는 사람마다 차이가 있지만 일반적으로 개인의 욕구를 충족시키기 위한 일환으로 제기된다. 결혼과 관련된 개인의 욕구는 개인적 측면의 욕구와 사회적 측면의 욕구로 구분할 수 있다. 개인적 측면의 결혼 동기는 대부분 성적 만족감을 얻고 심리적 안정을 추구하기 위한 것이 일반적이다. 사회적 측면의 결혼 동기는 사회적 유대감을 증진시키고 가문을 계승하기 위한 것이 일반적이다. 과거의 결혼 동기는 대부분 개인적 측면의 동기보다는 사회적 측면의 동기가 더 중요시되는 경향이 있었으나, 최근에는 사회적 측면의 동기보다는 개인적 측면의 동기가 보다 더 중시되는 경향이 있다.

사람들이 결혼하게 된 동기와 관련하여 무엇이 결혼을 하도록 자극했으며, 결혼하게 된 동기가 무엇인지에 대해 다음과 같은 점을 들 수 있다(박인숙, 2020).

(1) 사랑의 실현

우리 시대의 결혼 욕구 중 가장 강한 동기는 사랑하는 사람과 함께 지내고 싶은 마음이다. "왜 결혼하는가?"라는 질문에 대해 "사랑하니까."라고 응답하는 것이 결혼의 가장 강한 동기이다. 감정은 결혼의 중요한 동기로 작용한다. 사랑의 실현을 위해서는 결혼이라는 관문을 통과해야 하며, 실제로 결혼생활을 통해 성숙한 사랑을 발전시켜 나간다.

(2) 정서적 안정

결혼은 개인에게 정서적·감정적 안정을 부여해 준다. 따라서 사회활동 중에 경험하게 되는 복잡한 관계로부터 벗어나 안정적인 삶을 추구하고자 하는 개인의 욕구가 결혼의 동기로 작용한다. 결혼을 통해 만난 배우자는 인생의 동반자로서 서로 이해해주고 지지해줌으로써 보다 정서적으로 안정감을 가질 수 있게 된다.

(3) 합법적 성의 부여

성숙한 남녀는 생물학적으로 성욕구를 표현하게 되어 있는데, 사회가 합법적으로 부부로 인정하고 성관계를 허용하는 제도가 결혼이다. 즉, 개인적인 성욕구의 충족은 결혼에 의해서만 합법화될 수 있다. 이를 통해 안정감을 갖고 종족계승의 기능을 달성하여 사회질서를 유지하게 하는 사회적 동기를 갖게 된다. 결혼은 성인 남녀의 성적인 욕구를 합법적으로 충족시킬 수 있는 제도이기 때문이다.

(4) 경제적 안정의 추구

부부 사이에는 결혼을 하게 됨으로써 경제적인 협력이 가능하다. 전통적인 성역할 수행과정에서는 남편이 경제적으로 부양하고, 아내는 가정을 돌봄으로써 경제적 안정을 도모하였다. 최근 들어 남성의 직업이나 경제적 능력이 배우자 선택에서 우선순위를 차지하는 것이나, 맞벌이 가정이 증가하고 있는 것 등은 배우자 선택 시에도 빠른 시일 내에 경제적으로 안정할 수 있는 직업을 가진 사람, 즉 안정된 직장을 가진 여성 또는 남성을 좋은 조건으로 여기는 경향은 결혼의 동기 중 경제적인 안정이 결혼의 중요한 동기가 된다는 사실을 반영한 것이라 할 수 있다.

(5) 자녀 출산의 기회

전통사회에서는 자녀 출산을 통해 가계를 계승하는 것이 결혼의 가장 중요한 동기가 되었다. 적절한 시기에 자녀를 출산하는 일은 결혼에 대한 개인적인 동기라 할 수 있으며, 사회구성원을 충원한다는 측면에서는 사회적인 의미를 내포하고 있다고 볼 수 있다.

(6) 성인으로서의 신분획득

결혼이라는 것은 어느 사회에서나 성인이 되는 신분을 부여한다. 우리나라에서는 '성년의제'[3]라는 제도가 있어서 미성년자가 혼인을 하면 성년자로 간주한다. 비록 미성년자라 할지라도 혼인신고를 하면 성인의 신분을 주는 것이다. 결혼을 통하여 부모에게서 독립을 하면 독립적인 성인 신분을 획득할 수 있으므로 결혼을 하려는 욕구가 작용한다. 이럴 경우, 성인 신분의 획득은 결혼의 동기가 된다.

(7) 사회적 기대의 부합

대부분 사회에서는 성인이 되면 당연히 결혼해야 한다고 생각한다. 특히 타인지

---

3) 민법에서는 만 19세 미만의 미성년자도 결혼을 하게 되면 그때부터 성년에 달한 것으로 보는데, 이를 성년의제(成年擬制)라고 한다. 이 경우에는 부모의 친권은 소멸하고 후견도 종료한다. 미성년자에게 자녀가 있는 경우라면 독립하여 친권을 행사할 수 있다. 일단 미성년자가 결혼하여 성년으로 의제가 되면, 그 후 이혼, 배우자의 사망 등으로 혼인이 해소되어도 그 효과는 소멸하지 않고 계속 성년으로 의제가 된다. 다만, 성년의제는 민법상에서만 적용되는 것으로, 민법 이외의 공법 관계에서는 적용되지 않아서, 혼인한 미성년자라도 술을 사거나 선거에 투표하는 것과 같은 것은 허용되지 않는다.

향성이 강하고 가족주의가 강한 우리나라에서는 적절한 시기에 결혼하지 않고 있으면 주위 사람이나 환경으로부터 압력을 받게 된다. 따라서 결혼하는 것 자체가 이러한 압력에 대한 돌파구가 되기도 한다. 적절한 시기에 결혼하여 사회구성원으로서의 역할과 책무를 수행함으로써 사회적 요구와 기대에 부합하도록 하는 것 또한 결혼의 동기가 될 수 있다.

결혼제도에서 중요한 문제 중의 하나가 결혼의 실질적인 성립요건이다. 우리나라는 신고혼주의 또는 법률혼주의를 택하고 있어서 「가족관계의 등록 등에 관한 법률」에 따라 혼인신고를 해야 결혼이 성립된다. 우리나라 민법에서 규정하고 있는 결혼의 성립 요건으로는 다음과 같은 점을 들 수 있다.

첫째, 결혼의 합의가 있어야 한다. 결혼은 두 사람의 합의에 의한 혼인만이 합법적으로 인정받을 수 있다.

둘째, 혼인 적령에 해당하는 만 18세에 도달해야 한다. 우리나라 민법에서는 남녀 모두 동일하게 만 18세가 되어야 혼인을 할 수 있도록 규정하고 있다. 하지만, 민법상 성년 기준인 만 19세가 되지 않은 미성년자의 경우에는 부모님 등 법정대리인의 동의를 받아야 결혼이 가능하도록 규정하고 있다. 따라서 혼인 적령에 이르렀다 하더라도 만 19세 미만의 미성년자가 결혼하려면 부모 또는 후견인이나 친족회의 동의를 받아야 한다.[4]

셋째, 미성년자와 피성년후견인[5]은 부모 또는 후견인의 동의를 얻어야 한다.

넷째, 근친혼이 아니어야 한다. 근친혼의 범위는 8촌 이내의 혈족, 6촌 이내 혈족의 배우자, 6촌 이내의 양부모계 혈족이었던 자와 4촌 이내의 양부모계 인척이었던 자 사이에서는 혼인하지 못한다.

다섯째, 중혼(重婚)이 아니어야 한다. 중혼(重婚)은 법률상 결혼이 이중으로 성립하는 경우를 말한다. 우리나라 민법에서는 일부일처제를 결혼의 기본이념으로 하고 있기 때문에 배우자가 있는 사람은 결혼을 할 수 없다.

---

4) 「민법」 제808조 제1항 및 제3항의 규정에 의함.

5) 피성년후견인(被成年後見人)은 민법상 독립하여 법률행위를 할 수 없는 행위무능력자로 질병, 장애, 노령, 그 밖의 사유로 인한 정신적 제약으로 사무를 처리할 능력이 지속적으로 결여되어 가정법원이 성년후견개시의 심판을 받은 사람을 말한다. 2013년 7월 1일 민법 시행 전의 금치산자(禁治産者)와 같은 개념이다.

2) 결혼의 대안

결혼을 선택하지 않고 대안으로 다른 길을 선택한다는 것은 자신의 삶과 직결되는 문제이므로 신중하고 책임감 있게 결정해야 한다. 어떠한 선택을 하든지 간에 자신이 결혼에 대한 대안으로 선택한 결과는 나름대로 장단점을 지니고 있다. 따라서 어떠한 선택이 되어도 선택의 결과에 대해서는 자신이 책임질 수밖에 없다. 다만, 최선의 선택을 위해서 충분한 정보와 체계적인 분석을 활용하여 현실성 있는 결과를 만들어 내야 할 것이다. 결혼의 대안으로 흔히 제안하는 것이 독신과 동거이다.

(1) 독신

① 독신의 개념

독신(獨身, celibacy)은 결혼하지 않은 채 사는 상태로 미혼이나 이혼, 사별 등으로 법적 배우자가 없는 상태를 말한다. 독신을 뜻하는 영어 '세러버시(celibacy)'는 '결혼하지 않은', '혼자'라는 뜻의 라틴어 'caelebs'에서 유래했다. 원래 이 말은 동정 또는 배우자를 잃은 남자나 여자를 가리켰으나 오늘날 우리 사회에서는 결혼 적령기가 지나도록 결혼하지 않고 혼자 지내는 사람의 생활유형을 말한다. 즉, 법적인 혼인관계가 존재하는 않는 모든 경우를 가리켜 독신이라고 말한다. 따라서 독신이란 미혼뿐 아니라 이혼 및 사별을 포함하는 개념, 그래서 흔히 생각하는 것처럼 독립적인 거주공간에서 혼자 살아가는 경우뿐 아니라 성인 자녀가 부모와 동거하면서 미혼으로 살아가는 경우 및 한부모인 채로 미성년 자녀들과 살아가는 경우도 독신의 범주에 포함된다.

② 독신의 유형

독신은 자발적으로 선택할 수도 있고, 혹은 원하지 않지만 독신으로 남게 되는 경우도 있다. 뿐만 아니라 시기적으로도 일시적으로 독신인 상태에 있을 수도 있고, 일생 동안 독신으로 남는 경우도 있다. 일반적으로 독신의 유형은 자발성 여부와 일시성 또는 영구성(안정성)의 여부에 따라 네 가지 유형으로 구분한다.

<표 10-1> 독신의 유형별 특성

자발적 · 일시적 독신	비자발적 · 일시적 독신
• 현재 미혼 상태로 결혼을 고려하지 않으며 연령이 비교적 어린 경우가 많음 • 우리나라의 경우 자발적 · 일시적 독신이 비율이 높으며 결혼제도의 구속 때문에 일시적으로 결혼을 연기하는 경우가 많음 • 직업 및 교육 등의 이유로 인해 결혼을 연기하고 있는 상태가 해당됨 • 이혼이나 사별 후 미성년 자녀의 양육 등을 이유로 재혼을 연기하고 있는 상태 • 불황기의 만혼 경향으로 일시적 독신 기간을 장기화하고 있는 상태	• 독신의 의사가 없으며 결혼을 원하는 비자발적 유형으로 현재의 삶에 만족하지 못하는 경우가 많음 • 혼인 연령의 상승으로 많은 사람이 이러한 형태를 일시적으로 경험함 • 배우자감을 적극적으로 찾고 있는 상황으로, 결혼을 원하며 기다리는 상태

자발적 · 안정적 독신	비자발적 · 안정적 독신
• 자발적으로 독신주의를 주장하며 영원히 독신생활을 고수하기로 결정한 경우 • 이혼을 했으나 재혼 의사가 없는 경우, 또는 동거하고 있으나 결혼할 생각을 하지 않는 집단 • 결혼 및 재혼을 원하지 않아서 결혼 가능성을 아예 배제한 독신 • 종교적인 수도자와 같이 외적인 규정에 의해 결혼 가능성이 배제된 경우	• 독신 의사가 없고 결혼을 원했으나 결혼 적령기를 지나 결혼 가능성이 희박한 경우 • 결혼 및 재혼을 원하지만, 오랜 기간 동안 배우자감을 찾지 못하여 결국 포기한 경우 • 배우자를 구하지 못한 고학력 전문직의 독신자들 또는 농촌 총각들이 여기에 속함

③ 독신생활의 장단점

독신생활을 결정하는 데에는 여러 가지 이유가 있지만 일반적으로 독신생활을 통해 얻을 수 있는 자유가 결정적이다. 자유로운 삶 안에는 배우자와 아이들의 방해를 받지 않고 자신이 하고 싶은 일과 여유를 가질 수 있다는 점에 매력을 느낀다. 독신생활은 자신이 원하는 일을, 자신이 원하는 때에, 자신이 선택한 사람들과 할 수 있다는 점이 강점이다. 자신이 하고자 하는 일 주변에 방해의 울타리는 전혀 없는 것이 특징이다. 일반적으로 기혼자에 비해 독신생활이 주는 장점으로는 다음과 같은 점을 들 수 있다.

첫째, 배우자와 자녀에 대한 경제적 · 정서적 · 도구적 책임으로부터 자유롭다.

둘째, 배우자와의 갈등이나 통제로 인한 감정적 스트레스로부터 자유롭다.

셋째, 기혼자에 비해 생활의 자유와 융통성, 직업과 여행의 자유로움 등을 누릴 수 있다.

넷째, 기혼자들이 자녀나 배우자를 위해 투자하는 시간을 독신자들은 자신의 발전을 위해 투자할 수 있어 사회적 경쟁력을 쌓는 데 용이하다.

다섯째, 자유로운 대인관계는 물론이고, 동성, 이성 구분 없이 자유롭게 친구관계를 유지할 수 있다.

여섯째, 나 이외의 다른 사람에 대해 책임을 지지 않아도 되는 자유가 있다.

일곱째, 독신생활에 수반되는 자발성과 자신만의 라이프 스타일(life style)을 갖게 해준다.

이와 같은 독신의 장점에도 불구하고 많은 이들은 독신의 길을 가지 않고 결혼을 선택한다. 독신생활에서 가장 중요한 것은 고립에 빠지지 않도록 하는 일인데, 자발적 독신자의 경우에는 대개 독신생활의 장점을 살려 상대적으로 잘 적응해 나가는 편이다. 하지만, 비자발적 독신자의 경우에는 독신생활의 어려움에 허덕이면서 적응에 곤란을 겪는 사람이 적지 않다. 그들은 집안일의 부담이나 극심한 외로움, 경제적 부담 등으로 인해 독신으로 사는 것이 그렇게 간단하지는 않다고 말한다. 독신으로 살아가는 사람들이 말하는 독신생활의 단점으로는 다음과 같은 점을 들 수 있다.

첫째, 상호작용을 할 수 있는 가족 없이 외롭게 혼자 지내야 하므로 외로움을 겪을 수 있다. 특히 정서적 애착을 형성할 대상이 없다는 문제점이 있다.

둘째, 결혼한 사람과의 사회적 관계에 있어서 제한적이라는 문제가 있다. 우리 사회는 아직도 독신자와 기혼자가 자유롭게 사회적 관계를 형성하는 것에 제한적이어서 어려움이 많다.

셋째, 우리 사회에 독신자에 대한 사회적 인식이 부정적이거나 편견이 존재하고 있어 적응에 어려움이 있다.

넷째, 가정을 이룬 사람들은 사랑스러운 자녀와 가정으로 인해 말로 표현할 수 없는 행복감을 느끼지만 독신주의자는 그러한 행복을 경험할 수 없다.

다섯째, 노후를 혼자 지내게 된다. 젊은 시절에는 많은 사람을 만날 수 있지만 노후에는 결국 혼자 될 수밖에 없다. 기혼자들은 부부가 서로의 건강을 돌봐줄 수 있고 평생을 함께할 수 있지만 독신자는 노후를 고독하게 지내게 된다.

여섯째, 고독사를 각오해야 한다. 가족이 있는 경우는 누군가가 자신을 걱정해주고 떨어져 살고 있어도 정기적으로 안부를 주고받을 수 있지만 독신의 경우에는 노후가 되면 인간관계가 좁아져 최악의 경우에 고독사로 이어질 수 있다.

농경사회에서는 전통적으로 이른 나이에 결혼을 해서 일찌감치 자녀를 출산해 가족의 수를 늘리는 것이 규범이었다. 이 시기에는 결혼을 할 것인지, 아니면 안 할 것인지에 대한 결정은 선택 사항이 아니었다. 하지만 최근 결혼은 우리 사회에서 필수사항이 아니다. 자신의 가치관에 따라 얼마든지 선택할 수 있는 자유가 있다. 자유의 물결과 함께 최근 들어 결혼 대신 독신을 선택하는 비율이 증가하고 있다. 독신이 증가하는 이유는 우리 사회의 구조적 문제와 무관하지 않다. 교육 기간의 연장, 경제적 불황과 취업난, 여성 고용 확대, 부부의 도구적 상호 의존성 감소, 사회적 압력의 약화, 연애결혼의 보편화, 성에 관한 순결 이데올로기의 변화와 피임 기술의 발달, 개인주의화 경향, 평균 수명 격차로 인한 성비 불균형 등이 대표적인 요인이 되고 있다.

(2) 동거

① 동거의 개념

동거란 한 집에 함께 사는 것을 말하며 특히 결혼하지 않은 남녀가 함께 사는 경우를 말한다. 즉 혈연관계나 친족관계가 아닌 두 남녀가 혼인신고를 하지 않고 주거공간을 공유하는 생활 형태를 동거라고 한다. 또한 남자, 여자의 동거 외에 한 아파트나 한 집에 같이 거주하는 것도 동거에 해당된다. 예를 들어 두 사람이 부부관계와 가사 등 공동생활을 하고 있어서 사실상 결혼 관계와 같지만, 법적으로는 혼인 상태가 아닌 경우, 즉 내연 관계, 사실혼과 같은 경우에도 동거라고 한다. 동거는 말 그대로 쌍방 간의 합의에 의해서 이루어진 완전한 계약이다. 쌍방 간의 필요에 의해서 서로가 그러한 필요에 동의하고 그에 대한 충족수단으로 선택한, 다분히 의식적이고 합리적인 의사결정과정을 통해서 이루어진 동의라는 점에서 완전한 자율적 선택인 것이다.

우리나라 동거 문화의 변화를 살펴보면 과거에는 저소득층이 경제적인 이유로 동거를 선택하는 경우가 많았다. 그러나 혼전 순결과 성에 대한 개방적인 태도가 확산됨에 따라 혼전 동거에 대한 인식이 개선되었다. 즉, 동거가 점점 증가하고 있는 이유는 동거를 결혼 준비 형태로 이해하는 동거에 대한 인식의 변화를 들 수 있다. 동거의 형태는 다양하지만 대체로 구혼 과정 중의 한 부분이거나 시험 결혼의 성격을 갖기도 하며, 결혼의 대안이 되기도 한다. 그러나 동거는 법적 보호가 취약하다는 것이 가장 큰 단점이다. 동거하는 사람들은 사실상의 부부관계를 유지하고 있으나, 우리나라는 법률혼 사회이기 때문에 법적 보장을 받을 수가 없다. 동거는 결혼 생활에 비해 상대적으로 단기간 유지되고, 아직까지 우리나라에서는 동거에 대한 편견이 존재하므로 동거를 선택할 때에는 보다 더 신중한 자세가 요구된다(박인숙, 2020).

동거를 결혼의 시험으로 인식하는 것은 잘못된 생각이다. 동거가 외형적으로는 결혼과 마찬가지로 한 공간 안에서 함께 생활한다는 점을 들고 있지만 동거와 결혼은 그 본질에선 확연히 다른 가치를 지향하고 있다. 결혼은 많은 일가친척과 지인들 앞에서 사랑을 서약하고 서로를 아껴주고 존중할 것을 책임감 있게 약속하는 사회적 과정을 거친 반면, 동거는 어떠한 사회적 책임도 동반하지 않는 당사자 간의 편리에 의해 만나 만들어진 약속으로 주변인이나 가족들의 사랑, 믿음과 지지 또한 기대할 수 없는 것이다. 그런 의미에서 동거를 마치 결혼 생활을 미리 경험해 보는 시험적 결혼으로 인식하는 것은 사회적 약속에 대한 책임과 의무를 회피하는 행동이라고 볼 수밖에 없다.

② 동거의 유형

동거의 유형은 크게 결혼 관련과 금전 관련으로 나누어 구분하기도 하고, 동거의 목적과 관련하여 구분하기도 한다. 여기서는 라이들리(Ridley, 1978)의 네 가지 동거 유형, 스칸조니(Scanzoni, 1995)의 형태별 동거 유형, 맥클린(Macklin)의 특성별 동거 유형에 대해 살펴보고자 한다.

라이들리의 네 가지 동거유형

• 라이너스 담요형

라이너스 담요형은, 코미디 연재만화 '피너츠(Peanuts)'에서 따온 이름이다. 늘 안전담요를 하고 다니며 의존적인 성향을 보이는 라이너스(Linus)란 배역에서 유래된 이름이다. 커플 중에 한 사람이 혼자 있는 것을 불안하게 여겨서 이를 극복하기 위해 동거하는 유형으로 혼자 있기보다는 누군가와 항상 함께 있기를 좋아하는 사람들의 동거 유형이다.

• 해방형

해방형은 한쪽 혹은 양쪽 모두가 부모의 영향력으로부터 벗어나기 위해 동거를 선택하는 유형이다. 성인이 되었음에도 불구하고 부모의 가치나 영향력이 자녀에게 지속될 경우 반항의 모습을 통해 부모의 영향력으로부터 벗어나기 위해서 동거하는 유형이다. 이 유형 중 스스로 자립을 못 한 사람의 경우에는 동거생활에서도 완전한 해방감을 느끼지 못하여 상대를 자주 바꾸는 경향이 있다.

• 편의형

편의형은 법적 구속력이 없이 경제적 이익이나 성 또는 안정된 거주지를 원하는 사람들이 동거하는 유형이다. 편의형은 동거 가족의 초기 모습으로 주로 남성이 여성에게 경제적 안정을 제공하고, 여성은 그에 대한 대가로 집안일을 하는 경우가 많다. 서로 편리를 추구해서 동거를 선택한 유형이다.

• 실험형

실험형은 결혼적 성격을 띠고 있는 유형으로 동거 관계가 만족스러울 때에는 결혼으로 연장될 가능성이 큰 유형이다. 즉, 결혼의 대안으로 이루어지는 동거 형태라고 볼 수 있다. 따라서 동거하는 두 사람이 비교적 성숙되어 있고 책임감이 전제된 경우라면 동거는 결혼 생활과 거의 유사할 수 있다. 하지만 동거생활 중 결혼생활에서 볼 수 있는 헌신과 같은 모습은 찾아보기 힘든 경우가 많다.

스칸조니의 형태별 동거 유형

• 계약형

계약형 동거는 동거인을 일정한 조건에 맞춰 고용하는 형태로써 필요에 따라 언제든지 취소가 가능한 동거 유형이다. 두 사람 사이의 계약 조건이 위반될 때에는 언제든지 취소가 가능하므로 두 사람 사이의 동거에 대한 연계성이 약한 유형이다.

• 일시적 대안형

일시적 대안형은 두 사람이 결혼을 희망하지만 여러 가지 상황이나 여건이 적절하지 않아 결혼을 전제로 일시적으로 동거하는 유형이다. 일시적 대안형의 경우에는 동거 기간이 단기적인 것이 특징이며, 결혼에 대한 상황이 유리하게 전환될 경우 단기간에 동거가 종료된다.

• 장기적 대안형

장기적 대안형은 법적인 결혼을 거부하고 동거를 결혼의 대안으로 생각하고 동거하는 유형이다. 장기적 대안형의 경우는 결혼과 유사한 특성을 지니고 있으나 언제든지 동거에 대한 의지가 약화될 경우 쉽게 헤어질 수 있다는 점이 특징적이다.

맥클린의 특성별 동거 유형

• 편의형

편의형은 편리 추구형으로 서로 편의를 주고받는 관계에 있는 동거 유형이다. 단순한 편의 제공이 목적이기 때문에 법적 구속력이 없고 경제적 이익이나 성 또는 안정된 거주지를 원하는 사람들이 동거하는 유형이다.

• 실험형

실험형은 실험적 결혼의 특성을 지닌 동거 유형으로 결혼을 실험하기 위한 장으로써 동거를 선택하는 경우이다. 동거가 결혼생활과 유사할 수 있으나 상호 간에 헌신적인 태도나 책무성에서는 결혼과 다른 태도를 보인다.

• 데이팅 동거형

데이팅 동거형은 서로가 좋아서 함께 있고 싶은 욕구 때문에 동거를 하는 유형이다. 두 사람이 데이트할 때와 같은 감정으로 헤어지기 싫고 더 많은 시간을 함께 있고 싶은 욕구를 동거를 통해 충족해 가기 위한 동거 유형이다. 하지만 이러한 동거 유형은 단순한 감정에 의해 쉽게 만들어진 동거로 헤어지는 것도 쉽게 헤어진다는 단점이 있다.

• 일시적 대안형

결혼에 대한 일시적 대안으로 동거를 선택한 경우가 일시적 대안형이다. 결혼을 원하는 두 사람이 결혼을 할 적절한 시기까지 결혼을 연기하며 일시적으로 동거하는 유형이다. 일시적 대안형의 동거도 대부분 단기간의 동거를 전제로 만들어진다.

• 결혼 거부형

결혼 거부형은 실질적인 부부관계를 갖고 있으면서도 법적 혹은 사회적으로는 결혼을 거부하고 동거를 하는 유형이다. 결혼 거부형의 동거는 법적으로나 사회적으로 부담을 갖거나 책임질 일이 없기 때문에 쉽게 만들어지고, 부담 없이 헤어진다는 특성이 있다.

③ 동거의 장단점

최근 들어 우리 사회에 동거가 증가하고 있음은 부인할 수 없는 사실이다. 하지만 동거에 대한 여러 심리학자들의 연구결과는 동거에 대한 긍정적인 효과와는 반대의 결과들을 보여주고 있다. 미국 브리검영대학교(Brigham Young University)의 제이슨 캐럴(Jason Carroll) 박사의 연구에 의하면 결혼 전 동거를 선택했던 많은 부부들이 동거를 하지 않은 부부보다 더 높은 이혼율을 보여주고 있다. 또한 관계의 만족도와 안정성에 있어서도 동거를 한 부부보다 동거를 하지 않은 부부가 더 높은 것으로 나타났다. 이처럼 많은 연구 결과들은 동거보다 결혼이 정신적, 정서적, 신체적 건강에 더 유익하고 건강하고 안정적이라고 말하고 있다. 따라서 우리는 동거에 대한 장단점과 문제점을 바르게 인식하고 무계획적인 동거로부터 오는 피해에 대처할 수 있는 능력을 갖추는 일이 중요하다. 먼저 동거에 대한 장점을 살펴보면 다음과 같다.

첫째, 동거는 외로움을 해소시켜 준다. 동거는 누군가와 함께하는 삶을 산다는 측면에서 활기 있고 외롭지 않다는 장점을 지니고 있다. 뿐만 아니라 집에 돌아왔을 때 누군가가 나를 기다리고 있다는 사실은 동거의 큰 장점이다.

둘째, 경제적인 부담감을 줄일 수 있다. 학업 과정이거나 직장생활을 하는 중이거나 혼자 무언가를 시작한다는 것은 경제적으로 큰 부담이 아닐 수 없다. 하지만 이러한 입장에 있는 누군가를 만나서 거주나 생활을 공유함으로써 주거, 식생활, 교통비 등과 같은 대부분의 생활비를 절감할 수 있다는 장점이 있다.

셋째, 타인과의 삶을 통한 배려와 이해의 성숙이다. 개인과 가족의 삶에서 벗어나 타인과 타인의 삶으로 전환한다는 것은 당연히 불편하다. 하지만 이러한 불편함 속에서 동거라는 최소한의 틀을 유지하기 위해서 서로를 배려하고 이해하는 과정 속에서 스스로를 성숙하게 만드는 기회를 갖게 된다.

넷째, 독립에 대한 연습 과정을 경험하게 된다는 점이다. 동거는 가족이라는 울타리 안에서 누군가가 해주던 삶에서 벗어나 스스로 모든 것을 다 해결해야 하는 독립된 생활에 대한 연습의 기회를 갖게 한다. 이러한 과정은 진정한 독립을 준비하는 데 큰 도움을 준다.

동거에 대한 이러한 장점에도 불구하고 동거가 지니고 있는 단점을 간과할 수 없다. 동거의 단점으로는 다음과 같은 점을 들 수 있다.

첫째, 혼자가 아닌 타인과의 삶 속에서 불편함을 경험하게 된다는 점이다. 동거를 시작했지만 과정이나 결과가 좋지 않게 끝나는 이유 중 가장 큰 이유는 동거 기간 중 서로에게 맞춰가는 일이 어려웠기 때문이라고 말한다. 그만큼 서로에게 맞춰간다는 것은 쉽지 않은 일이다. 공유하는 공간 속에서 조심을 하게 되고, 그러다 보니 자유롭지 못한 삶을 살게 되고, 불편함을 느끼게 되는 것이다.

둘째, 책임감의 결여와 대안책의 결여다. 동거를 하게 되면 서로 다투거나 마찰이 생길 가능성은 항상 존재한다고 보아야 한다. 그런데 막상 두 사람 사이에 마찰이 생기게 되면 결혼한 배우자와의 관계나 가족관계가 아니기 때문에 서로에 대한 책임을 회피하게 되고 결국에는 헤어짐으로 막을 내리게 된다. 그렇지 않고 금전적인 문제나 여러 가지 문제로 동거밖에 대안이 없는 경우에는 서로 감정의 골이 깊어져도 억지로 살아가야 하는 동거의 좋지 않은 과정과 결과를 초래하게 된다.

셋째, 임신에 대한 두려움과 임신에 대한 준비 결여의 문제이다. 서로가 사랑하는 관계에서 시작한 동거의 경우 성적인 자유로움을 누릴 수 있다. 하지만 성적인 자유만큼이나 두려운 것이 임신이다. 뿐만 아니라 임신을 하게 되었을 경우 거기에 대한 준비가 전혀 되어있지 않다는 점이 더 큰 문제이다.

넷째, 동거에 대한 사회적 시선이 부정적이라는 점이다. 우리사회도 과거에 비해 동거하는 사람들이 증가하면서 동거에 대한 인식과 시선이 변화하고 있는 것은 사실이다. 하지만 아직도 우리 사회에서 동거한다는 사실을 공공연하게 밝히는 데에는 무리가 있다. 동거에 대한 사회의 부정적인 시선과 편견은 동거에 있어 큰 걸림돌이 되고 있다.

다섯째, 동거는 결혼한 상태가 아니기 때문에 법적 보호를 받을 수 없다. 동거에 실패했을 경우 보호받을 수 있는 장치가 전혀 없다는 점이 문제점이다. 동거에 실패했을 때 느끼는 상실감은 말할 것도 없고 책임감, 대안 마련, 보상책 등에 대한 아무런 제도가 마련되어 있지 않아 스스로가 모든 것을 책임져야 한다는 문제가 있다.

쉬어가기 잘못된 결혼의 동기

부부갈등이 잦은 부부들이 말하는 공통점은 바로 결혼 동기에 대한 후회이다. 물론 어떠한 동기로 결혼하든 행복한 부부들도 있다. 이미 결혼한 부부들에게는 결혼 동기보다는 현재의 관계개선에 초점을 맞추는 것이 중요하지만, 예비부부들에게는 혹시 아래와 같은 이유로 결혼을 하려고 할 경우에는 다시 한번 결혼을 검토해 볼 것을 권한다.

1. 순간적인 열정

매력적인 사람과 사랑에 빠지기 쉽다. 그러나 단기간에 몇 번 만나보고 바로 결혼을 결정한다는 것은 상대방을 충분히 이해하지 않은 상태에서 출발하므로 갈등이 생기기 쉽다. 순간적인 열정만으로는 상호 이해의 기반이 약하다.

2. 임신

임신 혹은 혼전 성관계로 결혼을 결정하는 경우가 많다. 그러나 결혼이 당사자의 자발적인 선택이 아니었다는 것으로 결혼 자체에 대해 부정적 생각을 갖게 되고 나아가서는 아이를 양육함에 있어 아이에게 부정적 영향을 끼치는 경우도 있다.

3. 헤어진 사람에 대한 복수

사귀던 사람, 혹은 짝사랑하는 사람이 다른 이성과 결혼을 하기 전에 먼저 하기 위해 결혼을 하는 어리석은 경우도 적지 않게 보인다. 이러할 경우 평생을 같이 할 배우자에게 초점이 있는 것이 아니라, 헤어진 남자에게 초점이 있기 때문에 결혼 후에도 만족함이 없고, 계속 비교하며, 후회하게 되는 사례를 볼 수 있다.

4. 부모에 대한 반발

지배당하던 부모로부터 독립된 자신을 선포하기 위해 결혼을 사용하는 것인데 이런 경우도 바람직하지 못하다.

5. 지위상승의 수단

젊은 남녀들 중에는 보다 나은 경제적 기반 위에서 제2의 인생을 출발하고자 자신의 목표달성 수단으로 삼는 사람이 있다. 그러나 두 사람 간의 사랑이 없는 결혼은 결국 매매혼과 다름이 없으며, 오래 지속되기 힘들다.

6. 자기 집안 또는 환경에서의 도피

TV에 나오는 신분 상승, 가정형편으로부터의 도피처로 결혼을 선택하는 경우이다. 결혼생활은 어떠한 상황이나 갈등, 문제가 닥쳐올지 모르는 것이기에 지금 삶의 대안으로 결혼을 선택하는 것은 위험한 선택이라고 할 수 있다.

7. 외로움에서의 도피

결혼 자체가 외로움을 해결해 주지 않는다. 다른 대상으로 외로움을 채우려고 할 경우 오히려 상대에게 집착하게 되거나 실망하게 되는 경우가 많다. 타인으로 나의 행복이나 불행이 결정되게 해서는 안 된다.

8. 상대방의 외적인 매력

외모에 치중하다 보면 다른 측면의 자신의 욕구충족이 안 될 수 있다. 이런 경우는 자신이 상대방의 외모를 보는 것뿐만 아니라 때로 다른 사람들에게 인정을 받고 싶어 하는 이유도 있는데 이는 자신의 낮은 자존감을 상대의 외모에 의존하는 것이기 때문에 건강하지 않다.

9. 죄의식과 동정심

가끔 상대가 불쌍해서 내가 그 사람을 행복하게 해주고 싶어서라는 동기로 결혼하는 경우가 있는데, 사람이 다른 사람을 개과천선 시킨다는 것은 어려운 일이다. 대부분의 부부는 자신의 성격을 생애 마지막까지 가지고 간다. 오히려 자신이 동정한 상대방의 부분이 자신에게 칼이 되어 돌아오는 경우가 많다.

10. 열애

열정적인 사랑에 빠져서 결혼하는 것 또한 위험하다. 상대방과의 관계에서 과거와 미래를 포함하고 있지 않기 때문에 상대방을 분명히 평가하기 힘들다.

활동자료 10-1

결혼 설계하기

※ 자신의 가치관과 계획을 빈칸에 적어본 후, 상대방과 서로 토론하면서 여러분의 결혼 설계를 구체적으로 적어 보자.

구분	본인	파트너
현재 나이		
직업		
결혼 시기		
결혼 예상 비용		
주거형태		
결혼생활에서 중요한 것	(1) (2) (3) (4) (5)	(1) (2) (3) (4) (5)
혼수 우선순위 다섯 가지	(1) (2) (3) (4) (5)	(1) (2) (3) (4) (5)
신혼여행	장소 : 예산 : 일정 : 계획 :	장소 : 예산 : 일정 : 계획 :
자녀계획		
결혼생활을 통해 꼭 이루고 싶은 것		

출처 : 허혜경 외(2020). 현대사회와 가정. 서울: 동문사. p. 139.

활동자료 10-2

결혼을 선택해도 될까요?

※ 다음은 결혼을 선택하기에 앞서 스스로를 점검해 보기 위한 체크리스트이다. 스스로 다음의 각 항목에 대해 생각해 보고 조별로 각자의 생각을 나누어 보자.

분류	항목	여부
경제	상대방의 급여, 재정과 신용상태를 정확하게 알고 있는가?	
	통장관리와 재테크 등은 누가 주관할 것인가?	
	상대방의 평소 소비 습관에 대해 만족하는가?	
	각자 지출을 할 때 금액이 얼마 이상이면 상대방과 협의할 것인가?	
원가족	배우자와 가족들은 서로 화목한가? 아니면 그 이유가 이해되는가?	
	배우자의 부모를 모셔야 할 상황이 온다면 모실 수 있는가?	
	양가 부모에게 각각 얼마의 용돈을 드릴 계획인가?	
	우리 부부관계에 양가 부모가 개입할 가능성이 있는가?	
	서로의 가족문화(종교, 제사 등)를 받아들일 수 있는가?	
	원가족 방문 시 순서와 횟수에 대한 원칙을 정했는가?	
대화와 갈등	배우자와의 대화 시 적절한 호칭을 사용하는가?	
	배우자와 대화를 할 때 적절한 기법을 사용하는가?	
	배우자와 갈등이 발생할 때 해결할 수 있는 능력이 있는가?	
자녀	원하는 자녀 수는?	
	영아기 때 어떻게 보육할 것인가?	
	상대방이 어떤 부모가 되기를 바라는가?	
가사와 여가	아침식사 준비 등 식사를 위한 가사분담은 어떻게 할 것인가?	
	가사노동은 어느 정도 수행할 준비가 되어 있는가?	
	휴일과 여가 시간을 어떻게 보낼 것인가?	
	각자의 취미생활을 존중하는가?	
건강	건강진단서를 서로 교환했는가?	
	갑작스러운 임신에 대비한 검진과 치료를 마쳤는가?	
성	피임은 누가, 어떻게 할 것인가?	
	성관계를 원할 때와 원하지 않을 때 주고받는 신호는?	
	상대방이 어떻게 해주는 것이 좋고, 어떤 것이 싫은가?	

출처 : 전영주 외(2021). pp. 185-186의 내용을 재구성함.

Chapter 11

결혼의 적응*

* 본 장은 이규은 · 장상필(2021). 성과 결혼. 도서출판 어우리. pp. 355-381의 내용을 재구성하였음.

Chapter 11

결혼의 적응

1. 결혼과 동반자

'검은 머리가 파뿌리 될 때까지' 행복하게 사랑하면서 살자고 약속하면서 시작하는 생활이 결혼이다. 누구나 결혼을 하면서 잉꼬부부를 꿈꾸고, 백년해로(百年偕老)를 기대하면서 결혼이라는 의식과 혼인신고라는 법적 절차를 거치면 '부부'라고 하는 혼인관계가 완성된다.

예로부터 사람들이 사는 세상에는 결혼이라고 하는 형태가 존재해 왔다. 결혼이란 남녀가 관습이나 법률에 따라 정식으로 부부관계를 맺는 것으로 결혼한 부부는 그 사회로부터 법적, 사회적 지위를 인정받으며 배우자와 자녀에 대한 권리와 의무를 갖는다. 이러한 결혼은 그 사회의 문화에 따라 다소 차이는 있으나, 대개 성적인 결합을 기반으로 한다.

결혼은 다양한 사회적, 개인적 기능을 지니고 있다. 결혼의 기능과 역할이 그 사회의 문화와 시대에 따라 차이가 있지만 결혼과 관련된 기본적인 기능으로는 생식, 성적인 충족과 조절, 자녀의 양육과 사회화, 경제적 생산과 소비, 애정 등과 같은 개인적 욕구를 충족시켜주는 역할을 한다. 또한 사회적인 측면에서는 결혼을 통해 가계에 따른 합법적인 지위를 부여하고 상속권을 비롯하여 그 사회의 관습에 따라 정해진 특권과 사회적 관계를 영위할 수 있게 된다.

우리나라에서 전통적으로 결혼이 갖고 있는 의미는 '집안의 결합'이다. 신랑과 신부의 두 개인의 결합이라기보다는 두 집안이 서로 연(緣)을 맺는 것이라 할 수 있다. 오늘날에도 그 의미가 완전히 변하지는 않았으나 사회가 변하고 개인주의가 확산되면서 결혼은 과거에 비해 상당히 개인적인 일이 되었다. 바쁜 직장인들을 위해

웨딩플래너와 같은 직업 관련 산업이 등장하여 결혼과 관련된 서비스를 제공하기도 하고 결혼정보 전문회사 등이 존재하여 적합한 배우자를 찾아주기도 한다. 결혼은 이제 하나의 산업이 되었으며 사회의 문제가 되었다. 뿐만 아니라 서양식 사고와 개인주의가 확산되고 여성의 권리가 증대되면서 기존에 가지고 있던 결혼에 대한 전통적 가치관에 많은 변화가 일어났다. 맞지 않아도, 힘들어도 참고 산다는 과거의 부부와는 달리 오늘날의 부부들은 맞지 않으면 쉽게 이혼을 택하는 경우가 많다. 여성들은 경제적으로 더 이상 남성들에게 귀속되어야 할 필요가 없으며, 스스로의 자아실현을 위하여 일을 선호하는 경우도 많다. 이혼은 이제 더 이상 일이 아니며 아니며, 주위에서도 쉽게 찾아볼 수 있다. 이러한 가족에 대한 가치관의 변화로는 다수가 결혼은 필요하다고 인식하고 있으나, 필수보다는 선택으로 생각하는 의견이 증가하고 있는 실정이다(이지원, 2014). 오늘날에 와서 결혼은 자유로운 선택의 문제가 되었으며, 사랑을 결혼과 결부시키게 되었다.

1) 결혼에 대한 환상

흔히 결혼과 연애는 다르다는 말을 자주 한다. 결혼을 하고 나면 연애하던 시절과는 달리 '낭만적인 사랑'은 사라지고 현실이라고 하는 실체가 드러나기 때문에 하는 말이다. 결혼은 불완전한 두 인격체가 만나서 서로가 하나의 성숙되고 통합적인 인격체를 이루기 위해 노력하는 과정이다. 현실로 돌아오고자 노력하는 과정에서 낭만적인 사랑만을 바라보는 일은 스스로를 환상에 빠지게 하는 일이다. 그러한 환상 속에서 사랑의 열매인 자녀들이 연이어 탄생하게 되면 사랑의 기쁨보다는 부부간의 갈등과 마찰로 얼룩질 때가 많다는 것을 경험하게 될 것이다. 결혼생활의 환상에서 벗어나 현실을 직시하는 것이 매우 중요하다. 녹스와 샤흐트(Knox & Schacht, 1999, 한희선 외, 2016 : 67-68 재인용)는 결혼생활에서 나타나는 환상에 대해 다음과 같은 점을 지적하고 있다.

첫째, 우리의 결혼은 다를 것이다. 결혼 전에 느끼는 '그런 일은 우리에게 일어나지 않을 거야.'라는 생각은 연애의 현혹적인 특성이 반영된 것이다. 사람들은 자신의 결혼은 다를 것이라고 막연히 생각하면서도 자신의 결혼을 다른 사람의 결혼과 다르게 만들기 위한 노력을 기울이지 않는다.

둘째, 우리의 갈등은 심각하지 않다. 많은 부부들이 그들이 문제가 있다는 것을 인식하지만 자신들의 문제는 하찮은 것이며, 단지 결혼생활의 일부분이라고 생각한다. 그러나 해결되지 않은 작은 갈등들이 실제로는 결혼생활을 위협한다.

셋째, 배우자는 내가 원하는 모든 것을 충족시켜 줄 것이다. 사람들은 타인으로부터의 지원에 대한 욕구를 가지고 있다. 이러한 욕구는 함께 영화를 보러 가거나, 함께 이야기를 나누거나, 상대에 대한 사랑을 육체적으로 표현하는 것 등 다양하다. 이러한 자신들이 가진 지적, 육체적 그리고 정서적인 욕구를 배우자가 모두 충족시켜 줄 것이라는 믿음을 가지고 있지만 그와 같은 기대는 매우 비현실적이다.

넷째, 사랑이 깊을수록 갈등은 적을 것이다. 부부들은 때때로 그들이 서로를 사랑하면 할수록 갈등이 적을 것이라고 생각한다. 실제로 스프레처와 펨리(Sprecher & Femlee, 1999)는 깊은 수준의 사랑은 시간이 지남에 따라 갈등을 증가시킨다는 것을 발견하였다. 따라서 결혼에 대해 가지고 있는 여러 환상들을 현실적으로 조정한다면 보다 건강하고 평등한 관계가 될 것이다.

2) 동반자로서의 결혼

영어의 '동반자(컴패니언, companion)'라는 말은 라틴어의 '함께(cum)'라는 말과 '빵(panis)'이라는 말이 합쳐져서 만들어진 말이다. 즉, '동반자'(companion)라는 말은 곧 '식탁 동료(messmate)'를 일컫는 말이다. 우리가 흔히 결혼을 통해 동반자를 맞이한다고 하는 말은 함께 빵을 나누고 함께하는 관계 속에서 살아간다는 의미가 담긴 말이다.

"어떠한 경우라도 항시 사랑하고 존중하며 어른을 공경하고 진실한 남편(아내)으로서 도리를 다할 것을 맹세합니다." 결혼서약서에 등장하는 구절이다. 이 말 또한 남편과 아내가 결혼을 통해서 동반자로서의 삶을 살아가겠다는 약속이 담긴 말이다. 결혼을 통해 서로를 돕고 위로하며 서로를 신뢰한 가운데 동반자로서의 삶을 살아가겠다고 서약한다. 하지만 결혼을 통해서 부부는 동반자적인 생활을 하고 있는지에 대해 성찰해 볼 필요가 있다. 많은 부부들은 동반자적인 삶이라기보다는 독단적이고 자기중심적인 삶을 살아가고 있다. 의무보다는 권리를 우선하는 자기주장이 강하고 지나치게 책무성을 강조하다 보니 일방적인 희생이 뒤따르기 때문이다. 흔히 우리들의 인식 속에는 가장이 가족을 먹여 살리고 자식 뒷바라지를 해주는 사람이라는 의식이 잔재되어 있다. 이는 배우자에게서도 종종 확인된다. 하지만 부모가 자식을 뒷바라지해 주는 것이 당연한 것이라고 여기고 살아가는 풍조는 혈연의 관계에서만 가능한 일이다. 실제의 가족관계에서는 혈연을 넘어서 상호보완적인 관계 또는 서로 의지하고 조력해서 하나의 삶을 살아가는 동반자적 의식이 인간다운 삶을 만들어 낸다. 이 시대에 한 가정을 이루고 살아가는 사람끼리 어떤 의미가 있고 어떻게 가치 있는 사이가 되어야 하는가에 관해 묻는다면 그것은 동반자적 관계이다. 우리의 삶의 의미는 누군가의 동반자가 되어서 그들에게 꼭 필요한 것들을 함께 나누는 일에 참된 의미가 있다.

인생의 여정을 가끔 노를 저어 가는 항해사의 여정에 비유하곤 한다. 항해를 하노라면 밝아오는 태양과 함께 미풍을 받으며 잔잔한 바다 위를 미끄러지듯 나아갈 때도 있고, 때로는 사나운 폭풍우와 함께 금방 배가 파손되는 것 같은 위기가 다가올 때도 있으며 예기치 않은 암초에 부딪혀 고생할 때도 있다. 이러한 와중에 남편은 아내에게, 아내는 남편에게 혼자서 노를 저으라고 할 수 있겠는가? 중요한 것은 혼자서 노를 젓는 것보다는 둘이서 저으면 큰 힘이 되고 위로가 된다는 것이다. 남편과 아내가 손을 맞잡고 나아갈 때 어떠한 고난의 환경도 이겨낼 수 있다. 그러나 마음 아픈 것은 많은 부부들이 맞잡은 손을 뿌리치고, 남편은 아내에게 아내는 남편에게 그 험한 풍랑을 혼자서 헤쳐 가도록 강요하는 것이다. 둘이서 손을 잡고 노를 저어도 넘기 어려운 인생의 파도를 혼자서 넘어 가도록 강요하는 것은 십중팔구 이혼으로 이어진다(송정아, 2006: 40). 이러한 사람들의 결혼생활 파탄 원인을 분석해 보면 결혼으로 맺어진 부부가 동반자가 아닌 동참자로서의 삶을 영위한 데서 기인하는 경우가 대부분이다. 부부를 서로 동참자가 아닌 동반자로 받아들였다면 해결될 수 있는 문제가 많다. 무엇보다도 먼저 동참자를 동반자로 받아들이기 위해서는 상대에 대한 존중과 배려가 전제되어야 한다. 가족에 대한 책임, 삶에 대한 열정, 자신에게 주어진 의무를 다하기 위해서라도 상대방을 하찮게 보거나 가볍게 여겨서는 안 된다. 배려하는 마음이 행하여질 때 이 세상이 밝아지듯이 부부간에도 사랑의 꽃이 핀다. 이러한 동반자적 인식은 언제나 관계 속에서만 이해될 수 있는 개념이다.

건강한 가족이란 문제가 전혀 없는 가족이 아니라, 문제가 발생했을 때 그 문제를 순조롭게 해결해 나가는 문제해결능력을 지닌 가족이다. 이러한 문제해결력은 동반자적 인식에서 출발한다.

쉬어가기 **'결혼'과 '화혼'의 차이**

결혼식이 많은 계절, 결혼식에 화환을 보내거나 축의금 봉투를 쓸 때 흔히 고민하는 것이 있다. 바로, 어떤 문구를 쓸 것인가이다.

결혼식의 축하 문구로 가장 흔히 쓰는 것은 '축 결혼(祝 結婚)' 또는 '축 화혼(祝 華婚)'이다. 그런데 이 '결혼'과 '화혼'에 대한 의견이 분분하다. 일부에서는 축하 대상이 남자일 때는 '결혼', 여자일 때는 '화혼'을 쓴다고 한다. 정말 '결혼'과 '화혼'이 남녀 성별에 따라 달라지는 것일까?

'화혼'은 '빛나다, 찬란하다, 화려하다'는 뜻의 한자 '화(華)'와 혼인할 '혼(婚)'자가 합쳐진 말로 다른 사람의 결혼을 아름답게 부르는 말이다. 다시 말해 '화혼'이라는 글자 어디에도 남녀의 구분은 없으며, 오히려 타인의 결혼에 예의를 차린 말이라 볼 수 있다.

결국, '화혼'은 다른 사람의 결혼을 미화한 말이므로 본인의 결혼을 말할 때만 사용할 수 없을 뿐 '결혼'과 '화혼'은 남녀 구분 없이 축하 문구로 모두 사용이 가능하다.

출처 : 디지털조선일보(2019.08.19.).

2. 결혼을 바라보는 관점

1) 결혼에 대한 다양한 입장

유교는 우리사회의 강력한 사회이념으로 자리 잡아 조선시대의 혼인제도의 근간이 되었으며, 엄격한 부계중심의 가부장적 혼인제도를 확립하였다. 이러한 가부장적 혼인제도는 사회와 가족을 관통하는 엄격한 위계질서로 말미암아 결혼 관계 안에서 여성이 자율권을 행사하지 못하도록 하는 불평등한 구조를 형성하였다. 이러한 가부장적 가족제도 하에서의 결혼생활은 남편이 아내를 지배하고 아내는 복종해야 하는 억압적 구조를 지녀왔다.

이러한 가부장적 인식은 근대화와 더불어 큰 도전을 받아 사회변화의 흐름에 따라 다양한 결혼관으로 변화하게 되었다. 결혼에 대한 변화된 인식을 양성평등론 관점과 사회교환론 관점, 인간발달론과 공동체주의론의 관점에서 살펴보면 다음과 같다.

(1) 양성평등론

부부가 결혼하면 양성(兩性)의 조화와 균형을 이룬 온전한 인간이 된다. 양성평등론의 입장에서 보는 결혼은 여성들이 결혼을 통해 남성들의 가치관이나 세계관에 맞춰진 예정대로 삶을 살아가는 것을 거부하며, 여성들이 자신들의 삶을 주도적으로 살아가려는 태도를 중요시하는 관점이다. 즉, 여성해방이론의 영향에 의한 것으로 여성의 적극적인 역할을 강조한다.

여성은 "여자로 태어나는 것이 아니라 여자로 되어간다."는 보부아르(S. Beauvoir)의 말처럼, 여성이 결혼을 통해서 사회적으로 불리한 위치에 놓이는 것을 거부한다. 여성 차별과 억압에 관한 인식이 남녀 간의 결혼에도 적용되는 페미니즘이라고 할 수 있다. 페미니즘 사상에서는 인습과 전통보다는 여성의 인권과 행복이 더 중요하다고 본다. 결혼을 바라보는 관점도 마찬가지이다. 여성의 인권과 행복이라는 관점에서 결혼을 이해한다. 따라서 불행한 결혼은 언제든지 과감하게 청산할 수 있다고 본다.

(2) 사회교환론

사회교환론은 인간의 행동을 다른 사람과의 보수 교환과정으로 보는 이론으로 인간의 행동에는 항상 비용과 보수가 따르고 행위자는 행동에 의해 생기는 비용과 보수, 그리고 자신의 학력이나 지위와 같은 사회적 자산에 바탕을 두고 행동한다는 점에 입각한 이론이다. 사회교환론에서처럼 인간은 완벽하게 합리적이지는 않지만 사회적 거래에서 비용과 이득을 계산하면서 합리성을 추구한다. 즉, 인간이 자유경쟁 시대에서 합리적인 방법으로 모든 필요한 정보를 다 얻으려 하고 모든 유용한 대안을 다 고려하여 타인과의 거래에 있어서 비용을 극소화하고 이익이나 효용을 극대화하는 합리적인 상호교환을 이루려고 한다.

이러한 인간의 합리적인 상호교환에 대한 추구는 결혼에서도 마찬가지이다. 결혼이 곧 대가와 보상의 균형 상태에서 이루어진다고 본다. 따라서 결혼에 따른 구속과 헌신, 그리고 물질적이고 가시적인 보상보다는 개인의 주관적 욕구충족을 우선시하는 결혼생활을 추구한다. 따라서 부부간에 관계의 안정성이나 정서적 위로, 여가와 취미의 공유 등을 최우선으로 하는 결혼생활을 선호하는 가치가 사회교환론의 입장이다.

(3) 인간발달론

인간발달은 시간의 흐름에 따라 개인에게 일어나는 신체구조, 사고, 행동의 변화를 말하며 이러한 변화는 점진적으로 진행되고 축적된다. 그 결과로 신체의 확장, 복잡한 활동수행 능력이 증가하게 되는데 인간에게 내재된 본원적인 것과 사회적인 것의 상호작용을 통해 개인의 발달이 지속된다. 이러한 인간발달이 이루어지게 되는 것은 생물학적 요소와 환경적 요소, 인간 내부적 요소와 외부적 요소, 생물학적 · 심리적 · 사회구조적 · 문화적인 요소, 육체적 · 자아 · 사회적 체계 등의 상호작용이 존재하기 때문이다. 인간발달이라 함은 내면적 세계와 외면적 세계가 상호작용하면서 서로에게 영향을 주고받으며 형성되어 가는데 결혼도 인간발달의 한 과정이라고 볼 수 있다. 따라서 인간발달론의 입장에서는 결혼을 한 개인의 생애과정(life course)으로 본다(Klein & White, 1996). 즉, 결혼을 인간발달의 하나인 발달과업(a developmental task)으로 인식한다. 따라서 이혼 등과 같은 가족해체 현상은 한 개인이 발달과업을 충실히 이해하지 못한 결과로 나타난다고 보고 있다. 원만한 결혼생활을 유지하기 위해서는 결혼 후에 다가오는 발달과업을 충실하게 수행해 나갈 때 가능하다고 본다.

(4) 공동체주의론

행복한 삶을 이루는 데 있어서 개인의 유덕성품이 매우 중요하다. 하지만 개인이 행복하고 바람직한 삶을 이루는 것은 한 사회에서 그가 담당하는 역할 수행과 밀접한 관계가 있으며 사회적 역할 수행을 통해 좋은 삶을 이루기 위해서는 좋은 삶에 대한 비전을 공유하는 사회공동체가 반드시 필요하다. 특정한 도덕 이념이나 공동의 선을 공유하고 인정하는 생활공동체가 전제될 때 비로소 개인의 덕성 함양을 통한 공동선(共同善)의 추구가 가능하기 때문이다. 공동체의 중요성을 주장하는 사람들은 개인의 행복이나 도덕적인 삶을 실현하기 위해서는 공동의 선을 추구하는 일을 우선시해야 한다고 말한다. 비록 지리적으로나 생활환경적인 측면에서 분리되어 제한된 지역이라고 할지라도 일정한 지역 안에 성립되어 있는 생활 공동체가 공동의 선을 추구하는 기본이 되어야 한다는 것이다. 이러한 관점에서 결혼을 바라보는 사람들은 결혼을 가족이나 지역사회와 관련시켜 생각한다. 즉, 결혼을 통해 형성되는 가족은 건전한 지역공동체를 이루는 기본단위로써 의미가 있고, 결혼도 부부나 친족 중심이 아니라 지역공동체에서 공동의 이익을 위하여 협조하는 것에 의미를 두어야 한다고 보고 있다.

2) 성별로 본 결혼에 대한 관점

(1) 남성주의 관점

우리 사회는 아직까지도 남성성에 대한 사회적 기대가 강하기 때문에 남성은 자신들의 힘없고 연약한 모습을 솔직하게 드러내기 어렵다. 강인한 여성 또는 부드러운 남성이 상대방을 양성평등의 파트너이자 인생의 동반자로 기꺼이 받아들일 수 있는 사회라면 특정한 성에 갇히지 않고 자신의 모습을 드러낼 수 있을 것이다. 이러한 변화를 남성운동가들은 가부장제를 유지하자는 것이 아니라고 강조한다. 이들은 여성이 주도하는 사회가 되는 것을 반대하는 것이 아니라, 남성과 여성이 모두 억압되거나 소외되지 않고 양성평등의 파트너이자 인생의 동반자로서 수용되도록 형평성을 유지하자는 것이 중요하다고 주장한다. 실제로 이들의 주장은 우리 사회에서 남자다움에 대한 압력이 여자다움에 대한 사회적 압력보다 혹독하며, 가부장제도 또한 여성에게보다 남성에게 더 강력한 사회적 억압기제를 통해 개인의 정체성을 강하게 규정하고 획일화한다고 본다. 남성주의자들은 반남성적 여성해방이나 남성해방이 아니라, 여성과 남성이 가족의 경직된 역할에서 벗어나 유연한 선택을 지향하는 성별 역할전환운동을 주장한다. 남성주의자들은 여성운동가들이 여성의 처지에서만 결혼문화의 억압적 측면을 다룰 뿐 남성이 가부장제로 말미암아 감수해야 하는 희생과 부담에 대해서는 묵과했다고 비판한다. 남성들이 비판 없이 가부장제를 받아들이는 이유는 남성들이 전통적인 남성성에 위배되는 면을 드러냈을 때, 여성이 전통적 여성성에서 벗어난 면을 보일 때보다 더 견디기 어려운 사회적 비난과 조소를 감수해야 하기 때문이라는 것이다. 최근 남성성이 재평가되고 있다고는 하나 여전히 우리 사회는 남성에게 강인함, 대범함, 역동성, 진취성, 장래성, 지배 성향 등과 같은 전통적인 남성적 덕목을 요구하고 있고, 가부장적 고정관념으로 남성을 속박하고 있다. 여성이 이상적으로 생각하는 남성의 조건은 업적, 지도력, 직업, 경제적 능력의 순이다. 결혼시장에서도 남편감의 가장 중요한 기준은 여전히 경제력과 직업이라는 점도 남성성에 대한 사회의 시각이 변하지 않고 있음을 보여주는 사례라고 말할 수 있다(정혜정 외, 2009).

결혼과 관련해서도 남성주의자들은 남성들의 권리 신장을 주장하고 있다. 가부장제나 권위주의로 인해 여성과 마찬가지로 피해를 입은 남성들의 권리를 신장시키기 위한 인권운동이나, 급진적 여성주의로 인해 남성의 역차별을 주장하는 사람들로부터 남성의 권리를 요구받고 있다.

(2) 여성주의 관점

우리 사회에서 성차별적이고 가부장적인 가치로 인해 발생하는 제반 문제를 여성적 입장에서 해결하기 위해 가부장제의 철폐와 성차별의 타파, 여성의 성적 자율권과 주체성 확보 등을 중심 과제로 삼고 이를 해결하기 위한 여성중심 사회운동이 전개되고 있다. 이 운동은 여성도 남성과 함께 모든 생활 영역에서 동등한 지위와 권리를 갖기 위한 것이다. 남녀평등사상을 기반으로 하는 이 사회운동은 그동안 우리 사회에 만연해 있는 결혼과 가정에 대한 정의나 개념이 남성의 결혼에 대한 정의이고, 남성의 결혼에 대한 관점이었다고 주장하고 있다. 오히려 여성주의 입장에서 보면 남성중심적인 이러한 결혼에 대한 인식이 여성을 억압하고 희생시키는 요인이 되고 있다는 것이다. 여성주의 관점에서 보는 결혼과 가족의 의미에 대해 여성주의자들은 다음과 같은 내용을 제시하고 있다(박주현 · 최덕경, 2013: 142).

첫째, 구조기능론자들은 가족을 가장 자연스러운 생물학적 단위로써 정서적 안정을 제공하는 안식처라고 보지만, 여성주의자들은 가족이란 자연 발생적 단위 이상의 사회적 구성물이며 하나의 이데올로기라고 주장한다.

둘째, 여성주의자들은 구조기능론자들이 주장하는 성역할에 대한 이분법적 시각에 동의하지 않는다. 도구적 역할을 수행하는 여성에 대해 역기능적으로 보는 관점도 매우 남성 편향적이라고 비판한다. 역사적으로 결혼관계 안에서 여성이나 남성 모두 도구적 역할과 표현적 역할을 병행했다. 실제 구조기능론자들이 성별 이분화를 정상적 가족의 기준이라고 주장한 19~20세기조차 결혼을 하지 않거나, 직업을 가졌거나, 이혼을 한 여성이 상당수 존재하였으며 이들은 도구적 역할을 감당하였다.

셋째, 여성주의자들은 전인격적인 정서관계가 반드시 가족 안에서만 이루어지는 것이 아니며, 가족 밖에서도 경험할 수 있다고 지적한다. 실제 여성은 가족이 아닌 사람들과도 우정을 통해 가족만큼 강한 유대관계를 가질 수 있다. 그러나 기능주의자들은 자녀양육과 남편에 대한 정서적 지원과 같은 표현적 역할을 여성의 일로 강조함으로써 여성을 가족 안에 묶어 두어 사회의 남성 지배구조를 유지했다고 비판한다.

넷째, 여성주의자들은 '정상가족'에 대한 낭만성과 가족이 공동운명체라는 관점에 도전하고 있다. 이들이 보는 결혼생활은 성별화된 경험이며, 여성과 남성은 결혼관계를 같게 경험하지 않는다. 예컨대 가정폭력이나 외도 등의 문제에서 여성과 남성이 겪는 지배와 갈등, 폭력의 경험은 다르다. 결혼과 가족에 대한 성별화된 경험방식은 성별 간 권력 차이를 고려할 때 제대로 이해할 수 있다.

다섯째, 결혼의 평등성은 궁극적으로 가족 밖의 세계에서의 남녀평등으로 보장된다고 보았다. 근대 계몽주의의 영향으로 받아 발전된 여성주의는 여성도 남성과 마찬가지로 독립된 개체로 보았고, 남성과 여성의 동일성과 평등성을 추구하였다. 여성주의의 목표는 여성과 남성이 경제적, 정치적, 사회적으로 평등한 기회를 보장받는 것으로, 양성 평등한 결혼이란 결혼관계 안에서의 가사노동과 육아의 평등한 역할분담과 더불어 가족 밖의 임금 노동시장에서의 평등한 대우 보장이 될 때 가능하다고 보았다.

3) 새로운 혼인 형태의 등장

일반적인 초혼은 20대에서 30대에 이루어진다. 하지만 최근 들어 혼인의 연령이 변화하고 있다. 전 연령대에서 혼인이 이루어지고 있다. 엄밀히 말해서 전 연령대에서 초혼이 이루어지는 것이 아니라 새로운 형태의 혼인이 전 연령대에서 등장하고 있다. 최근 새롭게 등장하는 혼인 형태 중 프랑스의 팍스(PACS), 우리나라의 라트(LAT), 휴혼, 졸혼 등에 대해서 간단히 살펴보고자 한다.

(1) 동거 혼인 : 팍스(PACS)

팍스(PACS)란 프랑스의 시민연대협약(Pacte Civil de Solidarité)의 머리글자를 따서 만들어진 글자이다. 팍스는 프랑스 정부가 1999년 11월에 이성 혹은 동성커플이 결혼 이외의 방식으로 공동체가 되어 생활할 수 있도록 법적 권리를 주기 위해 만든 법이다. 여러 가지 이유로 결혼을 서두르지 않는 이성 또는 동성 커플에게 편리한 법률이다. 팍스는 같이 사는 가까운 구청에 신청한 후 담당자를 만나 서류를 제출하고 서로 사인을 한 후 일 년이 지난 후에 일 년 동안 같이 살았다는 증거를 한

번 더 제출한다. 제출한 서류가 문제가 없으면 팍스를 한 후, 일 년 뒤부터는 프랑스에서 결혼한 커플과 동일한 법적, 의료, 세제 등의 혜택을 받게 된다. 1999년부터 시작된 이 제도는 프랑스 사회에 정착되어 프랑스 커플의 절반 정도가 이 제도를 통해 법적으로 결혼한 부부와 동일한 혜택을 받고 있다. 그 결과 프랑스의 동거 커플은 동거와 혼인을 포함한 전체 커플의 20%에 육박했다. 최근 프랑스의 이혼율은 70%에 달해 세계에서 가장 높은 이혼율을 보이고 있다.

(2) 떨어져 사는 가족 : 라트(LAT)족

라트(LAT)는 'live apart together'의 약어로 직역하면 '떨어져 있지만 함께 사는' 형태를 의미한다. 라트(LAT)족은 부부지만 각자 거처를 따로 두고 살면서도 서로 어려운 일이 있으면 언제라도 가서 도움을 주는 관계를 유지한다. 일부 연구자들은 라트는 역사적으로 새로운 가족형태의 출연이라고 평가하기도 한다. 가족으로서의 친밀감을 유지하면서도 개인의 자율성을 보존할 수 있는 장점이 있다는 것이다. 연구자들이 조사한 통계에 따르면 영국은 10%, 호주와 캐나다에서는 6~8%의 커플이 라트족이다. 서로 다른 생활패턴의 유지, 갈등 방지 또는 각자 주택을 소유하며 이를 포기하지 않는 경우 등이 유명한 라트족이 되는 이유로 거론된다. 별거는 보통 가정불화가 원인이라는 점에서 라트와 구분된다. 라트는 연령 구분 없는 새로운 형태의 결혼생활이라고 할 수 있다.

(3) 휴혼(休婚)

휴혼은 주로 노년층에게 일어나는 현상이라 말하지만, 또 다른 전문가는 졸혼(卒婚)은 노년층에게, 휴혼은 전 연령에서 나타나는 현상이라고 말한다. 아직까지 용어에 대한 정의조차 확립되지 않은 것을 보면 우리사회에서 나타나는 새로운 혼인 형태의 태동기인 듯하다. 다만 이러한 결혼 형태는 비정상적이거나 유별난 것이 아닌, 또 다른 가족의 형태일 수 있다는 점이다. 휴혼은 별거처럼 잠시 떨어져 생활하는 것이다. 황혼이혼이 법적인 졸업이라면 졸혼이나 휴혼은 개인의 '자체 숙려기간'인 셈이다. 인생에도 빼기의 시대가 온 듯하다. 인생에서도 결혼을 빼면 비혼족이고, 결혼에서 아이를 빼면 딩크족이며, 결혼에서 동거를 빼면 라트(LAT)족이 되니 말이다.

(4) 졸혼(卒婚)

이혼하지 않고 혼인관계는 그대로 유지한 채, 남편과 아내로서의 의무와 책임에서 벗어나 각자의 여생을 자유롭게 사는 것을 졸혼이라고 한다. 즉, 나이든 부부가 이혼하지 않으면서도 각자 자신의 여생을 자유롭게 살며 즐기기 위해 등장한 신풍속이다. 졸혼은 결혼의 의무에서는 벗어나지만 부부관계는 유지한다는 점에서 이혼이나 별거와는 차이가 있다.

졸혼이라는 개념은 2004년 일본 작가 스기야마 유미코(杉山由美子)가 '졸혼을 권함'이란 책에서 처음 사용한 용어이다. 졸혼을 결정한 부부들은 서로 간섭하지 않고 그동안 자녀양육과 경제활동 등으로 누리지 못했던 자신만의 시간을 가진다. 이는 한 집에 함께 살면서도 서로 간섭만 하지 않거나 별거해 따로 살며 가끔 만나는 형태로도 나타난다.

졸혼은 부부 각자가 서로 하고 싶었던 일을 이루기 위해 지금까지 함께 밀착된 결혼관계에서 부부 각자의 활동에 맞게 시간과 공간을 조절하고 이렇게 조절된 시공간에 대해 각자에게 자유와 책임을 부여하는 결혼관계를 말한다. 자신의 인생을 각자가 즐긴다는 긍정적인 생각을 바탕으로 하고 있는 것이 졸혼이다. 졸혼의 결행 시기는 자녀들이 성장한 후가 대부분이다. 남편은 도시에서 살고 싶어하고 아내는 시골에 살고 싶어할 때, 각자의 생각을 존중한 결과가 졸혼에 이르게 한다.

쉬어가기 **결혼 전에 자문해야 할 101가지 질문**

1. 함께 할 미래에 대한 질문들 :

•결혼하기 전에 미리 살아보는 것은 어떨까? •나는 왜 결혼하고 싶어 할까? •부유하게 살고 싶은가? •함께할 장소가 마음에 드는가? •외국에서 살 수 있을까? •극단적인 상황에 닥쳤을 때에도 이 결혼을 지켜나갈 수 있을까?

2. 가정환경에 대한 질문들 :

•형제와 자매는 몇 명인가? •배움에 대한 생각은 어떠한가? •부모님의 결혼생활은 어떠했을까? •배우자의 가족 병력은 어떠한가? •정신적, 육체적인 학대성향이 있는가?

3. 대화하는 방법에 대한 질문들

•나의 속 깊은 생각까지 표현할 수 있을까? •사랑을 전할 수 있을까? •일상적인 이야기를

편하게 할 수 있을까? •"내가 옳고 당신은 틀렸어." 이렇게 생각하는 편인가? •상대방이 진심으로 말하고 싶어 할 때, 진지하게 들어주는 편인가?

4. 취향과 성격에 대한 질문들

•과묵한 타입인가, 말이 많은 타입인가? •유머 감각이 나에게 얼마나 중요한 요소인가? •쉽게 화를 푸는 편인가? •질투심이 많은 편인가? •기꺼이 타협할 수 있을까? •화가 날 때는 어떻게 하나? •동정심을 지닌 사람인가? •완벽주의자인가? •이성에게 어떻게 행동하는가? •상담받을 자세가 되어 있는가?

5. 가치관과 윤리의식에 대한 질문들

•개방적인가, 보수적인가? •정치적인 견해가 강한 편인가? •봉사활동에 적극적인가? •최소한 그 활동을 지원해 줄 수 있을까? •거짓말을 해도 괜찮은 걸까? •어떤 장점을 갖고 있을까? •어떤 부부의 모습을 담고 싶은가?

6. 일과 직업에 대한 질문들

•배우자의 직업을 존중하는가? •출퇴근 시간이 비슷한가? •계속 공부할 계획이 있는가? •비슷한 수준의 야망을 지니고 있는가?

7. 사랑과 성(sex)에 대한 질문들

•당신에게 사랑이란 어떤 의미인가? •영원한 사랑이란 어떤 것일까? •사랑 이외의 다른 이유로 결혼하려는 것일까? •육체적으로 끌리는가? •성적으로 이상한 습관을 지니고 있는가? •연인이기 전에 친구인가? •있는 그대로 인정하는가? •결혼은 해볼 만한 것, 하지만 잘 안 되면 다른 사람과 다시 시도해 볼 수 있는가? •어느 정도의 믿음이 있는 약속인가? •배우자에게 다른 연인이 생길 경우에는?

8. 돈과 경제력에 대한 질문들

•누가 더 많이 벌게 될까? •소비 습관은 어떠한가? •아직 갚지 못한 빚이 있는가? •신용카드는 어떻게 써야 할까? •따로 통장을 만들까? •하나로 만들까? •가계부 기록과 청구서 지불은 누가 책임질까? •결혼 후에 중요한 자산은 어떻게 처리할까? •노년에는 어떻게 살까? •심각한 경제적인 어려움이 생긴다면?

9. 태어날 아이에 대한 질문들

•왜 아이를 낳고 싶은가? •아이는 언제 낳을까? •몇 명 낳을까? •자녀 교육방식은 어떻게 할까? •양육책임을 어떻게 나눌까? •자녀 양육에 헌신이 필요하다는 것을 아는가? •입양하는 것은 어떨까?

10. 종교적인 문제에 대한 질문들

•종교가 내 인생에 얼마나 중요한가? •배우자의 종교적인 성향이 나에게 중요한가? •종교

적인 차이가 결혼생활에 문제가 될까? •자녀의 종교적인 양육법에 대해서는 어떠한가?

11. 가족과 친구에 대한 질문들

•배우자의 가족과 친구들과 과연 잘 지낼 수 있을까? •배우자의 가족에게 문제가 생겼을 때에는? •둘 다 친한 친구들이 있는가? •배우자에게 이성 친구가 많다면? •옛날 애인과 친구로 사귀고 있는가? •배우자의 친구가 마음에 안 들 때에는?

12. 취미생활에 대한 질문들

•함께 즐길 수 있는 취미가 있거나 아니면 그런 취미를 만들 수 있을까? •좋아하는 스포츠가 있는가? •텔레비전이 두 사람이 함께하는 시간에 얼마나 많은 영향을 끼치고 있는가? •독서를 좋아하는가? •어떤 음악을 좋아하는가? •여행을 좋아하는가? •애완동물을 기르고 싶은가? •요리를 좋아하는가? •집에서의 모임을 좋아하는가? •개인 시간을 소중히 여기는가?

13. 개인적인 습관에 대한 질문들

•편식을 하는 편인가? •잠버릇은 어떠한가? •건전하지 못한 습관이 있는가? •식사예절에 대해서는 어떠한가? •가사 일을 어떻게 분담할까? •시간 약속을 정확히 지키는 타입인가? •아니면 늦는 타입인가? •욕실을 같이 사용하는 것에 대해 어떻게 생각하는가? •늦게 자고 일찍 일어나는 편인가? •외모는 중요한가?

출처: 김영희 외(2017).

3. 부부 적응

결혼은 모든 문제를 해결해 주지 않는다. 우리가 흔히 보는 대중매체 속에 등장하는 부부들의 삶을 보아도 모두가 행복한 것은 아니다. 결혼하기 전에 심심하고 지루했던 사람은 결혼한 후에도 심심하고 지루하다.

중요한 것은 이런 감정은 누구나 결혼 전에도 느끼고, 결혼 후에도 느끼는 감정이라는 것을 바르게 인식하는 일이다. 결혼 후의 생활이 결혼 전과는 전혀 다른 별세계의 모습이 나타나는 것은 아니다. 따라서 결혼 후에 맞이하게 되는 변화된 모습에 빨리 적응하여 현실에 적응하는 일이 중요하다. 결혼 후 나타나는 부부 생활의 적응 모습에는 성격적 적응, 성적 적응, 경제적 적응, 사회문화적 적응으로 구분할 수 있다.

1) 성격적 적응

부부는 결혼과 동시에 법적, 인격적, 성적, 사회적, 경제적 등 다양한 측면에 영향력을 발휘한다. 부부는 새로운 환경에서의 생활을 위해 내적·외적인 측면에서 환경에 대한 적응이 필요하다. 큐버와 하로프(Cuber & Haroff, 1986)는 결혼 후 한 번도 이혼을 고려하지 않고 원만하게 살아온 부부를 대상으로 부부 적응 유형을 분석하여 부부의 성격 적응 유형을 다음과 같이 여섯 가지로 범주화하였다(김양희 외, 2012).

(1) 주기적 부부관계(The cyclical relationship)

부부가 극심한 갈등 상황하에서 심리적으로 힘들어지거나, 화해나 회복을 반복하여 다시 평정을 찾는 상황을 주기적으로 반복하는 부부관계이다. 부부가 사소한 일로 갈등을 계속하다가 그것이 누적되어 악화되면 갈등이 표출되고, 그리고 나면 갈등에 대해서 새로운 합의를 하고, 일정한 시간이 지나면 또다시 이전의 갈등 상황으로 되돌아가는 과정이 반복되는 유형이다.

(2) 갈등이 습관화된 부부관계(The habituated relationship)

만성적으로 갈등과 불만이 쌓여있고 불화가 있지만, 이혼을 생각하지는 않는 유형의 부부이다. 사소한 일상생활의 견해 차이에서부터 정치 및 종교와 같은 심각한 문제에 이르기까지 극심한 긴장과 갈등을 가진 불안정한 유형이나, 결코 부부싸움이 가정을 해체시킬 만한 이유로 작용하지 않는 부부관계이다.

(3) 활기가 약화된 부부관계(The devitalized relationship)

이 유형의 부부는 신혼 초기에는 낭만적이고 열정적인 사랑으로 활기가 넘쳤으나 결혼생활이 지속됨에 따라 점차 의무적으로 가족과 시간을 보내고, 자발적이기보다는 책임감으로 행동하면서 그럭저럭 살아가는 부부관계이다. 결혼 초에는 부부간에 상호작용과 친밀감이 많았으나, 시간이 지나면서 부부 상호 간에 활력이 약화된 유형으로 표면적으로 나타나는 갈등은 없지만, 결혼생활이 지루하고 흥미를 잃을 가능성이 높은 유형이다.

(4) 냉담으로 일관된 부부관계(The passive congenial relationship)

이 유형은 활기가 약화된 부부 적응 유형과 비슷하지만 신혼 초기부터 별다른 감정 없이 활기가 없었다는 점에서 차이가 있다. 이들은 부부관계에 대한 관심이나 감정에 무관심하고 각자 자신들의 관심 영역에만 몰입하면서 최소한의 부부관계로 살아가는 유형이다. 결혼을 친밀감보다는 자아실현, 경제적 안정, 자녀의 희망, 출세 등과 같은 안락한 삶의 방편으로 여긴다. 이 부부는 결혼에 대한 비현실적인 기대가 적으므로 이혼에 이르는 경우가 드물며, 상대의 불만족스러운 부분에 대해서는 개입하기보다는 체념하고 살아가므로 비교적 갈등도 적다.

(5) 활력적인 부부관계(The vitalized relationship)

이 유형의 부부는 사회적으로 성공적인 편이며 부부관계 자체가 배우자 모두에게 중요한 삶의 영역이다. 각자 서로의 행복에 관심을 가지면서 결혼 초반부터 친밀감, 유대감, 상호작용이 활발하게 교류되고 계속 유지되는 유형이다. 부부가 독자성을 지니며 서로의 심리적인 행복과 사회적 성공에 모두 관심이 있다. 정서적으로 강한 연대감을 지니고 있으며, 갈등이 생기면 현실적으로 문제의 핵심을 파악하여 조속히 해결하는 유형이다.

(6) 전체적인 부부관계(The total relationship)

이 유형의 부부는 유사한 직업에 종사하며, 갈등이 발생할 경우 갈등의 최소화에 주력하는 방식의 부부이다. 두 사람 간에 친밀감, 유대감, 동반활동이 가장 강한 유형이며, 부부관계에서 동료감과 관여도가 가장 높은 유형이다. 이들은 다른 일보다 결혼생활과 배우자와의 관계를 최우선시하는 부부로 많은 시간을 부부가 함께 보내기 때문에 자녀에게 소외감을 줄 우려가 있다.

2) 성적 적응

결혼생활에서 부부간의 성생활은 극히 자연스러운 일이며, 부부는 성적 적응을 통해 재생산의 성공률을 증가시키고, 성적욕구를 만족하게 된다. 원만한 성적 적응을 위해서는 부부가 서로 동등한 위치에서 서로에 대한 신체적, 심리적, 인격적인 이해가 수반되어야 한다. 부부관계에서 성의 의미는 생식을 통한 자녀 출산이 목적이고, 부부간의 사랑과 친밀감의 표현인 동시에 사랑과 친밀감을 위한 의사소통의 또 다른 유형이다. 즉, 성을 통해 쾌락과 즐거움을 누리고 상대방에 대한 상호 신뢰와 소유를 표현하는 것이다(박인숙, 2020). 그러므로 부부간의 성적 적응은 원만한 부부생활에서 반드시 필요한 것이며, 성적 만족도를 높이기 위해서라도 부부의 성적 적응이 필요하다.

부부의 행복한 성생활을 위해서 노력해야 할 점으로는 다음과 같은 점을 들 수 있다(김양희 외, 2020).

첫째, 부부간의 성생활은 두 배우자 모두에게 책임과 의무가 있으므로 각자의 배우자와 본인을 위해 보다 적극적인 자세로 노력해야 한다.

둘째, 부부간의 성적 결합이 만족스럽지 않더라도 불안해하거나 불평하지 말고 만족스러운 성적 적응을 위한 정보 및 지식습득을 위해 노력하며, 이러한 노력을 부끄러워하지 않는다.

셋째, 부부는 각자의 성적 욕구를 가지고 있으며, 성적 욕구 표현에 있어서 차이가 있을 수 있다. 그러므로 각자 배우자의 성적 욕구에 대해 이해 및 진솔한 대화를 통해 서로의 욕구에 대해 충실하며 상대방의 욕구 만족을 위해 노력해야 한다.

3) 경제적 적응

부부간의 경제적 적응은 매우 중요하다. 이혼을 결정하는 많은 부부들이 경제적인 부적응이 원인인 경우가 많다. 결혼생활에서 경제적인 적응은 부부의 경제력과 소비에 대한 태도와 인식이 가장 중요하다. 부부의 수입원을 파악하여 지출 계획을 세우고, 부부가 서로의 소비패턴을 분석함으로써 무절제한 지출을 지양하도록 해야 한다. 부부의 경제권은 공동으로 가지며 지출에 대한 의사결정은 함께 행사하도록 하는 것이 바람직하다. 부부의 합리적인 재정 관리를 위해서는 다음과 같은 점에 유념할 필요가 있다(김양희 외, 2012).

첫째, 부부간에 '경제적 부'에 대한 가치와 생활의 신념을 공유한다. 서로 각자가 가지고 있는 돈의 의미와 경제적 부를 통해 얻고자 하는 기대상황, 그리고 행복한 가정생활을 영위하기 위한 '경제적 부'의 수준을 이해하고 함께 추구할 기대목표를 설정한다.

둘째, 부부가 함께 공동으로 재정 관리에 대한 의사결정에 참여한다. 부부의 상황에 따라 외벌이를 하든, 맞벌이를 하든 간에 혹은 두 사람 중 수입이 더 많은 사람이 소비에 대한 의사결정권을 더 많이 소유하게 되는 경우가 많다. 이런 경우 배우자보다 수입이 적거나 임금 노동에 참여하지 않는 배우자는 상대 배우자의 의사결정에 불만을 가질 수 있다. 그러므로 재정 관리에 있어 경제적 의사결정권은 부부가 동등하게 공유하여야 한다.

셋째, 부부간에 재정계획을 세우고 실천해 나간다. 부부는 가정의 수입을 예측하여 예산을 세우고 가정 내 지출에 대해 집행함으로써 불필요한 소비나 충동구매 등을 줄이는 소비생활 및 저축생활을 통하여 부부가 함께 이루고자 하는 장기 목표를 향해 꾸준히 실천해나가야 한다.

4) 사회·문화적 적응

결혼은 남녀 간의 결합만이 아니라 집안과 집안의 결합이다. 따라서 결혼과 동시에 두 집안과 연계된 새로운 많은 친인척관계가 형성된다. 그만큼 사회적 관계가 확대되는 것이다. 집안과 집안의 결합을 통해 맺어진 친인척관계에는 부부관계에 영향을 미치는 사람들이 존재하기 마련이다. 부부생활에 영향을 주는 친인척에 대한 정보를 습득하여 친인척과 잘 적응할 수 있도록 부부간에 서로 도움을 주어야 한다.

친인척관계에 있는 웃어른들의 조언에 대해서는 경청하는 자세가 필요하다. 새롭게 가정을 꾸려 나가는 부부에 대한 관심과 사랑이라고 생각하고 긍정적으로 수용하는 자세가 필요하다. 친인척과의 원활한 관계유지를 위해 상대 배우자에게 적극적으로 중개자 역할을 수행해야 한다.

양가 집안의 결합은 친인척 관계만이 아니라 집안의 풍토나 문화와도 충돌을 빚을 가능성이 있다. 따라서 새로운 문화에 대한 문화적응력을 높이는 방안에 대해서도 진지하게 생각해 볼 필요가 있다. 가급적 상대의 집안 문화에 대해서는 비난과 비판보다는 이해와 수용의 방안으로 접근하는 것이 바람직하다. 본인과 다른 문화라고 하지만 상대방의 집안 문화에서는 수십 년간 지켜온 방식이고 전통이기 때문에 하루아침에 문화를 뒤집는다는 것은 쉬운 일이 아니며, 바람직하지도 않기 때문이다.

쉬어가기 부부의 도

세상이 많이 비틀어졌다. 제멋대로 생긴 모과처럼 말이다. 부부는 하늘이 내린 인연이다. 최근 들어 우리사회는 부부간의 인연의 끈이 튼실하지 못해서 몸살을 앓고 있다. 소득수준과 문화수준이 높아지면서 이혼율이 급증하고 있다. 그것은 하늘이 맺어준 인연의 법을 가벼이 여기는 까닭이다. 굳건해야 할 인연의 고리가 마음대로 헝클어져 발생하는 재앙이다.

요즘 젊은이들 중 일부는 결혼을 인생에서 한두 번쯤 취미삼아 벌이는 이벤트행사로 여긴다. 그리고는 예사롭게 살다가 쉽게 이혼한다. 이혼하기 위해서 결혼하는가 싶을 정도로 혼돈스럽다. 젊은 사람들뿐만 아니라 인생의 중후한 멋을 알 만한 사오십 대 중장년층의 이혼율도 만만하지 않다. 심지어 황혼이혼이라 하여 60대 이후의 이혼도 심심찮게 회자된다. 하늘의 인연법도 자칫 실수가 있을 수 있다. 그래서 도저히 부부의 연을 이어가지 못할 사람은 차라리 이혼이라는 제도를 통해서 새 삶을 얻는 게 지극한 아름다움 일 수 있다. 그러나 그 비율이 높다함은 사회적인 문제다. 어디서부터 잘못된 것일까.

우리가 흔히 접할 수 있는 이혼의 사유는 부부간의 성격문제, 재산문제, 종교문제, 부모문제, 술이나 바람피우는 문제 등 실로 다양하다. 이혼의 사유를 일일이 다 열거할 수는 없다. 그것은 지극히 부부의 주관적인 문제이기 때문이기도 하다. 이혼의 사유를 단정적으로 딱 집어서 얘기할 수는 없겠지만, 다른 문제들은 쌍방 간의 입장을 이해할 수 있어도 부모문제, 재산문제로 이혼한다 함은 선뜻 마음이 내키지 않는다.

퇴계 이황(退溪 李滉, 1501~1570)은 조선시대 교육과 학문 연구를 겸비한 유학자다. 그는 주자의 성리학을 확충하고 발전시켜 완성한 공로가 큰 대스승이다. 또한 이에 못지않게 빼어난 점은 부부의 바른 도를 몸소 실천하여 털끝만한 허물도 남기지 않은 점이다.

퇴계의 부부관은 그가 혼인을 앞둔 손자에게 보낸 편지에서 잘 나타나 있다. "부부는 남녀가 처음 만나 세계를 창조하는 것이다. 그래서 가장 친밀한 사이이므로 더욱 조심해야 하며 바르게 행해야 한다. 그런 관계로 중용(中庸)에 이르기를 군자의 도가 부부에서 발단이 된다고 한다. 하지만 사람들은 예와 존경함을 잊어버리고 서로 버릇없이 칭하여 마침내 모욕하고 거만해서 인격을 멸시해버린다. 이런 일은 서로 손님처럼 공경하지 않기 때문이다. 그래서 가정을 바르게 다스리려면 처음부터 조심해야 한다." 이 편지는 부부의 근본이념을 요약한 가르침이다.

퇴계는 첫째부인 허 씨와는 27세 때에 사별하고 3년 후에 권 씨 부인과 재혼하게 된다. 권 씨 부인은 정신질환을 가진 장애인이었다.

전해져 오는 일화가 있다. '조부의 제삿날 일가친척이 큰집에 모였다. 제사상을 차리느라 모두 분주히 움직이는데 제사상 위에서 배가 하나 떨어졌다. 권 씨 부인이 재빨리 배를 집어 치마 속에 숨겼다. 이를 본 첫째 며느리가 동서를 크게 나무랐다. 나중에 이를 전해들은 퇴계는 부인을 따로 불러 치마 속에 배를 숨긴 이유를 물었다. 부인이 배가 먹고 싶어서 숨겼다고 하자 그는 치마 속에 감춘 배를 달라고 한 뒤 손수 배를 깎아 부인에게 줬다' 이와 같이 퇴계는 부인을 겉으로만 공경하는 것이 아니라 상대방의 입장을 헤아리고 진심으로 대한 것이다. 또 부부간에 화합하지 못하고 고민하는 제자 이함형(李咸亨)에게 준 편지에 다음과 같은 내용이 있다. '세상에는 부부 사이에 화합하지 못하여 불행을 겪는 사람들이 적지 않다. 그 가운데에는 부인의 성품이 악덕해서 고치기 어려운 경우가 있고 모양이 못나거나 지혜롭지 못한 경우도 있다. 그와는 반대로 남편이 방탕하고 취미가 별달라서 그렇게 되는 등 여러 경우가 있는 것이다. 그러나 대체로 성품이 악덕해서 고치기 어려운 경우를 제외하고는 모든 남편이 항상 반성하고 잘 대해줌으로써 부부의 도리를 잃지 아니하고 가정의 평화를 유지할 수 있네. 아내의 성품이 악덕하여 고치기 어렵다 해도 그 정도가 아주 심하지 아니하면 참고 견디며 오만 가지 수단을 다 써서라도 서로 헤어지는 지경에는 이르지 않도록 해야 하네' 중국에서 성현으로 일컬어지는 분들도 부부의 도를 올바르게 행한 사람은 드물다. 삼대(三代)로 부부관계가 원만하지 못했다고 전하는 공자의 가계와 부모에게 불효하다고 출처한 증자(曾子)에 비추어 보아도 퇴계의 아내에 대한 덕행은 너무도 인격적이어서 아무도 흉내 낼 수 없는 대인의 풍모를 갖추었다고 볼 수 있다.

요즘같이 혼탁한 시대일수록 부부관계가 원만해야 한다. 부부의 해체는 자식들뿐만 아니라 사회적인 문제로 이어질 수밖에 없다. '원불교 세전'에 나오는 '부부의 도'를 이 글에 옮긴다.

'가정의 비롯은 부부라, 부부 사이에 먼저 도가 있어야 하나니, 옛 성인의 말씀에 군자의 도가 부부로 비롯된다 하신 것이 곧 이 뜻이니라. 부부의 도는 첫째 화합이니, 부부가 서로 경애하고 그 특성을 서로 이해하며 선을 서로 권장하고 허물을 서로 용서하며 사업을 서로 도와서 끝까지 알뜰한 벗이 되고 동지가 될 것이요, 둘째는 신의니, 부부가 서로 그 정조를 존중히 하고 방탕하는 등의 폐단을 없이 하며 세상에 드러난 대악이 아니고는 어떠한 과실이라도 관용하고 끝까지 고락(苦樂)을 한 가지 할 것이요, 셋째는 근실이니, 부부가 서로 자립하는 정신 아래 부지런하고 실답게 생활하여 넉넉한 가정을 이룩하며 인륜에 관한 모든 의무를 평등하게 지켜 나갈 것이요, 넷째는 공익이니, 부부가 합심하여 국가나 사회에 대한 의무와 책임을 서로 충실히 이행하며 자선 사업이나 교화 교육 사업 등에 힘 미치는 대로 협력할 것이니라'

출처 : 김영주(2020). 〈삶의 향기〉 부부의 도. 새전북신문(2020.11.26.).

4. 결혼을 통해 이루는 소망들

인간은 결혼을 통해서 사회의 최소단위인 가정을 형성한다. 가정이 형성되면 삶에 있어서 보다 안정적인 생활을 확보하게 되고, 그런 생활이 타인과의 관계에 있어서 공감대를 넓혀나가는 데 기반이 될 수 있다는 장점이 있다. 결혼생활을 통해서 성취해 낼 수 있는 소망들로는 부부의 동반 성장은 물론이고, 자녀출산과 양육, 가사 노동의 수행, 합리적이고 효율적인 가정 재정의 운영과 관리, 친인척 관계의 형성 등에 있어서 발전을 기할 수 있다.

1) 부부 성장

부부는 정신적 · 육체적 · 심리적으로 조화와 균형을 이루면서 함께 성장해 가는 사랑의 관계이다. 따라서 부부는 두 사람 간에 신뢰를 바탕으로 안전과 편안함을 찾고 동반 성장을 위해 노력해야 한다. 물론 결혼생활을 하다 보면 여러 가지 어려움에 직면하게 된다. 때로는 경제적으로 힘든 재정적 부담에 고통의 시간을 보내기도 하고, 직업생활에서 얻는 스트레스나, 가족 간 역학관계의 어려움, 부부간의 개인적 차이 등으로 어려움과 혼란을 경험하기도 한다. 하지만 이러한 어려움은 부부에게 주어진 작은 도전이라고 여기고 함께 직면하여 결속력을 강화해 나가면 충분히 극복해 낼 수 있으며, 부부 모두에게 성장의 기회가 될 수도 있다.

결혼을 통한 부부의 소망을 이루기 위해 무엇보다도 먼저 실천해야 하는 일은 주변 사람들과의 원만한 관계유지이고, 이를 위해서는 효과적인 의사소통이 매우 중요하다. 소통을 통한 원만한 관계유지는 건강한 결혼생활의 초석이라고 해도 과언이 아니다. 따라서 부부간에는 무엇보다도 상호 간에 정중하게 대하고 서로 이해하는 방식으로 서로의 감정을 먼저 생각해 주는 자세가 필요하다. 상대방의 감정이 상하지 않도록 적극적으로 상대방의 말을 경청하고 감정을 확인하면서 부부간에 발생하는 문제를 함께 해결해 나갈 수 있는 방안을 찾는 것이 중요하다. 자칫 상한 감정을 표출하지 않는 것이 좋다고 생각하여 갈등과 억눌린 감정을 피하기만 하다 보면 서로에 대한 불신과 오해로 이어져 잠재적으로 관계를 손상시킬 수 있다. 상호 간에 신뢰를 바탕으로 무엇이든지 소통할 수 있는 환경을 조성하는 것이 중요하다.

부부는 서로가 공동의 목표를 설정하고 공동의 목표 달성을 위해 노력하는 일도 중요하다. 삶의 목표는 의미 있는 결혼생활을 할 수 있도록 하는 표석이 될 수 있다. 좋은 부부관계는 사랑과 이해, 성장으로 가득한 가정을 만드는 출발점이 되므로 공동의 목표를 설정하고 목표를 향해 도전하는 생활이 필요하다. 부부는 도전하는 만큼 서로에 대한 존중과 배려를 바탕으로 관심과 이해를 실천해 나가려는 노력이 뒤따르게 되므로 지속적인 성장을 위해 바람직한 목표를 설정하는 것이 필요하다.

부부는 함께 성장해 나가는 사랑의 관계이다. 사랑이 결혼이라는 과정을 통해 사라지지 않는 것처럼 부부도 어느 순간에 끝나는 것이 아니라 함께 생활하면서 성장하고 발전해 나가는 것이다. 따라서 부부의 사랑도 함께하는 시간이 많아질수록 점점 달라지고 변화하기 마련이다.

2) 자녀 출산과 양육

결혼의 중요한 첫 번째 과업은 가정의 구성이라고 할 것이다. 여기에 더하여 결혼한 부부에게 두 번째로 중요한 과업이 무엇이냐고 묻는다면 그것은 아마도 대부분 부모됨의 선택과 준비일 것이다.

부모가 된다는 것은 부부에게 있어서 중요한 의미를 갖는다. 첫 번째는 부모됨을 통해 부부가 성장하고 가족이 확대되는 것이며, 두 번째는 자녀양육과 교육이라는 중요한 사회적 책무를 지는 것이다. 오늘날 의료과학기술의 발전은 임신을 우리가 스스로 선택할 수 있도록 하고 있으며 개인의 생애에 있어서 자녀를 가지는 문제도 하나의 선택이 되고 있다. 더 나아가 결혼한 부부임에도 자발적으로 무자녀가족을 택하는 부부도 많이 나타나고 있다. 과거에 비해 현대 사회는 부모됨마저도 선택할 수 있게 해주고 있다. 이처럼 개인의 선택이 자유로워지는 만큼 부모됨에 대한 현명한 선택도 그 중요성이 더욱 강조되고 있다. 자녀의 수뿐만이 아니라 자녀들을 어떻게 키울 것인지, 그리고 바람직한 부모가 되기 위해서는 어떠한 준비와 교육이 필요한지 등에 대해서도 많은 관심을 보이고 있다(이기숙 외, 2020).

한편으로는 우리사회의 저출산 문제가 중요한 사회문제로 등장한 것처럼 자녀를 낳지 않는 문화가 걱정이 되기도 한다. 대부분의 부부는 결혼한 후에도 맞벌이를 한다. 부부가 맞벌이를 하는 것은 자발적인 경우도 있지만, 혼자 벌어서는 생활이 힘들기 때문에 어쩔 수 없이 맞벌이를 하는 경우도 많다. 이러한 상황에서 자녀 출산을 요구하는 것은 안정적인 가계운영을 뒤집어 놓는 경우에 해당할 수 있다. 자녀의 출산과 동시에 맞벌이 가정의 평화로움은 경제적 · 사회적으로 사라지기 때문이다.

우리 사회에는 아직도 출산과 동시에 더 이상 회사에 재직하지 못하도록 하는 직장이 아직도 존재하고 있는 것이 사실이다. 과거에 비해서는 많이 나아졌다고는 하지만, 아직도 여성들에게 '자녀를 갖는다는 것'은 그 자체로 직장생활을 유지하는데 큰 위협이 되고 있다.

자녀의 임신과 출산, 양육이 행복한 선택이 되는 그런 사회적 환경이 하루빨리 만들어지기를 기대한다. 아이를 낳는 '행복한 선택'을 할 수 있는 날이 하루빨리 오기를 바란다.

3) 가사노동의 수행

부부에게는 결혼과 동시에 두 가지의 의무가 주어지는데, 그것은 바로 동거의 의무와 정조의 의무이다. 따라서 부부는 결혼과 동시에 함께 기거하며 생활하게 되는데, 서로 다른 사람이 만나 각자의 개성적이고 독특한 삶의 방식을 상호 간에 쉽게 받아들여 공유하기란 쉽지 않을 뿐만 아니라, 하찮게 여겨왔던 가사 일들이 부담으로 작용하게 되면서 부부간의 갈등요인으로 작용하기도 한다. 따라서 결혼한 부부가 원만한 가정생활을 영위해 나가기 위해서는 무엇보다도 먼저 가사노동이라고 하는 어려운 과업을 해결해야 한다.

일반적으로 가사노동은 '집안일', '살림'이라는 용어와 혼용해서 사용하는데, 설거지, 세탁, 화장실 청소 등과 같이 대부분 무보수의 하찮은 육체노동으로 가치 없는 일로 여겨왔다. 하지만 이러한 가사노동은 일회성으로 끝나는 것이 아니라, 일상생활 중에 반복적 · 지속적으로 주어지는 일이라는 점에서 해결에 어려움이 있다.

가사노동은 가족구성원들의 공동의 욕구충족을 위하여 가정 내에서 수행하는 모든 육체적 · 정신적 노동을 말한다. 가사노동은 크게 구분하여 의생활 관련 일, 식생활 관련 일, 주(집)생활 관련 일, 가족 돌보기 관련 일, 재정 관리 관련 일로 나눈다. 가사노동의 수행자는 유형에 따라 구분될 수 있는데, 일의 수행자를 반드시 성별에 따른 성역할에 준거하여 선정할 필요는 없다. 가사노동은 가급적 부부가 같이 협력하여 쉬운 방법을 찾거나 가전과 같은 자동화 시스템을 활용하는 방안도 고려해 볼 수 있다. 또한 가사 도우미를 통해 쉽게 해결할 수 있는 방안도 있으므로 다각적인 측면을 고려하여 선정해야 한다.

가사노동을 한 쪽으로만 집중시켜 강요하거나 한쪽에 지나치게 가중되는 것은 바람직하지 않다. 가사노동을 분담함에 있어서 특히 고려해야 할 점은 누구든지 간에 배우자의 어느 한쪽이 가사분담의 가치를 지나치게 높게 또는 지나치게 낮게 평가해서는 안 된다는 점이다. 가사분담의 가치를 한쪽으로 치중하도록 하는 것은 부부갈등의 원인이 되므로 특히 유념해야 한다. 여성중심의 가사노동방식에서 벗어나 가사노동 대행자 채용, 기계화・자동화된 시스템의 활용, 아니면 다른 가족구성원들과의 일 분담을 통해 해결하는 방식으로 전환되어야 한다.

가사노동을 분담할 때에는 전통적인 성역할 태도에 의한 분담보다는 서로 즐기는, 혹은 서로 잘하는 것을 기준으로 하여 일을 나누고, 가능한 부분에 있어서는 공동으로 함께하는 것이 좋다. 예를 들면 부부가 함께 장보기를 한다든지, 함께 청소하는 것과 같은 경우이다. 무엇보다도 가사노동의 분담은 혼자 결정해서는 안 되며, 부부가 함께 의논하여 결정하는 것이 무엇보다 중요하다.

우리나라에서는 전통적으로 가사노동은 아내의 일이라고 여기는 경향성이 강했으나, 최근 들어 여성의 사회진출이 확대되면서 가사노동을 담당하는 성별의 경계가 사라지고 있고, 남성들도 가사노동에 적극적으로 참여하고 있는 실정이다.

4) 재정 관리와 운영

결혼한 부부의 금전 지출은 매우 중요한 과업이다. 결혼을 하고 살림을 꾸려 나가다 보면 혼자 살 때와는 다르게 생각보다 많은 부분에서 금전적인 지출이 요구된다. 따라서 부부의 돈 관리는 혼자 하기보다는 가급적 함께 관리하는 것이 좋다. 함께 돈을 관리하게 되면 돈에 대한 공동의 책임감이 형성되고, 공동의 목표를 향해 함께 노력할 수 있기 때문이다.

금전은 부부로 하여금 같은 공동목표를 향해 노력하게 하는 결합의 요소가 되기도 하지만 금전 사용 때문에 부부간의 갈등이 유발되기도 한다. 그러므로 금전에 대한 건전한 사용방법과 적절한 태도를 획득하여 부부 모두가 현명하게 계획을 실천할 수 있어야 한다. 또한 부부는 그들 자신의 욕구에 맞도록 수입의 사용을 서로 협의하도록 노력해야 하며, 이러한 부부간의 경제적 적응을 위해서는 부부의 기호, 선택, 욕망을 적당히 판단하고, 수입 및 지출의 유형을 조절하여 최소한의 비용으로 최대한의 만족을 얻을 수 있도록 하는 현명한 자세를 가질 필요가 있다(이기숙 외, 2020).

합리적인 금전 관리는 효과적인 자금관리로 이어져 경제적인 목표달성을 앞당길 수 있다. 예를 들어 주택을 마련한다든지, 꿈꾸는 해외여행을 가는 것과 같은 목표 도달이 남들보다 훨씬 빨라질 수 있다. 효과적인 재정 관리는 부부간의 신뢰를 구축하고, 갈등을 줄여준다. 또한 재정 운영에 대한 공동의 책임을 인식시켜 주고, 공동의 목표달성을 위해 지원하는 역할을 하며 다가올 미래에 다양한 사태에 대한 적응력을 높여 부부의 밝은 미래를 보장해 준다.

5) 친인척 관계의 형성과 발전

원만한 친인척 관계를 유지 발전시키기 위해 노력하는 일은 부부가 행해야 할 책무 중의 하나이다. 결혼으로 인해 새롭게 생긴 친인척들과의 다양한 교류를 통해 서로를 이해하고 협력의 바탕을 만들어 나가는 일은 친족 간의 우애를 심화시키는데 있어서 필연적인 것이다.

친족관계는 핵가족에게 혈연, 혼인을 기반으로 한 소속감을 심어주며, 상호 협조를 통하여 경제적·정서적 유대관계를 갖도록 해준다. 따라서 가족의 행복은 부부, 부모와 자녀 간의 관계와 같은 가족 내 관계뿐만 아니라 친족관계에 의해서도 영향을 받는다. 특히 여성의 취업이 점차 증대되고 노인인구가 증가하고 있는 오늘날의 우리 사회에서 친족과의 교류는 자녀가정뿐만이 아니라 노인가정의 복지에도 기여한다. 자녀가정과 부모가정이 서로 주고받을 수 있는 지원에는 가사와 양육을 포함한 경제적 지원에 해당하는 물질적·도구적 지원과 대화나 방문 등을 통한 유대감 형성과 같은 정서적 지원, 다양한 생활정보를 제공하는 정보적 지원, 단란한 가족이나 여가활동을 공유하는 사교적 지원 등이 있다. 가족단위들이 각각 처해진 상태에서 서로 상호작용하며 상호지지적인 사회관계망을 형성하는 것은 다양한 사회지원 체제가 갖추어지지 않은 현대가족에서는 대단히 필요한 과업이다(이기숙 외, 2020).

친족관계 형성에서 어려움을 겪는 경우가 있다면 고부관계이다. 고부관계는 부계중심 가족구조에서 갈등이 발생할 수밖에 없는 측면이 있으나, 고부관계도 하나의 인간관계이다. 서로 간에 상대방을 존중하고 배려하면서 각자의 개성과 환경에 따라 친화적으로 협력하면 해결될 수 있는 관계이다.

행복한 결혼생활은 서로 이해의 폭과 영역을 넓히고, 서로의 단점과 장점을 보완하면서 적응하려는 의지가 필요하다. 이를 '부부의 인격적 적응'이라고 하는데, 부부의 인격적 적응은 외부에 나가거나 객관적으로 평가할 수 있는 문제는 아니고 심리적으로 자신들만이 갖는 분위기에 대한 적응을 의미한다. 부부간의 인격적 적응이 잘 되면 이를 바탕으로 다른 어떠한 문제라도 극복할 수 있는 힘의 기초가 되며, 또 원만한 부부생활을 할 수 있는 원동력이 되기도 한다. 그러나 이러한 부부의 인격적 적응 정도는 각 개인의 성숙, 정서적 안정감, 성격 유형, 대화 방식, 시간적 요소 등에 달려 있다. 따라서 미처 배우자의 제 요소를 알지 못한 부부는 결혼 이후라도 적절한 가족생활교육과 가족상담의 지원을 받는 것이 필요하다(이기숙 외, 2020). 원만한 친족관계의 유지와 발전을 위해서는 결혼 후 형성된 양가 모두를 이해하고 독립된 가족으로 바라보고, 서로의 차이와 다름을 인정하면서 서로 다른 생활방식과 가족가치를 존중하는 일이 무엇보다도 중요하다.

쉬어가기 **가족사랑법**

건강한 가족은 어려운 상황에 처할수록 서로에게 힘이 된다. 지난 1997년 갑자기 닥쳤던 경제위기는 많은 가족의 해체를 불러왔지만 동시에 우리의 가족문화를 되짚어 볼 수 있는 계기도 되었다. 평소 친밀감 형성이 부족했던 가정은 위기가 닥쳤을 때 그 해체 속도가 빨랐고, 반대로 사회적 위기에도 불구하고 오히려 가족들이 위안이 되어 위기를 헤쳐나온 경우도 있었다. 부적절한 가족관계는 당대의 가족에서만 끝나는 것이 아니다. 가족폭력 같은 부정적 관계는 대를 이어 전이되기도 한다. 경제적 풍요나 사회적 지위가 가족의 친밀감과 비례하지 않는다. 건강하고 화목한 가정이 되기 위하여 우리들은 어떻게 할 것인가?

가족은 무조건적인 사랑의 대상임을 명심하자.

평범하지만 생활 속에서 쉽게 잊어버리게 되는 사항이다. '결혼 전에는 두 눈을 뜨고 결혼 후에는 한눈을 감아라.'라는 말이 있듯이 가족 간에는 자신의 욕심을 강요하지 말고 현재에 만족하여 사랑하고 헌신해야 한다. 즉, 배우자에 대해서는 만족할 줄 알고 자녀에 대해서는 욕심을 버리는 자세가 필요하다.

가족구성원의 정서적·감성적 측면을 쓰다듬어 주어라.

건강하고 훌륭한 가족은 그 구성원이 위로받고 싶을 때를 알고 제때 위로해 줄 수 있어야 한다. 특히 직장이나 학교 등 사회에서 강요하는 질서에 구성원이 상처를 받았을 때 가정에서는 사회적 잣대를 들이대 그 질서를 다시 강조하기보다 상처받거나 허전한 구성원의 마음을 채워주어야 한다.

듣기와 말하기에는 기술이 필요하다.

듣기와 말하기는 비교적 쉬운 기술이지만 서로 각자의 주장을 펴기에만 급급하기 쉽다. 우선 들을 때는 상대방의 심정을 이해하도록 공감하려는 노력이 필요하다. 또한 말을 할 때도 상대방을 평가하고 해석하려 하지 말고 말하는 사람은 자신이 느끼는 감정이나 경험만을 표현하도록 한다.

가족만의 행사를 만들고 즐겨라.

생일이나 가족기념일 혹은 졸업식이나 입학식 등 삶의 단계를 거쳐 나가는 행사에는 가족이 모이고 서로 사랑을 느끼도록 조촐한 행사를 갖자. 구성원들이 모두 좋아한다면 촛불을 켜고 선물을 주고받거나 깜짝 파티 등을 준비해도 좋다. 꼭 무슨 기념일이 아니라도 가족 간의 특별한 기념일을 정해 공유할 수 있는 추억, 기념거리를 만들자.

가족관계에 대한 책을 읽고, 서로 대화하라.

세대 간의 단절이 더 빨라지고 있다. 우리나라에서는 가족과의 관계에 대해 공부하는 것을 새삼스럽게 생각하는 경향이 있다. 그러나 시간을 내서 각종 단체에서 마련하고 있는 부모역할 교육이라든가 가족생활 교육 등에 참여해 보자.

출처 : 이기숙 외(2020). 결혼의 기술. 부산일보(2001.01.07.) '이기숙 칼럼' 내용 재인용.

5. 이혼과 가족 재구성

1) 이혼의 개념과 종류

이혼을 결혼생활의 실패로 보고 이혼하는 사람들을 미성숙하고 비정상적이며 건강하지 못하다고 보는 부정적인 시각이 아직도 우리 사회에 존재한다. 하지만 이혼을 불행한 결혼생활에서 벗어나 새로운 선택과 새로운 관계를 형성하는 '제2의 기회'로 보는 긍정적인 시각이 더 지배적이다. 그럼에도 불구하고 이혼으로 인하여 경험하게 되는 가족들의 고통은 전혀 줄어들지 않고 있다. 이혼가족이 겪게 되는 어려움과 문제점을 통해 이혼가족에 대한 이해의 폭을 넓혀나가도록 하자.

(1) 이혼의 의미

이혼이란 부부가 생존 중에 있으면서 부부관계를 인위적으로 소멸시킴으로써 혼인을 해소하는 것을 말한다. 부부가 단순히 법적으로 헤어지는 상태는 법적 이혼으로 이혼의 한 부분일 뿐이고, 실질적으로 이혼은 다음과 같은 여러 차원에서의 관계를 단절하는 복합적 현상이다. 이혼으로 인하여 발생할 수 있는 관련 현상과 이혼 과정은 다음과 같다(김용미 외, 2013: 360).

첫째, 정서적 이혼이다. 법적 이혼이 있기 때문에 부부는 정서적으로 이혼하는 단계를 거치는 것이 일반적이다. 정서적 이혼이란 이혼이 시작되는 단계로 결혼생활에 대한 회의가 나타나며, 부부 사이에 심적 거리감이 생기기 시작하는 단계를 말한다. 구체적으로 상대방으로부터 마음을 거두어들이기, 상대방과 무관하게 살아도 상처받지 않을 보호 장벽 세우기, '우리'로부터 '나'로의 점진적 이동, 잠자리를 같이 안 하기, 결혼관계 밖에서 보다 더 많은 시간을 보내기 등으로 나타난다. 정서적 분리의 양태는 개인에 따라 다르게 일어날 수 있으나 정서적 이혼단계에 들어간 부부들은 공통적으로 상대방의 강점보다는 약점, 단점, 실패에 집중하는 경향이 있다.

둘째, 법적 이혼이다. 법정에서 이혼을 판정받아 이혼신고가 된 상태이다.

셋째, 경제적 이혼이다. 부부가 결혼생활을 통해 갖게 된 재산을 나누는 단계를 말한다.

넷째, 부모역할의 이혼이다. 부모역할에 대해 합의를 보는 이혼단계이다. 법적 선고로 부부관계는 끝나지만 이혼하는 부부 사이에 자녀가 있으면 부모역할은 끝나지 않을 수 있다.

다섯째, 사회적 관계망의 이혼이다. 친구들, 시집과 처가 식구들, 결혼을 통해서 알게 된 동료들처럼 주위 사람들과의 관계를 청산하거나 재정비하는 단계이다.

여섯째, 심리적 이혼이다. 이혼이 완결되는 단계이다. 전 남편(또는 전 아내)을 마음 속에서 완전히 잊어버리고 독자적인 새로운 인생을 구축해 가는 단계이다. 법적 이혼이 되었어도 심리적 이혼이 안 되는 경우가 있을 수 있으며, 그러한 경우는 이혼이 완결되었다고 말하기 어렵다.

(2) 이혼의 종류

이혼은 배우자 쌍방이 장래를 향하여 혼인을 종료, 해소하는 제도로 현행법상 인정되는 이혼의 형태에는 협의이혼, 조정이혼, 재판이혼의 세 가지가 있다.

① 협의이혼

협의이혼은 원인의 여하에 관계없이 협의를 통하여 이혼하는 것을 말한다(민법 제834조). 이는 당사자들이 이혼할 것을 합의하여 가정법원 판사의 확인을 받아 법률이 정한 절차에 따라 신고함으로써 성립된다. 협의이혼에서 신고는 필수적인 절차이므로 신고를 하기 이전에는 부부 중 누구라도 일방이 이혼의사를 철회할 수 있으며, 이혼이 신고되었다고 하더라도 그것이 수리되기 이전에는 철회가 가능하다. 현재 대부분의 이혼은 이러한 협의이혼 제도를 이용하여 이루어지고 있다. 다만 협의이혼을 가정법원에 신청하였다고 하더라도 임신 중인 자녀를 포함한 미성년자가 있을 때에는 3개월, 그렇지 않은 경우에는 1개월의 이혼숙려기간을 두고 있다. 이 경우 폭력으로 인하여 배우자가 참을 수 없는 고통 등의 경우에는 예외로 하여 이혼숙려기간이 단축되거나 면제될 수 있다(민법 제836조).

② 조정이혼

조정이혼은 협의이혼을 할 수 없는 경우에 조정전치주의[1]에 따라 가정법원의 조정절차에 의하여 성립되는 이혼이다. 조정절차에서 이혼합의가 이루어지면 그것을 조서에 기재함으로써 이혼이 인정되고 당사자는 그 조서를 가지고 이혼신고를 할 수 있다. 조정의 결과는 화합, 별거, 이혼, 강제, 일부 조정 등이 있으며 조정이혼은 인간관계의 조정과 법적 해결이 동일한 절차에서 이루어지기 때문에 조정과정 중에 조정자에 의해 원만한 해결을 유도해 낼 수 있다는 장점이 있다.

③ 재판이혼

재판이혼은 민법 제84조에서 정한 이혼사유에 대해 배우자의 한쪽이 제기한 이혼소송에 따라 법원에서 판결로 이혼을 선언하는 경우이다. 즉, 법률이 정하는 일

1) 가사소송법 제50조에서는 이혼사건에 대해 조정은 반드시 거쳐야 하는 절차라고 명시되어 있는데 이는 판결을 통하기 전에 서로 대화나 타협을 통해 문제를 해결해 보려는 것을 조정전치주의라고 한다. 소송 전 조정전치주의에 의해 조정을 거쳐 조정이 이루어지지 않을 때에는 다시 재판을 진행하여 심판을 청구할 수 있다.

정한 원인이 있다고 인정되는 경우, 법정에서 판결에 의해 성립되는 이혼이다. 특히 재판상 이혼에서 배우자의 부정한 행위를 이혼사유로 하는 경우에는 다른 일방이 사전 동의나, 사전에 용서를 한 때, 또는 이를 알게 된 날로부터 6개월, 그 사유가 있은 날로부터 2년이 경과한 때에는 재판이혼을 청구하지 못한다(민법 제842조).

(3) 이혼의 효과와 무효

이혼의 성립은 법적 권리와 의무관계의 변동을 말하고, 이혼은 배우자의 사망과 마찬가지로 혼인해소의 원인이 된다. 따라서 이혼이 성립되면 부부라는 배우자관계는 완전히 해소되고, 혼인으로 발생된 일체의 효과는 앞으로 소멸되며 여자는 재혼금지기간을 지나면 재혼할 수 있고, 종래의 인척관계도 사망의 경우와는 달리 소멸된다.

민법에서는 이혼의 무효에 관한 규정은 없다. 다만, 협의이혼도 신분행위의 일종이므로 민법 총칙의 무효에 관한 법리보다는 혼인의 무효에 관한 규정을 유추하여 적용할 수 있다. 따라서 당사자 간에 이혼의 합의가 없었던 경우에는 이를 무효로 보아야 한다.

2) 이혼의 원인과 문제점

(1) 이혼의 원인

우리나라의 이혼율은 지속적으로 높아지고 있다. 통계상으로는 약 47%에 이르러 결혼한 부부의 절반에 가까운 사람들이 이혼을 선택하고 있다. 부부간에 혼인생활을 지속하기 어려운 문제가 있더라도 무조건 참고 살던 과거와 달리 이혼도 이제는 삶을 살아가는 하나의 선택으로 자리 잡고 있다. 이처럼 이혼이 증가하고 있는 원인으로는 다음과 같은 점을 들 수 있다(김영희 외, 2016: 308).

첫째, 이혼에 대한 가치관의 변화를 들 수 있다. 교육수준이 높아지고 양성평등의 개념이 유입되면서부터 가족보다 개인의 삶을 찾기 위해서 이혼을 할 수 있다는 개방적인 가치가 이혼의 허용도를 높였다.

둘째, 여성의 지위향상이 한 이유이다. 여성의 교육수준과 사회경제적 지위가 향상되고 여성의 의식수준이 높아짐으로써 가족문제가 해결되기 어려운 상황에 도달하게 될 경우, 여성들이 이혼을 선택하는 경향이 높아졌다.

셋째, 여성의 경제적 자립이 확대되었다. 여성 취업의 증가는 여성에게 경제적 능력을 갖게 하였으며 이혼 이후에도 경제적 어려움에 대처할 수 있는 능력과 자신감을 갖게 되었다. 따라서 결혼생활의 갈등이 심각할 경우에는 이혼을 대안으로 고려하는 여성의 비율이 높아지고 있다.

넷째, 결혼에 대한 의미가 변화되고 있다. 결혼을 남녀의 영구적인 약속으로 받아들이기보다는 사랑에 기초한 합의된 관계로 인식하는 경향이 증가하여, 만일 행복한 결혼이 아니라고 생각한다면 헤어질 수도 있다는 의식이 보급되었다. 즉, 결혼의 안정성보다는 관계의 질을 중시하게 되면서 이혼이 증가하고 있다.

다섯째, 자녀의 수가 감소된 것이 하나의 원인이다. 자녀의 수가 줄어들면서 자녀 때문에 자신을 희생하며 불행을 참고 견디겠다고 생각하는 비율이 점차 감소되고 있다. 자녀보다는 자신의 삶을 더 중요시하거나 이혼 후 자녀를 훌륭하게 양육하면서 자신도 새 출발을 하겠다는 자신감이 이혼을 선택하는 원인이 되고 있다.

여섯째, 법 제도의 변화이다. 과거의 가족에 관련된 법은 가족 유지와 이혼금지의 의도가 컸고, 특히 여성에게 불리하게 작용하였다. 그러나 여성의 가사노동 가치를 인정하여 이혼 시에 재산분할을 청구할 수 있게 하였으며, 면접교섭권과 자녀 양육권의 선택 및 조정이 가능해지는 등 그동안 문제되었던 이혼 관련 불평등 법 조항들이 개정되었다. 따라서 자신들이 이혼 후 살아갈 방향이 정해졌다면 과거보다는 쉽게 이혼할 수 있게 되었다.

(2) 이혼에 따르는 문제점

가족 내 갈등 문제를 해결하지 못해 이혼을 선택하지만, 막상 이혼을 결정하고 난 후에는 예기치 못했던 또 다른 문제들이 가족 구성원에게 발생한다. 일반적으로 이혼은 역할상의 문제나 경제적인 문제, 신체적 · 육체적 · 정신적인 문제, 대인관계의 문제, 부모와 자녀 간의 문제 등 가족구성원에게 여러 가지 어려움을 맞이하게 하는 요인이 된다. 이혼에 따르는 다양한 문제로는 다음과 같은 점을 들 수 있다(박귀영 외, 2017: 307).

첫째, 역할상의 문제이다. 이혼을 하면 매일 매일의 가족 상호작용과 가족구성원들의 패턴뿐만 아니라 생활 방식을 상실하게 된다. 따라서 이혼 후 곧 가정의 일과 역할이 붕괴되고 일상적으로 두 부모가 하는 과업들을 한 부모가 해야 하므로 부모는 과업의 과부담을 경험한다. 이혼 전에 뚜렷한 역할분담의 생활을 했을 경우 이혼 후 가정관리, 주택관리, 재정관리, 시간관리 등의 현실적인 문제에 더욱 심각한 어려움을 겪을 수 있다.

둘째, 경제적인 문제이다. 이혼으로 인한 경제적인 어려움은 남자보다 여자에게 더 크다. 전업주부인 상태에서 이혼을 할 경우에 이 여성들이 경제적 자립을 위한 일을 찾기는 쉽지 않고, 선택할 수 있는 직업의 범위도 좁기 때문에 낮은 보수의 직업을 선택하는 경향이 있다. 이혼 후 여자가 자녀 양육을 맡을 경우에는 자녀 양육에 필요한 비용으로 인해 더 어려운 경제적 상황에 직면하게 된다. 한편 남자는 생계수단을 가지고 있어 여자보다 생계의 어려움은 덜 겪지만, 재산의 분할, 위자료 지불, 자녀 양육과 살림 대행자에 대한 지출, 불규칙한 생활리듬 등으로 인한 지출이 늘어나면서 경제적 어려움을 경험하기도 한다.

셋째, 정신적인 문제이다. 이혼 직후에 부정적 감정을 경험하게 되면서 이혼자들은 자기 연민, 복수심, 우울, 상처받은 자존심, 분노, 죄의식, 외로움, 두려움 등과 같은 감정상태를 경험한다. 이혼자들 중에는 결혼의 실패를 받아들이기 어렵고, 외로움을 많이 느끼는 사람들도 있다. 그러나 자신을 성찰할 수 있는 시간을 충분히 갖지 못한 상태로 이혼 후에 성급한 관계를 맺으려 하는 것은 실수를 반복할 가능성이 높고 새로운 관계를 불안정하게 할 수 있다는 점에서 신중한 접근이 필요하다.

넷째, 자녀 양육의 문제이다. 남성 이혼자는 자녀 양육뿐만 아니라, 가사노동의 어려움이 더해져서 자녀 양육이 더 어려워진다. 특히 자녀의 연령이 어릴수록 더 힘들다. 이혼으로 인해 자녀들은 부모역할 모델과 성적 동일시 대상의 부재로 성격 발달, 도덕성 발달, 사회성 발달 등에 부정적 영향을 받을 수 있다.

다섯째, 사회적 관계망의 축소에 따른 어려움이다. 이혼은 지금까지 맺어온 친척들과의 결합과 가까운 친구들과의 관계를 소원하게 함으로써 사회적 관계망을 좁아지게 한다. 비록 현대사회가 개방적인 사회적 가치관으로 변화되었다 할지라도 우리 사회는 아직도 이혼을 보는 시각이 여전히 수치나 불명예로 인식하는 경향이 있다. 따라서 이혼자들은 부모나 형제들, 가까운 친척이나 지인들로부터 지지를 받지 못하는 경우가 많다. 그리하여 주변의 부정적인 시각 때문에 이혼자들은 심리적 위축감을 느껴 이혼 후 얼마 동안 사회적 접촉을 기피함으로써 사회적 관계망이 줄어드는 경험을 하게 된다.

쉬어가기 문제가 없는 결혼은 없다.

문제가 없는 결혼은 없다. 그렇다고 해서 문제가 반드시 불행한 결혼을 의미하는 것은 아니다. 정신과 의사 스콧 팩(1996)은 문제에 관해 다음과 같이 말한다.

삶이란 문제의 연속이다. 삶을 어렵게 만드는 것은 자신의 문제를 직시하는 것이고 그것을 해결하는 과정이 고통스럽다는 사실이다. 삶의 문제는 그 성격에 따라서 우리를 좌절, 비탄, 슬픔, 외로움, 후회, 분노, 고민, 고뇌 또는 절망에 빠지게 할 수 있다. 우리가 그것들을 문제라고 부르는 것은 그 사건이나 갈등이 우리에게 고통을 가져오기 때문이다. 그리고 이러한 문제들은 살아가는 과정에서 끊임없이 일어나기 때문에 삶이란 항상 어려운 것이며, 아울러 기쁨만큼 고통이 많다. 하지만 삶의 의미란 이런 문제를 직시하고 그것을 해결하는 모든 과정 속에 있다. 삶에 성공하느냐, 아니면 실패하느냐 하는 것은 바로 이러한 문제들을 얼마만큼 해결하는가에 따라 판가름 난다. 우리는 지혜와 용기를 창조할 수 있다. 따라서 우리는 문제를 통해서 성장할 수 있다.

가정생활에서 부딪히게 되는 문제는 개인에게 스트레스와 고통을 가져다주기도 하지만 다른 한편으로 문제는 가족관계의 새로운 전환점이 될 수도 있으며, 개인의 내적 성숙과 성장의 원인이 될 수도 있다. 결혼 생활은 긴 과정이다. 한국인의 평균 초혼 연령이 30세 초반이고 평균 수명이 80세 중반에 이른다. 때문에 결혼생활이 지속되는 기간은 약 50년에 이른다. 이 기간 동안 사람들은 인생의 사계절을 통과하게 되어 있다. 자연에 사계절이 있듯이 인생에도 사계절이 있다. 결혼할 때, 신혼생활 때, 자녀를 출산하고 양육할 때, 자녀가 독립할 때, 빈 둥지로 살 때, 은퇴와 사망할 때 등의 과정을 통과하게 되는데 이 과정의 색깔은 동일하지 않다. 행복에 겨운 시간이 있는가 하면, 고통의 시간이 있고, 희망에 벅찬 시간이 있는가 하면 절망의 시간이 있고, 영원히 계속될 것 같던 사랑이 변하는 시기가 있고, 회복될 것 같지 않던 사랑이 다시 살아나는 시기도 있다.

자연의 시간이 변하듯이 인생의 시간도 변한다. 새싹이 돋는 봄을 사는 가보다 했더니 찌는 듯이 무더운 여름을 지나게 되고, 무더위가 다시는 물러갈 것 같지 않게 위세를 떨치지만, 때가 되면 결실의 계절 가을을 맞게 된다. 그러나 가을의 풍성함도 영원히 계속되는 것은 아니고, 살을 에는 듯한 겨울이 오게 되어 있다. 겨울의 추위는 끝날 것 같지 않지만 다시 새싹과 아름다운 꽃의 계절인 봄이 오기 마련이다. 따라서 현재의 상태는 고정적인 것이 아니라 변한다. 현재의 모습은 최종적인 것이 아니라 또 다른 과정을 향해 나아가는 과정에 있다. 현재의 행복은 영원한 행복이 아닐 수 있으며, 마찬가지로 현재의 불행도 영원하지 않다. 현재의 갈등도 물론 영원히 지속되지 않는다. 현재의 모습에는 변화의 가능성이 내포되어 있기 때문에 결혼의 문제를 장기적 안목에서 바라보며 그것이 내 삶에 긍정적인 결과를 가져오도록 대처해 나가야 한다.

출처 : 김용미 외(2013). 결혼과 가족의 의미. 서울: 양서원. pp. 374-376.

3) 가족 재구성

(1) 누구에게나 다 있지만, 똑같지 않은 가족

가족은 혈연을 기반으로 한 부모와 자녀의 관계를 중심으로 선택할 수 없는 당위적인 관계의 확장된 개념이다. 가족은 어느 누구도 선택하거나 취소할 수 없는 운명적 관계이다. 즉 가족은 운명공동체이다. 그렇게 형성된 가족이 나에게는 무한한 행복과 희망을 향한 힘의 원천이 될 수도 있지만 반대로 그렇게 가깝기에 서로를 가장 힘들게 하기도 한다. 미국의 유머 작가이자 칼럼니스트인 에마 봄베크(Erma Bomebeck)는 그의 저서 '가족에 미쳐라'(황희경 역, 2007)에서 가족에 대해 다음과 같은 평가를 하였다.

"가족은 너무 익숙해서 그 소중함을 모르고 지나친다. 있을 때 잘하라는 말은 항상 뒤늦게 깨닫곤 한다. 그런데 생각해보면 가족에겐 남들보다 못할 때가 많다. 남들에게 하는 일을 가족에게도 하고 있는지, 예를 들어 닭살스러운 애교나 정중한 배려, 따뜻한 칭찬은 유독 가족에게 인색하기 마련이다. 타인에 대해선 너그럽게 이해하면서도 막상 가족에겐 누구보다도 엄중한 잣대를 들이댄다."

가족은 완벽할 순 없다. 아니, 그림 같이 행복한 가족은 없다. 다만 그 행복을 만들어가야 하는 것뿐이다. 조금 부족한 점이 있으면 채워주려 노력하고 실수를 바로 잡아주면서 '비둘기 가족'이 되는 것이 아닐까?

가족관계를 연구하는 학자들도 가족을 일관된 기준으로 정의하고 평가하지 않는다. 수많은 가족이 존재하지만 각각의 가족이 모두 다르다는 것을 인정하는 것에서부터 가족관계는 시작된다. 누구나 한 가족 안에서 다양한 역할을 부여받고 살아간다. 아버지이면서도 회사의 직원이고, 어머니이면서도 학교의 선생님이며, 자녀임과 동시에 부모가 되기도 하고 형제자매, 이모, 고모, 삼촌 등의 이름이 주어진다. 이 다양한 관계 속에서 역지사지로 현명하게 관계를 맺는 것이 중요하다.

재혼은 결혼이 해체되는 이혼과 달리 가족 재구성의 과정을 통해 손상된 가족 기능을 회복하고, 건강한 가족을 유지할 수 있어야 하기 때문에 보다 세심한 배려가 필요하다. 재구성된 가족의 기능을 회복하기 어렵게 되면 가족 간에 또 다른 가족 문제가 발생하게 된다. 동일한 사람이라고 하더라도 가족으로서 어떤 역할이 주어지고 어떤 상황 속에 놓이느냐에 따라 달라진다. 그 사람의 능력이 달라지고 표현 내용이 달라지며, 대응 방식이 달라진다. 누구에게나 가족은 똑같이 있지만 가족

구성원으로서의 역할이나 과업 등은 모두 같은 것이 아니다.

(2) 재혼가정

재혼이란 '이미 한번 또는 그 이상 결혼하여 가정을 이룬 남성이나 여성이 다른 배우자의 사별 또는 이혼을 통하여 새롭게 가정을 재구성하는 것'으로 정의된다. 이러한 재혼이 최근 들어 증가하면서 재혼가정의 가족 재구성에 대한 관심도 증가하고 있다. 이러한 현상은 이혼과 재혼의 증가로 친부모와 자녀로만 이뤄진 전통적 혈연가족의 비율이 감소하면서 한부모가족이나 동거가족, 재혼가족 등과 같은 가족의 비율이 증가되면서 나타난 현상이다. 이렇게 가족의 형태가 변화하면서 우리나라 이혼율도 이제 선진국 수준으로 변화하고 있고 재혼율 또한 증가하고 있는 실정이다. 이러한 재혼율의 증가는 가족의 재구성과 관련하여 새로운 문제를 야기하고 있는데 재혼이 초혼보다 가족관계, 친척, 사회적 관계에서 훨씬 더 복잡한 변수들이 작용하기 때문이다.

재혼 가정의 가장 큰 어려움은 가족들이 '결손가정'이라는 부정적 인식에 사로잡혀 있다는 것이다. 재혼가족에 대한 부정적인 시선을 거두고 그들이 겪을 수 있는 어려움과 그에 대한 대처 등에 대한 준비교육을 통하여 또 하나의 새로운 '가족'의 시작에 관심을 가져야 한다.

가족의 재구성(family reconstitution)이란 결혼에서 실패한 사람들에게 새로운 가족을 만나 새로운 관점에서 자신과 가족 그리고 현재와 미래를 새로운 각도에서 인식하고 새로운 가정을 구성해 나가는 것을 말한다. 즉, 재혼을 통해 새로운 가족을 형성하여 새로운 삶을 준비하는 과정이다.

가족 재구성과 관련하여 가족에 대한 문제를 이해하는 첫 출발은 '관계 맺기'에 대한 새로운 시각을 갖는 것에서 출발한다. 그동안 삶에서 당연시 생각되었던 '사랑', '헌신', '희생', '돌봄' 등이 가족구성원들에게 진실된 마음으로 실천했는지를 되돌아보는 성찰이 필요하다. 진정한 '관계 맺기'는 가족구성원들에게 이러한 것들에 대한 진정 어린 접근을 요구한다. 형식적이고 피상적인 것이 아닌 진실한 마음으로 대하는 가족 재구성이 되어야 할 것이다.

그동안 우리 사회는 이혼을 해서는 안 된다는 생각은 감소하고, 재혼은 해도 좋다는 인식은 증가하는 변화를 보였다. 이는 재혼에 대한 인식이 과거보다 긍정적으로 변화하고 있다는 의미이다. 따라서 이러한 변화에 맞춰 우리 사회가 이혼과 재혼에 대한 이해의 폭을 넓히고 가족 재구성에 대해 진지한 성찰의 기회를 가질 필요가 있다. 가족의 재구성은 무엇보다도 상호존중의 양성 평등한 관계에서 문제를 발견하고 해결해 나가려는 자세를 바탕으로 해야 한다. 가족의 재구성이 새로운 삶을 시작하는 의미 있는 출발점이 될 수 있도록 사회가 이를 긍정적으로 수용하고 지원해 나가야 할 것이다.

쉬어가기 **조모와 불안정한 생활, 사회는 위험 신호 놓쳤다**

대다수 조부모들이 손자녀 양육에 어려움을 겪는 가운데 대구 서구 10대 형제 가정도 비슷한 사정을 안고 있었던 것으로 파악됐다. 형제들은 불안정한 모습을 보였고 할머니가 이 두 형제를 홀로 돌보기가 힘에 부쳤다. 행정당국과 교육 당국의 꼼꼼한 지원은 이 가정까지 미치지 못했다.

부모 역할 해야 했던 할머니의 고단한 양육

12일 매일신문 취재에 따르면 서구 10대 형제는 지난 2012년 즈음 초등학교 저학년 어린 나이에 부모의 이혼으로 조부모에게 맡겨진 것으로 알려졌다. 그러다 2015년 형제의 친모가 돌아와 형제를 데려갔지만 아이를 잘 돌보지 못하면서 6개월 만에 다시 할머니 집으로 오게 된 것으로 보인다.

그런 형제를 돌보는 것은 오로지 할머니 A(77) 씨 몫이었다. 할아버지 B(94) 씨는 하반신을 거의 쓰지 못해 손자 양육이 어려웠기 때문이었다. 지난 2013년 해당 가정은 기초수급대상으로 지정되는 등 생활도 넉넉하지 못했다. 동생 C(16) 군이 다니던 서구의 한 상담센터 관계자와 교육 당국에 따르면 할머니는 평소 휴대전화 게임과 애니메이션에 빠져있는 형 D(18) 군으로 인해 담임 선생님에게 고충을 토로하기도 한 것으로 알려졌다.

동생 C 군의 경우 학교에서 줄곧 불안정한 모습을 보여 온 것으로 전해진다. 교육 당국과 C 군의 지인에 따르면 C 군은 중학교 시절 학생과 교사가 함께 참여하고 있는 온라인 단체채팅방에서 욕설을 하거나 담임교사에게 위협적인 사진을 보내 3개월간 병원(정신과)에 강제 입원 조치되기도 했다. 고등학교 진학 후에도 학교폭력 및 교권침해로 지난 7월 퇴학 처분됐다.

형 D 군은 내성적인 성격이지만 교우관계는 나쁘지 않았고, 고등학교에서도 꾸준히 개근을 유지해왔을 정도로 학교 출석을 잘해왔다고 학교 측은 밝혔다.

이에 대해 신○○ 대구아동청소년심리발달센터 부원장은 "10대 형제는 자아존중감이 형성되고 해야 하는 일과 안 해야 하는 일을 구별할 수 있는 법을 배워야 할 시기에 부모의 이혼을 겪고 할머니 손에 자라게 됐다. 또 기초수급가정이었던 만큼 금전적 여유가 없어서 아이들에게 허락되는 일이 많지 않았을 것"이라고 설명했다.

그러면서 "아이들 입장에선 계속 불만이 쌓이는 상태로 혼란스러운 청소년기를 맞이했고 이럴 경우 폭력 등 파행적인 행동으로 이어질 가능성이 높다. 10대 형제가 친모에게 맡겨질 때 형제가 은연중 욕구를 충족할 수 있겠다는 기대를 품었다가 조모 품으로 돌아가 배신감을 느꼈을 수 있다"고 해석했다.

허점 가득한 복지와 교육 지원

형제와 조부모는 사고 전 위험 신호를 보냈지만 행정 당국과 교육 당국은 정작 해당 가정과 아이들의 지원을 하는 데 있어 여러 허점을 남겼다는 지적이 잇따른다.

우선 10대 형제 가정은 기초생활수급비를 받으며 생활을 해왔지만 동 주민센터는 1년에 한 번씩 안부를 확인하거나, 구호물품을 전달하는 데 그쳐 가정불화를 파악하기에는 한계가 있었던 것으로 확인됐다.

실제 이 같은 어려움에 처한 조손가정이 받을 수 있는 복지제도 역시 양육비 지원, 취약계층 아동에 대한 맞춤형 통합서비스를 제공하는 드림스타트업 사업 등 다양한 지원책이 부족한 실정이다.

이○○ 대구대 가정복지학과 교수는 "조손가정의 경우에는 다양한 문제들을 복합적으로 가지고 있는 경우가 많다. 경제적인 어려움과 더불어 아이 교육 문제, 질병 문제가 있어 의료비, 교육 지원 등이 복합적으로 이뤄져야 하는데 현실은 잘 안 된다고 판단된다"며 "조손가정만을 위한 프로그램이나 지원 제도는 그렇게 많지 않다. 지원 자체가 없는 건 아니지만 정보 접근성이 떨어지는 어르신들이 하나하나 찾기 어려운 게 문제"라고 했다.

누구보다 형제를 가까이서 지켜봤던 학교에서도 형제를 관리하는 데 있어 구멍이 발생했다.

형 D 군은 정서행동검사에서 관심군에 속해 중학교 1학년 때부터 특수교육대상자로 지정되면서 학교에선 담임교사와 게임 자제 등의 내용으로 26회 정도 상담을 진행했고 사설 아동발달센터에서도 중1 때부터 지금까지 6년 동안 심리치료를 받아 왔다. 교육청 관계자에 따르면 상담이나 치료 중에도 특별한 문제점이 발견되지 않았다.

다만 동생 C 군은 정서적으로 불안정한 상태였음에도 올해 4월 이뤄졌던 '학생정서행동특성검사'에서 특이사항이 발견되지 않아 특수교육대상자로 관리되지 못했다.

교육부에서 주관하는 정서행동특성검사는 전국의 초1, 초4, 중1, 고1 학생을 대상으로 학기 초에 이뤄지는데 관련 종사자에 따르면 문항 수가 적고 질문 내용이 단순해서 학생들이 얼마든지 거짓으로 대답해 위험 학생을 잡아내기 힘들다는 문제가 있는 것으로 파악됐다.

출처 : 매일신문(2023.09.14.).

활동자료 11-1

결혼에 대한 판타지 검사

※ 아래 문항은 결혼에 대한 환상을 어느 정도 가지고 있는지 알아보기 위한 검사문항이다. 질문에 대해 자신과 가장 가깝다고 생각되는 란에 ∨표를 하여라.

번호	질문 내용	응답			
		아주 그렇다 (4)	그런 편이다 (3)	그렇지 않다 (2)	전혀 그렇지 않다(1)
1	결혼만 하면 곧바로 불행 끝, 행복 시작이다.				
2	결혼하면 배우자가 내 부족한 면을 완벽하게 채워 줄 것이다.				
3	아침마다 남편(아내)의 모닝 키스로 일어날 것이다.				
4	남편(아내)은 언제나 내가 하는 일에 Yes 해 줄 것이다.				
5	우리 부부는 돈이 없어도 행복할 것이다.				
6	우리의 갈등은 심각하지 않을 것이다.				
7	그(그녀)는 결혼하기 전이나 후나 똑같을 것이다.				
8	결혼하면 왕(왕비)처럼 살 것이다.				
9	이 남자(여자)가 나만 바라볼 것이다(놀아 줄 것이다).				
10	남편(아내)은 평생 내 곁에 있을 것이다.				
11	내가 더 잘 해 주면 그녀(그)는 행복할 것이다.				
12	휴일만 되면 즐거울 것이다.				
13	결혼하면 늘 함께 식사준비를 할 것이다.				
14	우리의 결혼은 남다를 것이다.				
15	우리는 피차 상대방을 행복하게 만들 것이다.				
16	결혼은 둘이 만나 하나가 되는 것이다.				
17	그래도 언젠가는 내 배우자가 백마 탄 왕자(평강공주)가 될 것이다.				
18	아내와 어머니(남편과 장모님)와 친가족처럼 지낼 것이다.				
19	결혼해서 문제가 생길 때는 피차 힘들게 사는 것보다 서로를 위해 헤어지는 게 낫다.				
20	결혼이란 완벽한 두 사람의 환상적 조합이어야 행복하다.				
21	나이가 들면 부부갈등은 저절로 해결될 것이다.				
22	우리의 자식들은 알아서 잘 클 것이다.				
23	자식을 많이 낳으면 가족의 행복에 마이너스가 될 것이다.				
24	모든 문제는 참고 견디기만 하면 해결될 것이다.				
25	결혼은 모든 조건이 완벽하게 구비되었을 때 하는 것이다.				

출처 : 진재열 외(2015). p. 116.

결과 처리

- 표시된 응답란의 점수를 합산하여 합계를 산출한다.

결과 해석

- 점수가 많을수록 결혼에 대한 판타지가 높은 것이다. 친구들과 비교하여 자신의 결혼에 대한 생각이 어떠한 상황인지를 파악해 보도록 한다.

활동자료 11-2

나의 재테크 습관은?

※ 아래 문항을 읽고 각 항목별로 해당하는 란에 ∨표를 하여라. 체크한 결과를 바탕으로 평소에 자신이 얼마나 재테크 습관이 있는지 확인해 보자.

번호	질문 내용	응답			
		아주 그렇다 (4)	그런 편이다 (3)	그렇지 않다 (2)	전혀 그렇지 않다(1)
1	재테크에 관심을 가지고 있다.				
2	금융권에서 처음으로 출시하는 상품에 관심을 갖는 편이다.				
3	주변 사람들이 내가 재테크에 관심이 많다는 걸 안다.				
4	주변 사람들이 싸고 좋은 물건이 나오면 나에게 알려준다.				
5	밥 먹고 난 후 각자 지불하는 것에 익숙한 편이다.				
6	돈이 생기면 어디에 먼저 써야 할지 항상 먼저 생각한다.				
7	소비성 지출보다는 저축이나 투자를 먼저 생각한다.				
8	빚이 있는 상태에서 저축하는 것은 맞지 않는다고 생각한다.				
9	길거리를 걷다가 부동산 중개소의 매물정보를 유심히 살펴보곤 한다.				
10	벼룩시장 등 생활정보지를 간혹 본다.				
11	재테크 관련 책을 틈틈이 읽는다.				
12	주변의 재테크에 밝은 사람을 알고 있다.				
13	경제신문이나 잡지를 정기구독하고 있다.				
14	재테크 정보나 금융상담 정보를 어디에서 찾아야 할지 알고 있다.				
15	TV나 신문에서 좋다는 상품에 일단 의심하는 편이다.				
16	홈쇼핑 TV를 보더라도 상품 주문을 잘 하지 않는다.				
17	금융상품에 가입할 때 유의점을 잘 챙긴다.				
18	투자에 대한 책임은 나에게 있다고 생각한다.				
19	아무리 좋은 주식종목도 가진 돈을 모두 투자하지는 않는다.				
20	주변에서 권한다고 곧바로 투자하지 않는다.				
21	일단 가입한 상품은 만기를 꼭 채우려고 노력한다.				
22	단시간 내에 대박을 낼 수는 없다고 생각한다.				
23	로또나 복권을 사지 않는다.				
24	자기계발을 위해 시간과 돈을 투자한다.				
25	부업이나 파트타임 일을 하고 있다.				
26	월급 외에 배당이나 이자 소득이 있다.				
27	나 이외에 가족들의 수입이 생활에 보탬이 되고 있다.				
28	생각지 못한 돈이 생기면 일정한 원칙에 따라 관리한다.				

결과 처리

* 표기된 란(응답)에 주어진 점수를 합산하여 합계를 구한다.

결과 해석

점수	해석 내용
100~112점	아주 잘 하고 있습니다. 재테크를 잊고 살아도 됩니다.
76~99점	2% 부족합니다. 조금만 더 습관을 붙이세요.
56~75점	노력이 필요합니다. 부족한 부분을 체크하고 하나하나 실천하세요.
28~55점	많은 노력이 필요합니다. 이제부터 시작이라고 생각하고 좋은 습관을 붙이도록 노력하세요.

출처 : 김양희 외(2012). p. 150.

Chapter 12

행복한 결혼생활*

* 본 장은 이규은 · 장상필(2021). 성과 결혼. 도서출판 어우리. pp. 385-410의 내용을 재구성하였음.

Chapter 12

행복한 결혼생활

1. 행복한 결혼생활 만들기

1) 온돌 같은 사랑으로

결혼한 사람들은 연애와 결혼은 다르다고 말한다. 연애는 아름답고 자유로운 꿈이지만 결혼은 현실이다. 사랑은 낭만이지만 결혼은 생활이다. 연애는 공식적으로 구속하는 일도 없고 책임감도 덜할 뿐만 아니라, 사회의 모든 구속으로부터 자유로워 두 사람만의 감정을 공유할 수 있다. 하지만 결혼은 연애와 다르다. 같은 공간에서 많은 것들을 공유하면서 생활해야 하고, 그러다 보면 사소한 것에서도 서로 부딪히기 마련이다. 상대방의 단점과 장점을 냉철하게 바라보지 않으면 안 되며 상대방의 단점까지도 수용할 수 있는 마음가짐을 갖지 않으면 생활하기 어려운 것이 결혼이다.

그렇다면 과연 결혼하고 나서 달라진 생활모습은 어떨까? 현실적으로 생각되는 모습은 쉽게 찾아볼 수 있다. 먼저 하루 일과를 마치고 집으로 귀가할 경우를 생각해보면 연애할 때에는 데이트를 마치고 나면 남자친구가 여자 친구를 집에 데려다주는 장면이 그려지지만, 결혼한 후에는 두 사람이 함께 같은 집으로 들어가는 모습이 상상된다. 그뿐만이 아니다. 아침 일찍 일어나라고 깨워주는 사람이 연애 시절에는 엄마가 깨워줬지만, 결혼을 하고 나면 배우자가 잠을 깨울 것이다. 경제적인 측면에서도 결혼을 하고 나면 통장의 잔고가 남아 있는 날이 없을 것이다. 연애 시절에는 부모님의 집에 함께 살면서 인터넷 요금이나 집세, 밥값, 난방비 정도가 고정된 지출의 대상이었지만, 결혼을 하고 나면 월급날이 되면 이곳저곳에서 자동이체하느라 통장에 잔고가 바닥나기 일쑤일 것이다. 결혼하고 나면 주말의 모습도

달라진다. 연애 시절에는 주말이면 두 사람이 함께 영화도 보고, 분위기와 경치가 좋은 곳으로 드라이브도 떠나면서 다양한 문화생활을 즐겼지만, 결혼을 하고 나면 주말이면 화장실 청소에 베란다 청소, 옷장 정리, 부모님 댁 방문 등으로 문화생활은 꿈도 꿀 수 없게 될 것이다.

결혼은 생활 모습만 바꾸어 놓는 것이 아니다. 결혼은 많은 구속력과 함께 책임감이 뒤따른다는 점이다. 결혼을 통해 모든 사람들로부터 공식적으로 부부로 인정받게 됨과 동시에 성씨가 다른 사람을 자신의 가족으로 받아들여 새로운 가족이 만들어지고 그 가족에 대한 책임이 부여된다. 그렇게 되면 한 가정의 책임자로서 자신의 감정이나 기분보다 사회적인 이목이 더 중요시되는 경우가 많아서 감성보다는 합리적인 이성이 필요가 경우가 많다.

결국 결혼을 통해 얻게 되는 '사회적 인식'과 '현실적 문제'를 극복하는 것이 궁극적인 해결책이다. 하지만 사회적 인식과 현실적 문제를 해결한다는 것은 그리 쉬운 일이 아니다. 이론만으로 되는 영역이 아니고, 나 혼자서 해결할 수 있는 부분은 더더욱 아니다. 시대적 흐름이고 사회적 변화이기 때문이다. 따라서 관점의 전환이 오히려 해법이 될 수도 있다. 일단 사회적 인식은 개인적 인식으로, 현실적 문제는 이상적 발상으로 승화시키는 방법을 모색해 볼 필요가 있다.

어찌 되었든 결혼의 문제는 부부간의 사랑이 발단이 되었지만, 문제의 해결도 부부간의 사랑밖에 없다. 다만, 부부간의 사랑을 연애할 때 경험한 연애처럼 열정적인 것으로만 보아서는 안 된다. 부부간의 사랑은 뜨겁게 타오르는 정열이 아니라, 은근하게 달아오르는 안방의 온돌과 같은 것이어서 평생 동안 은근하게 온기를 간직하도록 해야 한다. 사랑에 대한 그런 인식의 차가 연애와 결혼이 다른 근본적인 원인이다.

2) 평등한 부부되기

여성의 사회진출이 확대되면서 사회적 역할뿐만이 아니라 가정의 역할에 있어서도 많은 변화가 일고 있다. 기성세대의 엄격하고 근엄한 남성다움과 자상하고 헌신적인 여성다움의 삶에서 오늘날의 급변하는 가정의 모습에 적절한 모델을 찾기란 힘든 일이 되었다. 여성의 사회참여가 확대된 만큼 가족구성들의 적극적인 협조와 동참이 없이는 원만한 가정생활을 유지하고 발전시킨다는 것은 매우 어려운 일이 되었다. 무엇보다도 시대의 변화에 따른 평등한 부부관계의 유지가 선행되어야 한다.

킴볼(Kimball, 1983)은 평등한 부부란 "돈벌이, 집안일, 육아, 의사결정을 50:50으로 함께 나누는 부부를 말한다."라고 정의하였다. 즉, 권리와 권력을 함께 소유하며 함께 책임을 지는 부부로 이런 부부의 특징은 권리, 책임 의무가 분담되고 개방적인 대화, 상호존중, 우애 등이 공유되고 있다. 평등한 부부의 특성을 제시하면 다음과 같다(이기숙, 2020).

첫째, 평등한 부부란 돈벌이, 집안일, 육아, 의사결정을 함께 한다. 업무, 책임, 혜택을 분담하고 업무 할당을 융통성 있게 한다. 그리고 책임감, 죄의식, 칭찬 등 보상과 부담도 함께한다.

둘째, 평등한 부부는 서로의 생각을 잘 나누는 부부이다. 그래서 평등한 부부는 전통적 부부에 비해 말이 분명하고 개방적이며 확실한 자아감각을 소유하고 있다.

셋째, 평등한 부부는 서로 가장 좋은 친구이며, 서로에게 기대하는 것이 무엇인지를 알고 이를 함께 행하려는 부부이다. 그래서 사랑을 기반으로 신뢰와 우정을 창출하며, 이 신뢰로 인해 친밀하고 밀접하며 생활의 모든 것과 인간관계망(친척, 친구, 이웃 등)을 공유하려 한다.

넷째, 평등한 부부는 갈등해결을 힘(권위 또는 권력)에 의존하지 않으며 갈등의 원인을 밝혀내고 그것에 관해 대화하고 타협한다. 즉, 열린 마음으로 대화할 수 있는 것이 특징이다.

결론적으로 평등한 부부란 심리적으로 친밀한 관계일 뿐만 아니라 제반 사회적 관계망과 활동이 공유되며 권력이나 책임 등이 평등하게 분배되어 있는 부부를 말한다.

부부 사이에 평등한 관계는 구체적인 행동에서 실천되는 일이 무엇보다도 중요하다. 평등한 부부관계를 위해 반드시 실천해야 할 구체적인 항목을 몇 가지 제시하면 다음과 같다.

첫째, 부부 사이의 대화에서는 가급적 성별 고정관념이 담긴 말이나 행동을 하지 말아야 한다. 기성세대의 의식에는 아직도 성차별에 대한 말이나 인식이 그대로 남아 있어서 자신도 모르게 성차별적 언어를 표출해 내곤 한다. 이런 의식이 오늘날의 젊은이들에게까지 전해진다면 양성평등한 사회의 실현은 요원하다. 여자는 집안일을 하고 남자는 바깥일을 해야 한다는 것과 같은 성별 고정관념이 담긴 언어사용이나 행동은 일상에서 사라지도록 해야 한다.

둘째, 집안에 필요한 가사노동과 돌봄은 서로 상의하여 평등하게 분담하여 실행하도록 한다. 남성의 가사노동은 일상화된 지 오래일 뿐만 아니라, 남성들이 육아휴직도 자연스럽게 받아들여지고 있다. 이런 사회적 변화 속에서 가사노동을 주부에게만 전적으로 책임지도록 하는 것은 사회변화에 맞지 않는 행동이다. 가사노동과 돌봄은 부부가 공동으로 수행하고 공동으로 책임져야 할 일이다.

셋째, 배우자의 동의가 없는 신체접촉은 하지 않아야 한다. 성적인 관계에 있어서도 성적 자기결정권이 보장되고 존중되어야 한다. 따라서 아무리 친밀한 관계인 부부 사이의 일이라고 하더라도 성적인 욕구에 대한 성적 자기결정권을 존중한다는 생각으로 접근하고 행동해야 한다.

이러한 평등한 부부의 관계에 대한 인식의 폭을 넓히고 실행화하기 위해서 정부에서는 5월 21일을 '부부의 날'로 정하여 운영하고 있다. 부부의 날의 정신을 되살려 보다 더 평등하고 화목한 부부관계를 유지하기 위해 노력해 나가야 한다.

평등한 부부관계의 상실은 가정해체로 이어지고, 가정해체는 곧 부부 두 사람만의 문제가 아니라, 해체된 가정에서 정상적으로 성장하지 못하는 아이들의 문제로 이어진다는 점에 유념해야 한다. 온 가족을 힘들게 하는 가정해체는 사회적 재앙과 연계되는 잠재적 요인이 된다는 점에 있어서도 사회적 심각성이 있다.

<표 12-1> 평등한 부부의 평가범주와 세부 항목

평가범주	세부항목
의사소통과 의사결정	•존중하는 호칭과 언어를 사용하는가? •솔직한 의견제시를 하는가? •폭력이 철저히 배제되고 있는가? •상대방 의견을 존중하는가?
가사분담과 자녀 양육	•가사노동은 공동분담하고 있는가? •가사노동의 경제적 가치를 인정하는가? •자녀 양육(교육)에 대해 공동책임을 지는가? •대외 활동에 함께 참여하는가? •근대적 성역할 의식을 가지고 있는가?
경제적인 소유	•가정경제를 공동 운영하는가? •부동산의 소유와 증식에 공동책임을 가지고 있는가? •동산 소유와 증식에 공동책임을 가지고 있는가? •부부 공동명의의 경·부조금을 지출하는가? •전업주부의 용돈지출 자율권을 인정하는가?

평가범주	세부항목
심리적 · 정서적인 걱정과 느낌에 대한 관심	•성생활에서 상호 존중하는가? •취미와 여가활동을 이해하고 공유하는가? •배우자 가족에 대한 이해와 관심을 가지고 있는가?

출처 : 이기숙 외(2020). p. 231.

2. 부부의 역할과 갈등

"부부는 항상 서로 마주 보는 거울과 같다."라는 말이 있다. 부부간에는 상대방의 얼굴이 곧 나의 또 다른 얼굴이라는 의미이다. 내가 웃고 있으면 상대방도 웃는 얼굴이 되고, 내가 찡그리면 상대방도 찡그린 얼굴이 된다는 뜻이다. 예쁜 거울 속의 나를 보려면 내가 언제나 예쁜 얼굴을 해야 하지 않을까? 내가 예쁜 얼굴을 한다는 것은 부부로서 나에게 주어진 역할을 완수해 낼 때 가능한 일이다. 부부는 부부에게 주어진 역할과 책무가 있다. 책무를 다하지 못할 때 부부간에는 갈등이 만들어지는 것이다. 부부간에도 서로를 존중하고 사랑하는 가운데 주어진 역할과 책무를 다해야 한다.

1) 부부의 역할

부부는 가족을 구성하는 일원으로서 가족 내에서 일정한 지위를 가지며 사회적으로 기대되는 역할을 수행하게 된다. 부부의 역할이란 부부에게 요구되는 행동, 또는 부부에게 주어지는 권리나 의무 관계를 말한다. 일반적으로 부부가 수행해야 하는 역할로는 다음과 같은 것들이 있다(김양희 외, 2012).

(1) 자녀 양육과 사회화의 역할

자녀의 양육과 사회화는 자녀의 신체적 · 사회적 · 심리적 발달을 가져오기 위한 것으로, 부부의 역할 중 자녀 출산과 함께 자녀의 건전한 인격형성과 성장에 부모로서 수행해야 할 중요한 역할이다. 부부는 자신의 자녀가 사회 구성원의 일원으로서 도덕적인 인간으로 성장해 나갈 수 있도록 역할을 수행해야 한다.

(2) 경제활동과 가정관리자의 역할

독립적인 가계운영을 위해서는 경제적인 수입이 필요하다. 경제활동과 가정관리자의 역할은 전통적인 부부역할의 하나로서, 가족에게 필요한 재화를 생산하고 교환하는 것인데 가족유지의 가장 기본이 되는 것이다. 경제활동과 관련된 역할은 과거에는 주로 남편이 담당하였으나 점차 여성도 가계부양자의 역할을 공유하고 있다.

가정관리자로서의 역할은 가족원의 안락하고 편안한 환경의 제공과 즐거움을 위한 보다 효율적인 재화 활용을 포함하는 것으로 일반적으로 주로 부인이 담당해 왔으나, 최근 들어 이 역할 역시 부부가 분담하여 수행하는 변화를 보이고 있다.

(3) 성적인 역할

성적인 역할은 남편과 아내로서 갖는 고유한 성의 파트너가 되는 것으로 부부간의 결합이나 만족, 또는 자녀의 생산과 깊은 관계를 맺고 있어서 많은 이들의 관심대상이기도 하다. 감정적 교류, 대화의 방법이기도 한 성행동은 부부역할의 기본이며, 부부의 성적인 역할이 제대로 수행되지 않게 되면 여러 가지 문제가 발생한다.

(4) 심리치료적 역할

심리치료적 역할은 부부가 서로의 고민과 어려움을 털어놓고 상담하며 문제점을 해결하는 상담자의 역할을 말한다. 이 역할은 특히 현대사회의 변화와 함께 새로 부여된 부부의 역할이다. 심리적 압박이나 고민이 있을 때 부부가 서로의 고민과 어려움을 털어놓고 상담하며 해결책을 모색함으로써 가족과 사회구성원으로서의 원만한 관계를 유지할 수 있도록 하는 역할이다.

(5) 오락 및 휴식의 역할

가족 내에서 진정한 휴식과 평화를 얻어야 하는데 휴식과 오락의 제공은 아내뿐 아니라 남편도 상황에 따라 해 줄 수 있어야 한다. 부부가 수행해야 할 오락과 휴식의 역할은 부부 중 어느 한 사람에 의해서만 수행되는 것이 아니라 부부 모두가 함께 참여하여 역할을 수행하는 데 의의가 있다. 예를 들어 적절한 가족휴가, 안정된 가정 분위기, 가족구성원 간의 조화, 적절한 여가생활과 즐거움 등을 경험할 수 있도록 부부가 공동으로 노력해 나가야 한다.

(6) 친족관계 유지의 역할

부부는 친척들과 원만한 관계를 유지하고 감정적 유대를 갖도록 서로 노력해야 한다. 아내이면서도 며느리이며, 남편이면서도 사위의 지위를 갖고 있는 관계로 그러한 역할을 무시해 버리면 가족과 가족의 결합특성을 갖고 있는 우리나라에서는 갈등이 발생하게 된다. 오늘날 사회의 변화에 따라 친족구조의 중요성이 감소하는 경향이 있으나, 이러한 경향이 심해질수록 친족 간의 정서적 유대의식은 강화되는 경향이 있다. 부부는 주위의 친족과 원만한 관계를 유지하기 위한 역할을 수행해야 한다.

2) 부부 역할의 변화

시대가 변하면서 부부의 역할에 대한 기대도 변화하고 있다. 여성의 사회참여가 확대되고 빠른 정보화 사회로 진입하면서 부부의 생활문화도 다양화되고 있다. 이러한 변화와 함께 부부의 역할 또한 전통적인 통념은 무너지고, 새롭고 다양한 변화가 일어나고 있다.

사회의 변화와 함께 결혼과 관련된 변화를 살펴보면 부부의 연을 맺는 결혼의 연령이 과거에 비해 10년 이상 늦춰지고 있으며, 다자녀를 출산하던 과거와는 달리 출산을 하지 않거나 한 명의 자녀만을 낳아 양육하는 등의 변화를 보이고 있다. 뿐만 아니라, 부부의 역할 수행에 있어서도 역할분담이 성별에 따라 정해져 있던 과거의 가사분담이 최근에는 성별에 구애받지 않고 각자 잘할 수 있는 부분을 분담하여 진행하는 방식으로 변화하였으며, 자녀 양육 또한 부부가 협력하여 자녀에게 더 나은 방향으로 이끌어 가는 형태로 변화하였다. 가정의 경제적인 부분에 있어서도 부부가 함께 상의하고 조율해 나가면서 각자의 경제적 수준에 맞게 역할을 부여하는 형태로 변화하고 있다.

구조기능론자인 파슨스(Parsons, 1955)는 전통적으로 가정에서 남편과 아내는 역할을 분담하여 수행한다고 보고, 남편은 목표지향적이고, 대외적으로 가정생활에 필요한 경제부양자, 직업역할 수행, 문제해결 및 과업수행 등의 역할을 맡고 여성은 정서적 안정 및 긴장완화, 가족 간의 관계 통합, 자녀 양육 등의 표현적 역할을 담당해 왔다고 주장하였다.

아담스(Adams)는 부부 역할을 전통주의형, 수정 전통주의형, 평등주의형의 세 가지 유형으로 분류하였다. 그의 주장에 의하면, 전통주의형은 남성우의적인 가치 의식을 지닌 부부 형태를 근간으로 하되 부부간의 역할 구분이 명확하고 서로의 역할에 대해 간섭하지 않는 유형이다. 수정 전통주의형의 경우에는 근본적으로는 남성우위적인 가치의식을 바탕으로 하고 있는 것은 전통주의형과 동일하나 아내의 사회 진출이나 사회적 역할은 경우에 따라 인정하되 그에 따른 남편의 가족 내 역할 보충은 일어나지 않는 유형이다. 즉, 비록 아내가 사회 진출을 하더라도 가정 내 모든 가사는 전적으로 아내의 몫으로 남아 있는 역할 구조이다. 평등주의형은 부부직업과 역할공유, 역할 전환이라는 세 단어로 특성을 대변할 수 있다. 부부직업이란 부부 각자가 직업을 가지고 직업생활을 통해 생의 만족과 성취감을 얻는 것을 말한다. 또한 역할공유는 부부에게 주어진 모든 역할을 남편과 아내가 공평하게 분담하여 수행하는 것을 말하며, 역할 전환은 부부가 필요에 따라서 합의가 된다면 남편이 가사와 육아를 담당하고 아내가 가계부양자로 나서는 등의 역할 전환이 가능한 부부의 역할체계를 말한다.

부부의 역할은 사회와 밀접한 관계를 맺고 있기 때문에 시대적·문화적 배경의 변화에 따라 부부역할도 변화하고 있다. 전통사회에서 강조되었던 남편의 가계부양자 역할과 아내의 가정관리와 자녀 양육의 역할은 이제 부부가 공동으로 함께 수행해야 할 역할로 변모하였다. 특히 여성의 경제활동을 위한 사회진출은 가족 내 돌봄의 부재를 낳게 되었고, 이러한 돌봄의 문제는 개인을 넘어 사회가 함께 고민해야 할 사회문제가 되고 있다.

부부가 행복한 역할을 수행하기 위해서는 다음과 같은 문제를 해결하는 것이 우선되어야 한다(김양희 외, 2012).

첫째, 집안일에 있어서 성(性)으로부터 자유로워져야 한다. 즉, 성이 아니라 관심과 적성, 능력에 따라 집안일을 분담해야 한다.

둘째, 권력과 의사결정에 있어서 평등한 관계를 유지하도록 해야 한다.

셋째, 역할과 관련하여 당신의 기대와 느낌, 그리고 원하는 변화에 대해서 배우자와 지속적으로 대화하여야 한다.

넷째, 부부가 한 팀으로 함께 일하는 것이 가장 이상적이다.

다섯째, 변화에 대해 개방적이며 유연하게 대처해야 한다.

3) 부부갈등의 요인

'갈등'이란 무엇일까? 흔히 의사결정과정에서 결정을 못 할 때라든지, 합의가 안 될 때, 일 때문에 스트레스를 받았을 때 등 다양한 종류의 경험에서 갈등이라는 말을 쓴다. 부부 사이에서도 마찬가지이다. 부부 사이에 의견 차이로 인해 의사결정을 못한다거나, 합의된 의견이 이루어지지 않는다거나 하는 경우에 부부갈등이 발생하게 된다.

이러한 부부갈등의 원인은 일반적으로 자신의 생각이나 기준으로 상대를 변화시키려 하는 이기적인 욕구와 상대가 양보하고 따라주길 바라는 기대심리에서 기인한다. 이렇게 자신이 주도권을 갖고 상대를 통제하려는 행동은 갈등을 유발하고 서로의 감정을 상하게 하여 갈등 상황을 확대시켜 나간다. 이러한 부부의 갈등상황이 지속되게 되면 서로에 대한 마음이나 신뢰를 거두는 경우도 발생하게 되고, 자칫 서로가 헤어지는 이유가 되기도 한다는 점에서 심각하게 받아들이고 갈등을 해소하기 위한 노력에 적극적으로 참여해야 한다.

선남선녀가 만나 결혼을 하고 결혼생활을 함에 있어서 부부는 서로 평생을 다른 환경에서 살아오고 모두 성격이 다르기 때문에 서로를 이해하는 과정이 필요하다. 서로의 관점과 이해의 수준이 다를 수 있기 때문에 두 사람은 사소한 것부터 모두 부딪힐 수 있는 가능성이 있다. 그렇다고 해서 부부라는 명목으로 모든 것을 일방적으로 이해해야 한다고 생각하는 것은 바람직하지 않다. 서로를 이해하고 배려하는 것을 시작으로 부부갈등을 해결할 수 있도록 해야 한다.

부부관계에 있어서 발생하는 갈등과 관련하여 발생요인으로는 낮은 친밀감, 근본적 차이에 대한 인식부족, 부부간의 지나친 통제, 배우자에 대한 지나친 역할 기대, 부부 권력의 비균등성, 갈등 해결을 위한 기술부족 등이 있으며 그 내용은 다음과 같다(김양희 외, 2012).

(1) 낮은 친밀감

부부간의 낮은 친밀감은 서로의 관계를 인식하고 상호의존적, 때로는 상호보완적인 관계를 유지하며 살아가야 하는 부부관계에 있어 서로에게 소홀해지게 되고 그로 인해 배우자에 대한 애정과 신뢰감, 서로에 대한 관심이 결여되면서 부정적인 감정이나 생각을 갖게 한다.

(2) 근본적 차이

배우자에 대해 존중하는 마음을 토대로 인간은 각각 개별적인 특성을 가지고 있는 존재로 인식하고 부부관계를 확립하고 유지해 나가야 한다. 그러기 위해서는 배우자가 나와 다른 방식의 가족문화에서 출생・성장하였기에 나와 다른 가치관이나 생활양식, 습관 등을 가지고 있다는 차이를 인식해야 한다. 즉, 부부간의 사회문화적 배경문제로 인한 갈등은 인생에 대한 가치관, 종교, 철학 등의 차이를 가져온다. 경제적인 문제, 즉 돈에 대한 가치 평가로 인해서 생기는 갈등, 종교적 문제로 한쪽 배우자가 너무 광신적이거나 다른 종교를 가져 배타적일 때, 자녀에 대한 가치관 차이로 인해서 양육에서의 차이 등도 이에 포함된다.

(3) 지나친 상호 통제

사람들은 흔히 결혼과 동시에 배우자에 대한 생활양식, 기호, 습관, 관심 등을 변화시키려는 시도를 하기도 한다. 배우자의 생각과 행동을 내 틀 안에 맞추고자 배우자에게 요구하는 과정에서 부부는 분노와 갈등의 감정을 갖게 될 수 있다.

(4) 비현실적 역할 기대감

부부관계를 통해 부부는 각자의 역할이 발생하게 되며, 역할에 대한 기대와 현실적으로 반영된 역할의 차이가 클수록 실망과 분노 감정이 나타날 수 있다.

(5) 권력 비균등성

부부는 가족이라는 울타리 안에서 누가 무엇을 해야 하는가에 대해 서로 다른 생각과 태도를 가질 수 있다. 만약 이러한 의견들이 조정되지 않거나 일치되지 않을 경우 부부 각자는 불안이나 긴장이 높아질 수밖에 없고, 이러한 과정에서 한 배우자가 권력을 행사하여 상대 배우자에게 일반적으로 부과시킬 경우 관계에 부정적인 영향을 끼칠 수 있다.

(6) 갈등 해결 기술 부족

부부관계에서 갈등이 발생하였을 경우 부부가 서로 감정이 상하지 않고 긍정적으로 해결할 수 있는 방법이나 기술에 대해 배우지 못했기 때문에 갈등발생 시 배우자를 비난하거나 과거를 들추어내어 오히려 사태를 악화시키는 경우가 있다.

4) 부부의 갈등관리

우리는 살아가면서 무수히 많은 갈등을 겪게 된다. 대인관계를 비롯해 직장 내에서 일어나는 여러 가지 갈등, 친구 간의 갈등, 연인 간의 갈등, 부부간의 갈등 등이 그 예이다. 특히 부부관계에서의 갈등은 결코 바람직한 일이 아니다. 부부가 갈등을 겪게 되면 그만큼 시간을 낭비하게 될 뿐만 아니라, 일에 대한 의욕이 사라지고 심리적으로도 피해를 입게 된다. 하지만 모든 발전과 진보는 갈등을 통해서 이루어진다는 점을 간과해서는 안 된다. 부부관계도 마찬가지이다. 갈등을 건설적인 결과로 이끌어낼 수 있는 바람직한 대응 방안과 갈등을 다루는 효율적인 방법에 대한 기술습득이 중요하다.

바흐와 도이치(Bach & Deutsche)는 부부의 갈등 상황을 다루는 데에 있어서 지켜야 될 기본원칙으로 다음과 같은 내용을 제시하였다.

첫째, 불만을 표시할 때는 명확하게 하라.

둘째, 단지 불평만을 이야기하지 말고 상황을 좋게 만들 수 있는 합리적인 변화를 요구하라.

셋째, 문제를 이해하게 되었을 때는 그 문제에 대한 이해의 느낌을 상대방에게 명확하게 인식시켜라.

넷째, 인내를 시도해 보고, 좀 더 관대해지도록 노력하라.

다섯째, 타협을 고려해 보라. 부부 사이에는 해답이 없을 수 있다. 상대방의 의견이 내 의견보다 더 좋을 수 있기 때문이다.

여섯째, 상대방의 감정을 함부로 말하지 말고, 한 번에 한 가지 문제만을 다루라.

일곱째, 지나간 일은 잊어버리고 현재에 닥친 문제에만 초점을 맞추라.

여덟째, 말하기 전에 진짜 내 생각과 느낌이 무엇인지 생각하라.

아홉째, 부부싸움에서는 결코 승자가 없다는 것을 기억하라.

또한, 미국 캘리포니아주의 페퍼다인대학교(Pepperdine University)의 스티네트(Nick Stinnett) 박사는 그의 저서 '강한 가정의 비결(Secrets of Strong Families)'에서 건강하고 좋은 가정이 될 수 있는 요소로 다음과 같은 여섯 가지를 제시하고 이런 가정에서 자라는 아이들은 행복한 장래가 보장된다고 주장하였다.

첫째는 헌신(commitment)이다. 헌신을 통해 팀 의식이 강한 가정, 한 가족으로서의 단결과 화합이 강한 가정을 만들 수 있다고 보았다.

둘째는 감사(appreciation)이다. 감사는 서로를 칭찬하고 격려하며 어떤 흔들림에도 가족을 강하게 잡아주는 역할을 한다고 보았다. 즉, 상호 간에 감정을 보살펴 주는 일이 중요함을 강조하고 있다.

셋째는 소통(communication)이다. 소통은 대화가 많고 잘 들어주는 가족의 중요성을 말해주는 것이라고 강조하고 있다. 즉, 가족 구성원 간에 접촉이 잦아 고립감을 느끼지 않는 가족의 중요함을 말하고 있다.

넷째는 동행(time together)이다. 하루 생활에서 식사, 노동, 놀이를 되도록 함께하는 가정, 이러한 시간이 많은 가정, 집 밖에서 시간을 많이 보내지 않고 매사에 동행하는 가족이 건강한 가족이 될 수 있다는 것이다.

다섯째는 정신적 건강(spiritual health)이다. 정신적 건강은 가족들이 함께 이웃에 대한 사랑과 긍휼을 실천하는 가정으로 건강한 가정만이 행복한 미래를 보장할 수 있다.

여섯째는 극복하는 기술(coping skills)이다. 가족 중 누가 어려운 문제를 당했을 때 그것을 극복할 수 있도록 가족들이 이해해주고 넓은 아량으로 힘을 보태주며 도움을 주는 그런 가족이 건강한 가족이다.

부부간의 갈등을 관리해 나가기 위해서는 무엇보다도 동반자적 부부관계를 유지해 나가는 것이 중요하다. 동반자적 부부관계를 통해 서로 부부간에 존중하고 신뢰하면서 의지하는 생활을 실천해 나갈 수 있다. 동반자적 부부관계를 위해 실천해야 할 내용을 몇 가지 제시하면 다음과 같다.

첫째, 부부간에 사랑한다는 표현을 적극적으로 하여라. 우리나라 사람들은 사랑 표현에 소극적이다. 이제부터 기회가 있을 때마다 적극적으로 사랑을 표현하도록 한다.

둘째, 부부간에 대화에 열심히 경청하여라. 자기의 의견을 주장하기에 앞서 상대방의 의견에 적극적으로 찬동하고 지지하는 의사를 표현하는 것이 중요하다. 통계에 의하면 부부싸움의 97%가 일상의 대화 중 사소한 의견 충돌로 발생한다고 한다. 경청해 준다면 이런 문제를 최소화할 수 있다.

셋째, 부부간에 잘한 행동이나 결정에 대하여 칭찬을 아끼지 마라. 부부간에 잘한 일이나 결정을 칭찬하는 일은 매우 중요하다. 따라서 작은 일, 큰일을 가리지 말고 잘한 일에 대해서는 즉시, 구체적으로, 그리고 공개적으로 칭찬하는 것이 중요하다.

넷째, 부부 사이에도 작은 호의에 대한 감사의 표현을 잊지 마라. 부부간에도 상대의 호의를 당연시하거나 계속 요구만 하는 것은 바람직하지 않다. 호의에 대해 당연시하게 되면 작은 호의는 곧 사라진다. 작은 호의에도 잊지 말고 감사의 표현을 아끼지 말아야 한다.

다섯째, 실수에 대해서는 변명하지 말고 즉시 사과하고 용서를 구하라. 자신의 잘못에 대해서는 진심으로 "미안합니다."라고 용서를 구할 때 사태는 호전될 수 있다는 점을 잊지 말아야 한다.

여섯째, 사과에 대해서는 "괜찮습니다."라고 관용을 보여라. 자신의 잘못에 대해 사과했을 때에는 이를 수용하고 관용을 베풀 줄 알아야 한다.

일곱째, 정기적으로 둘만의 정서와 감성을 공유할 수 있는 시간을 가져라. 정기적으로 분위기 있는 찻집, 영화관, 외식, 여행 등 상황과 형편에 맞춰 부부 만의 데이트 시간을 자주, 그리고 정기적으로 가질 수 있도록 노력해야 한다.

여덟째, 막말은 어떠한 경우에도 하지 마라. 부부싸움 중이라고 하더라도 막말은 절대 해서는 안 된다. 부득이 부부싸움을 해야 할 때에는 미리 시간과 장소를 정하여 문제의 핵심에 집중하고 막말은 절대로 해서는 안 된다.

부부 사이의 원만한 역할 수행과 갈등 관리를 위해서는 상대의 문제를 주의 깊이 듣고 공감하며, 상대방의 입장을 수긍하고 애정적으로 받아들여 격려하며, 문제해결을 위해 도움을 줄 수 있도록 협력하여야 한다.

쉬어가기 행복한 부부생활을 위한 **부부갈등 해결 7가지 공식**

첫째, 위기와 갈등을 새롭게 바라보라. 선천적인 장애아로 태어난 닉 부이치치(Nick Vujicic)가 '희망 전도사'가 된 사례처럼 자신의 위기와 갈등을 어떻게 바라보느냐에 따라 위기가 희망의 시작일 수 있다.

둘째, 갈등을 피하기보다는 사랑으로 직면하라. 어떤 사람은 평생 부부싸움 한 번 안 하고 살았다고 하는 것을 보면 정말 그럴 수 있을까? 의문이 들기도 한다. 부부 사이를 잘 표현한 단어가 있다. 그것이 바로 '원수'라는 말이다. '원수'는 사이가 나쁜 원한 관계에 있는 것을 의미하지는 않는다. 떨어지려야 떨어질 수 없는 아주 끈끈한 사이를 말할 때 사용하는 말이다. 부부싸움을 안 하고 살면 좋지만 대부분은 부부싸움을 하면서 산다. 그런데 부부싸움을 하면서 배워나가야 한다. 상대방의 생각도 배우고 서로의 간극을 좁혀나가면 오히려 부부의 갈등이 해소되는 좋은 방법이 부부싸움이기도 하다. 싸워도 서로의 인격을 존중해 가면서 바르게 싸워야 갈등이 해소된다.

셋째, 이성의 차이점과 특징을 이해하라. 남녀의 시각과 생각은 서로 많은 차이점이 있다. 먼저 이것을 이해하는 것이 중요하다. 이해라는 단어 'understand'는 상대방의 입장에 서보는 것을 의미한다. 그 사람의 입장에서 보면 그 사람을 이해할 수 있다. 부부갈등을 해결하는 좋은 방법은 서로의 차이를 이해하고 수용하는 자세이다. 서로의 입장을 이해하고 수용하면서 배려와 존중의 마음을 갖게 된다면 부부생활은 새로운 단계로 진입하게 된다.

넷째, 서로의 가치관과 성격의 차이를 용납하라. 부부는 자라온 환경이 서로 다르다. 또한 남녀의 시각, 생각의 차이가 엄연히 존재한다. 그것을 무시하고 자신의 생각만 일방적으로 내세우면 대화는 깨어지고 갈등만 남게 된다. 서로의 가치관과 성격의 차이를 용납하는 자세가 필요하다.

다섯째, 서로 다른 필요나 기대의 차이를 존중하라. 남녀가 생각하고 추구하는 서로 다른 필요와 기대의 차이를 존중해 주는 것이 부부갈등을 해소하는 좋은 방법이다.

여섯째, 근원적인 목마름을 해결하라. 사람은 누구나 다 살아가면서 갈망하는 것들이 있다. 대체로 우리는 그것을 '꿈'이라고 한다. 그래서 그 꿈을 이루기 위해 서로 협력하고 노력한다. 그러나 근원적인 목마름은 외형적인 것이 아니라 내면의 목마름이다. 사람들이 내적 목마름을 잘못된 방법으로 해결하는 것이 알코올 중독이나 도박 중독 등 각종 중독증상으로 나타난다. 따라서 배우자와 친밀한 관계를 맺어 내적 공허를 채우는 게 필요하다. 취미생활이나 여행 그리고 운동 등을 함께하면서 서로의 필요를 채워주는 것이 올바른 부부생활이다.

일곱째, 배우자의 부정에 대한 바른 결단과 선택을 하라. 부부생활에 있어서 가장 치명적인 것이 바로 성적인 외도이다. 외도자의 성적 불성실에 대한 분명한 경고와 정직한 대화를 통해 바로 잡는 것이 무엇보다 중요하다.

출처 : 행복한 박목사(http://cafe.daum.net/pyd5585, 2020.11.26.).

3. 준비된 부모 되기

1) 부모됨의 의미와 관점[1)]

부모가 된다는 것은 인간의 발달과정에서 자녀를 출산하여 양육하는 등의 부모역할을 수행한다는 것을 의미한다. 우리가 부모가 된다는 것은 임신과 출산을 통해서

1) 이규은(2023). 가족과 젠더. 서울: 동문사. pp. 321-322.

이루어지는 일이지만, 실질적으로는 출산 이전부터 자녀를 계획하고 준비하는 과정에서부터 시작된다고 해야 할 것이다. 부모됨은 성인기의 중요한 발달과업 중의 하나로, 자녀를 낳아 잘 성장할 수 있도록 돕는 역할을 수행함으로써 보람을 얻는 일이기도 하지만 부모 자신 또한 자녀를 통해서 성인으로서의 성숙을 경험하게 된다.

자녀가 성장하여 성인이 되면 결혼을 하고 결혼한 부부가 자녀를 갖는 것은 당연한 일로 여겨져 왔으나, 오늘날에 와서는 여성의 취업이나 경제적 이유 등으로 출산을 연장하거나 기피하는 경우도 늘고 있다. 가족 형성에 필수적인 결혼과 자녀 출산이 이제는 필수가 아닌 선택의 대상이 되었다. 이제는 부모됨의 의미도 과거와 달리 다음의 몇 가지 관점에서 특징을 지니고 있다.

첫째, 부모됨이 성인기 역할로 당연시되기보다 점점 개인의 선택사항이 되어가고 있다. 피임기술의 발전으로 언제, 몇 명의 자녀를 가질 것인가의 결정을 전적으로 개인이 조절할 수 있게 되었다.

둘째, 과거보다 부모가 되는 시기가 늦어지고 있으며, 적은 수의 자녀를 갖는다. 이는 개인의 자아성취에 대한 욕구가 강해지고 교육 기간이 길어져 취업과 결혼 등의 성인기 역할에 늦게 입문하게 된 것이 이유이다.

셋째, 저출산의 추세에도 불구하고 아동발달에 대한 지식이 많아진 예비부모들은 자녀 출산과 양육에 대해 과거보다 더 많은 책임과 부담을 느끼게 되었다.

넷째, 부모됨의 선행조건으로 혼인이 전제되어야 한다는 절대규범이 흔들리면서 결혼제도에 진입하지 않고도 부모됨을 선택하는 사람들이 등장하고 있다. 예컨대 미혼 싱글맘이나 동거커플의 자녀출산, 동성애커플의 자녀입양 등이 그것이다.

다섯째, 맞벌이 부부의 급증으로 부모의 공동양육이 불가피해졌다.

이와 같이 오늘날의 부모됨은 과거에 비해 선택적이며 자율적이고 아동 중심적으로 변화되고 있다(정현숙 외, 2021).

자녀가 성장할수록 부모됨의 역할은 더욱 어려움에 빠지게 된다. 부모는 모든 자녀가 원하는 것을 뒤에서 도와주는 사람이면서 동시에 자녀가 성공하도록 앞에서 이끄는 사람이기도 하다.

바람직한 부모는 내가 주고 싶고 줄 수 있는 것을 주는 것이 아니라, 자녀에게 꼭 필요하고 자녀가 받고 싶어 하는 것을 많이 생각하고 베풀어주는 부모이다. 따라서 자녀의 성장기에 따른 적합한 지도 단계와 절차가 필요하다.

자녀가 아동기를 맞이하게 되면 부모의 중요한 역할은 자녀에게 세상을 단계에 맞게 해석해 주는 일이다. 이 과정에서 자녀에게 긍정적인 자아개념을 형성해 나가도록 해야 하며 올바른 사회적 가치를 정립할 수 있도록 해야 한다. 이 시기가 되면 부모와 자녀 간의 상호작용은 신체적인 것에서 심리적인 것으로 전환해야 한다. 타인과의 많은 접촉을 통해 바른 인간관계를 형성해 나가도록 해야 하며 적절한 과제 수행을 통해 성취감을 경험할 수 있도록 해야 한다. 자녀에게 문제가 발생할 때에는 무엇보다도 먼저 부모는 아동의 지지자로서의 역할을 수행해야 한다. 자녀를 적극적으로 지지해주는 일은 부모가 가장 먼저 나서야 한다.

모든 일을 자율적으로 수행하도록 하되 주어진 과제를 잘 수행하여 완결했을 때에는 충분한 칭찬과 격려가 수반되도록 하는 일도 게을리해서는 안 된다. 책임만을 강조하고 칭찬과 격려에 야박할 경우에는 생활적응에 어려움이 수반될 수 있으므로 균형을 이룰 수 있도록 보살펴 주어야 한다.

쉬어가기 **부모됨의 의미**

부모가 된다는 것은 단순히 아이를 잉태하여 낳는 것만으로 그치지 않는다. 낳는 것보다 더 중요한 일은 태어난 아이가 한 인간으로서 자기에게 주어진 삶을 잘 살아낼 수 있도록 도와주는 일이다.

우리는 흔히 이 일을 아이를 기른다고 표현한다. '낳는 일'과 '기르는 일'을 하는 사람을 말한다. 그렇다면 자녀를 기르기 위해 부모는 무엇을 해야 하는가? 바람직한 부모 역할은 무엇인가? 개인의 가치관에 따라 차이가 있을 수 있겠지만 교육학자들이 공통적으로 제시하는 것은 '사랑하기'와 '가르치기'이다.

대부분의 부모들은 자녀를 사랑한다. 눈에 넣어도 아프지 않을 만큼 사랑한다. 그러나 사랑하는 것만으로는 부족하다. 자녀가 사랑받는다고 느낄 수 있게 한발 더 나아가야 한다.

가정은 교육의 장소이며 부모는 가장 확실한 교사이다. 부모의 교육적 영향력은 어떤 교사보다 강력하다.

부모의 교육적 역할은 학교교육에서 주로 얻을 수 있는 지식이나 정보에 국한되기보다는 좀 더 포괄적인 것이다. 자신과 타인을 사랑할 줄 알고, 자신이 재미있게 할 수 있는 일로 개인의 성취를 이루는 동시에 사회에 공헌할 수 있도록 성숙한 민주시민을 길러내는 것이다.

부모는 자녀에게 최초의 교사, 마지막 교사, 평생 담임교사이다. 한 명의 학생을 온 열정을 바쳐 평생 지도할 수 있는 교사는 오직 부모밖에 없다. 고귀한 생명과 다양한 가능성을 가지고 태어난 한 아이의 부모가 된다는 것은 옷깃을 여미게 하는 엄숙하고 거룩한 일이다.

우리가 아이들에게 남겨줄 수 있는 두 가지 영원한 것이 있다. 하나는 뿌리이고, 또 하나는 날개이다.
- 밴 크로포드 -

출처 : https://cafedaum.net/starkid220.com(2022.12.12.)

2) 부모의 발달적 역할[2)]

부모의 역할을 수행함에 있어서 부모는 무엇보다도 자녀의 능력에 대해 신뢰하고 대화하는 태도가 중요하다. 부모는 자녀와의 깊은 신뢰감을 유지하는 것도 중요하지만, 올바른 언어 모델로서의 역할도 다해야 한다. 또한 부모는 가족 내에서의 원만한 관계를 통해 자녀의 눈높이에 맞는 애정과 엄격함을 조화롭게 결합하여 자녀의 의지력과 인내심 육성에도 관심을 가져야 한다. 이처럼 미래를 살아갈 자녀에게는 세상이 던지는 어떠한 어려운 문제에도 스스로 도전하여 해결해 나갈 수 있는 강인함도 지니도록 해야 하는 등 다양한 요인의 육성과 통제에 관심을 가져야 한다.

부모의 역할은 자녀가 성장함에 따라 계속적으로 변하는데, 자녀가 영아기, 유아기, 아동기, 청소년기일 때 바람직한 부모의 역할이 각각 다르다. 이러한 발달 단계에 따른 부모의 역할에 대해 갈린스키(Galinsky, 1987)는 부모의 역할 수행 단계를 6단계로 구분하여 제시하고 자녀의 성장에 따른 발달과업을 수행해 나갈 것을 제시하고 있다.

<표 12-2> 갈린스키의 부모 역할 수행 6단계

단계	구분	발달특성 및 부모의 역할수행 과업
1단계	이미지 형성기	•자녀출생 이전 •임신의 수용, 부모기 준비, 출산 준비
2단계	양육단계	•자녀출생 후 생후 2년의 시기 •애착형성이 주요과업
3단계	권위적 단계	•만 2~5세까지 학령 전기 •자율과 책임의 양면성 사이에서 부모로서의 권위 형성 •책임감과 권위를 받아들이는 것이 주요과업
4단계	설명단계	•만 5세~초등학교 시기, 자녀에게 세상을 설명해 주는 것이 주요과업 •판단기회 제공, 기술과 정보를 접할 기회 제공 •부모가 자녀의 끊임없는 질문에 응답하는 과정과 기술 습득 •부모의 세계관과 가족의 가치를 자녀에게 전달해주는 설명
5단계	상호의존 단계	•청년기 자녀 •새로운 결속 형성, 자녀를 독립된 인격체로 인정 •상호의존적 관계
6단계	떠나보내는 단계	•부모가 자녀를 독립시킴 •떠나보내야 함을 준비하고 수용하며 적응 •부모의 권위를 자녀에게 이양

2) 이규은(2023). 가족과 젠더. 서울: 동문사. pp. 319-320.

갈린스키는 자녀가 성장해 감에 따라 부모도 성장해 간다고 보았다. 즉, 부모와 자녀는 공동성장의 과정을 거치므로 자녀의 문제는 곧 부모의 문제이며, 부모에게 결정적인 책임이 있다고 보았다.

부모의 역할은 흔히 말하는 사회적 역할과는 달리 다음과 같은 점에서 독특한 특성을 지니고 있다.

첫째, 부모의 역할은 하고 싶지 않거나 하는 것이 싫다고 거부할 수 있는 것이 아니라는 점이다. 임신과 출산을 통해 태어난 자녀에 대해 부모의 역할을 포기한다는 것은 불가능한 일이다. 자신의 요구와 달리 거부할 수 없는 책무와 역할이 부여된다.

둘째, 자녀의 양육에 대한 책임은 여성과 남성으로 분류되는 것이 아니다. 자녀 양육에서 여성이 남성보다 더 중요한 역할을 수행하는 것은 여성이 자녀의 양육을 책임져야 한다는 우리 사회의 성역할 고정관념에 기인한다. 자녀의 양육은 남녀로 구분되는 것이 아니라 부보가 공동으로 양육하여야 할 무한 책임으로 부여되는 것이다.

셋째, 부모 역할은 어떻게 수행해야 하는지에 대한 구체적이고 실질적인 교육을 받지 못한 채 받아들여야 한다. 따라서 자녀양육에 대한 구체적인 내용이나 수행방법에 대한 교육이나 훈련을 받지 못하고 받아들여야 하므로 많은 시행착오와 어려움을 겪게 되는 부분이다.

3) 부모됨의 어려움

과거에는 결혼하여 아이를 낳으면 자연스럽게 부모가 되는 것으로 인식되었다. 하지만 오늘날 부모가 된다는 것은 쉽지 않은 결단을 필요로 하며 부모가 되기까지에는 많은 힘든 과정을 받아들이겠다는 결정을 해야만 한다. 부모가 된다는 것은 과거처럼 단순히 자녀를 낳는 것만으로 끝나는 것이 아니라, 부모로서 자녀의 양육과 돌봄, 교육, 자녀의 결혼에 이르기까지 자녀의 많은 부분을 책임져야 하는 것을 감수해야 한다. 그러한 까닭에 많은 여성들이 출산을 기피하고 결혼을 포기하는 것이 현실로 나타나고 있다. 부모가 된다는 것은 부부간의 합의를 통해 어려운 과정을 수용하고 부모의 역할을 충실히 수행해 나가겠다는 각오와 의지를 담아낸 하나의 사랑의 과정이다.

급변하는 사회의 변화 속에서도 부모로서의 역할을 충실히 수행해 나가기 위해 겪게 되는 부모됨의 어려움은 다음과 같이 요약할 수 있다(박성연 외, 2014).

첫째, 부모됨의 과정은 여러 선택의 과정이며 각각의 선택의 길에서 부모들은 갈등을 경험하게 된다. 가령 자녀를 낳을 것인지, 언제 나을 것인지, 몇 명의 자녀를 낳을 것인지, 터울은 어떻게 할 것인지, 직장에 다닐 경우 양육은 어떤 방법으로 할 것인지 등 자녀 출산 및 부모됨과 관련해서 많은 선택을 한 후에야 자녀를 만날 수 있다.

둘째, 어머니는 일과 가사노동과 육아의 삼중부담을 안게 되므로 부모역할에서 많은 어려움을 경험하게 된다. 예전과 달리 기혼 여성들의 경제활동에 대한 참여율이 높아지면서 여성들의 가정관리에 대한 책임이 증가하였다. 우리문화에서는 취업한 여성이라 할지라도 남편보다는 아내에게 가사노동과 양육에 대해 더 많은 책임을 묻는 경향이 있다.

셋째, 새롭고 다양한 가족구조와 역할모델의 등장으로 인한 부모 역할 확립의 어려움을 경험하게 된다. 현대 사회는 이혼과 사별, 재혼의 증가로 한부모가족, 계부모가족이 증가하였고, 10대 임신과 출산도 증가하였다. 이러한 다양한 가족구조에 따라 부모가 취해야 할 역할 또한 차이가 있으며, 그 차이에 적응하며 부모역할을 수행하는 것은 어려운 과제로 다가오고 있다.

넷째, 양육을 지원하는 사회체계의 부족으로 어려움을 경험하게 된다. 우리나라는 여성의 취업률이 크게 증가한 데 비해 맞벌이 부부의 육아문제를 원만히 해결하도록 지원하는 육아휴직, 부모교육, 보육시설, 부모역할을 지지하는 근로 형태 등의 보육 및 탁아제도는 아직 빈약하다.

다섯째, 가족 주기에서 자녀의 출산은 결혼만족도의 감소로 인한 어려움을 경험하게 된다. 임신부터 출산 후 9개월까지 결혼만족도와 애정이 감소하며, 특히 어머니의 경우 더욱 그렇다. 애정표현 역시 임신 말기부터 출산 후 3개월 정도까지 감소하며 이후 비교적 안정적인 경향을 보여 점차 동반자 관계가 향상된다. 또한 첫 자녀를 출산하면 부부는 부부로서의 역할 외에 부모로서의 역할을 하게 되며 일과 가사, 양육까지 하게 되어 노동량과 긴장감이 증가한다. 양육 및 가사분담에 대한 기대가 큰 어머니일수록 부부기가 아닌 부모기로 전이하면서 결혼만족도가 감소하는 경향이 있다.

4. 만족한 결혼생활

1) 너그러운 부부

미국의 MSNBC 방송에서 2011년 '행복한 결혼생활에 관한 연구'결과를 방송한 바가 있다.3) 이 방송의 내용은 미국의 만 18세~46세 이성 커플 1,400여 쌍을 대상으로 버지니아대학교(University of Virginia)에서 실시한 조사결과를 요약한 것이다. 이 방송 내용에 의하면 부부는 서로 '너그러운 관계(generous relationship)'에 있을 때 부부의 행복도가 가장 높다는 사실이다. 자신이 너그러운 정도를 평가할 때 스스로 '너그러운 정도가 평균 이상'으로 높다고 응답한 사람 중 여성의 50%, 남성의 46%가 자신의 결혼생활은 '매우 행복하다.'라고 응답했다는 것이다. 반면에 '너그러운 정도가 낮다'라고 응답한 사람들의 경우에는 응답자의 14%만이 자신의 결혼생활에 대해 '행복하다'고 응답하고 있어서 전체적으로 '너그러운 부부'가 '너그럽지 못한 부부'에 비해 약 5배나 더 행복한 결혼생활을 하는 것으로 나타났다.

그렇다면 '너그러운 부부'란 어떤 부부일까? 사전적인 의미로 '너그럽다'는 말은 '마음이 넓어 감싸 받아들이는 성질이 있는 것', '마음이 넓어 다른 사람의 처지를 헤아릴 줄 아는 또는 다른 사람을 좋은 마음으로 대하거나 은혜를 베풀 줄 아는 것'이라고 정의하고 있다. 즉, '너그러운 부부'란 사전적인 의미로는 '마음이 넓어 서로를 감싸 받아들이거나, 서로의 처지를 헤아릴 줄 알고, 좋은 마음으로 은혜를 베풀 줄 아는 부부'라고 정의할 수 있을 것이다.

부부가 너그러운 관계를 갖는다는 것은 상대를 잘 알고, 상대가 원하는 것을 해주는 것이다. 내가 원하는 것을 이해해 주고 그것을 원하는 대로 해준다는 것보다 행복한 삶은 없을 것이다. 너그럽다는 말에는 수용력이나 포용력과 같이 상대방을 넓은 마음으로 '감싸 안는다'라는 의미도 포함한다. '너그러운 사람에게는 은혜를 구하는 자가 많고 선물 주기를 좋아하는 자에게는 사람마다 친구가 되느니라.'는 성경 말씀처럼 부부간에도 상대방이 잘못을 저질렀을 때 상대방을 바보스러운 일을 했다고 원망하기보다는 너그러운 마음으로 "실수했지만 다음에는 같은 실수를 하지 않는 것이 중요하니, 힘을 내!"라고 상대방을 감싸주는 마음은 너그러움이 가져다주는 행복을 만드는 유일한 방법이다. 우리가 너그러운 손길로 상대방을 바라

3) 미국 MSNBC 방송 보도자료(2012.12.8).

보면 자비로운 행동으로 즐겁게 베푸는 마음으로 살아간다. 넓은 마음씨는 삶의 정상적인 생활방식이다. 나누어 주기를 좋아한다면 그 사람이야말로 너그러운 사람이다. 너그러운 열린 마음으로 살아간다는 것은 삶에서 꽉 쥐고 있던 손을 펴서 다른 사람에게 거리낌 없이 주는 것이다. 부부간에도 상대방에게 도움을, 마음을, 의지를 아낌없이 주는 것에서 너그러운 부부가 만들어진다.

공자의 말씀에 "윗자리에 있으면서 너그럽지 않으면 어른이라고 하기 어렵다."라는 말이 있다. 이처럼 부부간에도 서로가 잘못에 대해 질책하기보다는 만회할 수 있는 기회를 주어 스스로가 잘못을 알고 반성할 때까지, 인내심과 너그러운 마음으로 잘못된 행동을 수정할 수 있을 때까지 기다려 주는 여유가 필요하다. 너그러운 눈길로 바라보고 이해하며 넓은 마음으로 기다려 주는 것, 이것이 부부간에 지녀야 할 너그러움이다.

2) 결혼만족도

<KB 금융지주 경영연구소>가 우리나라 도시 일 인(1人) 가구 2,000명에게 결혼과 관련한 삶의 만족에 대하여 심층 설문조사를 실시하였다.[4] 이 조사결과에 의하면 우리나라 만 25세에서 만 59세까지의 연령층에서 월 소득이 100만 원 이상인 사람의 경우, 일 년 전에 비해 여성은 20대, 남성은 30대의 연령층에서 '결혼할 생각이 없다'라고 응답한 사람이 뚜렷하게 증가한 것으로 나타났다. 즉, '결혼하지 않고 독신으로 살아가겠다.'는 20, 30대 연령층의 수가 증가한 것이다. 이들을 대상으로 결혼할 생각이 없는 이유에 대해 조사한 결과, 남성은 '경제적인 부담'을 가장 큰 이유로 들었고, 여성은 '결혼에 대한 거부감'을 가장 큰 이유로 들었으며, 남녀 모두가 두 번째 이유로 '배우자를 아직 찾지 못함'이라고 응답하였다.

이들에게 혼자 살고 있는 것에 대한 만족도를 물어본 결과, 10명 중에서 6명은 '만족하고 있다.'고 응답하였으며, 주거가 안정된 사람들의 경우에는 4명 중 3명꼴로 '혼자 사는 데 만족한다.'라고 응답하였다. 이러한 조사결과를 보면 결혼만족도 이전에 독신으로 살아가면서도 자신의 삶에 대한 만족도를 찾아가고 있다는 점에서 오늘날 보여주는 새로운 사회의 변화 양상이라고 할 수 있다.

'결혼은 해도 본전, 안 해도 본전'이라는 말이 있다. 서로 다른 환경에서 자란 두

4) SBS '친절한 경제' 방송자료. '결혼 안 하고 나 혼자 산다.' 실제 만족도 높았다. (2020.11.9.).

사람이 결혼이라는 의례를 통해 한 공간에서 모든 것을 공유하며 살아가게 되는 것이 결혼이다. 그러다 보면 이제까지 생활습관이 다른 환경에서 생활해 오던 두 사람이 새로운 환경에 적응하며 살아간다는 것이 쉬운 일은 아니다. 서로가 다름을 이해하고 맞춰가면서 살아가야 하는 것이고, 그에 따른 삶의 불만족이 나타나게 된다. 하지만 그렇게 낯설고 적응하기 어려운 결혼생활도 일정한 시기가 지나면 성에 대한 신비감도 사라지고 결혼의 의미와 만족에 대해서도 새롭게 인식되면서 만족도의 향상보다는 앞으로 태어날 자녀에 대한 걱정과 부모로서의 책무에 빠져들게 된다. 결혼을 하면서 누구나 큰 기대를 갖고 시작하지만 곧 현실과 기대했던 결혼생활과는 판이하게 다름을 이해하게 되고 그러면서 결혼에 대한 만족도도 급격히 낮아지게 된다.

현대사회 부부의 역할은 인생의 동반자로서 서로가 존중하고 사랑하는 평등한 부부의 관계 속에서 이루어진다. 경제적인 측면에서 오늘날의 젊은 부부들은 남편 혼자만의 수입으로는 자녀교육과 집 장만, 자녀 결혼과 노후 대비 등에 한계가 있으므로 부부가 함께 경제활동에 참여한다는 것이 특징이다. 그로 인해 전 가족이 경제활동에 매달리게 됨으로써 가족 간의 대화가 부족한 현실적인 문제가 도출되기도 한다. 또한 양성평등으로 자녀양육에 부부가 함께 참여하여 자녀의 인성교육에 도움을 줌으로써 자녀의 사회적응 속도가 빨라지는 등의 긍정적인 측면은 있지만, 저출산과 무자녀 가정의 증가로 인구 감소로 이어지는 사회문제도 현대사회에 등장한 새로운 사회적 문제이다. 자유로운 성문화와 책임지지 않는 성행동, 이혼의 증가로 편모, 편부 또는 조손가정이 증가하고 있는 것도 사회 문제화되고 있다.

이러한 다양한 사회문제에도 불구하고 결혼에 대한 만족도는 부부간의 금실이라고 칭하는 사랑과 마음가짐에 따라 다양한 결과를 보여준다. 개인적인 결혼만족도 외에 국민 전체의 결혼만족도를 높이기 위한 국가 차원의 정책과 제도 마련이 필요한 시점이다. 사회안전망인 국가의 인구 정책과 교육 제도, 노동정책과 사회보장제도가 가정의 행복에 결정적 역할을 하기 때문이다. 결혼만족도에 있어서 중요한 것은 부부의 역할도 중요하지만 우리 사회에 필요한 제도와 정책이 적재적소에 마련되어 국민들을 지원해 주는 것도 국민 전체의 결혼만족도를 높이는 데 중요한 역할을 한다.

3) 행복한 결혼생활 전략

행복한 결혼생활을 위해서는 두 사람이 함께하는 노력이 필요하다. 흔히, 결혼 초기가 되면 '길들이기'라는 명목하에 자신은 노력하지 않고 상대방에게만 노력하기를 강요한다. 이는 행복한 결혼생활을 만들어가는 데 있어서 바람직하지 못한 전략이다. 결혼 후 낯선 환경에 대한 적응의 시간도 주지 않은 채 한꺼번에 모두 바꾸라고 하는 것은 힘든 일이다. 게다가 자신을 이해해주기는커녕, 남과 비교까지 한다면 당연히 마음의 문을 닫게 될 것이다. 결혼은 성취해야 할 과제나 해결해야 할 문제가 아니라 두 사람 사이의 '관계'라는 사실을 잊어서는 안 된다. 좋은 관계란 상대방의 생각이나 감정, 원하는 것을 이해하려는 입장에서 만들어진다. 부부간에 관계를 발전시키는 데 필요한 통찰을 얻고, 어떤 상황 속에서도 포기하지 않고 꾸준히 노력해 간다면 부부관계에 긍정적인 변화가 일어나 서로 사랑하고 사랑받는 진정한 결혼생활의 기쁨을 찾을 수 있을 것이다. 행복한 결혼생활을 위한 준비와 투자는 곧 가족의 행복을 저축하는 전략이다. 결혼은 정서적, 성적, 사회적, 경제적으로 결합하는 과정으로서 결혼을 선택한 이들은 행복한 가정을 이루는 것을 목표로 노력해 나가야 한다. 행복한 결혼생활을 위해 필요한 기본적인 생활전략을 제시하면 다음과 같다(김양희 외, 2012).

첫째, 개인적 습관에서 '가족 중심의 습관'으로 전환해야 한다. 결혼하기 전에 습득한 혼자만의 생활습관에서 벗어나 가급적 가족이라는 공동생활에 맞춰 습관을 바꿔나가야 한다. 결혼생활은 혼자만의 생활이 아닌 공동체와 함께하는 생활이기 때문이다.

둘째, 자녀의 입장에서 '며느리 또는 사위의 입장'을 동시에 수행해야 한다. 결혼하고 나면 아들, 딸의 입장은 물론이고 한 집안의 사위와 며느리로 탈바꿈하게 된다. 새롭게 주어지는 사위와 며느리의 역할을 다할 수 있도록 의식을 전환함과 동시에 주어진 책무를 수행해 나가야 한다.

셋째, 자녀의 입장에서 '배우자의 입장'으로 전환해야 한다. 결혼하기 전에는 부모님의 자녀로서의 책임만 주어졌지만 결혼과 동시에 누군가의 배우자로서의 역할이 더해진다. 자녀의 역할과 더불어 배우자로서의 역할을 수용하는 태도로 전환해야 한다.

넷째, 나의 생활에서 '우리의 생활'로 수용 범위를 확대해 나가야 한다. 결혼을 하고 나면 모든 것이 나만을 위해서가 아니라 가족을 위해서 생각하고 가족을 위해서 행동해야 하는 상황으로 전환된다. 따라서 여기에 맞춰 수용해 나가는 범위를 확대해 나갈 필요가 있다.

다섯째, 개인의 구매에서 배우자와 '가족을 위한 구매'로 구매 행동을 전환해야 한다. 결혼을 하고 나면 부부가 가족의 책무를 담당하는 역할을 수행해야 한다. 모든 구매활동에 있어서도 자신만을 보는 것이 아니라 가족 구성원을 위한 구매로 행동을 전환해야 한다.

여섯째, 낭만적 사랑에서 현실과 관련된 '책임감 있는 태도와 능력'으로 인식을 바꿔야 한다. 연인으로 즐겼던 연애 시절과 결혼 후에 마주치게 되는 현실은 엄연히 구분되어야 한다. 낭만의 연애 시절을 현실에까지 연장한다면 많은 어려움에 부딪히게 된다. 현실을 직시하고 매사에 가족을 책임지는 부부로서 책임감 있는 행동을 할 수 있도록 인식을 전환해야 한다.

일곱째, 독신의 불완전한 성생활에서 공인된 두 사람 간의 '완전한 성생활'로 바꿔나가야 한다. 결혼은 두 사람의 성생활을 합법화하는 의미를 담고 있다. 따라서 독신 생활에서 벗어나 부부 사이의 안전한 성생활로 책임 있는 행동이 수행되도록 해야 한다.

이 밖에도 신혼부부의 행복한 결혼생활과 관련하여 '무지개 전략'이 있다. '무지개 전략'은 결혼한 후 행복한 생활을 위해 실천해야 할 일곱 가지 지침을 말하는 것인데, 일곱 가지 전략의 앞자리 글자가 무지개의 색깔과 같다고 해서 붙여진 이름이다. 구체적인 무지개 전략의 내용은 다음과 같다(박병호, 2020).

첫째, '빨리 말하라.'이다. 부부간에는 숨기는 것이 있어서는 안 된다. 사랑한다면 사랑한다고, 화가 나면 화가 난다고 숨기지 말고 가급적 빨리 말을 해야 한다는 것이다. 부모님이 돌아가신 뒤 자녀들이 가장 후회하는 것이 '사랑합니다.'라는 말을 하지 못한 것을 가장 후회한다고 한다. 배우자와 아침에 출근하면서 늦기 전에 사랑한다는 말을 서둘러 하기를 권한다.

둘째, '주의하라.'이다. 결혼이란 크리스털 유리잔처럼 보기엔 아름답지만 잘못 다루면 깨지기 쉽다. 우리 주변은 결혼을 깨트리는 다양한 요인이나 환경으로 둘러싸여 있다. 특히 입과 귀와 눈을 주의해야 한다. 결혼 전에 한눈에 반했으면, 결혼 후에도 감은 한 눈으로 상대방의 허물을 눈감아 줘야 한다. 좋은 결혼은 눈먼 아내와 귀먹은 남편이 만나는 것이다.

셋째, '노력하라.'이다. 결혼생활도 노력을 해야 성공할 수 있다. 서로의 생일과 결혼기념일을 꼭 기억하고 서로가 즐겁고 행복해할 수 있는 다양한 이벤트도 만들어야 한다. 많은 관심과 노력이 행복한 생활을 가져다준다. 노력하지 않고도 얻는 것은 주름살뿐이기 때문이다.

넷째, '초대하라.'이다. 아무리 가까운 친구도 자주 만나야 정이 들고 신뢰가 만들어지는 법이다. 가족을 자주 초대해서 가급적 자주 만나고 부딪히면서 정을 붙여야 한다. 자주 만나야 가족처럼 느껴진다. 신혼이라고 우리끼리만 잘 살면 된다는 생각은 바람직한 생각이 아니다. 자주 초대할수록 진정한 가족이 된다.

다섯째, '파묻어라.'이다. 파묻으라는 것은 다름이 아닌 가족의 실수를 눈감아주라는 것이다. 살면서 누구나 실수를 하기 마련이다. 그런데 그러한 실수보다 더 큰 실수는 실수했다는 사실을 반복해서 동네방네 떠들어 대는 것이다. 가족의 누가 되었든 간에 상대방의 허물은 파묻어 줄 때 고마움과 정분이 생겨난다.

여섯째, '남편(아내)을 존경하라.'이다. 남녀는 원래 다르게 만들어졌다. 조물주가 남자를 만들고 나서 여자를 만들었다는 것은 사실일까? 만약 여자를 먼저 만들었다고 한다면, 아마 남자를 만들 때 조물주 옆에서 계속 참견하면서 남자를 이렇게 만들어라, 저렇게 만들어라 하면서 참견했을 것이다. 진정으로 행복한 가정을 원한다면 서로를 존경하는 마음을 가져볼 것을 권한다.

일곱째, '보고 또 보라.'이다. 정상적인 부부라면 서로 눈을 마주치는 일을 자주 실천하라. 인사를 할 때는 반드시 눈을 마주 보면서 인사를 할 것을 권한다. 아침에 눈을 뜨거나 퇴근해서 집에 왔을 때도 인사를 할 때는 언제나 눈을 보면서 인사를 하도록 하자. 퇴근한 남편은 쳐다보지도 않은 채 '자기야, 나 음식 만드니까 얼른 씻고 나와.' 이런 아내보다는 눈을 마주치면서 '자기야, 오늘은 외식할까?'라고 말하는 아내가 더 현명하지 않을까?

쉬어가기 **'결혼만족도' 낮은 노인일수록 '치매' 위험 높다**

결혼만족도가 낮은 노인일수록 치매 위험이 높아진다는 연구 결과가 나왔다.

고려대 김○○ 보건정책관리학부 교수팀이 국내 노인의 결혼 만족도가 인지기능에 미치는 영향을 규명했다고 밝혔다. 해당 연구는 한국고용정보원이 2006년부터 수집한 고령화연구패널조사 데이터를 활용해 진행됐다.

분석 결과 결혼만족도가 낮은 노인일수록 인지기능이 낮아지거나 낮게 유지되는 경향이 있는 것으로 나타났다.

이는 불만족스러운 결혼 생활이 만성적 스트레스 요인으로 작동해 일상적인 정보 처리 작업과 관련된 작업 기억 능력을 손상시킬 수 있다는 것을 의미한다. 또 결혼 만족도가 낮은 노인은 흡연과 지나친 음주 등 인지건강에 해로운 행위를 하거나 여가·사교 활동 등 인지적 자극을 주는 경험에 제약이 있을 가능성이 크다.

이와 함께 연구에서는 결혼 만족도가 인지기능에 미치는 영향이 성별과 기존 인지기능 정도에 따라 다르다는 점을 밝혀냈다.

결혼 만족도가 인지기능에 미치는 효과는 여성에 비해 남성 노인이 2배가량 큰 것으로 나타났다. 노년기 남성의 사회적 관계가 급격하게 약화·단절되면서 아내에 대한 정서적 의존도가 높아지기 때문이라고 해석할 수 있다. 또 남성 노인의 경우 기존 인지기능 수준이 낮은 집단에서 결혼 만족도의 효과가 더 큰 것으로 나타났다.

연구 교신 저자이자 제1저자인 김 교수는 “노년기 결혼 생활의 질을 향상시키는 것을 목표로 하는 다양한 정책적 개입은 노인의 치매위험을 감소시키는 효과적인 전략이 될 수 있다”고 설명했다.

이번 연구 결과는 미국노년학회 대표 학술지이자 노인학 분야 저명 학술지 ‘이노베이션 인 에이징(Innovation in Aging)’에 게재됐다.

출처 : 동아일보(2023.8.7.).

활동자료 12-1

부부 행복지수 체크리스트

※ 다음 질문을 읽고 자신에게 해당되는 내용이라고 생각되면 '응답'란에 V표를 하여라.

번호	질문 내용	응답
1	서로의 장단점을 3개 이상 당장 말할 수 있다.	
2	주 1회 이상 만족스러운 성관계를 즐긴다.	
3	주 3회 이상 온 가족이 모여 식사를 한다.	
4	부부가 함께 즐길 수 있는 취미가 있다.	
5	가사분담이 이뤄지고 있다.	
6	육아에 대해 함께 이야기하고 역할 분담을 한다.	
7	결혼 이후 배우자의 단점에 대해 포기한 부분이 있다.	
8	한 달에 한 번 부부만의 시간을 갖는다.	
9	생일 또는 결혼기념일 등 둘만의 기념일은 반드시 챙긴다.	
10	서로에게 숨기는 일이 없다고 자신 있게 말할 수 있다.	
11	아직도 배우자의 모습을 보면 설레는 마음이 있다.	
12	단둘이 30분 이상 대화를 할 수 있다.	
13	서로의 옷차림과 행동에 대해 잔소리할 때가 있다.	
14	결혼 후에도 외모에 신경 쓰려고 노력한다.	
15	결혼 전에 했던 약속을 기억한다.	
16	화가 나면 잠시 그 자리를 피하려고 한다.	
17	기념일에 배우자가 받고 싶어 하는 선물을 알고 있다.	
18	외출하면 반드시 손을 잡고 걷는다.	
19	'사랑한다'는 말을 하루에 한 번씩 한다.	
20	배우자의 친한 친구를 1~2명 알고 있다.	

결과 처리

* '응답'란에 표시한 ∨표의 개수를 세어 결과해석에서 해당되는 내용을 파악한다.

결과 해석

개수	해석 내용
15개 이상	•행복한 부부이다. 서로에 대한 관심과 사랑이 넘쳐난다. •지금과 같은 마음을 변치 말고 계속 유지할 수 있도록 노력해 나간다.
10~14개	•평범한 부부이다. 지금 부부관계에서 조금만 더 노력하면 부부 금실이 더욱 좋아질 수 있다. •배우자가 필요로 하는 것이 무엇인지 관심을 가지고 지켜볼 필요가 있다.
10개 미만	•서로 노력이 필요하다. 자칫 위기의 부부가 될 수 있으니 서로를 이해하려고 노력하고 함께 보내는 시간을 늘려나가도록 한다. •상대방에 대해 알아야 하는 문제도 해결할 수 있어야 한다.

출처 : 으뜸유아학교 (http://cafe.daum.net/bestkidsschool, 2020.12.22.).

활동자료 12-2

부모와 자녀관계 만족도 검사

이 검사는 평소 자신이 느끼고 있는 부모와 자녀관계에 대해 만족하는 수준인지를 살펴볼 수 있는 검사이다. 하지만 검사를 통해 제시된 만족도 수준이 절대적이고 객관적인 것은 아니라는 점과 이 검사가 어디까지나 여러분이 스스로 자녀와의 관계를 돌아보고 개선하기 위한 도구로 활용되는 것이라는 점을 꼭 기억해 주시기 바란다. 지금부터 문항의 내용을 읽고 '그렇지 않다'와 '그렇다' 사이에서 평소 자신의 느낌이나 생각과 일치하는 것에 체크해 보자.

전혀 그렇지 않다 : 1점　　대체로 그렇지 않다 : 2점　　보통이다 : 3점
대체로 그렇다 : 4점　　매우 그렇다 : 5점

번호	문항	응답				
		1	2	3	4	5
1	나는 내 자녀와 잘 통한다고 생각한다.					
2	나는 내 자녀의 친구들에 대해서 잘 알고 있다					
3	내 자녀는 고민이 있을 때 나에게 털어놓는 편이다.					
4	나의 자녀들은 외출하면 잘 돌아오려 하지 않는 것 같다.					
5	내 자녀는 불만이 있으면 대부분 표현하는 편이다.					
6	나와 자녀는 유행 때문에 의견 차이가 많이 생긴다.					
7	내 자녀는 항상 명랑하다.					
8	나는 내 자녀와 이야기하다가 언성을 높일 때가 있다.					
9	내가 얘기를 할 때 내 자녀들은 잘 듣는 편이다.					
10	나는 내 자녀와 생활방식의 차이를 많이 느낀다.					
11	자녀들이 학교에서 돌아오는 시간이 무척 기다려진다.					
12	나는 자녀와 함께 시간을 보내는 것이 즐겁다.					
13	나는 자녀와 이야기를 많이 나누는 편이다.					
14	내 자녀들은 나와 함께 식사하는 것을 즐거워한다.					
15	나는 자녀와의 갈등이나 의견 차이를 잘 해결한다.					
16	내 자녀가 유명 연예인을 좋아하는 것에 대해 실망스럽다.					
17	나는 내 자녀에게 인정받고 있다고 생각한다.					
18	나는 내 자녀의 장래 희망에 대해서 잘 안다.					
19	내 자녀는 자신의 의견을 잘 이야기한다.					
20	나는 자식들이 시청하는 TV 프로그램을 잘 안다.					
21	나는 자녀와 나눈 이야기를 깊이 생각하는 편이다.					
22	내가 속상해하면 자녀들은 나를 위로하려고 노력한다.					

23	나는 내 자녀의 학교생활이 만족스럽다.					
24	나는 내 자녀를 칭찬해 주는 경우가 많다.					
25	나는 내 자녀의 마음을 잘 이해하는 편이다.					
26	내가 자녀와 갈등이 있을 때는 대부분 자녀 때문이다					
27	내 자녀의 성격은 나를 힘들게 한다.					
28	나는 내 자녀의 학업성적 때문에 항상 걱정한다.					
29	내 자녀들은 나의 도움이 필요하면 즉시 요청한다.					
30	내 자녀는 나의 결정사항에 대해 불만스러워 할 때가 많다.					

출처 : 박인숙(2020). pp. 352-353.

결과처리 및 해석

• 역채점 문항 : 4, 6, 8, 10, 16, 26, 27, 28, 30번 문항
• 부모와 자녀관계 만족도 검사 해석 기준값

구분	매우 낮음	낮음	보통	높음	매우 높음
만족도 총점	30~44점	45~74점	75~104점	105~134점	135~150점

결과 해석

구 분	해 석
매우 낮음	•당신의 부모와 자녀관계 만족도 수준은 매우 낮습니다. 현재 자녀와 심각한 갈등을 겪고 있을 가능성이 높습니다. 상담을 통해 자녀와의 사이에 놓인 마음의 벽을 조금씩 허무는 시도를 하시면 좋겠습니다.
낮음	•당신의 부모와 자녀관계 만족도 수준은 낮습니다. 현재 자녀와 대화가 잘 통하지 않고 서로 서먹서먹할 가능성이 높습니다.
보통	•당신의 부모와 자녀관계 만족도 수준은 보통입니다. 현재 자녀와 아주 좋지도 나쁘지도 않은 평범한 관계를 유지하고 있을 가능성이 높습니다. 지금 상담센터의 문을 두드려 주세요. 상담을 통해 자녀와 보다 친밀하고 서로 존중하는 관계를 맺는 법을 발견할 수 있습니다.
높음	•당신의 부모와 자녀관계 만족도 수준은 높습니다. 현재 자녀와 좋은 관계를 유지하고 있을 가능성이 높습니다. 앞으로도 자녀와 친밀하고 좋은 관계를 유지하시고 만약 혼자서 감당하기 어려운 문제가 생긴다면 언제라도 심리상담센터의 문을 두드려 주세요.
매우 높음	•당신의 부모와 자녀관계 만족도 수준은 매우 높습니다. 현재 자녀와 매우 좋은 관계를 유지하고 있을 가능성이 높습니다. 앞으로도 계속 자녀와 친밀하고 좋은 관계를 유지하시길 바랍니다.

참고문헌

강대석(2006). 성과 사랑에 관한 철학적 담론. 서울: 영한.

강문정 · 박인숙 · 박효정 · 배경의 · 서순림 · 안옥희(2014). 대학생의 성 건강. 서울: 수문사.

강정운 역(2015). 사회과학의 성격. 창원: 창원대학교 출판부.

고도심리상담염구소(2019). 한국 중년기 남성의 특징. (http://www.godocenter.com).

교육과학기술부 · 보건복지부(2013). 3-5세 누리과정 해설서.

교육부(2015). 학교 성교육표준안. 서울: 도서출판 들샘.

______(2015). 초등학교 성교육 교수학습 과정안. 서울: 도서출판 들샘.

______(2015). 중학교 성교육 교수 · 학습 과정안. 서울: 도서출판 들샘.

______(2015). 고등학교 성교육 교수 · 학습 과정안. 서울: 도서출판 들샘.

권석만(1997). 인간관계 심리학. 서울: 학지사.

______(1997). 이상심리와 심리치료. 현대 심리학의 이해. 서울: 학문사.

______(2008). 젊은이를 위한 인간과계 심리학. 서울: 학지사.

길원평 · 도명술 · 이명진 · 이세일 · 임완기 · 정병갑(2014). 동성애 과연 타고나는 것일까?. 서울: 라온누리.

김동식 · 정옥년 · 장상필(2002). 교수설계 이론의 탐구. 서울: 도서출판 원미사.

김 명 · 고승덕 · 김혜경(2007). 학교보건교육의 이해와 적용. 서울: 동문사.

김수경 외(2011). 결혼준비교육 프로그램. 서울: 도서출판 신정.

김순택 외(1983). 현대교육의 이해. 서울: 교육과학사.

김양희 외(2012). 결혼과 가족. 서울: 양서원.

김연옥 · 박혜영(2005). 성학대 피해 아동과 청소년 어떻게 도울 것인가?. 서울: 도서출판 하나의학사.

김영화 · 최영진(2013). 오늘의 청소년 그들은 누구인가?. 서울: 정민사.

김영희 · 김경미 · 조주영 · 황종귀(2013). 결혼과 가족. 서울: 양서원.

______________________________(2017). 결혼과 가족. 서울: 양서원.

김요완(2013). 성상담과 성교육. 서울: 교문사.

김용미 · 서선희 · 옥경희 · 정혜정(2013). 결혼과 가족의 의미. 경기: 양서원.

김은영 · 이규은(2012). 인간관계론. 서울: 동문사.

김인식 · 최호성 · 최병옥(2002). 수업설계의 원리와 모형 적용. 서울: 교육과학사.

김정옥(2001). 청년 성교육. 서울: 양서원.

김태현 · 이성희(1996). 결혼과 사회. 서울: 성신여자대학교출판부.

김하나(2010). 청소년 성폭력에 대한 대처 방안. 원광대학교 교육대학원 석사학위논문.

김한균(2013). 청소년 강간 범죄 10년 새 2배. 이데일리 뉴스(2013.12.2).

김호권・이돈희・이홍우(1982). 현대 교육과정론. 서울: 교육출판사.

김혜원・이해경(2013). 함께 배우는 성. 서울: 학지사.

김희은(2002). 민주시민교육 시범커리큘럼과 일반시범 연수자료 개발. 민주화운동기념사업회.

나은영(2013). 행복 소통의 심리. 서울: 커뮤니케이션북스.

류보순・김가영(2013). 보건학의 이해. 서울: 동문사.

마누엘 스미스(2016). 죄책감 없이 거절하는 용기. 서울: 이다미디어.

문희경(2010). 성희롱의 이해. 서울: 교육과학사.

미래가족연구회(2011). 결혼과 가족. 서울: 양서원.

민병배・남기숙(2000). 의존성 성격장애와 회피성 성격장애. 서울: 학지사.

민성길(2019). 성 사랑 가정. 서울: 광연재.

손승남・김권욱・이수진(2017). 인성교육. 서울: 학지사.

손애리・이호진(2009). 새로 쓰는 성교육. 서울: 퍼시픽북스.

박귀영・김정옥・백경숙・유가효・조희금・홍계옥・홍상욱(2017). 가족과 젠더. 서울: 양서원.

박미은・신희정・이혜경・이미림(2017). 가족복지론. 경기: 공동체.

박범혁・김경미・김혜숙・조주영・황종귀(2009). 성과 윤리. 서울: 동문사.

박병호(2020). 성공 결혼 7가지 습관. (http://cafe.daum.net/sermon119/1EMQ/94)

박성연・임희수・김상희・김지신・박응임・전춘애(2014). 부모교육. 서울: 교육과학사.

박영원(2007). 중학교 보건교사의 성교육 실태와 개선방안에 관한 연구. 중앙대학교 대학원 석사학위논문.

박인숙(2020). 연애와 결혼. 서울: 동문사.

박재순・염순교(2015). 미혼 여성의 자아실현, 양성평등의식과 결혼관 간의 구조적 관계분석. 한국자료분석학회지, 17(3), 1633-1651.

박주현・최덕경(2013). 가족과 젠더. 서울: 창지사.

박태형(2006). 가족생활주기와 가족치료. 서울: 학지사.

배애성(2011). 유아 성교육. 서울: 다음세대.

변상규(2020). 한국에서 중년 남자로 살아간다는 것. 변상규 교수의 열린 연구실. (https://blog.naver.com/jesusbyun/222109196428).

변회정(2004). 초등학교 체육과의 성교육 내용체계와 실태 분석. 서울교육대학교 교육대학원 석사학위논문.

성교육교재편찬위원회(2016). 성・사랑・가정. 서울: 한국성과학연구협회.

____________(2019). 성・사랑・가정 Ⅱ. 서울: 한국성과학연구협회.

송정아(2006). 행복한 결혼 위기의 결혼. 서울: 태영출판사.

송효진・박순복(2013). 가족관계의 등록 등에 관한 법률 시행 5년-평가 및 개선점. 서울:

한국여성정책연구원.
신용두 외(2017). 다음세대를 위한 부모교육. 서울: 학지사.
신현기 외(2013). 특수아를 위한 활동하며 배우는 성교육. 서울: 학지사.
안양희・백희정・함옥경・김미원・이인숙・이소영・한숙정・이보영(2013). 보건교육학. 서울: 현문사.
안창선・김현옥(1998). 학교 성교육. 서울: 교육과학사.
오유진(2007). 청소년 성문제의 분석과 돌봄 방안. 목원대학교 신학대학원 석사학위논문.
옥선화・정민자・고선주(2000). 결혼과 가족. 서울: 도서출판 하우.
유광찬(1998). 교수 방법과 교과. 서울: 교육과학사.
유성호(2003). 노년의 사랑과 성. 서울: 미래를 위하여.
윤가현(2006). 성문화와 심리. 서울: 학지사.
이경식(2014). 부모로 산다는 것. 서울: 알에이치코리아.
이규은(2006). 교육과정과 수업에 대한 이해. 서울: 경안기획.
______(2016). 성교육 표준안 연수자료. 울산대학교 평생교육원.
______(2019). 자기계발과 직업. 서울: 동문사.
______(2023). 가족과 젠더. 서울: 동문사.
이규은・장상필(2017). 인성과 삶. 경기: 공동체.
____________(2021). 성과 결혼. 서울: 어우리.
이기숙 외(2016). 가족과 문화. 서울: 창지사.
________(2020). 결혼의 기술. 서울: 신정.
이덕남(2004). 10년 일찍 늙는 법, 10년 늦게 늙는 법. 서울: 나무와 숲.
이명숙 역(2004). 결혼은 갈등이다. 서울: 미션월드라이브러리.
이미경・허은주・김민혜정・장다혜・최선영・권김현영(2013). 성폭력에 맞서다. 서울: 한울.
이성희・한희선(2009). 여성과 가족. 서울: 파란마음.
이신영・박선영(2015). 가족복지론. 경기: 공동체.
이 양(2006). 심리학으로 본 기. 서울: 교육과학사.
이 열(2020). 한・중 청년들의 '결혼관' 비교연구. 부산외국어대학교 대학원 석사학위논문.
이영분(2005). 가계도-사정과 개입. 서울: 학지사.
이영분・김유숙・정혜정・최선형・박정희(2011). 가계도 사정과 개입. 서울: 학지사.
이영찬(2005). 성차와 성역할 사회화-현대사회와 여성. 우리사회문화학회.
이원숙(2004). 가족복지론. 서울: 학지사.
이정선(2001). 좋은 수업 기반. 전라남도교육연수원. 전남연수 2001-38.
이정숙(2007). 대한민국 30대를 위한 자기주장 기술. 서울: 한국경제신문사.
이재림・옥선화・이경희(2002). 이성교제에서의 남녀차이 이해 증진 프로그램 개발 및 평가. 한국가정관리학회지, 20(5).

이주연・정옥희(2014). 가족과 젠더. 서울: 태영출판사.

이지원・오연주・윤미숙(2014). 여성과 사회. 경기: 공동체.

이호배・김학윤・김도일(2011). 호킨스의 소비자 행동론. 서울: 지필미디어.

이해경・방기연(2021). 부모 교사가 함께하는 성교육과 상담. 서울: 양서원.

______________(2023). 청소년을 위한 성교육과 상담 이론과 실제. 서울: 양서원.

이홍우(1990). 교육과정탐구. 서울: 박영사.

임성문・이주성・김윤주・최국환・안형근・육성필(2004). 심리상담의 과정과 기법. 서울: 시그마프레스.

임안나(2005). 한국남성과 결혼한 필리핀 여성의 가족관계와 초국가적 연망. 서울대학교 대학원 석사학위논문.

임장남(2008). 노인 성교육 프로그램의 이론과 실제. 서울: 대왕사.

임정빈・정혜정(2000). 성역할과 여성. 서울: 학지사.

장영란 외(1999). 성과 사랑 그리고 욕망에 관한 철학적 성찰. 서울: 서광사.

전귀연 외(2021). 결혼준비교육. 서울: 신정.

전영주 외(2021). 뉴노멀 시대의 결혼과 가족. 서울: 신정.

전용호(2008). 인간행동과 사회 환경. 서울: 학문사닷컴.

정민자 외(2005). 성상담・교육 이론과 실제. 서울: 대왕사.

정아란・유정희(2014). 대학생을 위한 행복한 성과 결혼. 경기: 공동체.

정영애・장화경(2012). 가족과 젠더. 서울: 교문사.

정현숙・유계숙(2001). 가족관계. 서울: 도서출판 신정.

정현숙・유계숙・최연실(2003). 결혼학. 서울: 도서출판 신정.

정현영(2006). 다문화 가족 자녀의 학교생활 적응에 영향을 미치는 요인에 관한 연구: 아시아 여성과 한국남성의 이중문화 가정자녀를 중심으로. 숭실대학교 대학원 석사학위논문.

정혜선 외(2014). 학생 성교육 강화 연구보고서. 서울: 가톨릭대학교 산학협력단.

정혜선 외(2015). 2015 개정교육과정 시안 개발 연구(Ⅱ). 한국교육과정평가원.

정혜정・공미혜・전영주・정현숙(2017). 가족과 젠더. 서울: 도서출판 신정.

정희원(2007). 노인성 프로그램을 통한 성인식 변화에 관한 연구. 단국대학교 행정법무 대학원 석사학위논문.

정희진(2010). 성폭력을 다시 쓴다. 서울: 한울.

조미영(2008). 성과 가족. 서울: 유풍출판사.

조성봉(2020). 아직 결혼하지 않은 당신에게. 서울: 생명의 말씀사.

조성자・손선옥(2003). 유아들의 성교육을 위한 지침서. 서울: 창지사.

조아미・박선영・유우경・이정민・진영선・박은혁・정재민・선필호・김소희(2011). 성교육의 이론과 실제. 서울: 학지사.

조아미 · 한영희 · 지수연 · 조승희 · 조선경(2013). 성교육의 이론과 실제. 서울: 정민사.

조일형(2011). 성범죄 예방 정책의 효과분석. 성균관대학교 국정관리대학원 석사학위논문.

진재열 · 강창희 · 장은숙(2015). 결혼과 성. 서울: 형설출판사.

채규만(2012). 성행동 심리학. 서울: 학지사.

천성문 · 남정현 · 김정남 · 전은주 · 곽미용(2013). 성 심리의 이해. 서울: 양서원.

최규련(2011). 가족관계론. 경기: 공동체.

최명구 · 김누리(2015). 청소년의 이해. 서울: 학지사.

최민수(2001). 부모와 교사를 위한 영유아 건강과 안전. 서울: 학지사.

최선화(2005). 여성복지론. 서울: 학현사.

최선화 · 오영란(2009). 여성복지론. 경기: 공동체.

최순영(2016). 성과 사랑의 심리학. 서울: 다사랑.

최윤정(2005). 정신분열병 환자의 성인식 변화를 위한 성교육 프로그램의 효과성 연구. 숭실대학교 대학원 석사학위논문.

최진수(2010). 청소년 성문제에 대한 성경적 입장과 교회적 대안. 대신대학교 산학대학원 석사학위논문.

최태산 · 박혜경(2011). 중년 남성이 지각한 자기의식과 성역할 스트레스가 중년의 위기에 미치는 영향. 한국상담학회, 12(3), 931-944.

하재청 · 유태형 · 노영복 · 김병기(1992). 성의 과학. 서울: 아카데미서적.

하혜숙 · 정환욱(2015). 청소년 성교육과 성상담. 서울: 한국방송통신대학교 출판문화원.

학교도서관저널 도서추천위원회(2014). 성과 사랑 365. 서울: 학교도서관저널.

한국성폭력상담소(2005). 섹슈얼리티 강의. 서울: 동녘.

한상철(2014). 청소년학. 서울: 학지사.

한희선 · 김영주 · 이경하 · 임우연 · 태희원(2014). 여성, 젠더, 사회. 경기: 공동체.

함승애 · 백경숙 · 곽소현 · 서혜전 · 박수선(2020). 결혼과 가족. 서울: 양서원.

허혜경 · 박인숙(2010). 사회변동과 성역할. 서울: 도서출판 문음사.

____________(2020). 현대사회와 젠더. 서울: 동문사.

허혜경 · 박인숙 · 김혜수(2020). 현대사회와 가정. 서울: 동문사.

홍근혜(2008). 독서치료가 중학생의 성 태도와 성역할 정체감에 미치는 영향에 관한 연구. 성균관대학교 교육대학원 석사학위논문.

홍정미(2009). 다문화 가정 자녀의 학교생활 적응에 영향을 미치는 생태체계 변인. 숙명여자대학교 대학원 박사학위논문.

황희경 역(2007). 가족에 미쳐라. 서울: 휴먼하우스.

Adler, A.(2015). 알프레드 아들러, 교육을 말하다. 김세영 역(Kinder erziehung 원서는

1929년 출간). 서울: 부글.

Bem, S. L.(1974). The measurement of psychological androgyny. *Journal of Counseling and Clinical Psychology,* 42, 155-162.

_________(1981). Gender schema theory: A cognitive account of sex typing. *Psychological Review,* 4, 345-364.

Erich From(2000). *The Art of Loving.* New York: Continuum International Publishing Group.

Fehr, B.(1988). Prototype of analysis of the concepts of love and commitment. *Journal of Personality and Social Psychology,* 55(4), 557-579.

Frable, D. E. S.(1989). Sex typing and gender ideology: Two facets of the individual's ideology that go together. *Journal of Personality and Social Psychology,* 56, 95-108.

Gottman, Jhon M.(1994). *Why Marriages Succeed or Fail: what you can learn from the breakthrough research to make your marriage last.* New York: Simon & Schuster.

Hawkins, Del I., & Mothers Baugh, David L.(2011). Consumer Behavior. Jiphil Media.

Ken Sande(2004). *The Peacemaker: A Biblical Guide to Resolving Personal Conflict.* Baker Book House.

Kimball, G.(1983). *The 50:50 marriage.* Boston: Beacon Press.

Knox, D., & Schacht, C.(1999). *Choices in Relationships-An Introduction to Marriage and the Family.* London: Westminster John Knox Press.

Mahler, M., F., & Bergman, A.(1975). *The Psychological Birth of Buman Infant.* New York: Basic Books.

McGoldric M., Gerson R., & Shellen berger S.(2005). *Genograms: Assessment and Intervention.* W. W. Norton Professional Books.

Olson, D. H., & Defrain, J.(1994). *Marriage and the Family: Diversity and Strengths.* Mayfield Pub. co., 411.456

O'Neil, J. M.(1981). Patterns of gender role conflict and strain: Sexism and fear of femininity in men's lives. *Personnel and Guidance Journal,* 60, 203-210.

Rathus, R., & Boughn, C.(1994). *AIDS-What every student needs to know*, 3-4.

Rathus, Nevid & Fichner-Rathus(1998). *Essential of Human sexuality,* p. 59.

Reiss, I. L.(1971). Toward a Sociology of hetro sexual love relationship. *Marriage and Family living*, 22, 139-145.

_________(1989). *Journey Into Sexuality*. Englewood Cliffs, NJ: Prentice Hall.

Rubin, Z.(1973). *Liking and Loving: An Invitation Social Psychology*. NY: Holt Rinehart and Winston.

Spence, J. T.(1993). Gender-related traits and gender ideology: Evidence for amulti-factorial theory. *Journal of Personality and Social Psychology*, 64, 624-635.

Sprock, Blashfield & Smith(1990). National field trial of the DSM-Ⅲ-R diagnostic criteria for self-defeating personality disorder. *American Journal of Psychiatry*, 146, 1561-1567.

Strong, B., & De Vault, C.(1994). *Human Sexuality*. Mountain View, CA: Mayfield.

Sugar, M.(1990). *Atypical adolescence and Sexuality*. New York: W. W. Norton.

저자소개

장상필

서울교육대학교 졸업

한양대학교 교육대학원 교육학 석사(교육공학 전공)

한양대학교 대학원 교육학 박사(교육공학 전공)

한림대학교 연구교수

한국학교보건학회 이사

현) 동서울대학교 교양교육센터 교수

이규은

공주교육대학교 졸업

고려대학교 교육대학원 교육학 석사(교육방법 전공)

인하대학교 대학원 교육학 박사(교육과정 전공)

경기도 율곡교육연수원 교육연구사

중국연변대학교 객원교수

한국학교보건학회 회장

현) 동서울대학교 사회복지학과 교수

대학생을 위한
성과 사랑 그리고 결혼

초판 1쇄 인쇄 / 2024년 3월 1일
초판 1쇄 발행 / 2024년 3월 4일

공저자 / 장상필 · 이규은
발행인 / 이 중 수
발행처 / **동 문 사**

서울특별시 서대문구 홍제원 1길 12
(홍제동 137-8)
Tel: 02)736-3718(대), 736-3710, 3720
Fax: 02)736-3719
등록번호: 1974.04.27. 제9-17호
가격: 27,000원

ISBN: 979-11-6328-552-6 (93370)
E-mail: dong736@naver.com
www.dongmunsa.com